Verlag von J. F. Bergmann in Wiesbaden.

Zeitschrift für Local- und Straßenbahnwesen.

Unter Mitwirkung in- und ausländischer Fachgenossen herausgegeben

von

W. Hostmann,
Großh. Sächs. Baumeister in Hannover

Jos. Fischer-Dick,
Ober-Ingenieur in Berlin

Fr. Giesecke,
Obermaschinenmeister in Hannover.

Jährlich drei Hefte. Mit zahlreichen Abbildungen in Lithographie und Holzschnitt, à Mk. 4. — Jedes Heft ist einzeln käuflich.

Inhalt des Jahrgangs 1888: Vorwort. — Allgemeine Uebersicht. Von W. Hostmann. — Alters- und Invaliden-Unterstützungs-Kassen der selbständigen Betriebe bezw. Industriezweige bilden die Voraussetzung der öffentlich rechtlichen Fürsorge für die Arbeiter. Von Kreisgerichtsrath Dr. B. Hilse in Berlin. — Die Entwickelung des Wegebaues und die der Eisenbahnen aus den Straßen. Von R. Koch, Ingenieur in Graz. — Uebersicht der Local- und Straßenbahnen in den Niederlanden und den Niederländischen Besitzungen in Indien im Jahre 1886. Von Ingenieur H. Linse in Haag. — Die Verwendung des Telephons im äußeren Betriebsdienst der schmalspurigen Kreis-Eisenbahn Flensburg-Kappeln. Von Kuhrt, Eisenbahn-Betriebs-Director in Flensburg. — Betrachtungen über die Anwendung des § 1 des Haftpflichtgesetzes vom 7. Juni 1871 auf Straßen- und Pferdeeisenbahnen. Von Fr. Giesecke. — Die Localbahnen in und bei Frankfurt a. M. Von W. Hostmann. — Rechtsstreitfrage aus dem Haftpflichtgesetz. Von Dr. K. Hilse in Berlin. — Zur Unfall-Statistik der Straßenbahnen. Von Dr. K. Hilse in Berlin. — Bisheriger Entwickelungsgang der wichtigeren Eisenbahnsysteme. Von R. Koch, Ingenieur in Graz. — Beispiele ausgeführter Betriebsmittel und interessanter Einrichtungen für Localbahnen. (Schmalspurige Tunnel-Locomotiven, System Krauß). — Betriebs-Ergebnisse von Schmalspurbahnen. — Transportwagen für Eisenbahnfuhrwerk. Von R. Koch, Ingenieur in Graz. — Einfluß einer zuerkannten Buße beziehungsweise gezahlten Vergleichs-Abfindung an den Beschädigten auf die Regreßansprüche der Versicherungs-Anstalt gegen den schuldhaften Urheber eines schädigenden Ereignisses. Von Kreisgerichtsrath Dr. Benno Hilse in Berlin. — Bericht der Brölthaler Eisenbahn-Actien-Gesellschaft. Geschäftsjahr 1887. — Empfiehlt sich für Straßenbahnen das Aufstellen von Unfallverhütungs-Vorschriften? Von Dr. K. Hilse in Berlin. — Die Schmalspurbahn Gernrode-Harzgerode. Von W. Hostmann. — Die Zugkraftkosten des Pferdebetriebes und des Dampfbetriebes. Von H. Fromm, Ingenieur und Betriebsdirector der Dortmunder Straßenbahn. — Betriebskassen für Arbeiterinvaliden. Von Kreisgerichtsrath Dr. B. Hilse in Berlin. — Ortspolizeiliche Uebergriffe in die inneren Betriebseinrichtungen der Straßenbahnen. Mitgetheilt vom Rechtslehrer und Syndikus Dr. K. Hilse in Berlin. — Bericht über die dritte General-Versammlung des internationalen permanenten Straßenbahnvereins in Brüssel. Von Fr. Giesecke. — Die Hebung der Verkehrssicherheit durch die Straßenbahnen. Vom Rechtslehrer und Syndikus Dr. K. Hilse in Berlin. — Die Salzburger Localbahn. Von E. Angermayer, Ingenieur. — Lite[illegible] Reg.-Baumeister E. Dieckmann in Hamburg. — Referate [illegible] eingegangenen Bücher. Von Fr. Giesecke. — Kleinere [illegible] Oberbau aus alten Eisenbahnschienen, System Schmidt. — Deutsche [illegible] Ausstellung für Unfallverhütung. Berlin 1889. — Internationaler permanenter Straßenbahn-Verein (2. Generalversammlung vom 2. u. 3. Sept. 1[illegible] Wien).

Redaction: Baurath W. Hostmann, Hannover, Langelau[illegible]

Das Unfalls-Gefahren-Gesetz

in den

deutschen Straßenbahn-Betrieben.

Das Unfalls-Gefahren-Gesetz

in den

deutschen Straßenbahn-Betrieben.

Eine eisenbahn-statistische Untersuchung

von

Karl Hilse,

Doktor beider Rechte und der Philosophie, Rechtslehrer an der Königl. technischen Hochschule zu Berlin, Syndikus der Großen Berliner Pferde-Eisenbahn Aktiengesellschaft und der Neuen Berliner Pferde-Eisenbahn Gesellschaft.

Springer-Verlag Berlin Heidelberg GmbH 1889

ISBN 978-3-662-29888-6 ISBN 978-3-662-30032-9 (eBook)
DOI 10.1007/978-3-662-30032-9

Dem Altmeister der Statistik

Herrn Dr. Ernst Engel,

Königl. preuß. Geh. Ober-Regierungsrath,

seinem hochverehrten Lehrer und Gönner

aus Dankbarkeit

der Verfasser

Vorwort.

Die heutige Wirthschafts-, Verkehrs- und Lebensweise hat die Gefahren gesteigert. Gegen früher ist die Sicherheit im Verkehr oder in Ausübung der Berufsthätigkeit gesunken. Dies weckte das Bestreben, sie wieder zu erhöhen, die Gefahren für die Allgemeinheit und die Werkthätigen zu beseitigen oder wenigstens zu schwächen. Insofern solches den Gedanken thatkräftiger Nächstenliebe verwirklicht und auf zeitgemäße Einrichtungen im Verkehr und Wirthschaftsleben abzielt, wird seine Bedeutung umsoweniger verkannt werden können, als ihm bereits gelegentlich der Eröffnung der deutschen Allgemeinen Ausstellung für Unfallverhütung aus Allerhöchstem Munde Anerkennung gezollt ist. Letztere hat sich jedenfalls nicht auf die technischer Erfindungsgabe entsprungenen Leistungen beschränkt, sondern auch den mühevollen Forschungen gegolten, welche die Feststellung der thatsächlichen Zustände, die Klarlegung des Verhältnisses von Wirkung zur Ursache, das Suchen und Finden des Gefahrengesetzes sich zur Aufgabe stellten.

Derartige Forschungen verschaffen der Gesetzgebung, den Behörden und der Allgemeinheit die Erkenntniß der thatsächlichen Zustände und ihrer Ursachen, damit aber die Unterlage zum wirksamen Eingreifen und zu zweckdienlichen Einrichtungen. Deshalb erscheint es allerdings zeitgemäß, festzustellen und zum allgemeinen Bewußtsein zu bringen, welche Betriebe Unfälle zeitigen, in welchem Umfange und unter welchen Umständen solches geschieht, auf welche Weise die derzeitigen Zustände gebessert werden können.

Dem vor 20 Jahren veröffentlichten See-Unfallsgefahrengesetz folgt gegenwärtig das Ergebniß der Beobachtungen aus dem Bereiche der dem heutigen Wirkungskreise näher liegenden, erst neuerdings zu ihrer Bedeutung gelangten Straßenbahnbetriebe.

Meine früheren Arbeiten haben bereits einen zweckdienlichen Nutzen geschaffen, herrschende Vorurtheile beseitigt, selbst auf die Rechtssprechung ihre Wirkung nicht verfehlt, die Entwickelung der Straßenbahnen gefördert und deren Betriebsunternehmern Anlaß zur Verbesserung der Unfallsverhütungsmaßnahmen gegeben. Unter diesen Umständen darf gehofft werden, die gegenwärtige Untersuchung werde gleichfalls keine fruchtlose bleiben, vielmehr zum Nutzen des Gemeinwesens gereichen, den Behörden bei Erfüllung ihrer Aufgaben wünschenswerthe Aufklärung bringen und künftigen Forschern zur willkommenen Unterlage für weitere Untersuchungen dienen.

Ausschließlich zum allgemeinen Nutzen und aus Pflichtgefühl, keineswegs etwa aus Behagen, mit dem Ergebniß mühevoller Arbeit an die Oeffentlichkeit zu treten, wird vorliegende Untersuchung veröffentlicht. Denjenigen deutschen Straßenbahnunternehmern, welche das Zustandekommen werkthätig förderten, gebührt dafür Dank. Möge also die Arbeit den Behörden nützen, der Allgemeinheit dienen, zur Förderung des deutschen Straßenbahnwesens beitragen, welches am heutigen Tage in das 25. Jahr seiner Wirksamkeit eintritt.

Berlin, 22. Juni 1889.

K. Hilse.

Inhalt.

Vorerörterungen.

Die Entwickelung des Gefahrengesetzes der Straßenbahnen.

A. Das Straßenbahnwesen Deutschlands.

B. Die Unfallsgefahr im Straßenbahnbetriebe.

a) Unfälle der Nichtwerkthätigen.

1. Die Unfallsgefahr für Fahrgäste.

Berichtigungen.

S. 16.	Anmerk. Z. 1.	960	für	990.
S. 24.	Sp. 1 Z. 2 v. o.	25	»	23.
S. 25.	Sp. 1 Z. 2 v. u.	558	»	960.

Vorerörterungen.

§ 1. Die Bedeutung des aufzusuchenden Gefahrengesetzes.

Unser Jahrhundert wird einen Wendepunkt in der Geschichte abgeben. Die Zeit nach uns wird sich keineswegs als eine Fortsetzung der Geschichte, sondern als eine Umwandlung der gesammten menschlichen Anschauungen erweisen. Anstelle der Kriege nach Außen und Streitigkeiten im Innern, deren Einerlei die Geschichte der Vorzeit ausfüllt, werden die Schreiber der Geschichte unserer Zeit und der Zukunft von einem höheren Ziele zu erzählen wissen, welches die Gegenwart anstrebt und das früher tief im Hintergrunde stand, nämlich von dem unternommenen und siegreich durchgeführten Kampfe des menschlichen Geistes gegen die Natur und die von ihr geschaffenen Hindernisse. Gegen die ausgeführte Verbindung zweier Welttheile mittels des atlantischen Kabels, gegen die Verbindung entfernter Orte durch Fernsprechleitungen, gegen die Vereinigung zweier Weltmeere durch den Kanal von Suez, gegen die Umwandlung der Alpen infolge Legung von Schienensträngen durch den St. Gotthardt aus einem Walle zu einer Brücke des Verkehrs, gegen die Dienstbarmachung der Elektricität für die Bedürfnisse des Verkehrs und Lebens, gegen diese und ähnliche Unternehmungen des Friedens schrumpfen die dazwischen fallenden Kriege zwischen benachbarten Staaten und Kämpfe im Innern derselben allmählig zu kleinen Ereignissen ein, die der Ueberlieferung auf die Nachwelt nur noch sicher sind, wenn sie der Bildung, dem Volkswohle und der Friedensarbeit neue Bahnen brechen.

Während der schöpferische Geist und die rastlose Thätigkeit der Menschen schon mehrfach scheinbar unüberwindliche Hindernisse der Natur zu überwältigen vermocht haben, sind im Kampfe gegen die Gewalt des Zufalls die menschliche Kraft und das menschliche Sinnen bisher nur vereinzelt und noch dazu von schwachem Erfolge begleitet gewesen[1]). Im Gegentheil werden alljährlich noch eine Menge Menschenleben und eine Fülle menschlicher Erwerbsfähigkeit durch Unfälle vernichtet. Nicht zum geringsten Theile geschieht dies im Dienste und inverfolg des öffentlichen Verkehrs. Seine gewaltige Vermehrung und wesentlich veränderte Betriebsweise, seit man verstanden hat, durch Schienenwege und durch Benutzung elementarer Kräfte (Dampf, Elektricität) die Ortsveränderung zu erleichtern und zu beschleunigen, konnte nicht ohne Einfluß auf die Gefahrenmöglichkeit bleiben, mußte vielmehr in richtiger Wechselwirkung zu einer Steigerung der Unfallsziffer, zu neuen Unfallsarten, zn einer Veränderung des Grades der Verkehrssicherheit führen. Es ist deshalb ein des Menschengeistes würdiges Streben, auf Mittel zur immer größeren Beseitigung von Unfallsgefahren und -verlusten durch die veränderten Betriebsweisen im Verkehre zu sinnen.

Die dankbar anzuerkennende Unfallsfürsorge, welche die neuere deutsche Gesellschafts-Gesetzgebung in Erfüllung der Allerhöchsten Botschaft v. 17. November 1881 geschaffen hat[2]), genügt dem Bedürfnisse noch nicht. Sie beseitigt zwar die Nothlage, in welche vormals der Verunglückte durch Verlust der Erwerbsfähigkeit verfiel, sie kann aber das körperliche Siechthum und das Seelenleiden des zum Krüppel Gewordenen nicht aufheben. Sie erstreckt sich überdies blos auf die Werkthätigen im Verkehrsdienste, kommt dagegen den in anderweiter Beziehung zum Verkehrsmittel, welches den Unfall herbeiführte, Verunglückten nicht zugute. In beschränkter Weise hat die Gesetzgebung auch für diese eine Fürsorge

---

[1]) K. Hilse: Seeunfälle an den Küsten des preußischen Staates in den Jahren 1867 und 1868 und Vorschläge für die Gestaltung der Seeunfallstatistik des norddeutschen Bundes i. d. Zeitschr. d. Königl. preuß. Statistischen Bureaus IX (1869) S. 361—385.

[2]) Nämlich in Deutschland durch Kr.-V.-G. v. 15. Juni 1883 mit U.-V.-G. v. 6. Juli 1884, 28. Mai 1885, 5. Mai 1886, 11. und 13. Juli 1887. Vergl. dazu österr. U.-V.-G. v. 28. Dezember 1887.

geschaffen[3]), welche indeß gleichfalls nur die wirthschaftliche Seite der Frage, nämlich die Ausgleichung der Vermögensnachtheile aus Unfällen trifft. Weit richtiger als dies erscheint jedoch die Abschwächung und Veränderung der Unfallsgefahr durch zweckdienliche Gegenmaßregeln. Diese Aufgabe der staatlichen Fürsorge und des menschlichen Strebens harrt noch der Verwirklichung.

Wird das beabsichtigte Streben erreicht werden? wird sich all' jenen Ursachen, welche Unfälle zu veranlassen imstande sind, durch Vorsichtsmaßregeln begegnen, werden sich nämlich wirksame Unfallsverhütungsmaßnahmen treffen lassen? Dies ist zur Zeit noch unübersehbar. Aber soviel steht fest, daß die drohenden Unfallsgefahren erst in ihrer Vollständigkeit, in ihren sämmtlichen Einzelheiten erkannt sein müssen, bevor das Vorhaben, sie beseitigen zu wollen, der Ausführung näher gebracht werden kann. Das Aufsuchen des Gefahrengesetzes[4]) ist also der erste Schritt zum anzustrebenden Ziele der Gefahrenbeseitigung und damit seine Bedeutung dargethan.

Giebt es wohl aber ein Gefahrengesetz? Läßt sich namentlich von einem solchen im Straßenbahnbetriebe sprechen?

§ 2. Das Finden des Gefahrengesetzes.

In der Welt geschieht nichts blos von ungefähr, nichts völlig plan- und zwecklos, nichts ohne jeden Grund und ohne inneren Zusammenhang mit anderen gleichartigen oder ähnlichen Vorkommnissen. Vielmehr macht sich überall das Walten einer höheren Macht fühlbar, welcher die Ereignisse folgen und durch welche sie beherrscht werden. Deshalb vermag der aufmerksame Beobachter in dem Eintritte und der Wiederkehr der verschiedenen Erscheinungen und Ereignisse eine gewisse Gleichförmigkeit und Regelmäßigkeit, eine bestehende Wechselwirkung und Ordnung zu erkennen und hieraus das Gesetz zu bestimmen, von dem sie abhängen und welchem sie unterworfen sind.

---

[3]) In Deutschland Haftpflichtg. v. 7. Juni 1871, in Oesterreich G. v. 5. Mai 1869.

[4]) K. Hilfe i. d. Zeitschr. Straßenbahnen II 138.

Dies alles gilt nicht blos von der Bewegung der Weltenkörper, — auf welche z. B. das Erscheinen von Kometen, die eintretenden Sonnen- oder Mondfinsternisse sich zurückführen und damit schon lange vorher bestimmen lassen — oder von dem Wirken der Naturkräfte — wie Sturm, Blitz, Hagel —, sondern erstreckt sich sogar auf Ereignisse, welche mehr oder minder von dem Einflusse menschlicher Thätigkeit und Willensäußerung abhängen, was z. B. schon bei Unfällen[1]) und in noch höherem Grade bei Selbstmorden[2]) zutrifft. Selbst hier läßt sich nachweisen, daß kein bloßes Spiel des Zufalls obwaltet, läßt sich vielmehr ein innerer Zusammenhang und eine Wechselwirkung der verschiedenen Fälle theils unter sich, theils mit anderen Zuständen, durch welche sie hervorgerufen oder wenigstens beeinflußt wurden, finden und mit einer so weiten Genauigkeit feststellen, daß die maßgebenden Ursachen bloßgelegt und damit die Wege gezeigt werden können, auf welchen dem Wirken der schädlichen Macht zu begegnen, die Fällezahl zu verringern oder die Eintrittsmöglichkeit vielleicht sogar gänzlich abzuschneiden sein dürfte.

Unter denjenigen Erscheinungen, welche gemeinüblich einem blinden Walten unberechenbaren Zufalles zugeschrieben werden, nehmen keine untergeordnete Stellung diejenigen verschiedenen Gefahren ein, welche aus der Vornahme menschlicher Verrichtungen bald dem Unternehmer, bald dritten, dem Unternehmen fernstehenden Personen drohen. Gleichwohl unterliegen auch sie einem bestimmten Gesetze, vollziehen sich in einer gewissen Regelmäßigkeit und Stetigkeit, sowie in Wechselwirkung äußerer Umstände. Sie lassen sich durch Beseitigung oder Schwächen der maßgebenden Nebenumstände, insbesondere durch sachgemäße Gegenvorkehrungen theils gänzlich verhüten, theils wenigstens erheblich verringern oder in ihrem Erfolge wesentlich schwächen.

Gefahren verschiedener Art birgt namentlich auch der öffentliche Verkehr[3]). Sie werden naturgemäß mit dessen Wachsen in

---

1) K. Hilse: Seeunfälle a. a. O. S. 361—385.

2) K. Hilse: Selbstmorde in Preußen. Ebenda XI (1871) S. 41—120.

3) Ueber den Seeverkehr s. oben § 1 Anm. 1, über Unfälle der Werkthätigen in Verkehrsbetrieben geben die amtlichen Nachrichten des Reichsversicherungs-Amtes 1889 für die Jahre 1886 und 1887 folgendes Bild:

gewissem Verhältnisse zunehmen. Jedes neue Verkehrsmittel[4]), jede veränderte Verkehrsweise wird einen unverkennbaren Einfluß auf die Gefahrenzunahme beziehungsweise -gestaltung äußern. Durch sorgfältige gewissenhafte Beobachtungen lassen sich indeß sein Umfang feststellen, das Gesetz, welches der neuen Gefahr zugrunde liegt, finden und die näheren Umstände, unter denen sie entsteht, durch die sie hervorgerufen, vergrößert und verringert wird, ermitteln, damit aber die Grundlage zu Unfallverhütungs-Maßnahmen schaffen.

Als neues Verkehrsmittel hat die Einführung des Straßenbahnbetriebes gleichfalls vorher nicht bestandene Gefahren gezeitigt.

		Zahl der		Von den Verunglückten				
					wurden erwerbsunfähig			
		Angestellten	Verunglückten	starben	völlig	theilweis	vorübergehend	genasen vor 13 Wochen
Staatseisenbahnen	86 abs.	210 162	6984	281	203	155	93	6252
	%		3.32	4.01	2.92	2.24	1.32	89.51
	87 abs.	214 435	8380	290	302	284	120	7384
	%		3.98	3.46	3.60	3.39	1.43	88.12
Privatbahn-A.-G.	86 abs.	26 372	—	29	27	5	5	—
	%			43.94	40.90	7.58	7.58	—
	87 abs.	27 580	—	28	38	25	13	—
	%			26.92	36.54	24.04	12.50	—
Straßenbahn-A.-G.	86 abs.	29 785	491	5	2	7	2	475
	%		1.65	1.02	0.40	1.43	0.40	96.75
	87 abs.	44 326	825	30	38	50	25	682
	%		1.86	3.64	4.60	6.06	3.03	82.67
Fuhrwerks-A.-G.	86 abs.	50 250	471	15	—	—	2	454
	%		0.93	3.18	—	—	0.42	96.40
	87 abs.	54 566	1573	137	47	204	53	1132
	%		2.88	8.70	2.99	12.97	3.37	71.97
Speditions-A.-G.	86 abs.	40 012	376	27	7	16	1	325
	%		0.93	7.18	1.88	4.25	0.26	86.43
	87 abs.	54 317	1708	70	117	119	38	1364
	%		3.15	4.09	6.85	6.97	2.22	79.87
Schifffahrts-A.-G.	86 abs.	51 529	290	27	2	7	6	248
	%		0.56	9,31	0.69	2.41	2.07	85.52
	87 abs.	53 494	1026	94	35	69	26	802
	%		1.91	9.16	3.42	6.72	2.54	78.16

[4]) Von der Einführung der Eisenbahnen befürchtete man unabsehbare Verluste an Menschenleben durch zahllose, unvermeidbare Unfälle. S. K. Hilse i. d. Zeitschr. f. Lokal- u. Straßenbahnwesen III 169.

Sie ist auf das Gefahrengesetz im Verkehre keineswegs ohne Einfluß geblieben. Daß derselbe schädlicher Natur sei, daß die Gefahr des Straßenverkehrs gegen früher nach Zahl, Schwere und Unvermeidbarkeit der Unfälle zunehmen müsse, wurde zwar bei den Behörden und in der öffentlichen Meinung früher meist angenommen[5]), unterliegt indeß recht erheblichen Bedenken, erscheint sogar widerlegbar.

Die Widerlegung von allgemein herrschenden Vorurtheilen und die Darstellung der thatsächlichen Zustände kann nur durch das Aufsuchen des Gefahrengesetzes im Straßenbahnbetriebe sachgemäß geschehen. Man findet dasselbe aus der Zahl der eingetretenen Fälle, ihren Ursachen, ihren näheren Umständen (wie Anlaß, Ausgang), aus dem Einflusse eigener Willensbestimmung oder fremder Thätigkeit, endlich aus den begleitenden Nebenumständen wie Beleuchtung, Betriebsweise, Krankheitserscheinungen und Aehnlichem mehr. Es kann also allein auf statistischem Wege zuverlässig und genau erlangt werden. Denn nur aus der Beobachtung einer großen Anzahl Fälle nach einer großen Menge von Rücksichten und Gesichtspunkten wird sich bestimmen lassen, ob und nach welchem Gesetze die Unfälle im Straßenbahnbetriebe eintreten.

§ 3. Nutzen des Gefahrengesetzes.

Insofern die Kenntniß des den Betriebsunfällen zugrunde liegenden Gefahrengesetzes die unerläßliche Vorbedingung und Grundlage derjenigen Schöpfungen sein muß, durch welche man Betriebsunfälle künftig verhüten will, und insofern das Schaffen derarter Einrichtungen und deshalb der Kampf gegen das Walten des Zufalles ein des Menschengeistes würdiges Beginnen ist, gestaltet sich die Unfallstatistik zu einem nothwendigen Gliede in der Kette der menschlichen Bestrebungen, das zügellose Walten des Zufalles und die Gefahren im Verkehre zu bekämpfen. Ihre Bearbeitung wird jedoch nicht erst für spätere Geschlechter von praktischem Nutzen

[5]) K. Hilse: Betriebsunfälle auf den deutschen Straßenbahnen (Berlin 1886) § 2 S. 3, Haftpflicht der Straßenbahnen und sonstigen Fuhrbetriebe (Berlin 1889) § 2 S. 9ff.

werden, sondern schon gegenwärtig eine heilsame Wirkung zu äußern vermögen.

Zunächst wird die zu gewinnende statistische Unterlage, wie häufig sich im Straßenbahnverkehre Unfälle von Fahrgästen und Straßengängern ereignen, welche Aufwendungen den einzelnen Gesellschaften hieraus bereits erwachsen sind beziehungsweise muthmaßlich bevorstehen, eine sachgemäße Verwerthung nicht blos bei Voranschlägen über die Ersprießlichkeit und Ertragsfähigkeit geplanter Neuanlagen, sondern auch bei Finden der Rücklagenbeträge bieten, welche zur Abfindung im Berichtsjahre eingetretener, bisher noch nicht geltend gemachter Unfälle in die Gewinn- und Verlustrechnung einzusetzen sein werden. Sie wird deshalb in erster und vornehmlichster Linie den Straßenbahn-Unternehmern dienen.

Nach dem heutigen Stande der Wissenschaft[1]) und Rechtsprechung[2]) wird nämlich das Haftpflichtgesetz vom 7. Juni 1871 gegen die Straßenbahnen ohne Unterschied, ob dieselben sich einer elementaren oder thierischen Triebkraft bedienen, angewendet, so oft sich Unfälle im Betriebe ereignen. Die verschiedenen, gegen die Ausdehnung des Haftpflichtgesetzes auf die Straßenbahnen anführ-

---

[1]) z. B. Dernburg: Lehrb. d. preuß. Privatrechts § 26 (II 709) Anm. 5. Endemann: Erläuterungen zum Reichshaftpflichtgesetz (1885) 24. Eger: Das Reichshaftpflichtgesetz (1886) 43, 145. Frantz: Die Haftpflicht der Eisenbahn-Unternehmer (1872) 2. Genzmer: Reichshaftpflichtgesetz (1882) 29. K. Hilse: Betriebsunfälle 2, 76. Jakobi: Erläuterungen zum Haftpflichtgesetz (1878) 20. Kah: Haftpflichtgesetz (1874) 14, 30. Westerkamp: in Endemanns Handbuch d. Handelsrechts 629. v. Weinreich: die Haftpflicht wegen Körperverletzung und Tödtung (1883) 143. Zimmermann: in Siebenhaars Archiv f. Wechselrecht (n. F. II 29).

[2]) z. B. Urt. d. Land.Ob.H.-G. zu Stuttgart v. 13. Juni 1876, (Württ. Ger.-Bl. XII 306 f.); d. R.O.H.-G. v. 28. November 1876 (Entsch. XXI 237) und 4. September 1878 (D. E.-Z. 1878 S. 1034); d. R.-G. v. 2. Dezember 1879, (Braun u. Blum Annal. I 193, Eisenbahnrechtl. Entsch. I 31) v. 16. April 1880 (Entsch. I 279, Eisenbahnrechtl. Entsch. I 152) v. 22. Juni 1880 (Entsch. II 8, Eisenbahnrechtl. Entsch. I 228) vom 15. Januar 1881 (Eisenbahn-Archiv 1881 S. 118, Eisenbahnrechtl. Entsch. I 357) v. 25. Februar 1882, (Seuffert Arch. N. F. VIII 432, Eisenbahnrechtl. Entsch. II 223) v. 13. Februar 1883 (Eisenbahnrechtl. Entsch. III 8), v. 24. November 1883 (D. E.-Z. 1884 S. 286, Eisenbahnrechtl. Entsch. III 133), v. 22. Oktober 1884 (ebenda IV 19), v. 18. September 1885 (ebenda IV 371), v. 15. November 1886 (ebenda V 115), v. 23. März 1888 (Entsch. XXI 13); d. pr. Kammerg. v. 14. Februar 1884 (Eisenbahnrechtl. Entsch. III 315).

baren Gesichtspunkte und Gründe[3]) haben seitens der höchsten Gerichtshöfe bisher eine sachgemäße Würdigung noch nicht gefunden, sodaß es zur Zeit noch völlig zwecklos ist, den Einwand zu versuchen, daß das Haftpflichtgesetz auf den Straßenbahnbetrieb unanwendbar sei. Aussichtslos erscheint bei dem heutigen Bestreben, die Haftpflicht der Unternehmer möglichst auszudehnen, der vereinzelt gemachte Vorschlag, im Wege der Bitte bei den reichsgesetzgebenden Factoren die Herbeiführung einer Einschränkung des Haftpflichtgesetzes dahin zu versuchen, daß der Straßenbahnbetrieb davon ausgenommen werde, zumal er die Mehrheit der Straßenbahn-Unternehmer schwerlich finden, eine Neuordnung der Angelegenheit auch höchstens bei Erlaß des neuen bürgerlichen Gesetzbuches zu erwarten sein würde.

Bei den gegebenen Thatsachen, bei der gerichtsgebräuchlichen Ausdehnung des Haftpflichtgesetzes auf die Straßenbahnen in Verbindung mit den theilweis recht bedenklichen Grundsätzen, welche die Rechtsprechung bezüglich des Einwandes des eigenen Verschuldens zum Nachtheil der Straßenbahn-Unternehmungen beherrschen, muß es sich also für eine vorsichtige Verwaltung fragen, auf wie hoch sich die muthmaßliche Ausgabe aus Unfällen beziffern wird und auf welche Weise sich die Gefahren aus dem Unfallsgesetze am leichtesten tragen lassen. Das aufzusuchende Gesetz der Straßenbahn-Unfälle wird das Veranschlagen ihrer wirthschaftlichen Bedeutung bezw. der Ziffer, mit welcher sie in der Bilanz anzusetzen sein werden, und das Finden des Weges, auf welchem Aufwendungen vermieden werden, welche den thatsächlichen Bedarf, das wirkliche Risiko übersteigen, ermöglichen.

In weiterem Verfolge ist das Gefahrengesetz dazu angethan, eine nicht zu unterschätzende verkehrspolizeiliche Bedeutung zu gewinnen, sobald und soweit es imstande ist, die herrschenden Ansichten über die Gefährlichkeit der Straßenbahn-Unternehmungen bei Behörden und im Publikum richtig zu stellen. Meist werden die Gefahren überschätzt. Die Geschichte der einzelnen Straßenbahn-Unternehmungen liefert bereits lehrreiche Beläge, wie sich im

---

[3]) K. Hilse: Haftpflicht der Straßenbahnen und der sonstigen Fuhrbetriebe (Berlin 1889).

Zeitenverlaufe als Erfolg der gemachten Erfahrungen ein Wechsel der Meinungen, ein Fallenlassen bestandener Besorgnisse und ein Zurückgehen von übertriebenen Forderungen allerwärts vollzogen hat. Würden die heutigen Erfahrungen, welche bei dem Pferdebahnverkehre besonders in den Großstädten gemacht sind, schon bei Beginn der verschiedenen Unternehmungen bestanden haben, so hätte fast allenthalben das Netz eine weit zweckmäßigere Gestalt erhalten, wäre schneller fertig gestellt worden und würden Verkehr und Publikum weit früher und weit wirksamer die Vortheile der Straßenbahn genossen haben. Aber selbst jetzt herrschen noch viele Vorurtheile[4]), Ueberschätzung der Gefahren, Unterschätzung der den Straßenverkehr regelnden Gewalt der Straßenbahnen, sodaß es noch immer ersprießlich ist, eine Klärung der Verhältnisse herbeizuführen, die nur auf dem Wege einer möglichst vollständigen, dabei jedoch thunlichst genauen und zuverlässigen Statistik erreichbar erscheint.

Endlich wird das darzustellende Gefahrengesetz von der Rechtsprechung nicht länger übergangen werden können, sondern zum Fallenlassen auf unrichtige thatsächliche Voraussetzung gestützter Grundsätze führen müssen. Die Gesetzgebung wird in ihm Unterlagen für ihre Satzungen zu suchen und zu finden vermögen. Jeder Einzelne wird schließlich kennen lernen, wie er sich bei Benutzung der Straßenbahnen und im allgemeinen Straßenverkehre zu benehmen hat, um sich vor Schaden zu bewahren, wodurch die allgemeine Sicherheit und Wohlfahrt gewinnen.

Eine so vielseitigen Zwecken dienende Arbeit lohnt jedenfalls die auf ihre Herstellung verwendete Mühe. Daß eine Beobachtung und Aufnahme der Betriebsunfälle von erheblichem Werthe und Nutzen sei, ist von Kundigen wohl auch noch nie bestritten worden. Einen Belag für die Wichtigkeit, welche man derartigen Feststellungen allgemein beilegt, liefert vielmehr der Umstand, daß die Tagesblätter aller Parteirichtungen sich an der Weiterverbreitung gefundener Unfallsziffern betheiligen. Sie würden es nicht thun, wenn dem Leserkreise jede Theilnahme dafür abgehen sollte.

---

[4]) K. Hilse: Die Hebung der Verkehrssicherheit durch die Straßenbahnen in d. Zeitschr. f. Lok.- u. Straßenbahnw. VII 151.

§ 4. Die verfügbaren Vorarbeiten.

Damit das zu entwickelnde Gefahrengesetz den von ihm gehegten Erwartungen genügen könne, muß dahin gestrebt werden, die seine Grundlage bildende Unfallstatistik zur möglichsten Vollkommenheit zu entwickeln. Dahin ist solche bisher nicht gelangt. Nur vereinzelte Unternehmer[1]) geben in ihren jährlichen Geschäftsberichten eine Uebersicht der Betriebsunfälle. Wo solches geschieht, entbehren die Nachrichten jedoch noch der benöthigten Vielseitigkeit und Klarheit. Der Grund dafür ist weniger in dem mangelnden Verständniß für den Werth und die Ausnutzung derarter Beobachtungen, als in der Geschäftsüberbürdung und den unausreichenden Hülfskräften der Betriebsleiter zu suchen.

Sämmtliche deutsche Betriebe umfassende Beobachtungen konnten auf Grundlage unmittelbarer Auskunft der Betriebsunternehmer in meinen beiden Untersuchungen niedergelegt werden: »Betriebsunfälle auf den deutschen Straßenbahnen während der vier Jahre 1882—1885 in verkehrspolizeilicher und gesellschaftswirthschaftlicher Bedeutung[2])«, sowie »Haftpflicht der Straßenbahnen und sonstigen Fuhrbetriebe[3])«. Soweit es sich um die Unfälle der Bediensteten im Straßenbahnbetriebe handelt, liefern die Verwaltungsberichte der Straßenbahn-Berufsgenossenschaft nicht zu unterschätzende Angaben[4]).

Amtliche Erhebungen und Beobachtungen, welche Anspruch auf Zuverlässigkeit, Vollständigkeit und Verwerthbarkeit machen könnten, fehlen zur Zeit noch. Aus verkehrspolizeilichen Erwägungen würden solche angezeigt erscheinen und sich rechtfertigen lassen. Eine sachgemäße Unterlage dafür würde den allerwärts polizeivorschriftsgemäß geforderten, von den Betriebsunternehmern bezüglich der einzelnen Unfälle zu erstattenden Meldungen entnommen werden können, da hierdurch ein zuverlässiges Material zur Ver-

---

[1]) z. B. die Große Berliner Pferde-Eisenbahn Aktien-Gesellschaft für 1888 S. 39.

[2]) Berlin 1886, Verlag von H. S. Hermann.

[3]) Berlin 1889, Karl Heymann's Verlag.

[4]) z. B. für 1887 S. 11. Hieraus sind die Zifferangaben in den amtlichen Nachrichten des Reichsversicherungsamtes hervorgegangen.

fügung steht, zumal wenn ein einheitliches Meldeformular eingeführt würde. Daß es zu einer amtlichen Unfallstatistik im Straßenbahnbetriebe kommen möge, ist nicht blos aus wirthschaftlichen, sondern auch aus sicherheits- und wohlfahrtspolizeilichen Gründen dringend wünschenswerth. Denn der Werth jeder statistischen Arbeit hängt von dem Grade ab, in welchem die zur Grundlage dienenden Angaben vollständig und zuverlässig sind, sowie einander gleichen. Bezüglich der Vollständigkeit werden allerdings stets blos diejenigen Fälle zählbar sein, welche zur Anzeige gelangten, sodaß alle solche Unfälle ungezählt bleiben, welche sich der Kenntniß sowohl der Behörden wie des Unternehmers entzogen haben. Sind jedoch Vorkehrungen getroffen, welche ein Verheimlichen eingetretener Unfälle möglichst ausschließen und die bekannt gewordenen in ihren einzelnen Umständen derart klären, daß sich eine sichere Beurtheilung des Vorganges nach den einzelnen begleitenden Umständen treffen läßt, so wird das Ergebniß zwar nicht volle Wahrheit, jedoch einen an dieselbe beinahe heranreichenden hohen Wahrscheinlichkeitsgrad liefern. Solches zu erreichen, ist zweifellos die Behörde mehr geeignet, als der auf den guten Willen der Betriebsleiter angewiesene Statistiker. Denn aus der den Ortspolizeibehörden reichsgesetzlich übertragenen Befugniß[5]), den Pferdebahnbetrieb zu regeln, ist ihr Recht ableitbar, Meldungen über alle Vorkommnisse im Betriebe, welche ein allgemeines Interesse zu bieten vermögen, zu verlangen[6]). Für die meisten Betriebe besteht sogar bereits eine ortspolizeiliche Meldepflicht der entstandenen Unfälle[7]). Sie könnte reichsbehördlich verallgemeinert und vielleicht dahin erweitert werden, daß künftig die einzelne Meldung in zwei Abschriften einzureichen ist, deren eine die Ortspolizei für ihre Dienstzwecke zurückbehält, und deren andere dem »statistischen Amte des deutschen Reichs« zur Aufarbeitung zugänglich gemacht würde. Die Meldung könnte nach einem amtlich zu bestimmenden Formular verlangt, als Muster dafür das in den beiden Betrieben der »Großen Berliner Pferde-Eisenbahn Aktien-Gesellschaft« und der »Neuen

---

[5]) Gew.Ordn. § 37.

[6]) K. Hilse: Verstadtlichung der Straßenbahnen (Wiesbaden 1889) § 11 S. 29.

[7]) z. B. Berliner Pol.-Verordn. v. 27. Mai 1865 § 15.

Berliner Pferdebahn-Gesellschaft« seit Jahren übliche, gewählt werden [8]). Dasselbe hat sich einerseits als ausreichend bewährt [9]), andererseits macht sein Ausfüllen der berichtenden Dienststelle fast keine Mühe und Arbeit.

So lange es indeß noch an einer amtlichen Statistik fehlen wird, werden die Straßenbahn-Unternehmer gut thun, von Zeit zu Zeit geeignete Veröffentlichungen ihrer Erfahrungen zur Aufklärung der Behörden und der öffentlichen Meinung — damit aber zu ihrem eigenen Nutzen — herbeizuführen. Jedenfalls würde es kaum zu billigen gewesen sein, wenn die oben angeregten Gesichtspunkte bei derartigen Arbeiten gänzlich außer Betracht blieben. Sie werden vielmehr den Umfang der aus dem Straßenbahnbetriebe zu erwartenden Gefahren feststellen müssen, um einerseits den Straßenbahn-Verwaltungen eine annähernd richtige Schätzung des in die Betriebsbilanzen einzusetzenden Schadensbetrages zum Ersatz der eingetretenen Unfälle zu ermöglichen, und andererseits den Behörden und der Allgemeinheit ein richtiges Bild der thatsächlichen Verhältnisse zu verschaffen. Solches soll schon vorliegend geschehen.

---

[8]) Dasselbe hat folgende Fassung:

Betriebs-Inspection ....

Meldung eines Unfalls.

Bahnhof: .... den .... ten .... 188 ....

Unterzeichnete ließen sich heute dahin vernehmen:

Am . . ten . . . . 188 . . Vor-/Nach-mittags . . Uhr . . Min. erlitt in (auf) de . . . . . Straße (Platz) bei dem Hause No. . . anläßlich unseres auf der Fahrt von . . . . . . nach . . . . . . begriffenen vorschriftsmäßig ausgerüsteten, sich auf dem äußerlich erkennbaren Schienengleise bewegenden Wagens No. . . . dadurch ein . . . . einen Unfall . . . .

Unseren Wagen führte Kutscher . . . . . . No. . ., seit . . . . . . 18 . . im Dienste, ... Straße No. . . wohnhaft, und begleitete Schaffner . . . . . No. . ., seit . . . . . . 18 . . im Dienste, ... Straße No. . . wohnhaft.

D . . . vom Unfall Betroffene ist durch Schutzmann No. . . festgestellt als . . . . . . geboren am . . . . . . 18 . . zu . . . . wohnhaft . . . . Straße No. . . als Miether bei . . . . . .

D . . selbe erlitt an Beschädigungen . . . . . .

Augenzeugen sind vom . . . Perron, der Straße aus:

1) . . . . wohnhaft . . . .

2) . . . . wohnhaft . . . .

Betriebsstörung fand nicht — auf . . . Minuten — statt.

[9]) Belag dafür liefern die von mir bisher veröffentlichten Arbeiten, welchen mehr als jene Meldungen nicht zugrunde gelegen haben.

§ 5. Erhebungs- und Bearbeitungsweise.

Der Werth jeder statistischen Arbeit wird wesentlich beeinflußt durch den höheren oder geringeren Zuverlässigkeitsgrad der dazu benutzten Nachrichten. In Würdigung dessen ist darauf Bedacht genommen worden, daß an der Bearbeitungsstelle die einzelnen Unfälle in ihrer Gestaltung und nach den wesentlichen Nebenumständen erkennbar wurden, damit die verschiedenen Uebersichten nur vollständig gleichartige Fälle enthalten. Tabellarische Nachrichten genügen dafür nicht, weil die Beurtheilung verloren geht, ob die in den Schlußziffern zusammengezogenen einzelnen Fälle thatsächlich durchaus gleichartig liegen. Vielmehr übt hier die größere oder geringere Sorgfalt und Umsicht des Bearbeiters einen entscheidenden Einfluß. Um ein vollständig zuverlässiges Bild der thatsächlichen Verhältnisse zu gewinnen, waren Berichte über die einzelnen Unfälle einzuholen. Sämmtliche Straßenbahn-Unternehmer wurden ersucht, über jeden einzelnen bei ihnen vorgekommenen Unfall, soweit er Fahrgäste und Straßengänger betroffen hat, einen besonderen Bericht genau nach einem mitgetheilten Entwurfe[1]) zu erstatten und die Nachrichten nicht blos auf solche Fälle zu beschränken, in welchen Entschädigungs-Ansprüche erhoben wurden,

---

[1]) welcher dahin lautete:

Betriebsunfall.

Betrieb zu .... 188........ **Laufende No.** ....

1. Name:
2. Erwachsen, Kind:
3. Zeit:
4. Ort:
5. Anlaß: Ab- Auf-steigen im Fahren, vom Wagen fallen oder gestoßen werden, Laufen in die Pferde, durch fremde, eigene Wagen unmittelbar.
6. Art des Unfalls:
7. Umfang des Unfalls: unverletzt, leicht verletzt, schwer verletzt, wieder genesen, tödtlich, unbestimmt.
8. Erwerbsunfähig?
9. Eigenes, fremdes Verschulden?
10. Ersatzanspruch aus Haftpflicht:
11. Ersatz durch Vergleich, Erkenntniß betrug .... Mark.
12. Bestrafung ist nicht beantragt und eingetreten.

Das Zutreffende war zu unterstreichen bezw. zuzufügen.

sondern auch auf diejenigen zu erstrecken, in denen körperliche Nachtheile ausgeblieben sind. Zur Aufarbeitung der eingegangenen Berichte wurden Zählkarten benutzt.

Bei Sichtung der eingegangenen Berichte[2]) ließ sich unschwer erkennen, daß die Erhebungen bei den einzelnen Berichterstattern keineswegs nach völlig gleichmäßigen Grundsätzen erfolgt sind. Einzelne beschränkten ihre Mittheilungen auf diejenigen Fälle, in denen Ersatzverbindlichkeiten oder doch wenigstens Beschädigungen eingetreten sind. Andere haben sich bemüht, sämmtliche Vorkommnisse zu zählen, welche sich als Unfälle bezeichnen lassen, selbst wenn ein Schaden ausgeblieben war oder das Vorhandensein eines jeden Ersatzanspruch beseitigenden eigenen Verschuldens außer Frage stand. Wieder andere haben einen Mittelweg gewählt. Im Wege der Rückfrage eine vollständige Uebereinstimmung herbeizuführen, hatte um so weniger Erfolg, als während des Beobachtungs-Zeitraumes in der Vertretung einzelner Unternehmungen ein Personenwechsel vorgefallen war, der jetzige Vorstand die thatsächlichen Vorgänge nicht kannte und das vorhandene, theilweise recht dürftige Aktenmaterial eine Vervollständigung vereitelte. Es ist indeß dafür gesorgt worden, den Zuverlässigkeitsgrad der verschiedenartigen Nachrichten jedermann erkennbar zu machen.

Die Erhebungen umfassen bei denjenigen Unternehmungen, deren Betrieb vor dem 1. Januar 1882 eröffnet ist, sieben volle Jahre, während sie sich bei den erst später eröffneten Betrieben auf die bisherige Betriebsdauer erstrecken.

§ 6. Die Behandlung des Stoffes.

Wenn die vorberegte Ungleichmäßigkeit den Werth der zustande gekommenen Erhebungen zwar wesentlich herabmindert, so läßt sich gleichwohl das Ergebniß der Arbeit nicht unterschätzen. Allerdings hindert sie eine völlig einheitliche und gleichmäßige Behandlung aller betheiligten Betriebe. Vielmehr müssen, falls nicht

---

[2]) In dankenswerther Bereitwilligkeit haben sich — mit verschwindenden, unten erkennbaren Ausnahmen — die Betriebsleiter einer Beantwortung der Fragen und Unterstützung des Bearbeiters unterzogen.

sehr schätzenswerthe Beobachtungen und Feststellungen gänzlich unberücksichtigt bleiben sollen, diejenigen Betriebe, von welchen sehr eingehende Erhebungen bezw. Nachrichten vorliegen, abgesondert behandelt werden, während die übrigen, welche entweder nur unvollständige Mittheilungen gemacht haben, oder in denen wenig Fälle eingetreten sind, in eine Nachtrags-Uebersicht zusammen gezogen werden.

In sachlicher Hinsicht ergeben sich gleichsam von selbst zwei Abschnitte. Zunächst wird nämlich aus den eingegangenen Nachrichten das »Gefahrengesetz« zu entwickeln, sodann das gefundene nach seiner Verwerthbarkeit für Staatsverwaltung, Rechtsprechung, Gesetzgebung und das gesammte Gesellschaftsleben zu prüfen, hierbei werden die verschiedenen sich bietenden Auskunftsmittel, wie die Straßenbahn-Unternehmer sich gegen zu hohe Aufwendungen für die Versicherung von Fahrgast- und Straßengänger-Unfällen bei Privat-Unfall-Versicherungs-Gesellschaften schützen können, in ihrer Ausführbarkeit zu besprechen sein.

§ 7. Begrenzung des Stoffes.

Unzweifelhaft würde es besser gewesen sein, wenn sämmtliche Straßenbahnen der Welt in das Bereich der Beobachtung hätten gezogen werden können; die Fällezahl würde größer und damit die Grundlage für maßgebende Schlußfolgerungen eine sicherere geworden sein. Andererseits hätte indeß eine genaue Kenntniß der obwaltenden Eigenthümlichkeiten der einzelnen Betriebe dazu gehört, um zuverlässige Ergebnisse und Schlußfolgerungen zu gewinnen. Ueberdies wäre ein Versuch, sämmtliche europäische und außereuropäische Betriebe zu gleichförmigen Berichten zu veranlassen, muthmaßlich mißglückt. Schließlich würde die Arbeit einen Umfang angenommen haben, daß weder die Erfahrung des Einzelnen, noch die neben den Berufsarbeiten übrigbleibende Zeit zu dessen Bewältigung und zu ihrer Vollendung ausgereicht hätte.

Unter so bewandten Umständen ist die Arbeit vorläufig auf die Straßenbahnbetriebe Deutschlands beschränkt geblieben. Ihre Ausdehnung auf die in das Bereich des internationalen Verbandes der Straßenbahnen fallenden Betriebe würde eine ebenso würdige wie nützliche Arbeit seines Vorstandes sein und sich mit verhältnißmäßig geringen Mühen herstellen lassen, weil die Erhebungs- und Bearbeitungsweise durch die gegenwärtige Arbeit bereits gezeigt und erprobt ist.

Deutsche Straßenbahnbetriebe giebt es gegenwärtig 70, welche sich auf 62 Städte vertheilen[1]). Vereinzelt sind indeß Nachrichten ausgeblieben. Dies übt jedoch keinen nachtheiligen Einfluß, weil es sich ausnahmslos um kleine Betriebe handelt, während die größeren vollzählig Auskunft ertheilt haben. Zwar wird versucht werden, möglichste Vielseitigkeit der beobachteten und dargestellten Gesichtspunkte zu gewinnen. An eine Vollständigkeit in dem Sinne ist gleichwohl nicht zu denken, daß jede sich bietende Frage Beantwortung finden wird. Außerhalb Deutschlands wird die Arbeit nicht ohne jede Verwerthung bleiben, weil sie die Unterlage zu Vergleichen mit etwaigen im Auslande zustande kommenden ähnlichen Arbeiten bietet. Absichtlich bleiben diejenigen Gesichtspunkte völlig unberührt, bezüglich welcher bei dem Wesen der eingegangenen Nachrichten es leicht zu Trugschlüssen kommen könnte.

---

[1]) Im außerdeutschen Europa giebt es 325, in Amerika 990, in Afrika 3, in Asien 8 und in Australien 2 Straßenbahnbetriebe, deren nähere Umstände aus der Uebersicht unter § 9 S. 24 ersichtlich sind. Vergl. ferner § 9 S. 23 Anm. 11.

Die Entwickelung des Gefahrengesetzes der Straßenbahnen.

A. Das Straßenbahnwesen Deutschlands.

§ 8. Begriff der Straßenbahnen.

Straßenbahn[1]) ist zwar ein der Rechtssprache[2]), der Wirthschaftslehre[3]), der Bahntechnik[4]) geläufiger Ausdruck, doch fehlt es bisher an einer genauen Begriffsbegrenzung. Bald im Gegensatz

---

1) In gleichem Sinne wird Trambahn oder Tramways gebraucht, z. B. R. Souttar: Street Tramways, London 1877; Seraphon: les tramways, Paris 1882; Guillaume: les tramways, Paris 1882; Bianchi: l'impianto e l'esercizio dei tramways, Milano 1883.

2) Stüssi: Straßenbahnen, Einiges über deren Konzession und Gesetzgebung, 1877. K. Hilse: Betriebsunfälle der Straßenbahnen, Berlin 1886; Haftpflicht der Straßenbahnen, Berlin 1889. Huber: das Tramwayrecht, Zürich 1889, vorher als Dissertation unter dem Titel: Concessionsertheilung für Straßen-Eisenbahn- und Tramway-Unternehmungen, Bülach 1888. A. Mayer: Ueber Tramways (Pferde- und sonstige Straßenbahnen) in ökonomischer und politischer Hinsicht i. d. Zeitschr. f. Transportw. u. Straßenbau VI 33. 47. 56. 66. 78.

3) v. Lindheim: Straßenbahnen, Statistisches u. Finanzielles, Wien 1888; K. Hilse: Verstadtlichung der Straßenbahnen, Wiesbaden 1889. Vergl. darüber u. a.: Warrens: Wochenschrift für Finanzwesen und Volkswirthschaft XXII Nr. 8; Zeitschr. f. Eisenbahnen u. Dampfschifffahrt d. österr.-ungar. Monarchie II 260; Zeitschr. f. Transportw. u. Straßenbau VI 102. 111. 123. 137; der Kapitalist 1889 S. 49; Meili im Jurist. Literaturblatt I 105, sowie von Tagesblättern, z. B. dagegen Leipziger Zeitung 1889 Nr. 40 Beil. 4, dafür Berliner Börsenzeitung 1889 Nr. 8 Beil. 2, Leipziger Tageblatt 1889 Nr. 7. 9. 12.

4) Dietrich: Oberbau und Betriebsmittel der Schmalspurbahnen, Berlin 1889.

zu Eisenbahnen[5]), bald in diesem zu Lokal-[6]) oder dem zu Pferdebahnen[7]) gebraucht, ist die der Straßenbahn beigelegte Bedeutung verschieden. Vorliegend werden unter Straßenbahnen alle Betriebe verstanden und zusammengefaßt[8]), deren Zweck die Unterhaltung des öffentlichen Verkehrs innerhalb der Orte oder zwischen Nachbarorten durch Wagen ist, welche auf Gleisen bewegt werden. Als solche bilden sie in Deutschland eine Gattung der nach Gewerbe-Ordnung § 37 der ortspolizeilichen Regelung unterliegenden Straßen- oder Verkehrsgewerbe. Ausgeschlossen bleiben mithin einerseits die Eisenbahnen, auf welche das Bahnpolizei-Reglement für die deutschen Eisenbahnen[9]) und die Bahnordnung für Bahnen untergeordneter Bedeutung[10]) Anwendung findet, sodaß die Gewerbe-Ordnung nach § 6 für sie nicht gilt, andererseits sowohl die ausschließlich zu wirthschaftlichen Zwecken gewisser Hauptbetriebe (z. B. Feld- oder Forstwirthschaft oder Gewerbe-Unternehmungen) dienenden Feld-, Forst- oder Anschlußbahnen[11]), als auch die Drahtseil- und Zahnrad-[12]), sowie die lediglich zu Unterhaltungs-

---

[5]) Burkli: Ueber Straßenbahnen und Eisenbahnen in Städten, 1865; Challot: Tramways et chemins de fer sur routes, Paris 1877; Vigouroux: législations et jurisprudence des chemins de fer et des tramways, Paris 1887.

[6]) Dies thun z. B. Hostmann, Fischer-Dick, Giesecke durch den Titel der von ihnen herausgegebenen Zeitschrift für das gesammte Lokal- und Straßenbahnwesen.

[7]) Burkli und Huber: Bericht über die Straßenbahnen, Tramways und deren Einführung in Zürich, 1878; Meili: Das Recht der modernen Verkehrs- und Transport-Anstalten, 1888, S. 67.

[8]) Uebereinstimmend mit K. Hilse: Betriebsunfälle § 5 S. 5; Haftpflicht § 1; Sonntagsruhe und Normalarbeitstag im Straßenbahngewerbe Berlin 1889; Verstadtlichung § 3 S. 13 f. Vergl. dessen Begriffsbestimmung i. d. Zeitschr. f. Lok.- u. Straßenbahnw. III 160 und f. preuß. Recht IV 193 ff., welche von anderen Gesichtspunkten ausgeht. Derselben tritt bei Huber a. a. O. 18.

[9]) v. 4. Januar 1875 nebst Abänderungen v. 12. Juni 1878 (Centr.Bl. f. d. deutsche Reich 1875 S. 57 ff., 1878 S. 341 f., 355 f.)

[10]) v. 12. Juni 1878 für deutsche Bahnen (Centr.Bl. f. d. deutsche Reich 1878 Nr. 24); für Bayern bestehen besondere gleichartige Verordnungen.

[11]) Vergl. K. Hilse: Betriebsunfälle § 5 S. 5.

[12]) Solche sind die Zahnradbahnen nach dem Niederwald von Rüdesheim und Aßmannshausen, die Drachenfelsbahn in Königswinter, die Filderbahn bei Stuttgart, die Mahlbergbahn bei Ems und die Nerobergbahn bei Wiesbaden.

zwecken in Vergnügungslokalen bestimmten Bahnbetriebe, z. B. Rutschbahnen[13]). Danach wird die Darstellung keineswegs sämmtliche Betriebe umfassen, welche das Reichsversicherungsamt im Einverständnisse des Bundesrathes der Straßenbahn-Berufsgenossenschaft zugetheilt hat.

§ 9. Entwickelung der Straßenbahnen.

Wie anderwärts[1]) haben auch in Deutschland die Straßenbahnen sich fast ausschließlich in den geschlossenen Städten entwickelt[2]). Sie kommen daher einer verhältnißmäßig viel kleineren Bevölkerung zugute, als jene Einwohnerzahl ist, über welche sich das ausgedehnte Eisenbahnnetz der Erde erstreckt. Erst in neuester Zeit hat die Anwendung der mechanischen Triebkräfte eine Gattung von Straßenbahnen geschaffen, welche auch der ländlichen Bevölkerung dient. Es sind dies die Dampfstraßenbahnen, die sich zwar schon jetzt bis ins Innere der großen Städte erstrecken[3]), welche aber vorwiegend ihre Wirksamkeit in den Vororten der Städte und deren Nachbarschaft[4]) entfalten, jedoch mit Recht den Straßenbahnen zuzuzählen sind.

In Deutschland haben die Straßenbahnen ihren Ausgang von Berlin genommen[5]). Es befindet sich gegenwärtig in 62 Städten ein Straßenbahnbetrieb eingerichtet, welcher von 70 Unternehmern ausgeübt wird. Derselbe liefert für das Jahr 1888 bezw. am 31. Dezember 1888 folgendes Bild:

---

[13]) Der Unfallsfürsorge aus G. v. 28. Mai 1885 mit G. v. 6. Juli 1884 unterliegen indeß auch diese.

[1]) v. Lindheim a. a. O. 4.

[2]) K. Hilse: Verstadtlichung § 4 S. 14, Haftpflicht § 1 S. 3—8.

[3]) Straßburg, Hamburg nach Wandsbeck, Kassel nach Wilhelmshöhe, Berlin nach Grunewald, Crefeld nach Uerdingen, Duisburg nach Ruhrort, Karlsruhe nach Durlach, Dortmund, Magdeburg (Trambahn), Mülhausen, München nach Nymphenburg benutzen Dampf, Offenbach nach Sachsenhausen und Lichterfelde Elektricität.

[4]) z. B. von Doberan nach Heiligendamm, von Berlin nach Wilmersdorf, Schmargendorf, Steglitz, Lichterfelde, Teltow.

[5]) K. Hilse: Haftpflicht § 1 S. 1—6 und unten § 14 S. 34.

Betrieb in	Zahl der im Jahre 1888 ermittelten				
	Gleislänge	Fahrten	Nutzkilomet.	Personen	Einnahme
	in m				Mark
Aachen	22 000	243 917	636 270	2 277 799	254 979
Altona [1])	14 660	[4]) —	[4]) —	[4]) —	[4]) —
Augsburg . . .	12 500	162 840	504 233	1 338 227	168 661
Berlin					
Große	229 317	3 352 730	19 595 767	102 150 000	12 054 452
Neue	32 190	455 982	2 494 979	10 210 000	1 245 423
Berliner . . .	25 350	339 532	1 770 553	4 649 010	683 121
Braunschweig . .	[3]) 12 700	219 000	628 236	1 870 000	170 000
Bremen					
Bremer [1]) . . .	8 000	[4]) —	[4]) —	[3]) 921 234	145 713
Große Bremer .	17 700	[4]) —	1 001 916	2 721 851	[4]) —
Bremerhafen . . .	6 046	59 560	383 760	958 393	114 280
Breslau	[5]) 34 471	419 406	2 150 714	7 241 647	871 017
Bromberg . . .	2 150	[4]) —	[4]) —	356 092	34 171
Charlottenburg . .	[6]) 6 300	23 031	133 781	241 291	45 654
Chemnitz	9 201	63 515	378 830	1 157 245	138 898
Crefeld	16 850	130 000	[8]) 480 000	[3]) 1 727 190	288 719
Danzig	20 905	318 299	957 801	2 441 492	309 249
Dortmund . . .	15 500	175 165	475 153	1 480 252	207 683
Dresden	35 800	615 888	2 767 585	10 790 725	1 702 494
Duisburg . . .	7 980	43 342	209 433	605 063	125 016
Düsseldorf . . .	9 801	35 825	501 559	1 408 494	194 775
Elberfeld	19 000	67 642	1 285 207	4 874 774	539 951
Erfurt	8 840	220 324	720 435	1 518 210	151 821
Feudenheim . . .	4 500	25 142	108 110	720 038	75 838
Flensburg . . .	2 500	37 230	1 712 580	391 500	38 267
Frankfurt . . .	15 579	619 041	1 631 442	7 842 035	985 750
Gladbach-München .	5 224	57 580	291 710	630 893	94 919
Görlitz	6 950	135 880	[4]) —	[4]) —	[4]) —
Hagen	3 200	85 101	3 200	[4]) —	37 504
Halberstadt . . .	3 505	45 264	206 060	413 403	45 904
Halle	5 910	138 162	467 243	1 430 000	172 040
Hamburg					
Straßeneisenbahn	114 271	707 961	7 188 053	25 595 719	3 335 503
Altonaer [1]) . .	11 100	248 628	[4]) —	7 193 865	808 644
Gr. Hamb.-Alton.	13 500	69 206	934 281	3 425 033	369 833
Hannover	25 000	359 049	1 550 900	6 073 441	624 666
Heidelberg . . .	5 287	187 657	275 535	755 000	81 300
Ingolstadt . . .	3 000	23 424	70 272	158 607	45 632
Zu übertragen	786 787	9 685 323	51 515 598	215 568 523	26 161 877

1) Nachrichten ausgeblieben, deshalb nach Geschäftsbericht. — 2) Erst seit 4. November. — 3) Ohne Abonnenten. — 4) Angaben fehlen. — 5) Gesammtbaulänge, sonst allgemeine Betriebslänge ohne Bahnhofs- und Zufahrtsgleisen. — 6) Mittlerweile auf 7600 m erweitert. — 8) Ungenau. — 9) Nicht Kalender-, sondern Ge-

Betrieb in	Zahl der im Jahre 1888 ermittelten				
	Gleislänge	Fahrten	Nutzkilomet.	Personen	Einnahme
	in m				Mark
Uebertrag	786 787	9 685 323	51 515 598	215 568 523	26 161 877
Kassel					
Straßenbahn[9]) .	5 500	37 782	195 227	828 769	155 146
Stadtbahn . .	6 500	55 984	363 896	842 136	87 621
Karlsruhe . . .	8 400	161 330	3 416 400	1 723 025	184 411
Kiel	6 586	55 632	282 086	675 071	76 987
Koblenz	4 682	87 484	192 157	489 922	64 433
Köln	45 000	[4]) —	2 298 600	7 445 000	1 043 232
Königsberg[9]) . .	18 852	130 054	723 694	2 734 919	305 542
Köpenick[1]) . . .	2 000	[4]) —	[4]) —	[4]) —	[4]) —
Leipzig	30 800	547 189	2 950 117	12 262 010	1 490 151
Lübeck	8 450	42 090	483 589	1 061 714	106 281
Magdeburg					
Straßenbahn . .	19 247	257 057	1 443 232	6 183 634	685 515
Trambahn . .	11 280	133 457	808 280	2 207 740	272 812
Mainz[10])	10 190	172 855	605 106	1 842 980	173 870
Mannheim . . .	8 660	181 443	503 621	1 711 178	221 287
Metz	9 921	44 719	9 921	632 596	101 578
Mülhausen[1]) . .	31 988	[4]) —	418 720	635 985	67 907
München[9]) . . .	59 700	412 892	2 652 042	14 344 678	1 611 699
Nürnberg . . .	19 597	263 750	1 249 584	2 892 387	343 545
Offenbach . . .	6 617	39 700	525 640	1 050 209	[3]) 140 266
Oldenburg[1]) . . .	6 500	—	—	—	—
Posen[9])	3 500	72 820	225 570	932 917	104 044
Potsdam	8 700	266 926	480 706	1 253 102	146 552
Pyrmont[1]) . . .	3 167	[4]) —	[4]) —	[4]) —	[4]) —
Rostock	7 788	71 540	[4]) —	[4]) —	39 028
Schönebeck . . .	2 600	28 800	2 600	182 058	[11]) 20 813
Spiekeroog . . .	1 650	1 550	2 398	5 500	400
Stettin	[5]) 20 580	173 795	987 627	2 879 656	357 200
Straßburg[12]) . .	31 118	6 973	277 740	799 267	117 911
Stuttgart					
Pferdeeisenbahn .	9 305	113 567	787 701	2 209 775	294 482
Neue Pferdeeisenb.	[12]) 8 600	60 971	414 820	1 326 542	149 267
Uetersen	5 000	3 570	[4]) —	78 000	19 000
Wiesbaden . . .	3 250	37 586	104 883	311 688	59 043
Wiesloch	2 700	5 840	[4]) —	59 000	14 000
Wittenberg[13]) . .	1 650	[5]) 2 226	36 729	[4]) —	[4]) —
Beisammen	1 216 865	13 154 905	73 958 284	285 169 981	34 615 900

schäftsjahr von Juli—Juni. — 10) Geschäftsjahr Oktober—September. — 11) Von März an. — 12) Geschäftsjahr von April bis März. — 13) Erst seit 11. November. — 14) Bromberg seit 18. Mai, Wittenberg seit 26. Juli.

Die allmählige Ausbildung dieses Straßenbahnnetzes wird unten §§ 14—16 geschichtlich dargestellt werden.

Von verschwindenden Ausnahmen abgesehen, hat Privat-Unternehmungsgeist und Privat-Kapital die vorhandenen deutschen Straßenbahnen geschaffen. Blos in Köpenick, Mariendorf, Rixdorf und Wiesloch ist die Herstellung aus Gemeindemitteln im Wege der Gemeindewirthschaft erfolgt. Mariendorf und Rixdorf haben die Unersprießlichkeit ihres Unternehmens schnell eingesehen und dasselbe unter dem Herstellungswerthe einer leistungsfähigen Betriebsgesellschaft überlassen[6]). In Köpenick ist der Betrieb verpachtet, in Wiesloch wird er auf Gemeinderechnung verwaltet.

Die heutigen Unternehmer sind überwiegend Aktien-Gesellschaften, von denen einzelne im Auslande[7]) ansässig sind. Sie haben das Unternehmen vielfach von den Erbauern erst erworben. Bis auf die Kontinental-Pferdeeisenbahn-Gesellschaft, welche ihre Linien in Dresden und Hannover verpachtet hat, betreiben sie selbst.

Zur Einstellung gelangte bisher erst ein Pferdebahnbetrieb zu Schwerin. Einige fristen zur Zeit noch ein klägliches Dasein. Sie bergen indeß den Keim voller Lebensfähigkeit in sich. Sobald der Gründergewinn zur Abschreibung gelangt und damit der ungesunde Zustand beseitigt sein wird, versprechen selbst diese, zumal wenn gleichzeitig ortsgemäße Betriebsverbesserungen eintreten würden, einen Unternehmergewinn. Ueberwiegend sind sie ertragsreich, obschon nur ausnahmsweise mehr als 6% Gewinn erzielt wird[8]).

Die meisten vorhandenen deutschen Straßenbahnen beschränken sich auf die Personenbeförderung; nur wenige befördern daneben Güter[9]). Als Triebkraft pflegen überwiegend Pferde benutzt zu werden, während der Dampf und elektrische Betrieb zur Zeit noch eine Ausnahme bildet[10]).

---

[6]) K. Hilse: Haftpflicht S 2 Anm. 3 S 7, Verstadtlichung § 4 S. 16.

[7]) Nämlich The Tramways Company of Germany Limited (mit den Betrieben zu Dresden, Halle, Hannover, Leipzig), Magdeburg Tramways Company Limited (Trambahn) und The Hamburg, Altona & North Western Tramways Company Limited in England; Société anonyme des Tramways de Barmen-Elberfeld, Cologne, Dusseldorf, Francfort a. M. in Belgien.

[8]) K. Hilse: Verstadtlichung § 17 S. 49. § 22 S. 65.

[9]) z. B. Duisburg, Dortmund, Mülhausen, Posen.

[10]) Oben § 9 S. 19 Anm. 3. 4.

Gleiches findet übrigens nach diesseitigen Ermittelungen [11]) in den außerdeutschen Betrieben statt. Hier wird ebenfalls überwiegend thierische Kraft benutzt. In dem außerdeutschen Europa verwenden von 226 Betrieben 86 blos Maschinen, 34 Maschinen neben Pferden und 106 nur Pferde als Zugkraft, während bei 99 Betrieben die Art der üblichen Zugkraft nicht angegeben worden ist [12]). In den 140 Betrieben mit thierischer Kraft werden 40 286 Pferde, in den 120 anderen Betrieben 1374 Maschinen gebraucht. In Amerika überwiegt gleichfalls der thierische Betrieb. Bekannt ist die Zugkraft in 761, ungewiß in 199 Betrieben. 73 Betriebe verwenden bloß Maschinen, 41 bedienen sich gleichzeitig der Thiere, 647 gebrauchen nur solche. Im Ganzen ist die Verwendung von 103 956 Pferden, 17 532 Maulesel und 435 Maschinen ermittelt [13]). Letzteres sind überwiegend Dampfmaschinen; elektrischer [14]) und Kabelbetrieb [13]) finden sich verhältnißmäßig noch selten. Aus Australien und Afrika fehlen Angaben über die Zugkraft, in Asien beschäftigen 6 Betriebe 65 Maschinen und außerdem 1 davon noch 662 Pferde. Allerwärts pflegen die Straßenbahnunternehmer oder -leiter Aktien- oder sonstige Erwerbsgesellschaften zu sein [16]). Die Vertheilung auf die einzelnen Länder nach der Zahl der Orte, Betriebe, Betriebskräfte und -unternehmer liefert folgendes Bild [17]):

---

11) Die Nachrichten sind keineswegs vollständig. Vielfach blieben Antworten aus oder entbehrten die eingegangenen der Genauigkeit. Auch handelt es sich scheinbar öfter um Lokalbahnen. Vgl. v. Lindheim a. a. O.; Karfunkel: Die Straßenbahnen der Welt in seiner Zeitschr. „Straßenbahnen" I S. 189, 197, 207, 215, 223, 231, 239, 247, 255, 263, 271, 279, 287, 295, II S. 7, 15, 47, 55, 63, 71, 79, 95, 119, 127, 135, 143; the Street Railway Gazette (Chikago) III (1888) Nr. 21. Nach Straßenbahnen II 140 bestehen für Amerika neuere Erhebungen, welche ein abweichendes Ergebniß liefern, nicht zugänglich waren und schwerlich richtig sind.

12) Hierher wurden alle Betriebe gezogen, bei denen Zweifel obwalten.

13) Zwei Betriebe ohne Zifferangabe.

14) In Brasilien, Kanada, Pensylvanien, Virginien, Washington.

15) Rhode Island (1), Kanada, Pensylvanien, Virginien (je 2), Washington 5.

16) Gemeinde-Betriebe fehlen scheinbar. Die gezählten werden als unbestimmt gleichfalls zum erheblichsten Bruchtheile Gesellschafts-Betriebe sein.

17) Wo Angaben fehlen, ist dies nachstehend vermerkt.

18) Darunter ein Kabelbetrieb.

19) Darunter ein Kabel, zwei elektrische.

20) Elektricität. Vergl. Zeitschr. f. Transportw. und Straßenbau VI 154.

21) Fünf elektrische, ein Kabel.

Land	Orte	Zahl der Betriebe: überhaupt	Betriebe: thierischer	Betriebe: gemischter	Betriebe: mechanischer	Betriebe: unbestimmt [12])	Betriebskräfte: Pferde	Betriebskräfte: Maulesel	Betriebskräfte: Maschinen	Gleislänge m	Betriebsleiter: Gesellschaft	Betriebsleiter: unbestimmt [13])
Europa (ohne Deutschland):												
Belgien	20	39	6	—	11	22	1 075	—	208	1 037 759	10	29
Frankreich	25	25	1	2	2	20	1 435	—	109	660 138	22	3
Griechenland	1	1	—	—	—	1	—	—	—	[17]) —	1	—
Großbritannien:												
England	85	113	54	16	[18]) 20	23	20 814	—	483	311 829	98	15
Schottland	9	12	5	5	[18]) 1	1	3 840	—	29	146 218	10	2
Irland	4	8	4	—	2	2	1 572	—	13	142 195	7	1
Isle of Man	1	1	1	—	—	—	20	—	—	4 827	—	1
Guernsey	1	1	—	—	1	—	—	—	6	6 436	1	—
Italien	25	28	5	2	16	5	2 170	—	187	1 102 530	24	4
Niederlande	35	44	11	5	26	2	1 528	—	232	1 049 916	5	39
Oesterreich-Ungarn	18	22	11	2	5	4	5 459	—	89	463 898	20	2
Rumänien	1	1	—	—	—	1	—	—	—	—	—	1
Rußland	6	6	—	2	—	4	1 125	—	16	82 778	4	2
Schweden, Norwegen, Dänemark	6	9	5	—	—	4	1 066	—	—	60 539	2	7
Schweiz	9	11	3	—	2	6	182	—	2	29 381	1	10
Spanien, Portugal	3	3	—	—	—	3	—	—	—	—	1	2
Türkei	1	1	—	—	—	1	—	—	—	—	1	—
Beisammen	**248**	**325**	**106**	**34**	**86**	**99**	**40 286**	—	**1374**	**5 098 444**	**207**	**118**
Australien	**2**	**2**	—	—	—	**2**	—	—	—	**111 021**	**2**	—
Asien	**8**	**8**	—	**1**	**5**	**2**	**662**	—	**65**	**378 522**	**2**	**6**
Amerika:												
Alabama	16	27	11	1	10	5	166	556	41	481 091	24	3
Argentinien	2	6	6	—	—	—	3 465	—	—	162 831	5	1
Arizona-Territorium	1	1	1	—	—	—	2	3	—	3 620	1	—
Arkansas	8	13	8	—	1	4	51	418	2	94 127	12	1
Brasilien	7	11	3	2	2	4	976	2 359	[14]) 18	154 464	9	2
Californien	32	74	46	6	7	15	3 217	274	105	639 885	70	4
Canada	20	22	15	2	2	3	2 481	—	[19]) 15	265 485	22	—
Colorado	5	8	4	—	—	4	456	8	—	66 774	8	—
Chile	2	2	—	—	—	2	—	—	—	41 834	2	—
Connecticut	17	23	19	—	1	3	1 373	12	4	150 178	23	—
Columbia (Süd)	1	1	1	—	—	—	—	160	—	12 872	1	—
Columbia (Nord)	2	5	5	—	—	—	1 638	—	—	96 234	5	—
Cuba	3	4	—	—	2	2	—	—	10	37 248	—	4

Delaware	1	2	2	—	—	—	64	25	—	11 804	2	—
Dacota	8	8	4	—	—	4	22	1	—	16 895	8	—
Equador	1	1	—	—	—	1	—	—	—	6 436	1	—
Florida	10	13	7	—	1	5	—	161	2	56 315	13	—
Georgia	11	18	11	5	—	2	287	437	9	167 223	14	4
Hayti	1	1	—	—	—	1	—	—	—	6 436	1	—
Illinois	32	45	30	3	—	12	10 510	474	7	754 818	40	5
Indiana	15	17	17	—	—	—	302	1 131	—	203 860	15	2
Iowa	19	27	21	1	2	3	607	266	14	209 572	22	5
Kansas	34	42	25	3	4	10	555	412	30	323 873	39	3
Kentucky	8	10	9	—	—	1	481	2 363	—	281 575	10	—
Louisiana	2	8	5	2	1	—	171	1 095	24	227 635	8	—
Maine	5	6	5	—	—	1	342	—	—	49 170	6	—
Maryland	1	12	12	—	—	—	2 855	—	—	286 814	12	—
Massachusetts	29	40	24	2	2	12	11 644	5	6	843 227	40	—
Mexiko	10	11	6	—	—	5	[13]) 48	[13]) 1 814	—	333 465	7	4
Michigan	14	23	15	1	5	2	2 156	17	14	243 249	19	4
Minnesota	7	10	6	—	—	4	1 261	426	—	245 373	10	—
Mississippi	5	6	4	—	—	2	20	44	—	14 642	4	2
Missouri	10	37	29	—	2	6	3 439	1 273	8	572 901	32	5
Montana	2	2	1	1	—	—	44	—	2	10 059	2	—
Nebraska	8	18	10	—	4	4	681	269	17	208 285	17	1
New Hampshire	5	5	4	1	—	—	174	—	2	41 442	1	4
New Jersey	16	25	14	1	1	9	—	24	2	52 196	23	2
New York	55	124	90	2	6	26	29 553	12	35	1 552 197	117	7
North Carolina	4	4	4	—	—	—	72	47	—	35 205	4	—
South Carolina	4	5	5	—	—	—	228	78	—	48 326	4	1
Ohio	26	45	36	—	4	5	5 960	301	9	714 409	43	2
Oregon	1	6	3	1	—	2	244	—	1	36 605	6	—
Paraguay	1	1	—	—	—	1	—	—	—	1 609	1	—
Pensylvanien	28	84	53	4	4	23	14 375	152	[19]) 15	1 144 723	81	3
Portorico	1	3	—	—	—	3	—	—	—	8 045	—	3
Rhode Island	3	3	2	1	—	—	1 653	—	[20]) 1	104 585	2	1
St. Domingo	1	1	—	—	—	1	—	—	—	2 011	1	—
St. Salvador	1	1	—	—	—	1	—	—	—	[17]) —	—	1
Tennessee	10	23	16	1	4	2	263	1 277	16	248 317	22	1
Texas	20	24	21	1	1	1	35	1 267	5	24 135	23	1
Uruguay	1	9	9	—	—	—	[17]) —	[17]) —	—	102 965	—	9
Utah	2	2	2	—	—	—	32	120	—	30 571	2	—
Venezuela	2	2	—	—	—	2	—	—	—	7 267	—	2
Vermont	2	2	2	—	—	—	60	—	—	18 503	2	—
Virginien	11	17	11	—	3	3	386	88	[19]) 4	129 273	15	2
Washington	2	3	2	—	1	—	55	—	6	19 469	3	—
Wisconsin	13	17	11	—	3	3	1 378	163	[12]) 11	173 772	17	—
Beisammen	**960**	**960**	**647**	**41**	**73**	**199**	**103 956**	**17 532**	**435**	**11 775 895**	**871**	**89**
Afrika	**3**	**3**	—	—	—	**3**	—	—	—	—	1	**2**

§ 10. Aufgabe der Straßenbahnen.

Die Straßenbahnen haben eine ähnliche civilisatorische[1]) und volkswirthschaftliche Aufgabe für die gedeihliche Entwickelung des Gewerbes und des Wohlstandes in ihrem kleineren Betriebskreise zu erfüllen als wie die Eisenbahnen in ihrem größeren. Selbst für den allgemeinen Weltverkehr sind sie nicht ohne jede Bedeutung. Wofern nicht die Hauptbahn bis ins Herz der bewohnten Orte verlängert wird, sind die Bahnhöfe durch Straßenbahnen zu verbinden, um die gewaltigen Kosten der Fahrt vom Bahnhof zur Behausung zu verringern. Mit der größeren gewerblichen Entwickelung und der Herabsetzung der Fahrpreise steigt die Zahl der Fahrgäste und damit die Nothwendigkeit wohlorganisirter Straßenbahnen. Ohne sie ist in den Städten der Menschenzuwachs, welcher aus der Nutzbarmachung größerer Kräfte und verbesserter Arbeitseinrichtungen hervorgeht, kaum noch zu bewältigen. Das Aufhören der Straßenbahn würde zu einem unvermeidlichen Unheil treiben.

Jetzt müssen die Massen unter Verhältnissen, welche Krankheit und Tod, Laster und Verbrechen erzeugen, in den Miethskasernen unserer Großstädte verkümmern. Die Entfernung vom Arbeitsorte zur Behausung der weniger Bemittelten ist nur durch ein billiges und gut functionirendes Verkehrsmittel entsprechend abzukürzen. Ein solches ist ausschließlich die Straßenbahn, da der Omnibus und alle anderen Fahrzeuge keinen Massenverkehr bewältigen können. Diese allein macht es möglich, den Normalarbeitstag, das Heimats-Gesetz und ähnliche Gesellschafts-Reformen praktisch durchzuführen. Da nun der Arme im Weichbilde der Stadt, selbst für schweres Geld nur schlecht und ungesund wohnt, so bilden die Wohnungs-Verhältnisse den Schlüssel für die Zufriedenheit und für die Wohlhabenheit der Bevölkerung, und die Wohnungspreise in den Städten den directen Maßstab für die Sterblichkeit, nachdem dieselbe in den Wohnungen der Unbemittelten erschreckend groß ist.

---

[1]) K. Hilse: Haftpflicht § 30 S. 121; Verstadtlichung § 15 S. 41. Giesecke i. d. Zeitschr. f. Lok.- u. Straßenbahnw. VII 181.

[2]) v. Lindheim a. a. O. 1. 2.

Da ausreichende und billige Wohnungen den Armen der großen Städte nur in deren Umgebungen geschaffen werden, wohin diese, wenn es an Straßenbahnen fehlt, nur zu Preisen oder mit solchem Zeitverluste gelangen, die zum Erwerbe in keinem Verhältnisse stehen, so sind die Straßenbahnen das Mittel, die materielle Lage der Armen zu verbessern und deshalb von außerordentlich gemeinnütziger Wichtigkeit.

Danach ist die Ersparung von Zeit und Kraft bei Ortsveränderungen der Dienst, welchen die Straßenbahnen dem örtlichen Gewerbeleben und Geschäftsbetriebe, damit aber dem allgemeinen Ortsverkehre bieten, wodurch sie mittelbar den Ortswohlstand befördern und der Entwickelung der betreffenden Orte nach den verschiedensten Richtungen einen heilsamen Vorschub leisten. Sie sollen die Trennung von Geschäftsstätte und häuslicher Wohnung für die Minderbegüterten, die nicht eigenes Fuhrwerk halten können, ermöglichen und zu einer Verbesserung der Wohnungsverhältnisse beitragen.

Der objektive Werth der Straßenbahnen für die Entwickelung des örtlichen Geschäftsbetriebes und Familienlebens, damit aber für die dortige Gesammt-Wirthschaft wird bedingt einerseits durch den Preis, um welchen die Straßenbahn ihre Leistungen gewährt, andererseits durch den Grad der Vollkommenheit, in welcher die Bahn ihren der Allgemeinheit schuldigen Verpflichtungen nachkommt. Daraus ergiebt sich, daß naturgemäß zwei Fragen in den Vordergrund treten, so oft es sich um den wirthschaftlichen Nutzen der Straßenbahnen für den örtlichen Verkehr handelt, nämlich die Preis- und Betriebsfrage. Ihrem nützlichen oder schädlichen Einflusse kann sich kaum irgend ein Gebiet menschlicher Erwerbs- oder Geschäftsthätigkeit wirksam entziehen.

Neuerdings hat man es bei diesen beiden Fragen nicht mehr bewenden lassen. Vielmehr ist eine dritte Frage nach der Besteuerungs- bezw. Ausnutzungsfähigkeit der Straßenbahnbetriebe aufgetaucht. Ihre Tragweite wird vielfach unterschätzt, und ist jedenfalls noch nicht aufgeklärt. Dem Wesen der Straßenbahnen liegt nämlich die Ausnutzung seines Betriebes für die Gemeindewirthschaft und Hebung der Gemeindeeinkünfte eigentlich sehr fern. In den letzten Jahren ist jedoch verschiedentlich versucht worden, aus dem Straßenbahnbetriebe eine mittelbare Einnahmequelle für die Gemeinden, in welchen er stattfindet, zu gewinnen[3]), die Betriebseinnahmen theilweise für Gemeindezwecke in Anspruch zu nehmen, um durch die so erlangten Mittel zur Bestreitung von Gemeindebedürfnissen die Gemeindesteuerzahler zu entlasten oder sonstige Gemeindegefälle fallen zu lassen. Die Belastung geschieht in verschiedener Weise, bald blos durch Heranziehung zu den Pflasterkosten[4]), bald darüber hinaus noch zu einer procentualen, steigenden Abgabe von den Bruttoeinnahmen[5]) oder zu letzteren allein[6]), bald in Form einer Betheiligung am Reingewinn des Unternehmens[7]), bald durch eine feste, entweder nach der Streckenlänge[8]) bemessene oder von den einzelnen beförderten Personen[9]) oder laufenden Wagen[10])

---

[3]) J. H. Müller: Konzessionsverhältnisse deutscher Straßenbahnen; v. Lindheim a. a. O. 46; K. Hilse: Haftpflicht § 49 S. 211, Verstadtlichung § 15 S. 43; Graf Grazia dei: Konzessionsverhältnisse der deutschen Straßenbahnen, München, 1889.

[4]) z. B. Aachen jährlich 0,40 Mk. für jeden Meter Gleise von den Stadtverwaltungen Aachen-Burtscheid.

[5]) In Berlin zahlt die Berliner und Neue Berliner 4 %, die Große bis 6 000 000 Mk. 4 %, bei Mehrertrag steigend bis 8 %; München 2 % bis 1 000 000, 2 1/2 % von den folgenden 50 000 Mk., 3 % darüber hinaus.

[6]) Danzig 2 % während der ersten 15 Jahre, 2 1/2 % während der folgenden 10, 3 % während der letzten 10; Düsseldorf 3 % der Bruttoeinnahme und 500 Mk. für jeden in regelmäßigem Betrieb befindlichen Wagen oder mindestens für Jahr und Kilometer Bahnlinie in den ersten 5 Betriebsjahren 1200 Mk., den darauf folgenden 10 Jahren 1600 Mk. und den letzten 10 Jahren 2000 Mk.; Erfurt 1600 Mk. und Straßenreinigung für Benutzung der Chaussee; ferner 1 1/2 % der Bruttoeinnahme während der ersten 10 Jahre, 3 % durch die 10 folgenden, 4 1/2 % durch die 15 letzten; Frankfurt a. M 3 % während der ersten 12 und 4 % in den letzten 13 Jahren, mindestens aber jährlich 12 000 Mk.; Halle 2 %; Ingolstadt 1 1/2 %; Köln von 1889—1893 5600 Mk., von 1894—1902 11 200 Mk., von 1903—1916 außer diesen noch 15 % von dem Reingewinn, sobald solcher 15 % übersteigt; Magdeburger Trambahn 3 1/2 %, jedoch mindestens jährlich 14 000 Mk., Straßenbahn 3 1/2 % von Bruttoeinnahme der Zweiglinien.

[7]) Bremen (große) 1/4 des 5 % übersteigenden Reingewinns; Breslau 1/3 des Reingewinns über 85 000 Mk.; Königsberg 1/4 des Gewinnüberschusses nach Abschlag von 6 % Dividende; Rostock einen von Fall zu Fall festzusetzenden Antheil des 6 % übersteigenden Gewinnes. Für Stettin und Kassel (Stadtbahn), bestehen sehr schwierige Berechnungsgrundsätze.

[8]) Dresden 500 Mk. jährlich für jeden Kilometer Gleis.

[9]) Hamburg Straßenbahn 1 Pf. für jeden gegen Baarzahlung Beförderten und 5 % von den Abonnementsgeldern; Hamburg-Altona 1 bezw. 1 1/2 Pf. für jeden Fahrgast.

[10]) Mannheim — Ludwigshafen 20 Mk. für die ersten 10, 30 Mk.

zu entrichtende Abgabe.[11]) Erst vereinzelt und bisher ohne günstigen Erfolg ist die Straßenbahnanlage als Gegenstand der Gemeindewirthschaft behandelt, aus Gemeindemitteln bewirkt[12]) und theils durch Verpachtung[13]), theils durch Selbstbetrieb[14]) ausgenutzt worden.

§ 11. Wesen der Straßenbahnen[1]).

Zum Wesen der Straßenbahnen gehört vor allem, einer möglichst großen Menschenmenge Gelegenheit und Möglichkeit zum Fahren zu bieten. Nur wenn sie dies erreicht, erfüllt sie ihre Aufgabe. Danach besteht ihr Wesen in der Massenbeförderung. Sie muß um eine möglichst große Abnehmerzahl ihrer Leistungen zu erlangen, sich nach den Bedürfnissen des Verkehrs richten und ihre Einrichtungen dem aus Beobachtung des Geschäfts- und Verkehrslebens zu gewinnenden Verkehrsgesetz anpassen.

Die Betriebsdauer muß sich mit der üblichen Verkehrsdauer decken; die einzelnen Züge haben in derarten Zwischenräumen sich zu folgen und in so kurzer Fahrzeit ihr Ziel zu erreichen, daß der benutzende Fahrgast die Ortsveränderung nicht etwa inzwischen zu Fuß zurücklegen könnte. Das Fahrgeld darf weder die Zahlungsfähigkeit der Beförderungsbedürftigen übersteigen, welche sonst von der Benutzung durch ihr Zahlungsunvermögen ausgeschlossen würden, noch die Vortheile aus der Zeit- und Kraftersparniß aufheben,

---

für jeden weiteren Wagen; Mülhausen 30 Mk.; Straßburg 40 Mk. bis 1895, später 80 Mk.

11) In Stuttgart wird nur der Vortheil der städtischen Beamten — nicht der Gemeinde — durch die Auflage gefördert, an solche Freikarten in verlangter Anzahl abzugeben. Vergl. Graziadei a. a. O. 32.

12) Rixdorf und Mariendorf. S. K. Hilse: Haftpflicht § 1 S. 7.

13) Köpenick vom Bahnhofe nach der Stadt. In Halle wird eine Erweiterung des vorhandenen Straßenbahnnetzes, welches Eigenthum einer englischen Gesellschaft ist, auf Gemeinderechnung ausgeführt. Der Betrieb auf diesem neuen Schienenwege ist gegen ein Jahrespauschale von 8000 Mark und 15 % Gewinnantheil einem Unternehmer behufs Ausnutzung zugesagt.

14) Wiesloch nach K. Hilse a. a. O. S. 7. In Frankfurt a. M., wo Ausführung von Straßenschienenwegen aus Gemeindemitteln geplant wird, trägt man sich mit dem Gedanken des Selbstbetriebes. S. K. Hilse: Verstadtlichung § 31 S. 89; Frankfurter Zeitung XXXIII 277; Karfunkel i. d. Straßenbahn I 65. 74. 81; Zeitschr. f. Transportw. VI 123.

1) K. Hilse: Verstadtlichung § 16 S. 45.

weil andernfalls leicht vorgezogen wird, von einer unvortheilhaften Zeit- und Kraftverwerthung Abstand zu nehmen[2]).

Wenn irgendwo, so trifft bei den Straßenbahnen die Wahrheit zu, daß ein geringerer Nutzen von vielen Fahrgästen für den Unternehmer größeren Vortheil bringt, als ein größerer von einer kleineren Fahrgästezahl. Das Bestreben der Verwaltungen muß also gerichtet sein auf Erweiterung des Abnahmegebietes ihrer Leistungen durch Vermehrung der Fahrgelegenheit und Erleichtern der Benutzungsmöglichkeit.

Indeß hat dies Bestreben seine natürliche Grenze darin, daß der Straßenbahnbetrieb ein Erwerbsunternehmen ist, also die Selbstkosten aufbringen, das Anlage- und Betriebskapital verzinsen und thunlichst einen Unternehmergewinn als Entgelt für die nicht ausgeschlossene Gefahr eines Verlustes abwerfen soll. Denn unentgeltlich der allgemeinen Wohlfahrt zu dienen, kann füglich niemandem zugemuthet werden und würde vom wirthschaftlichen Standpunkte aus ein Fehler sein. Selbst der Gemeindebetrieb zielt auf einen wirthschaftlichen, unmittelbaren oder mittelbaren Nutzen ab.

§ 12. Das Zustandekommen der Straßenbahnen.

Abweichend von den Eisenbahnen, deren Unterbau auf eigenem für das Unternehmen erworbenen Boden gelegt zu werden pflegt, sodaß hier die Benutzung fremden Grundes zu den Seltenheiten gehört, werden Straßenbahnen fast ausnahmslos auf fremder Grundfläche errichtet[1]), wird nämlich überwiegend dazu der Körper vorhandener öffentlicher oder Privat-Straßen verwerthet, und kommt es zum Grunderwerbe meist nur für die zu errichtenden Verwaltungsgebäude. Deshalb wird vor der Ausführung von Straßenbahnanlagen regelmäßig die Genehmigung

---

[2]) Beträgt z. B. das Arbeitsstundenlohn nur 40 Pf., das Fahrgeld für Hin- und Rückfahrt je 30 Pf., so beansprucht dessen Aufbringen $1^1/_2$ Stunde Mehrleistung. Werden durch das Fahren nur $^1/_2$ Stunde erspart, so ergiebt sich ein einstündiger Mehraufwand an Zeit. Man handelt dann vortheilhafter, zu gehen statt zu fahren.

[1]) K. Hilse: Verstadtlichung § 7 S. 21, sowie über den Rechtszustand der außerdeutschen Länder Huber: a. a. O. 30—87 und Prix: zur Wiener Tramwayfrage i. d. Zeitschr. f. Transportw. u. Straßenbau VI 21, 34, 44.

a) des Straßeneigenthümers zur Benutzung des Straßenkörpers[2]), welche rein vermögensrechtlicher Natur ist,

b) der Straßen-, Bau- und Verkehrspolizei zur Vornahme der in dem Straßenpflaster auszuführenden Umgestaltungen[3]),

c) der Ortspolizei zur Eröffnung und Fortsetzung des Betriebes[4])

herbeigeführt. Die beiden ersteren sind jedenfalls erforderlich, die letzte ist vielleicht zweckmäßig aber nicht unerläßlich.

§ 13. Rechtsnatur der Straßenbahnen.

In Deutschland[1]) besteht eine Rechtsunsicherheit[2]) bezüglich aller in das Gebiet des Straßenbahnwesens einschlagenden Verhältnisse. Man ist fast überall auf die Gesetzes-Analogie angewiesen und deshalb ungewiß, wo solche von der zuständigen höchsten Spruchbehörde für zulässig befunden werden wird oder nicht.

Das Gesagte gilt namentlich auch von der Rechtsnatur der Straßenbahnen[3]). Sind dieselben blos für den öffentlichen Gebrauch bestimmte (publico usui destinatae)[4]), oder sind sie vielleicht, zumal wenn ihr Unterbau im öffentlichen Straßenkörper ruht, unter allen Umständen öffentliche Wege[5])? Zweifellos macht es einen Unterschied, auf welche Weise sie zustande gekommen sind und wem der Unterbau gehört, ob dem Straßeneigenthümer oder einer von diesem verschiedenen, physischen oder juristischen Persönlichkeit. Hier greift das erstere, dort das letztere Platz.

---

[2]) K. Hilse a. a. O. § 8 S. 22, § 26—28 S. 73—84.

[3]) Ebenda § 9 S. 25.

[4]) Ebenda § 10. 11 S. 27 ff., § 29—31 S. 84—90.

[1]) Gleiches gilt auch für Oesterreich nach Prix i. d. Zeitschr. f. Transportw. u. Straßenbau VI 21. 34. 44.

[2]) K. Hilse: Verstadtlichung § 5 S. 18.

[3]) Huber: a. a. O. 107 ff.; Dorn: Aufgaben der Eisenbahnpolitik. K. Hilse: Verstadtlichung § 5. 6 S. 18—22.

[4]) Stobbe: Deutsches Privatrecht (II. Aufl.) I 532.

[5]) Wappaeus: Zur Lehre von den dem Rechtsverkehr entzogenen Sachen, 107 Vergl. Zachariae v. Lingenthal: Handbuch d. franz. Civilrechts § 175 (I 739). K. Hilse: Verstadtlichung § 6 S. 20 Anm. 6 sowie §§ 26—28. Daß sie solches würden, ist jedenfalls ein Wunsch der Volkswirthe.

Denn der mit Genehmigung des Straßeneigenthümers in den öffentlichen Straßenkörper eingelegte Unterbau ist sicher Eigenthum seines Erbauers, indem es sich hier um ein Bauwerk auf fremdem Grund und Boden handelt, welches in der ausdrücklichen Absicht, es für sich zu behalten, ausgeführt worden war, so daß der Rechtsgrundsatz solo cedit, quod solo inaedificatur darauf keine Anwendung findet, und noch weniger Raum oder Unterlage für eine Rechtsvermuthung besteht, daß der Erbauer eine allgemein benutzbare Anlage habe schaffen wollen. Im Gegentheil geht seine Absicht unverkennbar dahin, durch die Anlage ein zwar dem allgemeinen Gebrauche zugängliches, dagegen der eigenen Ausnutzung vorbehaltenes Unternehmen zu schaffen, also ausschließlich für den eigenen Betrieb die benöthigten Einrichtungen herzustellen[6]).

Anders liegt die Sache, wenn der Straßeneigenthümer die Gleisanlage hergestellt hat, Straßenkörper und Unterbau dem nämlichen Eigenthümer gehören. Hier trifft der Rechtsgrundsatz: solo cedit quod solo inaedificatur zweifellos zu[7]), theilt sich also dem Unterbau die Eigenschaft der »öffentlichen Straße« ohne weiteres mit und greift die Rechtsvermuthung Platz, daß der Unterbau in gleichem Umfange der allgemeinen Benutzung in einer seinem Zwecke entsprechenden Weise zustehe, wie jede sonstige Einrichtung am Straßenkörper. Diese Folge läßt sich auch nicht etwa durch eine besondere Zwecksbestimmung in Form eines ausdrücklichen Vorbehaltes, die Einrichtung blos für sich oder bestimmte ihr genehme Dritte schaffen oder benutzen lassen zu wollen, beseitigen, zumal es bei Lage der heutigen Gesetzgebung an Formen gebricht, wie jene Absicht zur äußeren Erkennbarkeit gebracht werden kann.

Nebensächlich ist, daß nach der heutigen Rechtssprechung[8]) und Rechtsauslegung[9]) der Straßeneigenthümer nicht blos für

---

[6]) K. Hilse: Art und Umfang des Rechts an dem in den Straßenkörper eingelegten Unterbau i. d. Zeitschr. f. Lok.- u. Straßenbahnw. III 153 ff. und in Wallmann's Zeitschr. f. pr. Recht IV 193 ff., sowie Verstadtlichung § 27 S. 76; Huber: a. a. O. 159.

[7]) Hilse a. a. O. III 164 bezw. IV 218, sowie Verstadtlichung § 28 S 79.

[8]) Urt. d. R.G. v. 16. November 1880 u. 13. Januar 1883 (Entsch. III 173, VI 162).

[9]) Dernburg: Preuß. Privatrecht § 67 (I 117); Windscheid: Pandekten § 147.

berechtigt gehalten wird, gegen den Widerspruch der Anlieger und ohne dadurch eine Schadloshaltungsverbindlichkeit zu überkommen, öffentliche Straßen im gesetzlich geordneten Verwaltungswege dieser Eigenschaft zu entkleiden, damit aber deren Grundfläche der allgemeinen Benutzung zu entziehen und zur eigenen Sonderbenutzung zu gewinnen, sondern ihm sogar die Befugniß beigelegt wird[10]), Einzelnen vor den Uebrigen eine besonders geartete, mit dem allgemeinen Straßenverkehr noch verträgliche Benutzung des Straßenkörpers z. B. durch Gleiseinbau, Aufstellen von Verkaufswaare, Errichten von Bedürfnißanstalten entgeltlich oder unentgeltlich, zeitlich begrenzt oder widerruflich einzuräumen. Denn hieraus folgt noch nicht die Berechtigung des Straßeneigenthümers, sich oder gewissen Dritten einzelne nach der Straßenbeschaffenheit für Jedermann ohne besondere Vorkehrungen ausführbare, mit der Natur einer Straße verträgliche Verrichtungen, wie das Fahren, vorzubehalten und allen anderen durch ein zu erlassendes Verbot zu versagen.

Ein solches Untersagungsrecht ist namentlich nicht etwa vom Preuß. Oberverwaltungsgerichte dem Straßeneigenthümer zugestanden worden, wie mißverständlich vereinzelt angenommen wird[11]). Dasselbe hat im Gegentheil sich zu dem Grundsatze bekannt[12]), daß zwar kein gesetzliches Recht auf Zulassung einer Schienenanlage auf einem öffentlichen Wege aus A.L.R. II. 15 §§ 2, 3, 7 herleitbar sei, dagegen den Anspruch: »einen öffentlichen Weg zu einer besonderen, ihm allein gehörenden Transportanstalt durch Hineinlegen von Schienen zu benutzen«, für **nicht rechtfertigbar** erklärt.

Hervorzuheben bleibt, daß die Rechtsverhältnisse der Straßen-

---

[10]) Urt. v. 7. Juli 1884 (J.Min.Bl. 1884 209) und v. 29. Juni 1888 (Selbstverwaltung 1889 13) legen dem Abkommen zwischen Stadtgemeinden und Straßenbahn-Gesellschaften, wonach erstere die Genehmigung zur Gleisanlage in dem öffentlichen Straßenkörper gegen ein von letzteren dafür ausgesetztes Entgelt in Form einer Gewinnbetheiligung aussprechen, die Eigenschaft eines Miethsvertrages bei, welcher mit dem Miethsstempel zu versteuern sei.

[11]) K. Hilse: Verstadtlichung § 6 S. 21 Anm. 9.

[12]) Urt. v. 22. u. 29. Dezember 1883 (Entsch. X 192, 198) und v. 29. November 1883 (Parey: Rechtsgrundsätze, Nachtr. II 44).

bahnen privatrechtliche und öffentlichrechtliche Bestandtheile vereinigen, mithin nach dem einen oder anderen Rechte zu beurtheilen sind.

Unter so bewandten Umständen ist neuerdings aus der Mitte des Verbandes deutscher Fuhrwerksunternehmer um die Regelung des Straßenbahnwesens im Wege der Reichsgesetzgebung an zuständiger Stelle gebeten worden[13]). Auch sollen die Vorarbeiten für eine Gesetzesvorlage betreffend die Aufstellung maßgebender Grundsätze für die Anlage und den Betrieb der Straßenbahnen bereits imgange sein[14]).

§ 14. Der Straßenbahnbetrieb in Berlin.

Die deutschen Straßenbahnen sind von Berlin ausgegangen. Aufgrund einer Kabinetsordre war nach längerem Bemühen dem dänischen Ingenieur Moller 1864 die Genehmigung zur Anlage einer Straßenbahn gegeben worden, welche am Platze vor der Hedwigskirche beginnend, durch die Straße Unter den Linden, das Brandenburger Thor und den Thiergarten nach Charlottenburg gehen und eingleisig ausgeführt werden sollte. Mit dem Bau wurde im Februar 1865 begonnen. Am 22. Juni 1865[1]) wurde der Betrieb vorläufig auf der Strecke vom Brandenburger Thor nach Charlottenburg eröffnet, während die Weiterführung in das Innere Berlins erst geraume Zeit später durch die Dorotheenstraße nach dem Kupfergraben geschah, indem aus Verkehrsrücksichten die Benutzung der Straße Unter den Linden nachträglich versagt worden war. Auch war es zu einer — mittler-

---

13) Zeitschr. Fuhrhalter 1888 Nr. 57; Straßenbahnen II 4.

14) Zeitschr. f. Transportw. und Straßenbau V 298.

1) Bereits vorher (nämlich unterm 25. Mai 1865) übereignete Moller die Bahnanlage und seine Rechte aus den ihm ertheilten Genehmigungen an eine Commanditgesellschaft. Der endgiltige Vertrag wurde zu Hamburg am 24. Oktober 1865 vollzogen, die Abfindungssumme für die abgetretenen Genehmigungen auf 135 000 Mark beziffert. Die Abtretung umfaßte jedoch die Rechte auf eine zweite Bahnanlage von Berlin durch die Potsdamerstraße nach Schöneberg.

2) Den Vorstand derselben bilden zur Zeit der Stadtrath Drewke, Ingenieur Büsing und Direktor J. Lestmann.

weile wieder beseitigten — Abzweigung bei dem Kroll'schen Vergnügungslokal und den Zelten vorbei gekommen. Bis 1873 war die vorgedachte Linie die einzige. Ursprünglich hatte sie nur einen geringen Verkehr. Sie bildet gegenwärtig den Hauptbestandtheil des Netzes, welches der Berliner Pferdebahn-Gesellschaft, Commandit-Gesellschaft auf Aktien J. Lestmann & Co. gehört und von derselben betrieben wird. Das Unternehmen und der Betrieb dieser Gesellschaft hat sich inzwischen an Umfang und Betriebsweise wesentlich verändert und erweitert. Zunächst ist die Hauptlinie durchweg zweigleisig ausgebaut. Demnächst ist vom »Großen Stern« im Thiergarten eine Abzweigung nach dem Zoologischen Garten, später eine Verlängerung vom Bahnhofe in Charlottenburg bis auf den Spandauer Berg (Westend) und ferner eine Abzweigung von dem Hippodrom in Charlottenburg bis nach dem Lützowplatz, sowie vom Stadtbahnhof Charlottenburg nach dem Wilhelmsplatze daselbst hinzugetreten. Augenblicklich wird eine fernere Erweiterung durch Linien nach Moabit geplant[3]).

Ursprünglich warf das vorgedachte Betriebsunternehmen verhältnißmäßig nur geringe Ueberschüsse ab, und fand das neue Betriebsmittel scheinbar nur geringe Gunst seitens der Fahrlustigen, wofür die verhältnißmäßig recht schwache Benutzung der Bahnen innerhalb der Verkehrsstraßen einen Belag lieferte. Im allgemeinen wurde an der Ergiebigkeit und Gemeinnützlichkeit des Unternehmens gezweifelt. Erst allmählig änderte sich die Stimmung. Selbstständig war von zwei verschiedenen Unternehmern[4]) die Genehmigung der Straßeneigenthümer bezw. der Ortspolizei zu weiteren Straßenbahnanlagen nachgesucht und erlangt worden. Die beiderseitigen Errungenschaften standen sich vielfach gegenüber. Zur gemeinsamen Durchführung und Verwirklichung ihres zur Hebung des Verkehres abzielenden Unternehmens kam es am 8. November 1871 zur Gründung der Großen Berliner Pferde-Eisenbahn Aktien-Gesellschaft[5]), auf welche die Rechte und Pflichten der

---

3) Das Nähere ergeben die Geschäftsberichte der Gesellschaft.

4) Einerseits Banquier Joseph Pinkus, andererseits Assessor Plewe und Dr. Martin Ebers.

5) Dieselbe wird vertreten durch die Direktoren Gustav Dittmann und Karl v. Kühlewein, welcher anstelle des verstorbenen Direktors

vorgedachten Genehmigungsinhaber unentgeltlich übergingen. Die Gesellschaft begann mit dem Bau einer Theilstrecke der jetzigen Ringbahn zwischen dem Halleschen und Potsdamer Thor, sowie der Linie vom Rosenthaler Thor durch die Brunnenstraße nach dem Gesundbrunnen. Beide Strecken wurden am 8. Juli bezw. 23. September 1873 eröffnet. Von jetzt erweiterte sich schnell das Unternehmen. Dasselbe ist indeß nicht auf den von den Genehmigungsvorgängern geplanten Umfang beschränkt geblieben, hat vielmehr weitere ursprünglich nicht in Aussicht gestandene Straßen in das Bereich des Unternehmens und Straßenbahnnetzes gezogen, indem man dahinstrebte, das Herz des Verkehres zu gewinnen[6]).

Die Erfolge der letzteren Gesellschaft hatten den Geheimen Admiralitätsrath Gäbler und Kommissionsrath Lehmann dazu bestimmt, sich um die Genehmigung der Straßenbahnanlagen vom Alexanderplatz nach Weißensee und nach Friedrichsberg zu bewerben. Sie erlangten[7]) solche infolge ihres Vorgebens, mit dem Lenkrad versehene und deshalb zum Ausbiegen eingerichtete Wagen einzustellen. Zur Ausführung jener Linien ist es thatsächlich gekommen. Auf Grundlage jener Genehmigung ist am 5. August 1876 die Aktien-Gesellschaft, Neue Berliner Pferdebahn-Gesellschaft in das Leben getreten. Zu den ursprünglichen Linien ist im Zeitenverlaufe noch eine solche vom Alexanderplatz durch die Landsberger-Straße nach dem städtischen Centralviehhofe[8]) bezw. vom Alexanderplatz

---

Moritz Hirsch getreten ist. Außerdem gehören der Verwaltung an als Syndikus Dr. Karl Hilse, als Ober-Ingenieur Joseph Fischer-Dick, als Oberbetriebs-Inspector Ferdinand Vogel.

[6]) Die jährlichen Geschäftsberichte der gedachten Gesellschaft machen die allmählige Entwickelung des heutigen Netzes innerhalb der einzelnen Jahre erkennbar und geben so ein rühmliches Zeugniß für die Ausdauer, Geschicklichkeit und Umsicht der Betriebsleiter.

[7]) Für die erstere Linie seitens der Straßeneigenthümerin am 7. Juli 1875, seitens der Ortspolizei am 22. Dezember 1875; für die letztere von den Straßeneigenthümern am 30. Oktober 1875 und 9. Dezember 1876, sowie von der Ortspolizei am 14. Dezember 1878. Die Ausführung der ersteren geschah durch Vercken in Paris, der letzteren durch Stroußberg und Erdmann. Die Betriebseröffnung fand am 1. Januar 1877 bezw. 14. Juli 1878 statt.

[8]) Aufgrund Genehmigung der Stadtgemeinde vom 28. Juli 1881 und des Polizei-Präsidiums vom 26. September 1881. Das Nähere ergiebt der Geschäftsbericht für 1881/82.

durch die Münz- und Gartenstraße[9]) hergestellt. Ihren Betrieb hat die gedachte Gesellschaft am 1. Januar 1877 eröffnet[10]).

Gleichsam als Entschädigung für den Verzicht auf Benutzung der Straße Unter den Linden[11]) hatte zufolge Allerhöchsten Erlasses vom 11. Juni 1865 der Ingenieur Moller am 18. August 1865 die straßenpolizeiliche Genehmigung für eine Bahnanlage vom Dönhoffs Platze durch die Leipziger- und Potsdamerstraße nach Schöneberg in Aussicht gestellt erhalten. Die Verwirklichung wurde jedoch durch Verfügung des Handelsministeriums vom 6. Januar 1866 beanstandet bezw. an Bedingungen geknüpft, welche der Genehmigungsberechtigte damals für unannehmbar hielt. Inzwischen hatte er seine Rechte auf eine neue Aktien-Gesellschaft Große Internationale Pferdeeisenbahn Aktien-Gesellschaft[12]) übertragen. Diese bewirkte 1879 die Ausführung[13]). Am 27. April 1879 kam es zur Eröffnung des Theiles zwischen Potsdamer Brücke und Schöneberg. Die ausführende Gesellschaft verpachtete[14]) zunächst den Betrieb und veräußerte[15]) später das Unternehmen an die Große Berliner Pferdeeisenbahn Aktien-Gesellschaft.

Im heutigen Netze der Großen Berliner Pferdeeisenbahn Aktien-Gesellschaft sind, was umsoweniger unerwähnt bleiben darf, als es für die Lösung der Streitfrage von nicht zu unterschätzender Bedeutung ist, ob nämlich die Straßenbahnen zu verstadtlichen d. h. in den organischen Zusammenhang kommunaler Thätigkeit einzufügen seien, bereits zwei aus Gemeindemitteln im Wege der Gemeindewirthschaft hergestellte Straßenbahnanlagen inbegriffen. Es hatten nämlich die Gemeinde Rixdorf vom Herrmannplatz durch die Knesebeckstraße und ebenso die Gemeinde Marien-

9) Städtischerseits am 10. Februar 1887, bezw. 15. Mai 1888, polizeilicherseits am 20. Juni 1888 genehmigt.

10) Direktor ist der Stadtverordnete Gerth.

11) Vergl. oben S. 34 Anm. 1.

12) Gegründet am 9. März 1872, aufgelöst zufolge Beschlusses vom 29. Juni 1885.

13) Aufgrund der Genehmigung der Straßeneigenthümer für das Stadtgebiet vom 22. Juni 1878 und 28. Januar 1879, für das Landgebiet vom 12. Dezember 1878 bezw. 25. Februar 1879.

14) K. Hilse: Betriebsunfälle § 6 S. 10.

15) K. Hilse: Haftpflicht § 1 Anm. 3 S. 2; Verstadtlichung § 21 S. 59.

dorf von Tempelhof ab bis in das Innere ihres Ortes zum Zweck der Hebung des Verkehres einen Schienenweg hergestellt [16]). Sie hatten es jedoch weniger auf die Erzielung von Erträgnissen aus den Fahrgeldern für die Gemeindekasse, als darauf abgesehen den heimischen Gewerbeerzeugnissen einen größeren, besseren Absatz zu sichern. Man erkannte an beiden Stellen sehr bald, daß nur durch eine Verbindung des Betriebes mit diesem der Großen Berliner Pferdeeisenbahn Aktien-Gesellschaft dem Verkehrsbedürfnisse wirksam genügt werden könne. Deshalb suchte man zunächst dieselbe zur Uebernahme des Betriebes auf Rechnung der Gemeinde und später zur Uebernahme der Schienenwege für einen den Selbstkosten erheblich nachstehenden Preis zu gewinnen. An beiden Orten hat man es bisher nicht bereut, unterwerthig die Schienenwege aufgegeben zu haben, vielmehr in dem sich täglich mehr entwickelnden Verkehre einen reichlichen Gegenwerth für das scheinbar gebrachte Geldopfer gefunden.

Wie sich aus kleinen Anfängen der Straßenbahnbetrieb in Berlin entwickelt hat, veranschaulichen die nachfolgenden Uebersichten. Von 7800 m im Jahre 1865 ist die Gleislänge auf 286 857 m bis zum 1. Januar 1889 erweitert. Die Veränderung in den einzelnen Jahren ist indeß nicht durchweg auf die Erweiterung des Netzes, sondern theilweis auf die Umwandlung eingleisiger in doppelgleisige Strecken zurückzuführen. Sie giebt mithin ohne eingehende Erläuterungen kein durchweg sachgemäßes Bild der thatsächlichen Ausdehnung des Netzes. Ihre Darstellung wird einem späteren Abschnitt vorbehalten. Anders steht dies mit den Ziffern der gemachten Fahrten, durchfahrenen Wagen- oder Nutzkilometer, beförderten Personen, erzielten Fahrgelder, welche den Umfang kennzeichnen, in welcher einerseits der Straßenkörper durch den Straßenbahnbetrieb beansprucht, andererseits das gedachte Verkehrsmittel benutzt wird.

Auf den in den einzelnen Jahren vorhandenen Gleisen wurden an Fahrten zurückgelegt:

---

[16]) Der erstere wurde am 13. Juni 1885, der letztere am 6. August 1887 eröffnet. Die Veräußerung der ersteren erfolgte bereits unter dem 9. Dezember 1886 und 10. Januar 1887, der letzteren inverfolg eines Vertrages vom 18./22. Juli 1887 § 10.

Im Jahre	Große Berliner Pferdeeisenbahn Aktien-Gesellschaft	Neue Berliner Pferdeeisenbahn Aktien-Gesellschaft	Berliner Pferdeeisenbahn Aktien-Gesellschaft	Zusammen
1873	49 112	—	98 324	147 436
1874	316 785	—	103 642	420 427
1875	647 363	—	128 268	775 631
1876	914 641	—	159 906	1 074 547
1877	946 003	36 500	217 872	1 200 375
1878	1 040 698	66 683	226 004	1 333 385
1879	1 332 411	119 237	211 300	1 662 948
1880	1 703 237	132 237	245 478	2 080 952
1881	2 005 283	148 883	271 774	2 425 940
1882	2 163 734	383 586	301 860	2 849 180
1883	2 398 283	318 634	303 374	3 020 291
1884	2 634 875	306 902	307 748	3 249 525
1885	2 905 069	307 524	312 988	3 525 581
1886	3 054 302	301 500	327 170	3 682 972
1887	3 363 722	387 247	325 112	4 076 081
1888	3 352 730	455 982	339 532	4 148 244

Die Länge derselben hat außerordentlich gewechselt. Geringfügige Zwischenglieder haben die Verbindung mehrerer bisher selbstständiger Strecken ermöglicht. Hierdurch ist die Fahrtenziffer gefallen, der Verkehr aber gestiegen. Er veranschaulicht sich weit richtiger in den Ziffern der in den einzelnen Jahren durchfahrenen Nutz- oder Wagenkilometer, welche allerdings erst vom Jahre 1876 ab zuverlässig dahin gegeben werden können:

Im Jahre	Große Berliner Pferdeeisenbahn Actien-Gesellschaft.	Neue Berliner Pferdeeisenbahn Actien-Gesellschaft.	Berliner Pferdeeisenbahn Actien-Gesellschaft.	Zusammen
1876	3 887 444	—	—	3 887 444
1877	4 668 778	195 640	—	4 864 418
1878	5 193 221	271 830	—	5 465 051
1879	6 242 634	478 180	1 161 949	7 882 763
1880	8 242 587	529 717	1 318 270	10 090 574
1881	9 776 955	585 193	1 400 190	11 762 338
1882	10 713 252	1 344 009	1 503 163	13 560 424
1883	12 074 999	1 400 872	1 486 440	14 962 311
1884	13 465 335	1 437 735	1 522 699	16 425 769
1885	14 798 694	1 502 847	1 548 712	17 850 253
1886	16 197 903	1 540 941	1 677 995	19 416 839
1887	18 988 779	2 049 673	1 693 635	22 732 087
1888	19 595 767	2 494 979	1 770 553	23 861 299

Für die Vorjahre haben sich genaue Angaben nicht mehr erreichen lassen. Insofern nun die Fahrten- und Nutzkilometerziffer den Umfang erkenntlich macht, in welcher der Straßenkörper durch den zunehmenden Straßenverkehr allmählig immer mehr und mehr in Anspruch genommen, damit aber die Gefahrenmöglichkeit für Straßengänger und sonstige Straßenfahrzeuge vermehrt wird, war bei der Zifferermittelung größtmögliche Genauigkeit unerläßlich. Uebrigens stellen die Verhältnißziffern des Wechsels zwischen den einzelnen Zahlen ein weit wirksameres Bild des Umfangs her, in welchem der Straßenverkehr durch den Bahnbetrieb sich verändert hat, weshalb sie umsoweniger vorenthalten werden durften, weil — besonders bei Nebeneinanderstellen der Fahrten- und Nutzkilometerziffern — gleichzeitig bewiesen wird, ob das Fallen des ersteren auf eine Verlängerung der Linien und damit der Betriebsweise oder auf eine Verkehrseinschränkung zurückzuführen ist. Im letzteren Falle werden beide Ziffern fallen, im ersteren die eine steigen, die andere fallen, wie solches in Berlin für einzelne Jahre vorliegt. Denn die Verhältnißziffern stellen sich dahin:

Im Jahre	Große Berliner Pferdeeisenbahn Aktien-Gesellschaft		Neue Berliner Pferdeeisenbahn Aktien-Gesellschaft		Berliner Pferdeeisenbahn Aktien-Gesellschaft		Zusammen	
	Fahrten	Nutzkil.	Fahrten	Nutzkil.	Fahrten	Nutzkil.	Fahrten	Nutzkil.
1874	540.95	—	—	—	5.40	—	185.16	—
1875	104.35	—	—	—	23.76	—	84.48	—
1876	41.29	—	—	—	24.35	—	38.54	—
1877	3.43	20.09	—	—	36.25	—	11.71	25.13
1878	10.01	11.02	82.69	38.43	3.73	—	11.08	12.35
1879	28.03	20.21	78.81	75.91	6.51	—	24.71	44.24
1880	27.08	32.13	11.74	10.74	16.17	13.45	25.14	28.00
1881	17.73	18.61	12.59	10.47	10.71	6.21	16.57	16.56
1882	7.90	9.57	15.76	129.67	11.06	7.35	17.44	15.21
1883	10.84	12.71	10.09	4.22	0.50	1.11	6.00	10.34
1884	9.87	11.51	3.68	2.63	1.44	2.43	7.58	9.77
1885	10.25	9.90	0.30	4.53	1.70	1.70	8.49	8.67
1886	5.13	9.45	1.96	2.53	4.52	8.34	4.46	8.77
1887	10.13	17.23	28.44	30.31	0.62	0.93	10.67	17.07
1888	0.32	3.20	17.75	21.72	4.43	4.54	1.77	4.96

Dem Eingriffe des Straßenbahnverkehres in den bestandenen Straßenverkehr, der scheinbar durch ihn bewirkten Belastung des

Straßenkörpers sind gegenüberzustellen die Vortheile, welche der Verkehr durch das neue Verkehrsmittel gefunden hat. Sie spiegeln sich ab in den Ziffern der beförderten Personen und erzielten Fahrgelder, weil solche zeigen, inwieweit eine Benutzung der neuen Fahrgelegenheit zugenommen, damit aber der Bedarf nach Beförderungsgelegenheit seine Befriedigung gefunden hat. In den einzelnen Jahren ist die Zahl der Beförderten stetig[17]) gestiegen, indem sie betrug:

Im Jahre	Große Berliner Pferdeeisenbahn Aktien-Gesellschaft	Neue Berliner Pferdeeisenbahn Aktien-Gesellschaft	Berliner Pferdeeisenbahn Aktien-Gesellschaft	Zusammen
1873	780 782	—	3 002 366	3 783 148
1874	5 755 787	—	2 936 268	8 792 055
1875	16 000 000	—	2 962 265	18 962 265
1876	23 300 000	—	3 360 291	26 660 291
1877	25 500 000	418 995	3 231 165	29 150 160
1878	28 200 000	958 228	3 374 747	32 532 975
1879	34 600 000	1 888 412	3 457 481	39 945 893
1880	45 620 000	2 224 673	3 794 100	51 638 773
1881	52 050 000	2 563 493	3 962 055	58 575 548
1882	57 300 000	4 115 654	3 803 138	65 218 792
1883	62 400 000	4 482 787	3 671 961	70 554 748
1884	70 800 000	5 329 178	3 913 532	80 042 710
1885	77 350 000	6 136 876	3 781 531	87 268 407
1886	85 500 000	6 949 680	4 255 106	96 704 786
1887	94 300 000	8 540 000	4 279 716	107 119 716
1888	102 150 000	10 210 000	4 649 010	117 009 010

Dementsprechend hat auch eine wesentliche Steigerung der Einnahmen sich gezeigt, welche allerdings im Zeitenverlaufe durch Preisermäßigungen, durch Wegfall der erhöhten Sonntags- und der erhöhten Nachtpreise, durch Verlängerung der für den Mindestpreis gewährten Fahrstrecken, durch Vermehrung der Theilstrecken wesentlich beeinflußt und deshalb meist gegen die Personenzunahme zurückgeblieben ist.

Die Betriebseinnahmen haben nämlich betragen bei der

[17]) Abgesehen von den Jahren 1877, 1882, 1883 und 1885 im Betriebe der Berliner Pferdebahngesellschaft.

Im Jahre	Großen Berliner Pferdeeisenbahn Aktien-Gesellschaft.	Neuen Berliner Pferdeeisenbahn Aktien-Gesellschaft.	Berliner Pferdeeisenbahn Aktien-Gesellschaft.	Zusammen
	Mark	Mark	Mark	Mark
1873	123 801,10	—	643 676,77	767 477,87
1874	863 291,68	—	655 546,59	1 518 838,27
1875	2 146 448,53	—	687 962,54	2 834 411,07
1876	3 066 843,07	—	729 953,10	3 796 796,17
1877	3 567 880,60	72 172,43	679 460,07	4 319 513,10
1878	3 747 429,50	131 267,21	701 623,05	4 580 319,76
1879	4 557 154,28	235 563,40	712 375,35	5 505 093,03
1880	5 911 951,85	286 715,35	715 249,68	6 913 916,88
1881	6 683 646,26	359 551,69	705 628,85	7 748 826,80
1882	7 247 219.29	472 215,70	637 638,15	8 357 073,14
1883	7 836 201,31	588 461,45	601 409,88	9 026 072,64
1884	8 779 315,91	655 563,54	631 872,61	10 066 752,06
1885	9 468 974,32	790 530,62	561 308,99	10 820 813,93
1886	10 457 960,35	888 944,74	623 906,56	11 970 811,65
1887	11 489 206,50	1 064 441,14	616 910,57	13 170 558,21
1888	12 054 451,59	1 245 423,44	683 120,56	13 982 995,59

während die Verhältnißziffern des Personen- und Einnahmewechsels zwischen den einzelnen Jahren folgendes Bild ergeben:

Im Jahre	Große Berliner Pferdeeisenbahn Aktien-Gesellschaft		Neue Berliner Pferdeeisenbahn Aktien-Gesellschaft		Berliner Pferdeeisenbahn Aktien-Gesellschaft		Zusammen	
	Pers.	Einn.	Pers.	Einn.	Pers.	Einn.	Pers.	Einn.
1874	637.18	596.21	—	—	2.21	1.84	132.40	97.88
1875	177.46	148.63	—	—	0.88	4.94	115.67	86.61
1876	45.63	43.25	—	—	13.44	6.10	40.59	33.95
1877	9.44	16.34	—	—	[1] 3.84	[1] 6.91	9.34	13.77
1878	10.58	5.03	128.69	81.88	4.44	3.25	11.60	6.04
1879	22.69	21.60	97.18	79.45	2.45	1.53	22.78	20.19
1880	31.85	29.73	17.86	21.71	9.73	0.40	29.27	25.59
1881	14.09	13.05	15.23	25.40	4.43	[1] 1.06	13.43	12.07
1882	10.08	8.43	60.55	31.33	[1] 4.01	[1] 9.64	11.34	7.85
1883	9.14	8.12	8.92	24.61	[1] 3.45	[1] 5.68	8.18	7.90
1884	13.46	12.03	18.88	11.40	7.87	5.06	13.44	11.53
1885	9.25	7.85	15.15	20.58	[1] 3.38	[1] 11.18	9.02	7.49
1886	10.53	10.44	13.24	12.45	12.52	11.12	10.81	10.62
1887	10.29	9.86	22.88	18.61	0.57	[1] 1.12	10.77	10.02
1888	8.32	4.04	19.55	17.00	8.63	10.73	9.23	5.40

1) Fehlbetrag.

Uebrigens stehen die drei Betriebsunternehmer einander keineswegs feindlich gegenüber. Im Gegentheil haben sie sich gegenseitig — allerdings nur in beschränktem Umfange — das Mitbenutzungsrecht ihrer Strecken zugestanden. So befährt z. B. die Große Berliner Pferdeeisenbahn Aktien-Gesellschaft in der Dorotheenstraße zwischen Neue Wilhelm- und Neustädtische Kirchstraße die Linie der Berliner und in der Münzstraße diese der Neuen Berliner, welche letztere umgekehrt in der König-, Spandauer-, Gertraudten-, Leipziger-, sowie in der Rosenthaler-, Brunnen- und Invalidenstraße diese der ersteren benutzt.

Das Pferdebahnnetz, welches Berlin durchschneidet, bezw. mit den Vororten verbindet, umfaßt gegenwärtig 286,857 km, während es zu Beginn des Jahres 1882 sich nur auf 196,31 km bezifferte, sodaß es im Beobachtungszeitraume eine Zunahme um 90,547 km erfahren hat. Von 4 Gesellschaften und 2 Gemeinden hergestellt, vertheilt sich sein Eigenthum jetzt nur noch auf 3 Gesellschaften, nämlich

a) die Strecken Kupfergraben-Berlin einerseits bis Charlottenburg, andererseits bis zum Zoologischen Garten, sowie Charlottenburg bis zum Lützowplatz und Stadtbahnhof Charlottenburg bis zum Wilhelmsplatz auf die Berliner Pferdeeisenbahn-Gesellschaft, Commandit-Gesellschaft auf Aktien J. Lestmann & Co.,

b) die Strecke vom Alexanderplatz nach Weißensee bezw. Lichtenberg und Friedrichsberg, sowie vom Schlesischen Bahnhof nach der Gartenstraße auf die Neue Berliner Pferdebahn-Gesellschaft,

c) alle übrigen Strecken auf die Große Berliner Pferdeeisenbahn Aktien-Gesellschaft.

Den Betrieb besorgen diese 3 Gesellschaften je auf ihren Strecken, doch benutzen, wie besagt, infolge eines Uebereinkommens zwischen den Gesellschaften sowohl die Neue Berliner Pferdebahn-Gesellschaft und die Große Berliner Pferdeeisenbahn Aktien-Gesellschaft, als die letztere und die Berliner Pferdebahn-Gesellschaft kurze Strecken gemeinsam, sodaß die Betriebslänge einzelner Linien die im Eigenthum der betreffenden Gesellschaft stehende Gleislänge übersteigt.

Ihren Sitz haben in Berlin noch zwei weitere Straßenbahn-

Gesellschaften[16]), nämlich die Continental Pferdebahn-Gesellschaft und die Deutsche Lokal- und Straßenbahn-Gesellschaft. Der ersteren gehören Theile der Schienenwege in Dresden und Hannover, welche — ursprünglich selbst betrieben, — gegenwärtig verpachtet sind[17]). Letztere betreibt die ihr gehörigen Anlagen[18]) in Chemnitz, Dortmund, Duisburg, München-Gladbach, sowie die Zahnradbahn in Königswinter.

Am Weichbilde Berlins beginnen die Betriebe der Dampfstraßenbahnen von Charlottenburg nach dem Grunewald und von der Zwölf-Apostelkirche nach Steglitz bezw. Teltow. Sie sind Eigenthum einer offenen Handelsgesellschaft[19]), jedoch nur theilweise von derselben selbst hergestellt. Vielmehr wurde die am 5. Mai 1886 eröffnete Strecke durch den Grunewald von Davy, Donath und Co. erbaut und anfänglich selbst betrieben[20]), während Erbauer der im Dezember 1888 eröffneten Strecke nach Teltow das Baugeschäft Reimer und Masch gewesen ist.

§ 15. Anderweite Orte mit Mehrheitsbetrieb.

Die wirthschaftliche Erfahrung, daß das Uebergewicht des Angebotes einer Waare über die Nachfrage einen Preisrückgang und das umgekehrte Verhältniß einen Preisaufschlag zur unausbleiblichen Folge haben muß[1]), hat unter Verkennen des Umstandes, daß auf die Bildung des Preises im Straßenbahnverkehre der Ortspolizei und der Gemeinde ein weitreichender Einfluß[2]) zusteht, bei vielen die Ansicht gezeitigt, daß die Zulassung mehrerer Betriebs-

---

16) Gleiches gilt von der Gesellschaft Havestadt und Contag, welche die Bahn in Bromberg gebaut hat und betreibt, sowie wegen anderweiter auswärtiger Straßenbahnanlagen verhandelt; ebenso von den Straßenbahnbaugesellschaften Reimer und Masch.

17) Vergl. § 15 S. 47 unter 3.

18) Unten § 16 S. 53 unter 8.

19) Bachstein, Simon und Darmstädter Bank.

20) K. Hilse: Haftpflicht § 1 S. 5 und Verstadtlichung § 21 S. 60 ist dieser Betrieb unter Charlottenburg aufgeführt.

1) Roscher: Nationalökonomie § 101 (XII. Aufl.) 211.

2) Gew.Ordn. §§ 76, 79 mit K. Hilse: Verstadtlichung § 17 S. 46.

unternehmer innerhalb des nämlichen Verkehrsnetzes das Billigerwerden der Fahrpreise bewirken und dadurch dem allgemeinen Verkehre dienen würde. Dieselbe hat indeß nur in der Weise Durchführung gefunden, daß die einzelnen Linien an verschiedene Unternehmer zum Betriebe überlassen worden sind. Danach findet auch außerhalb Berlins verschiedentlich ein Mehrheitsbetrieb in der Weise statt, daß der einzelne Unternehmer zwar örtlich getrennte Theile des Netzes befährt, auf diesen jedoch den Alleinbetrieb hat.

Mehrere Unternehmer sind zum Straßenbahnbetriebe zugelassen noch in Hamburg-Altona (vier), Bremen, Kassel, Magdeburg, Stuttgart (je zwei), welche theils friedlich nebeneinander, theils sich gegenseitig störend die Verkehrsunterhaltung betreiben. Außerdem gehört das Pferdebahnnetz in Dresden und Hamburg je zwei Gesellschaften.

1. Hamburg folgt Berlin in der Reihenfolge der Städte mit Straßenbahnbetrieb. Zur Betriebseröffnung kam es hier am 16. August 1866. Die betreffende Strecke bildet einen Theil des Netzes der Hamburger Straßeneisenbahngesellschaft, welche bis 1878 das Pferdebahnwesen in Hamburg bezw. Altona allein beherrschte. Am 15. April 1878 eröffnete die Hamburg-Altonaer Pferdebahngesellschaft ihren Betrieb. Es folgte am 24. Oktober 1882 The Hamburg Altona & North Western Tramways Company, der sich am 16. September 1887 die Große Hamburg-Altonaer Straßenbahngesellschaft anschloß. Die Entwickelung des Straßenbahnwesens in Hamburg läßt sich zur Zeit leider noch nicht in gleicher Vollständigkeit, wie solches für Berlin möglich war, ziffermäßig darstellen. Während zwar bekannt ist[3]), daß 1870 bereits 26 805 m Gleise bestanden, auf denen 49 800 Fahrten mit 707 374 Nutzkilometern zurückgelegt, die von 2 231 819 Personen gegen 431 160 Mk. Entgelt benutzt wurden, sodaß Hamburg damals Berlin überholt hatte, sind für die Zwischenzeit bis 1884 gleich vollkommene Nachrichten bisher nicht zu erlangen gewesen. Die Verkehrsbewegung seitdem war die folgende:

---

[3]) K. Hilse: Haftpflicht § 1. S. 1.

Im Jahre	Gleislänge	Fahrten	Nutzkilom.	Personen	Einnahme
1882 [1])	87 120	426 485	5 222 704	16 451 151	[2]) —
1883 [1])	87 120	487 707	6 062 890	17 909 738	[2]) —
1884 [1])	87 120	583 570	6 126 494	20 419 288	[2]) —
1885 [1])	105 199	582 735	6 213 756	20 826 943	2 724 563
1886 [1])	107 536	629 319	6 575 636	22 304 482	2 909 224
1887 [3])	149 609	1 065 396	9 748 497	36 164 538	4 488 329
1888	[3])153 471	[4])1 025 795	[4])8 122 334	[4])36 214 617	[4])4 513 980

1) Nur Straßenbahn. 2) Angaben fehlen. 3) Sämmtliche Betriebe. 4) Außer Altona sämmtliche Betriebe.

Wenn Hamburg demnach im Verkehrsumfange gegen Berlin scheinbar zurücksteht, so ist dies thatsächlich nicht der Fall, sofern die Bevölkerungsziffern und räumliche Ausdehnung beider Orte gebührend gewürdigt werden.

2. Zu Stuttgart trat der dritte Straßenbahnbetrieb in Wirksamkeit. Er wurde am 29. Juli 1868 eröffnet, umfaßte 1870 bereits[4]) 6742 m Gleise, auf denen 77 392 Fahrten mit 320 413 Nutzkilometern zurückgelegt wurden, die 1 386 272 Fahrgästen gegen 158 431 Mk. eine willkommene Fahrgelegenheit boten. Erst am 25. August 1886 trat mit der Eröffnung des Betriebes der »Neuen Straßenbahn« ein Konkurrenzunternehmen in's Leben. Der Nebeneinanderbetrieb der beiden Unternehmer hat sich als heilsam nicht bewährt, sodaß bereits die Vereinigung beider Gesellschaften geplant, angebahnt und soweit verlautet, unter vollstem Einvernehmen der betheiligten Behörden sowie Zustimmung der Bevölkerung der Verwirklichung nahe ist. Die Verkehrsentwickelung in den letzteren Jahren stellt sich dahin:

Im Jahre und Betrieb		Gleislänge	Fahrten	Nutzkilom.	Personen	Einnahme
1882		9 890	70 853	551 523	1 106 291	—
1883		9 890	61 414	507 699	1 095 385	—
1884		9 890	63 968	525 607	1 309 587	182 899
1885		6 742	115 534	552 293	1 435 485	188 822
1886	Pferdeeisenbahn. .	6 742	135 800	592 913	1 544 261	216 449
	Neue Pferdeeisenb.	5 000	12 424	99 392	355 709	37 523
1887	Pferdeeisenbahn. .	[1]) 9 305	141 964	630 916	1 612 938	227 349
	Neue Pferdeeisenb.	5 000	41 850	337 472	1 125 537	130 232
1888	Pferdeeisenbahn. .	9 305	113 567	787 701	2 209 775	294 482
	Neue Pferdeeisenb.	[2]) 8 600	60 971	414 820	1 326 542	149 767

1) Seit 20. Dezember. 2) Seit 11. November.

[4]) K. Hilse a. a. O. S. 1.

3. Im Jahre 1872 kam es durch die Kontinental-Pferdebahngesellschaft zur Anlage und Betriebseröffnung von Pferdebahnen in Dresden und Hannover. Der Unternehmerin gelang keine befriedigende Betriebsleitung. Sie verpachtete deshalb ihre Linien an The Tramways Company of Germany, Limited, welche 1880 das Pferdebahnwesen in beiden Orten auf eigene Rechnung erweiterte. Ihrer Betriebsführung und ihren Einrichtungen gelang die dahingehende Entwickelung des Straßenbahnbetriebes in beiden Orten.

Im Jahre	Gleislänge	Fahrten	Nutzkilom.	Personen	Einnahme
Dresden					
1882	21 830	385 023	1 687 222	5 657 610	[1]—
1883	40 330	513 531	2 137 168	7 439 437	[1]—
1884	42 450	568 587	2 449 183	8 546 209	[1]—
1885	34 810	576 844	2 530 282	8 961 703	1 419 826
1886	34 810	581 924	2 553 838	9 597 250	1 517 355
1887	35 800	607 733	2 693 451	10 246 877	1 618 473
1888	35 800	615 888	2 767 585	10 790 725	1 702 494
Hannover					
1882	20 470	296 788	1 245 160	4 834 490	[1]—
1883	20 470	308 159	1 253 878	5 122 497	[1]—
1884	20 470	315 349	1 283 325	5 624 134	[1]—
1885	25 000	311 198	1 272 181	5 408 393	537 107
1886	25 000	317 295	1 282 062	5 560 100	554 225
1887	25 000	348 682	1 419 519	5 816 468	580 365
1888	25 000	359 049	1 550 900	6 073 441	624 666

1) Angaben fehlen.

Gegenwärtig ist die Umwandlung der englischen in eine deutsche Gesellschaft und die Verlegung des Gesellschaftssitzes nach Deutschland im Gange[5]). In Dresden wird der Bau neuer Linien und deren Vergebung an ein Baukonsortium geplant[6]), sodaß bei Durchführung dieses Planes das Dresdener Pferdebahnnetz sich auf drei Unternehmer vertheilen würde.

---

[5]) Zeitschr. Straßenbahnen II 108.

[6]) Grumbt, Bierling und Schwab, welche scheinbar eine neue Gesellschaft zu gründen beabsichtigen. S. Straßenbahnen II 156.

4. Bremen erhielt seine erste Pferdebahn am 4. Juni 1876. Im August 1879 begann bereits eine zweite Gesellschaft ihre Thätigkeit. Das Gesammtnetz umfaßt heut 25 700 m, auf welchem 1888 2 643 085 Personen befördert wurden. Die Entwickelung des Verkehres stellt sich dahin:

Im Jahre und Betrieb		Gleislänge	Nutzkilom.	Personen	Einnahme
1882	Bremer[1])	5 900	—	580 000	88 793
	Große Bremer .	16 000	90 305	2 327 145	[2]) —
1883	Bremer[1])	5 900	—	574 000	89 801
	Große Bremer .	16 000	92 064	2 363 154	[2]) —
1884	Bremer[1])	6 000	—	507 000	95 457
	Große Bremer .	16 000	94 458	2 477 724	[2]) —
1885	Bremer[1])	6 200	—	595 000	[2]) —
	Große Bremer .	17 700	1 014 227	2 419 478	[2]) —
1886	Bremer[1])	—	—	—	[2]) —
	Große Bremer .	17 700	989 261	2 446 798	[2]) —
1887	Bremer[1])	8 000	—	842 765	[2]) —
	Große Bremer .	17 700	1 004 184	2 666 705	[2]) —
1888	Bremer[1])	8 000	—	[3]) 921 234	145 713
	Große Bremer .	17 700	1 001 916	2 721 851	[2]) —

1) Nachrichten ausgeblieben, jedoch thunlichst aus früheren Angaben und Geschäftsberichten ergänzt. — 2) Angaben fehlen. — 3) ohne Abonnenten.

5. Am 9. Juli 1877 wurde in Kassel der Betrieb der Straßenbahn eröffnet. Am 25. Mai 1884 begann dieser der Stadteisenbahn. Erstere hat Dampf-, letztere Pferdebetrieb. Sie lieferten folgendes Ergebniß:

Im Jahre und Betrieb		Gleislänge	Fahrten	Nutzkilom.	Personen	Einnahme
1882	Straßenbahn . .	5 700	15 536	175 139	832 919	—
1883	Straßenbahn . .	5 700	14 906	169 937	893 292	—
1884	Straßenbahn . .	5 700	16 188	184 540	918 010	—
	Stadtbahn . . .	6 500	28 890	187 801	496 457	—
1885	Straßenbahn[1]) .	5 500	[2]) —	[3]) 90 451	[2]) —	[3]) 69 983
	Stadtbahn . . .	6 500	48 641	319 771	732 628	81 950
1886	Straßenbahn[1]) .	5 500	37 948	191 870	912 908	157 660
	Stadtbahn . . .	6 500	52 076	333 510	777 359	85 345
1887	Straßenbahn[1]) .	5 500	37 615	193 426	895 760	161 231
	Stadtbahn . . .	6 500	51 414	332 857	775 215	84 945
1888	Straßenbahn[1]) .	5 500	37 782	195 227	828 769	155 146
	Stadtbahn . . .	6 500	55 984	363 896	842 136	87 621

1) Geschäftsjahr vom 1. Juli bis 30. Juni. — 2) Angaben fehlen. — 3) Für ein halbes Jahr.

6. In Magdeburg theilen sich die Straßenbahngesellschaft und Magdeburg Tramways Company, Limited, in das Eigenthum und den Betrieb des dortigen Netzes. Der Betrieb auf den Linien der ersteren wurde am 16. Oktober 1877, der letzteren am 12. November 1883 begonnen. Sein Ergebniß ist:

Im Jahre und Betrieb		Gleislänge	Fahrten	Nutzkilom.	Personen	Einnahme
1882	Straßenbahn . .	14 390	182 828	802 764	3 370 709	414 727
	Trambahn. . . .	—	—	—	—	—
1883	Straßenbahn . .	14 390	148 526	845 343	3 746 025	447 349
	Trambahn. . . .	—	—	—	—	—
1884	Straßenbahn . .	16 460	187 142	998 181	4 390 642	497 570
	Trambahn. . . .	8 490	3 960	15 840	107 800	—
1885	Straßenbahn . .	16 460	185 856	1 182 418	4 800 241	528 549
	Trambahn. . . .	6 822	72 456	430 000	1 451 930	154 296
1886	Straßenbahn . .	19 427	186 648	1 260 326	5 196 875	562 765
	Trambahn. . . .	9 337	96 676	606 261	1 813 786	221 900
1887	Straßenbahn . .	19 427	261 116	1 383 645	5 815 045	640 190
	Trambahn. . . .	11 280	101 370	695 089	2 048 678	256 085
1888	Straßenbahn . .	19 247	257 057	1 443 232	6 183 634	685 515
	Trambahn. . . .	11 280	133 457	808 280	2 207 740	272 812

§ 16. Straßenbahnen im Einheitsbetriebe.

In den bisher nicht erwähnten Städten ist je nur ein Unternehmer zum Betriebe zugelassen.

1. An Umfang obenan steht München. Die Eröffnung des Betriebes geschah am 26. Oktober 1876. Binnen kaum 13 Jahren ist das dortige Unternehmen zu seiner heutigen Bedeutung gelangt, wie folgende Uebersicht veranschaulicht:

Im Jahre	Gleislänge	Fahrten	Nutzkilomet.	Personen	Einnahme
1882[1]) . .	[2]) —	[2]) —	[2]) —	[3])7 745 737	846 687
1883 . . .	50 080	268 798	1 854 003	7 745 737	1 089 987
1884 . . .	51 330	329 754	2 208 504	9 462 890	1 142 302
1885 . . .	51 700	324 255	2 214 957	9 962 008	1 136 501
1886 . . .	51 800	331 181	2 181 153	10 355 241	1 177 958
1887 . . .	51 800	327 261	2 237 506	10 713 237	1 222 932
1888 . . .	59 700	412 892	2 652 042	14 344 678	1 611 699

1) Vom 1. Juli bis 30. Juni laufendes Geschäftsjahr. — 2) Angaben fehlen. — 3) Ungenau.

Ursprünglich einem auswärtigen Unternehmer genehmigt, ging die Anlage und der Betrieb auf eine Aktien-Gesellschaft über. Vorübergehend hatte man sich mit der Absicht getragen, Erweiterungen des Netzes als Gemeindeunternehmen herzustellen, war indeß aus gewichtigen Erwägungen schließlich davon zurückgekommen. Gegenwärtig schweben Verhandlungen wegen neuer Linien.

2. Zu Leipzig begann der Pferdebahnbetrieb am 18. Mai 1872. Einerseits der außergewöhnlich große Handelsverkehr, andererseits die örtlichen Verhältnisse, welche eine Verbindung der nahen Vororte zum unabweisbaren Bedürfnisse werden ließen, hat sehr schnell dem Unternehmen einer englischen Gesellschaft eine stetig zunehmende Bedeutung verschafft, was die folgenden Ziffern belegen:

Im Jahre	Gleislänge	Fahrten	Nutzkilomet.	Personen	Einnahme
1882 . .	23 170	321 332	1 203 447	4 100 527	[1]) —
1883 . .	25 890	411 058	1 608 979	5 670 668	[1]) —
1884 . .	27 730	462 235	2 013 811	7 498 760	[1]) —
1885 . .	28 550	478 971	2 295 221	8 472 529	1 127 376
1886 . .	29 341	533 116	2 659 828	9 685 962	1 256 918
1887 . .	29 880	544 539	2 843 252	11 125 411	1 375 314
1888 . .	30 800	547 189	2 950 117	12 262 010	1 490 151

1) Angaben fehlen.

3. Die Lage Breslau's, die Enge seiner inneren Straßen, ließ lange Zeit an der Möglichkeit zweifeln, ein die Hauptverkehrspunkte treffendes Pferdebahnnetz zustande zu bringen, und umgekehrt von dem Pferdebahnbetriebe außergewöhnliche Störungen und Unfälle befürchten. Die Erfahrung hat das Gegentheil gelehrt. Seit dem 1. Juli 1877 eröffnet, hat der dortige Betrieb sich durchweg bewährt, das Vertrauen der Behörden und die Gunst der Bevölkerung gefunden, dem Verkehre ungeahnte Vortheile gebracht und das Unternehmen sich stetig weiter entwickeln lassen, wie die nachfolgende Uebersicht ergiebt:

Im Jahre	Gleislänge	Fahrten	Nutzkilomet.	Personen	Einnahme
1882 . .	24 700	275 134	1 375 579	4 974 289	567 844
1883 . .	26 400	280 236	1 419 256	5 195 673	597 367
1884 . .	33 000	320 380	1 566 443	5 769 511	663 512
1885 . .	[3]) 34 335	392 731	2 043 947	[2]) 6 469 065	[1]) 771 400
1886 . .	[3]) 34 370	414 026	2 240 477	[2]) 6 995 926	840 493
1887 . .	[3]) 34 471	413 677	2 131 344	[2]) 6 910 889	827 155
1888 . .	[3]) 34 471	419 406	2 150 714	7 241 647	871 017

1) einschl. Abonnements. — 2) ohne Abonnenten. — 3) Gesammtbaulänge.

4. Scheinbar noch ungünstiger für die gedeihliche Entwickelung des Straßenbahnbetriebes liegen die örtlichen Verhältnisse Köln's, dessen Straßen neben ihrer Enge vielfach erhebliche Krümmungen zeigen. Gleichwohl hat der am 20. Mai 1877 von Deutz nach Kalk eröffnete und erst seit dem 26. November 1879 in das Innere der Stadt zugelassene Betrieb sich dahin entwickelt:

Im Jahre	Gleislänge	Nutzkilomet.	Personen	Einnahme
1884 . .	32 000	1 758 882	5 875 170	[1]) —
1885 . .	38 000	1 768 200	5 850 000	809 886
1886 . .	45 000	1 880 000	5 960 000	839 117
1887 . .	45 000	2 150 000	6 550 000	925 485
1888 . .	45 000	2 298 600	7 445 000	1 043 232

1) Angaben fehlen.

Auch hier werden bedeutende Erweiterungen des Netzes geplant. Das Unternehmen gehört einer belgischen Gesellschaft.

5. Gleiches ist in Frankfurt a. Main der Fall. Am 19. Mai 1872 eröffnet, liegt eine 17jährige Entwickelungszeit dahinter und ist jedenfalls von günstigem Erfolge für die Unternehmer und den städtischen Verkehr gewesen. Denn die letzten sieben Jahre liefern folgendes Ergebniß:

Im Jahre	Gleislänge	Fahrten	Nutzkilomet.	Personen	Einnahme
1882 . .	18 620	344 228	979 956	4 340 812	[1]) —
1883 . .	21 470	380 570	1 077 368	4 997 043	[1]) —
1884 . .	21 470	409 991	1 146 884	5 506 185	[1]) —
1885 . .	13 682	428 579	1 182 572	5 777 755	737 393
1886 . .	13 682	459 175	1 272 391	6 439 583	788 074
1887 . .	13 682	488 086	1 343 138	6 948 195	866 292
1888 . .	15 579	619 041	1 631 442	7 842 035	985 750

1) Angaben fehlen.

Allerdings hat es dem Unternehmen niemals an Gegnern gefehlt, woran vielleicht der Umstand nicht ganz ohne Bedeutung ist, daß die auswärtigen Geschäftseigner bisweilen den richtigen Zeitpunkt und die sachgemäße Form für ein heilsames Entgegenkommen auf die Wünsche der Behörden und Bevölkerung verpaßt haben. Deshalb hat augenblicklich eine Strömung die Oberhand gewonnen, welche das Gedeihen des bestehenden Unternehmens bedroht und dabei für das Gemeinwesen die ernstesten Gefahren birgt. Man beabsichtigt nämlich zur Erweiterung des vorhandenen Netzes Schienenwege aus Gemeindemitteln zu errichten und auf denselben einen Gemeindebetrieb einzuführen. Daß ein derartiges Beginnen bei dem Stande der heutigen Gesetzgebung mindestens in seiner Zulässigkeit fraglich, in der Sicherheit seines Erfolges dagegen jedenfalls recht bedenklich[1]) ist, wird an maßgebender Stelle entweder übersehen oder nicht gehörig gewürdigt.

6. Belgische Unternehmen sind ferner die Straßenbahnanlagen zu Barmen-Elberfeld und zu Düsseldorf, deren erstere am 17., letztere am 6. Februar 1876 in Betrieb gesetzt wurden. Während die Entwickelung der Ersteren jedenfalls keine ungünstige ist, indem das Ergebniß für die letzten sieben Jahre sich dahin stellt:

Im Jahre	Gleislänge	Fahrlen	Nutzkilomet.	Personen	Einnahme
Elberfeld					
1882 . .	19 000	53 188	1 010 571	3 966 162	[1]) —
1883 . .	19 000	55 552	1 055 484	3 903 111	[1]) —
1884 . .	19 000	60 732	1 153 898	4 233 897	[1]) —
1885 . .	19 000	63 637	1 209 099	4 309 327	490 825
1886 . .	19 000	67 069	1 274 315	4 456 349	506 321
1887 . .	19 900	66 487	1 263 258	4 246 013	480 770
1888 . .	19 000	67 642	1 285 207	4 874 774	539 951
Düsseldorf					
1882 . .	8 400	[1]) —	[1]) —	1 095 485	[1]) —
1883 . .	8 400	[1]) —	[1]) —	1 109 651	[1]) —
1884 . .	8 400	[1]) —	[1]) —	1 205 633	[1]) —
1885 . .	9 801	32 818	469 310	1 220 826	170 908
1886 . .	9 801	32 044	457 638	1 282 407	180 487
1887 . .	9 801	31 803	454 791	1 273 135	179 835
1888 . .	9 801	35 825	501 559	1 408 494	194 775

1) Angaben fehlen.

läßt sich solches vom Düsseldorfer Betriebe weniger sagen. Man würde indeß fehlgreifen, für die bisher getäuschten Erwartungen die Betriebsleitung allein verantwortlich zu machen, indem vielmehr die

[1]) K. Hilse: Verstadtlichung §§ 24—39 S. 69—110; Zeitschr. f. Transportw. VI 160.

maßgebenden Behörden unverkennbar eine Mitschuld trifft, und auf beiden Seiten es am rechtzeitigen und sachgemäßen Entgegenkommen gefehlt hat. Namentlich sollte behördlicherseits nicht an dem Grundsatze festgehalten werden, welcher nach neueren Verhandlungen scheinbar obwaltet, daß die gebotene Gelegenheit zu Veränderungen in den Eigenthumsverhältnissen unbenutzt bleibt, weil vormals behördliche Wünsche keine Erfüllung gefunden hatten.

7. Von englischen Unternehmungen ist bisher der Betrieb zu Halle noch unerwähnt geblieben. Eröffnet am 1. Oktober 1882 zeigt er nachfolgende Entwickelung:

Im Jahre	Gleislänge	Fahrten	Nutzkilomet.	Personen	Einnahme
1882 . .	5910	17 531	77 446	260 000	[1]) —
1883 . .	5910	100 412	369 025	1 115 000	[1]) —
1884 . .	5910	122 782	416 681	1 200 000	[1]) —
1885 . .	5910	139 044	480 110	1 300 000	155 989
1886 . .	5910	136 054	461 567	1 364 000	163 689
1887 . .	5910	138 838	472 359	1 409 000	169 171
1888 . .	5910	138 162	467 243	1 430 000	172 040

1) Angaben fehlen.

Dem Bedürfnisse des Verkehres genügt solche nach behördlichem Ermessen nicht, weshalb eine Erweiterung des Netzes als Gemeindeangelegenheit ausgeführt wird, nachdem sich ein Unternehmer zu den dafür gestellten Bedingungen nicht gefunden hat. Soweit bekannt geworden[2]), sind die Voranschläge bereits überschritten und als unzureichend erkannt worden. Solches beweist die Richtigkeit der Bedenken gegen den Beruf der Gemeinden zur Herstellung von Schienenwegen und zum Eintritt in die Reihe der Straßenbahnunternehmer.

8. Die vier Betriebe der deutschen Lokal- und Straßenbahngesellschaft haben am 22. April 1880 zu Chemnitz, am 9. Juni 1881 zu Dortmund, am 12. November 1881 zu Gladbach und am 24. Dezember 1889 zu Duisburg begonnen, und sich in nachstehender Weise entwickelt:

---

[2]) Zeitschr. Straßenbahnen II 123; K. Hilse a. a. O. § 42 S. 120.

Im Jahre	Gleislänge	Fahrten	Nutzkilomet.	Personen	Einnahme
Chemnitz					
1882 . .	5 980	77 456	433 984	1 139 031	[1]) —
1883 . .	5 980	77 413	431 666	1 122 201	[1]) —
1884 . .	6 500	68 342	393 374	1 073 845	[1]) —
1885 . .	6 528	64 362	393 141	1 079 929	127 295
1886 . .	6 528	62 669	386 798	1 073 184	126 184
1887 . .	6 528	62 604	386 243	1 132 388	136 591
1888 . .	9 201	63 515	378 830	1 157 254	138 898
Dortmund					
1882 . .	20 340	[1]) —	425 996	1 195 896	[1]) —
1883 . .	20 300	173 646	410 725	1 225 895	[1]) —
1884 . .	15 500	180 130	447 005	1 369 447	[1]) —
1885 . .	15 500	177 019	477 504	1 419 345	200 957
1886 . .	15 500	176 954	476 976	1 416 853	200 169
1887 . .	15 500	177 254	479 737	1 421 495	198 957
1888 . .	15 500	175 165	475 153	1 480 252	207 683
Gladbach					
1882 . .	5 220	[1]) —	[1]) —	652 901	[1]) —
1883 . .	5 220	56 234	287 751	618 381	[1]) —
1884 . .	5 220	57 890	296 341	641 439	[1]) —
1885 . .	5 224	57 489	338 989	608 039	91 931
1885 . .	5 224	57 313	337 954	603 046	91 618
1887 . .	5 224	58 405	343 941	616 075	93 043
1888 . .	5 224	57 580	291 710	630 893	94 919
Duisburg					
1882 . .	7 980	44 799	200 616	440 313	[1]) —
1883 . .	7 980	49 579	216 298	509 570	[1]) —
1884 . .	7 980	47 975	213 243	518 453	[1]) —
1885 . .	7 980	46 014	221 622	499 321	103 426
1886 . .	7 980	46 368	220 624	505 277	105 702
1887 . .	7 980	46 096	219 825	514 893	106 919
1888 . .	7 980	43 342	209 433	605 063	125 016

1) Angaben fehlen.

9. Der recht umfangreiche am 22. Juni 1873 eröffnete Betrieb zu Danzig ist kein Aktien-Unternehmen. Seine Eigenthümer sind deshalb zwar einerseits nicht beengt, wie dies bei Gesellschaftsvorständen als Verwalter fremden Vermögens öfter der Fall ist; entbehren andererseits aber auch diejenige Anregung, welche häufig von den Gesellschaftsorganen ausgeht. Seine Entwickelung in den letzten sieben Jahren zeigt jedoch folgenden stetigen Fortschritt:

Im Jahre	Gleislänge	Fahrten	Nutzkilomet.	Personen	Einnahme
1882 . .	7 830	87 974	329 908	842 595	—
1883 . .	7 830	80 887	325 712	840 212	—
1884 . .	7 830	83 798	337 971	855 224	—
1885 . .	14 686	147 241	509 705	1 479 688	212 587
1886 . .	17 644	252 222	783 670	2 184 681	285 947
1887 . .	20 832	320 559	963 903	2 477 109	345 594
1888 . .	20 905	318 299	957 801	2 441 492	309 249

10. Bei den noch fehlenden Betrieben sind bemerkenswerthe Wandlungen bisher nicht eingetreten. Ihr geschichtlicher Entwickelungsgang ist folgender. Am 22. September 1873 wurde der Pferdebahnbetrieb in Uetersen eröffnet, wonächst die Eröffnung der Betriebe in Wiesbaden im September 1875, in Metz am 1. Dezember 1876, in Karlsruhe am 1. Februar 1877, in Mannheim-Ludwigshafen am 3. Juni, in Straßburg am 22. Juli, in Ingolstadt am 9. November 1878, in Pyrmont im Juni und in Stettin am 23. August 1879, in Potsdam am 13. Mai, in Posen am 31. Juli, in Aachen am 16. Dezember 1880, in Bremerhafen am 1. Mai, in Lübeck am 1. Mai, in Augsburg am 10. Mai, in Königsberg am 26. Mai, in Kiel am 9. Juli, in Nürnberg am 25. August, in Braunschweig am 1. September, in Rostock am 14. Oktober, sowie in Flensburg im Laufe des Jahres 1881 folgte. Hierzu traten 1882 die Betriebseröffnungen in Mülhausen i. E. am 20. März und in Köpenick am 19. Oktober; 1883 in Erfurt am 13. Mai, in Crefeld am 5. Mai, in Görlitz am 1. Juni, in Mainz am 23. September; 1884 in Mannheim-Feudenheim am 6. März, in Offenbach am 10. April, in Hagen am 13. November; 1885 in Heidelberg am 13. Mai und in Spiekeroog; 1886 in Charlottenburg der Dampfstraßenbahn von der Weichbildgrenze Berlins nach dem Grunewald am 5. Mai, in Schönebeck am 28. Mai, in Wiesloch am 25. Juli; 1887 in Koblenz am 28. Mai, in Halberstadt am 28. Juni, endlich 1888 in Bromberg am 26. Juli und in Wittenberg am 18. Mai. Außerdem besteht in Oldenburg eine Pferdebahn, bestand vorübergehend eine solche in Schwerin und befaßt sich die hauptsächlich zur Güterbeförderung bestimmte Anschlußbahn Goldbeck-

Siesenslage nebenbei mit Personenbeförderung. Wann die Betriebseröffnung dieser letzteren Bahnen erfolgte, konnte diesseits mit Zuverlässigkeit bisher nicht festgestellt werden.

Das Betriebsergebniß während der letzten sieben Jahre bezw. in der Zeit des Bestandes stellt sich dahin:

Ort[1])	Fahrten						
	1882	1883	1884	1885	1886	1887	1888
Aachen	[2]) —	339 140	261 784	230 225	214 849	242 015	243 917
Augsburg[4]) . .	178 935	181 612	176 948	174 209	171 072	178 889	162 840
Braunschweig .	345 240	345 240	345 240	219 000	219 000	219 000	219 000
Bremerhafen .	31 000	31 000	31 000	59 555	59 560	59 570	59 560
Charlottenburg	—	—	—	—	19 112	26 666	23 031
Crefeld	—	80 000	154 740	[3]) 154 352	[3]) 130 000	[3]) 130 480	130 000
Erfurt	—	[2]) —	[2]) —	176 163	195 698	213 119	220 324
Feudenheim . .	—	—	15 296	24 722	25 048	25 142	25 142
Flensburg . . .	[1]) —	[1]) —	[1]) —	37 230	37 230	37 230	37 230
Görlitz	25 800	67 200	63 525	135 880	135 880	135 880	135 880
Hagen	—	—	6 454	64 944	88 057	87 430	85 101
Halberstadt . .	—	—	—	—	—	18 874	45 264
Heidelberg . . .	—	—	—	[2]) —	161 755	186 491	187 657
Ingolstadt . .	30 660	30 660	30 660	20 805	21 070	22 082	23 424
Karlsruhe . . .	171 200	171 200	171 680	161 330	161 330	161 330	161 330
Kiel	62 742	58 507	56 300	55 723	55 462	55 480	55 632
Koblenz	—	—	—	—	—	42 074	87 484
Königsberg . .	[3]) 86 004	174 616	177 477	180 268	146 278	148 718	130 054
Köpenick	2 368	13 140	13 870	—	—	—	—
Lübeck	48 301	63 317	64 102	35 360	40 040	41 975	42 090
Mainz[6])	—	[2]) —	[2]) —	[2]) —	[2]) —	183 392	172 855
Mannheim . .	133 739	139 589	144 551	155 213	160 150	167 150	181 443
Metz	39 524	39 234	40 638	[2]) —	[2]) —	42 965	44 719
Nürnberg . . .	[2]) —	[2]) —	[2]) —	220 395	234 840	249 295	263 750
Offenbach . . .	—	—	[2]) —	33 900	36 400	39 000	39 700
Posen[4])	83 114	68 397	65 188	76 192	73 529	73 838	72 820
Potsdam . . .	242 242	238 516	236 848	235 946	240 034	266 286	266 926
Rostock	31 066	31 168	32 426	71 540	71 570	71 540	71 540
Schönebeck . .	—	—	—	—	18 282	30 000	28 800
Spiekeroog . .	—	—	—	1 930	1 650	1 650	1 550
Stettin	108 819	108 745	109 972	109 911	158 109	216 425	173 795
Straßburg . .	70 633	83 152	102 837	23 742	26 504	27 800	[5]) 6 973
Uetersen	[2]) —	[2]) —	[2]) —	2 867	3 560	3 560	3 570
Wiesbaden . .	27 580	29 362	32 261	33 809	32 740	32 650	37 586
Wiesloch . . .	—	—	—	—	4 745	5 110	5 840
Wittenberg . .	—	—	—	—	—	—	2 226

1) Nachrichten aus Mülhausen, Oldenburg, Pyrmont fehlen. — 2) Angaben fehlen. — 3) Ungenau. — 4) Geschäftsjahr vom 1. Juli bis 30. Juni. — 5) Bis 31. März 1888. — 6) Geschäftsjahr vom 1. Oktober bis 30. September.

Ort[1])	Nutzkilometer						
	1882	1883	1884	1885	1886	1887	1888
Aachen	—	832 328	767 396	662 927	618 609	631 310	636 270
Augsburg[4]) . .	462 863	552 341	496 128	473 036	501 120	480 550	504 233
Braunschweig .	598 320	598 320	598 320	598 320	628 326	628 236	628 236
Bremerhafen .	374 000	374 000	374 000	383 710	383 740	383 800	383 760
Charlottenburg	—	—	—	—	76 448	120 379	133 781
Crefeld	—	250 000	487 520	486 200	480 000	480 000	480 000
Erfurt	—	—	640 979	502 690	620 943	696 875	720 435
Feudenheim . .	—	—	66 332	86 304	107 706	108 110	108 110
Flensburg[3]) . .	—	—	—	93 075	93 095	93 075	93 075
Hagen	—	—	—	3 200	3 200	3 200	3 200
Halberstadt . .	—	—	—	—	—	82 630	206 060
Heidelberg . . .	—	—	—	—	266 277	295 981	275 535
Ingolstadt . .	91 980	91 980	91 980	62 415	63 210	66 248	70 272
Karlsruhe . . .	344 945	344 945	346 290	3 416 400	3 416 400	3 416 400	3 416 400
Kiel	192 311	192 225	182 352	279 555	281 390	281 220	282 086
Koblenz	—	—	—	—	—	79 882	192 157
Königsberg . .	390 779	780 530	776 210	813 897	768 901	819 771	723 694
Lübeck	354 257	474 677	480 764	406 265	460 035	482 267	483 589
Mainz[6])	—	—	—	—	—	631 614	605 106
Mannheim . .	[2]) —	—	[2]) —	450 107	464 435	484 735	503 621
Metz	9 728	9 728	9 728	9 921	9 921	9 921	9 921
Mülhausen . .	31 746	140 616	152 423	—	—	—	418 720
Nürnberg . . .	[2]) —	1 007 800	908 313	944 813	1 005 493	1 066 174	1 249 584
Offenbach . . .	—	—	145 390	448 400	481 500	514 200	525 640
Posen[4])	282 900	237 000	260 200	265 720	243 455	240 170	225 570
Potsdam . . .	478 044	470 817	466 870	464 439	461 497	467 908	480 706
Rostock	7 740	6 715	6 715	[2]) —	[2]) —	[2]) —	[2]) —
Schönebeck .	—	—	—	—	2 600	2 600	2 600
Spiekeroog . .	—	—	—	2 895	2 475	2 475	2 398
Stettin	682 064	681 518	687 562	687 241	842 443	1 066 999	987 627
Straßburg . .	379 310	462 686	537 816	1 021 656	1 127 034	1 110 960	[5])277 740
Wiesbaden . .	73 222	79 447	90 123	98 388	94 660	94 270	104 883
Wittenberg . .	—	—	—	—	—	—	36 729

1) Nachrichten ausgeblieben aus Bromberg, Görlitz, Köpenick, Oldenburg, Pyrmont, Ueterfen und Wiesloch; vergl. außerdem S. 56 Anm. 2 bis 6.

Verschiedentlich fällt in Fahrten die Zunahme der Nutzkilometerziffer infolge Verlängerung der einzelnen Linien, weshalb meist gleichzeitig eine Zunahme der Beförderten und der Einnahmen sich zeigt.

Ort[1])	Beförderte Personen						
	1882	1883	1884	1885	1886	1887	1888
Aachen	2 031 395	2 050 414	2 197 142	2 236 325	2 504 195	2 482 343	2 277 799
Augsburg[4]) . .	1 287 351	1 132 798	1 147 729	1 255 256	1 370 425	1 525 262	1 338 227
Braunschweig .	1 699 709	1 782 429	1 824 856	1 766 000	1 810 908	1 840 313	1 870 000
Bremerhafen .	846 944	842 080	910 011	764 790	779 778	874 703	958 373
Bromberg. . .	—	—	—	—	—	—	356 092
Charlottenburg	—	—	—	—	149 652	227 287	241 291
Crefeld	—	1 284 425	2 011 674	[2]) 1 817 751	[2]) 1 853 919	[2]) 1 859 463	[2]) 1 727 190
Erfurt	—	1 105 744	1 072 486	1 039 080	1 179 030	1 404 300	1 518 210
Feudenheim . .	—	—	390 128	618 695	645 898	699 819	720 038
Flensburg . .	—	—	—	400 000	400 000	430 000	391 500
Görlitz	363 714	439 549	467 299	—	—	—	—
Hagen	—	—	51 124	—	—	—	—
Halberstadt . .	—	—	—	—	—	236 605	413 403
Heidelberg . .	—	—	—	—	796 000	740 000	755 000
Ingolstadt . .	[3]) 161 364	[3]) 164 663	[3]) 161 170	[3]) 159 090	152 999	145 407	158 607
Karlsruhe. . .	1 608 819	1 637 167	1 682 843	1 657 005	1 625 912	1 641 714	1 723 025
Kiel.	672 779	610 286	660 264	621 753	643 034	691 358	675 071
Koblenz	—	—	—	—	—	313 993	489 922
Königsberg . .	2 849 805	2 515 947	2 813 149	2 833 000	2 764 731	2 972 828	2 734 919
Köpenick . . .	21 300	109 987	118 625	—	—	—	—
Lübeck	733 019	802 943	840 617	790 309	843 720	924 174	1 061 714
Mainz[6]) . . .	—	—	—	—	—	1 835 195	1 842 980
Mannheim . .	617 949	685 798	882 664	1 058 898	1 219 531	1 403 905	1 711 178
Metz	596 389	590 710	627 891	641 469	625 219	645 443	632 596
Mülhausen . .	215 647	744 325	762 498	—	—	648 176	635 985
Nürnberg . . .	—	2 411 984	2 575 478	2 699 170	2 642 911	2 825 279	2 892 387
Offenbach . . .	—	—	642 656	1 071 695	975 476	1 007 540	1 050 209
Posen[4])	888 799	814 669	874 551	905 106	930 634	941 997	932 917
Potsdam . . .	1 114 580	1 032 801	1 090 832	1 073 898	1 095 566	1 123 427	1 253 102
Pyrmont . . .	53 000	55 000	53 000	—	—	—	—
Rostock	353 873	351 080	374 060	—	—	—	—
Schönebeck . .	—	—	—	—	126 060	203 318	182 058
Spiekeroog . .	—	—	—	9 500	8 500	8 000	5 500
Stettin	1 937 251	2 038 226	2 138 280	2 121 261	2 621 393	2 962 053	2 879 656
Straßburg . .	2 315 042	2 731 757	2 858 259	3 356 376	3 485 238	3 197 068	[5]) 799 267
Uetersen . . .	—	—	—	71 374	74 749	77 041	78 000
Wiesbaden . .	188 605	205 946	275 320	238 000	216 500	231 700	311 688
Wiesloch . . .	—	—	—	—	24 000	58 500	59 000

1) Nachrichten ausgeblieben von Oldenburg und Wittenberg. Vergl. S. 56 Anm. 2—6

2) Ausschl. Abonnenten und Freifahrern.

Ort[1])	Einnahmen			
	1885	1886	1887	1888
Aachen	245 307	238 894	244 743	254 979
Augsburg[4])	159 388	172 525	192 735	168 661
Braunschweig	160 579	164 622	167 295	170 000
Bremerhafen	91 262	96 085	104 356	114 280
Bromberg	—	—	—	34 171
Charlottenburg	—	27 672	41 316	45 654
Crefeld	298 365	305 683	311 352	288 719
Erfurt	103 908	117 903	143 430	151 821
Feudenheim	68 075	70 559	74 004	75 838
Flensburg	39 500	38 147	39 214	38 267
Hagen	46 156	39 446	37 380	37 504
Halberstadt	—	—	26 166	45 904
Heidelberg	—	86 000	83 500	81 300
Ingolstadt	45 280	42 259	42 152	45 632
Karlsruhe	178 106	173 061	174 573	184 411
Kiel	71 187	77 035	78 936	76 987
Koblenz	—	—	38 382	64 433
Königsberg	326 737	305 758	332 622	305 542
Lübeck	97 326	95 892	104 373	106 281
Mainz[6])	—	—	171 094	173 870
Mannheim	150 232	169 766	192 587	221 287
Metz	105 328	102 453	104 571	101 578
Mülhausen	—	—	—	67 907
Nürnberg	310 190	305 033	323 680	343 545
Offenbach	163 618	143 769	135 837	140 266
Posen[4])	100 601	99 516	103 875	104 044
Potsdam	122 096	125 277	127 506	146 552
Rostock	36 727	33 320	37 719	39 028
Schönebeck[2])	—	16 829	22 268	20 813
Spiekeroog	800	700	650	400
Stettin	264 479	325 138	364 212	357 200
Straßburg	415 847	490 077	471 645	[5]) 117 911
Uetersen	17 240	17 999	18 353	19 000
Wiesbaden	55 254	43 699	52 688	59 043
Wiesloch	—	6 000	12 500	14 000

1) Nachrichten fehlen aus Görlitz, Köpenick, Oldenburg, Pyrmont und Wittenberg. Vergl. S. 56 Anm. 2—6 und S. 58 Anm. 2.

2) Zeitweis verpachtet.

§. 17. Gemeinsame Gesichtspunkte.

Die vorangeschickte Entwickelungsgeschichte nebst zugegebenen Tabellen hat die Zahl der bestehenden Straßenbahnunternehmen, die Orte ihrer Niederlassung bezw. ihres Betriebes, sowie ihren Betriebsumfang nach Zahl der beförderten Personen, zurückgelegten Fahrten, durchfahrenen Nutzkilometer und der Gleislänge getrennt für die sieben einzelnen Jahre des Beobachtungszeitraums geliefert, soweit dies nach den eingelaufenen Nachrichten möglich war.

Die einzelnen Angaben sind nicht überall her gleich genau und übereinstimmend geliefert[1]). Bald ist den Mittheilungen das vom 1. Juli des Vorjahres beginnende bis zum 30. Juni des Berichtsjahres reichende Geschäftsjahr zugrunde gelegt und war, da monatliche Aufstellungen sich von dort nicht erlangen ließen, man an der Bearbeitungsstelle zu den entsprechenden Umrechnungen außerstande.

In einzelnen Orten sind die auf Abonnements- und Freikarten Beförderten ungezählt geblieben, in anderen nach einer geschätzten Durchschnittsziffer gezählt worden. Auch hier war eine Ergänzung und Herbeiführung gleichwerthiger Ziffern nicht zu erreichen.

In der Gleislänge sind nur die für Verwaltungszwecke dienenden Strecken enthalten, also die nach den Bahnhöfen führenden Zufahrtsgleise, so oft sich solches feststellen ließ, weggeblieben.

Sonstige bemerkte Ungenauigkeiten sind durch entsprechende Anmerkungen in den Tabellen gekennzeichnet.

Aus den gelieferten Ziffern wird die Bedeutung, welche die Straßenbahnen für die Verkehrsentwickelung, für die Belebung von Handel und Gewerbe, für die Gestaltung der Wohnungsverhältnisse zu äußern imstande sind, und damit ihr kulturgeschichtlicher Zweck überzeugend dargethan. Fast allenthalben hat innerhalb der einzelnen Jahre die Ziffer der beförderten Fahrgäste — nicht selten ohne jede oder doch ohne nennenswerthe Gleisverlängerung — zugenommen. Hieraus erhellt, daß in stark gewerblichen, sowie in allen Großstädten die Benutzung der Straßenbahnen bereits zum

[1]) Solches war bei früheren Veröffentlichungen in höherem Maße der Fall. K. Hilse: Betriebsunfälle § 5 S. 8.

allgemeinen Bedürfniß — insbesondere auch der arbeitenden Bevölkerung — sich gestaltet hat, sowie daß es nur geringfügiger Gleisverlängerungen in das Innere der Städte bedarf, um die Zunahmeziffer der Fahrgäste gewaltig zum Steigen zu bringen.

Eine Personen-Abnahme, also eine schwächere Benutzung gegenüber den Vorjahren, hat sich nur in einzelnen Betrieben und selbst dort blos vorübergehend bemerkbar gemacht. Bei dieser von 1885 gegen 1884[2]) handelte es sich überdies einerseits nur um geringfügige Minderziffern, andererseits überwiegend um solche Betriebe, die mit dem Fremdenverkehre zu rechnen, also unter ungünstigen Zeit- und Witterungsverhältnissen zu leiden haben. Für 1888 hat inbetracht zu kommen, daß die Ziffer schon am 10. Januar d. J. geliefert werden mußte, also bei der mit mehr Ruhe ausgeführten endgültigen Feststellung aufgrund der berichtigten Zahlen noch eine Erhöhung erfahren kann. Insofern es einer Regelmäßigkeit und Stetigkeit in der Abnahme überall noch ermangelt, ist die Annahme berechtigt, daß der ab und zu beobachtete Rückgang mehr auf Zufälligkeiten, z. B. ungünstige Witterungs- oder sonstige vorübergehende örtliche Mißstände zurückführbar ist. Jedenfalls sind die Abnahmeziffern überall zu schwankend und zu gering, als daß sie zum Beweis für das Fehlen bezw. den Wegfall des Bedürfnisses für die Straßenbahnen an den fraglichen Orten geltend gemacht werden dürfen. Ganz besonders hat solches für die Verkehrsabnahme solcher Betriebe gegen Vorjahre zu gelten, welche nicht unerheblich mit der Benutzung zu Vergnügungszwecken zu rechnen haben, sobald in der Hauptreisezeit, wie in den Jahren 1885 und 1888, ungünstige Witterungsverhältnisse vorgeherrscht haben.

Die bisher nur in wenig Betrieben stattgehabte Verwendung elementarer Triebkraft[3]) hat keine genügende Unterlage für die Untersuchung geboten, welchen entscheidenden Einfluß die Art der

---

[2]) Sie liegt vor für Augsburg, Braunschweig, Bremen große, Bremerhafen, Chemnitz, Hannover, Ingolstadt, Karlsruhe, Kiel, Köln, Königswinter, Krefeld, Mülhausen, München-Gladbach Potsdam, Pyrmont, Rostock, Stettin und Wiesbaden, sowie im Betriebe der Berliner Pferde-Eisenbahngesellschaft. Bei letzterer bildet die Eröffnung der Stadtbahn die Ursache des Rückganges. Vergl. K. Hilse: Betriebsunfälle § 5 S. 8, Verstadtlichung § 21 b S. 61.

[3]) Oben § 9 S. 19 Anm. 3; Zeitschr. f. Transportw. 654.

benutzten Triebkraft auf die Gefährlichkeit des Unternehmens äußert. Dies wird zwar später noch Erwähnung finden, die Veröffentlichung sich jedoch auf solche Beobachtungen und Erfahrungen beschränken, welche als zuverlässig gelten können, und weglassen, was zu Irrthümern und Trugschlüssen Anlaß zu bieten vermag.

B. Die Unfallsgefahr im Straßenbahnbetriebe.

§ 18. Begriffsbestimmung.

Der Begriff Betriebsunfall steht ebensowenig fest, wie der Begriff Straßenbahnen, wird vielmehr gleichfalls in verschiedenem Umfange gebraucht. Die Einen rechnen darunter jedes Vorkommniß während des Betriebes, welches von den gemeinüblichen Verhältnissen abweichend sich durch einen Eingriff in Jemandes Leben, Gesundheit oder Sachen äußert; plötzliche Todesfälle infolge eines natürlichen Anlasses (z. B. Schlagfluß) oder durch willkürliche Handlungen Dritter in Betriebsfahrzeugen herbeigeführte Tödtungen oder Körperverletzungen sind demnach den Unfällen beizuzählen. Andere ziehen den Begriff enger, scheiden Vorkommnisse der letzteren Art und sämmtliche Sachbeschädigungen aus, sodaß nur Vorfälle eingerechnet bleiben, welche sich einerseits als Eingriffe in das Leben oder körperliche Wohlbefinden Jemandes äußern und andererseits mit den Eigenthümlichkeiten des Betriebes derart in ursachlichem Zusammenhange stehen, daß sie ausgeblieben sein würden, wenn der Betroffene zum Betriebe in keinerlei Beziehungen getreten wäre[1]).

So richtig es vielleicht sein würde, der letzteren Begriffsbestimmung zu folgen, scheint es für die vorliegende Arbeit gleichwohl geboten, Betriebsunfall in einem etwas weiteren Sinne zu nehmen. Denn es sollen die verkehrspolizeilichen Rücksichten neben den gesellschaftswirthschaftlichen Behandlung finden. Nun gilt es jedoch gesetzlich[2]) für das Amt der Polizei, die nöthigen Anstalten

---

[1]) K. Hilse: Haftpflicht § 40 S. 160.
[2]) z. B. in Preußen A. L.-R. II 17 § 10.

zur Erhaltung der öffentlichen Sicherheit und zur Abwendung der Gefahr zu treffen, welche der Allgemeinheit oder einzelnen ihrer Glieder bevorstehen. Danach würde die Polizei vermöge der ihr durch Gew.=Ordn. § 37 beigelegten Befugniß, die Unterhaltung des Straßenbahnbetriebes zu regeln[3]), allerdings zu Vorkehrungen und Maßnahmen zuständig sein, in deren Verfolg eine Gefahrenabnahme zu erwarten stände, also die Einrichtung oder den Fortbetrieb von Straßenbahnen aus dem Gesichtspunkte stören dürfen, daß anderenfalls Verluste am Leben, an der Gesundheit oder dem Vermögen zu erwarten seien.

Deshalb werden als Unfälle alle Vorkommnisse im Straßenbahnbetriebe gezählt werden, welche während desselben eingetreten sind, ohne daß sie in demselben ihre Ursache zu haben, also durch ihn veranlaßt zu sein brauchen. Indeß wird darauf Bedacht genommen werden, in geeigneter Weise die Unfälle im engeren Sinne von den übrigen als solche gezählten Fällen dergestalt von einander zu halten, daß ihre Absonderung möglich ist.

In sachlicher Hinsicht können Unfälle entweder Personen oder Sachen treffen. Die Betroffenen können entweder im Betriebe werkthätig sein oder zu ihm in anderer Beziehung stehen, nämlich ihn Zwecks der Benutzung aufgesucht haben oder zufällig im Verkehre mit ihm in Berührung gekommen sein. Das Letztere ist bei Straßengängern, das Vorhergehende bei Fahrgästen der Fall. Hieraus ergiebt sich die Trennung der Unfälle von Straßengängern und Fahrgästen einerseits, welche als Unfälle der Nichtwerkthätigen zusammengefaßt sind, und von Werkthätigen im Betriebe andererseits.

a) Unfälle der Nichtwerkthätigen.

§ 19. Das Gesammtbild dieser Unfallsart.

Im Beobachtungszeitraume gelangten aus 52 Orten 11 429 Unfälle, welche Nichtwerkthätigen während des Straßenbahnbetriebes zugestoßen sind, zur Meldung. Sie vertheilen sich auf 6944 männliche und 4485 weibliche Personen. Die Ziffern der einzelnen Jahre weichen von einander ab, zeigen jedoch eine stetige aber unregel=

[3]) Vergl. K. Hilse: Verstadtlichung § 11 S. 29.

mäßige Steigerung.[1]) Die Gründe sind leicht zu erkennen. Einmal hat die Zahl der Betriebe zugenommen und der Umfang jedes einzelnen außerordentlich gewechselt. Sodann liegen aus der ersten Zeit jedenfalls blos unvollständige Nachrichten vor, indem die wirkliche Unfallsziffer fast überall die ermittelte erheblich überstiegen haben dürfte.[2])

Hier sind also die Unfälle von Straßengängern und Fahrgästen zusammengefaßt. Der Verbindung Beider in einer Uebersicht liegen rein äußerliche Gesichtspunkte zugrunde. Zunächst ist nämlich ebenso auf Straßengänger- wie auf Fahrgastunfälle das Haftpflichtgesetz vom 7. Juni 1871 anwendbar geblieben, welches für die Werkthätigen im Straßenbahnbetriebe durch die Reichsgesetze vom 28. Mai 1885 mit 6. Juli 1884 seine Wirksamkeit verloren[3]) hat. Sodann erstreckt sich die allerwärts bestehende ortspolizeiliche Meldepflicht der im Betriebe eingetretenen Unfälle gleichmäßig auf Straßengänger wie auf Fahrgäste, weshalb ihr nach dem nämlichen Formulare genügt zu werden pflegt, während für die Unfallsmeldungen der Werkthätigen das im Unfallsgesetze geforderte Verfahren und ein vom Reichsversicherungsamt festgestelltes[4]) Formular maßgebend ist. Aus dem gerichtsgebräuchlich angewendeten Fortbestande der Haftpflicht haben die Betriebsunternehmer bezüglich der Straßengänger- und Fahrgastunfälle einen gleich naheliegenden wirthschaftlichen Anlaß, die muthmaßliche Bedarfsziffer der Betriebseinnahme zur Deckung der Aufwendungen aus der Haftpflicht festzustellen, um solche bei der Gewinnvertheilung sachgemäß einzustellen, oder wo die Versicherung gegen Haftpflicht gewählt wird, solche auf beide Unfallsarten auszudehnen. Unter so bewandten Umständen bietet deren Zusammenfassen sogar eine gewisse Nothwendigkeit und war jedenfalls nicht zu vermeiden.

Die vorgefallenen Unfälle vertheilen sich auf die einzelnen Orte und innerhalb derselben auf die einzelnen Jahre, sowie nach den beiden Geschlechtern dahin:

---

[1]) Nämlich um 119,40% bezw. 6,71%, 27,13%, 41,03%, 15,05 und 8,30%.

[2]) Belag liefert die Zunahme um 119,40% von 1882 zu 1883.

[3]) K. Hilse: Haftpflicht § 12 S. 41 ff.; Verstadtlichung § 13 b S. 38, § 34 S. 95.

[4]) Amtliche Nachrichten des Reichsversicherungsamtes I 222, 286.

Orte.[1])	Auf die Jahre vertheilt							Zusammen		
	1882	1883	1884	1885	1886	1887	1888	überhaupt	m.	w.
Aachen	7	4	6	7	5	8	13	50	36	14
Altona	—	—	5	1	2) —	2) —	2) —	6	6	—
Augsburg	4	2	—	1	1	4	2	14	6	8
Berlin	249	404	415	582	761	947	1051	4409	2710	1699
Braunschweig	—	1	—	1	—	—	—	2	1	1
Bremen[2])	2	—	1	2	1	1	2	9	8	1
Bremerhafen	1	2	2	1	—	—	2	8	8	—
Breslau	9	10	25	53	135	270	332	834	556	278
Charlottenburg	—	—	—	—	6	1	—	7	4	3
Chemnitz	2	4	4	7	1	3	3	24	15	9
Crefeld	—	8	8	9	18	10	11	64	50	14
Danzig	—	1	2	1	3	5	3	15	9	6
Dortmund	5	5	7	6	5	15	13	56	42	14
Dresden	—	5	7	6	7	10	18	53	37	16
Duisburg	4	2	2	—	3	2	5	18	13	5
Düsseldorf	6	5	5	4	5	3	9	37	26	11
Elberfeld	8	9	10	10	13	13	7	70	50	20
Erfurt	—	—	5	1	1	7	2	16	10	6
Feudenheim	—	—	2	—	1	1	—	4	3	1
Flensburg	—	—	—	—	—	1	2	3	3	—
Frankfurt	1	2	2	4	4	3	2	18	14	4
Gladbach-München	2	3	3	5	2	11	5	31	22	9
Görlitz	1	—	2	2	2) —	2) —	2) —	5	3	2
Hagen	—	—	—	—	—	1	2	3	2	1
Halberstadt	—	—	—	—	—	—	1	1	1	—
Halle	—	5	2	2	4	1	4	18	12	6
Hamburg[2])	—	—	10	71	73	108	111	373	275	98
Hannover	13	8	38	49	8	8	9	133	80	53
Heidelberg	—	—	—	3	1	5	—	9	7	2
Ingolstadt	1	—	2	1	—	—	—	4	2	2
Kassel	4	4	4	2	1	8	7	30	23	7
Karlsruhe	2	1	3	5	—	1	1	13	10	3
Koblenz	—	—	—	—	—	1	3	4	4	—
Köln	26	19	53	57	84	183	134	556	340	216
Königsberg	22	6	11	15	17	24	9	104	67	37
Leipzig	4	5	5	58	98	83	119	372	217	155
Lübeck	1	—	1	—	—	—	1	3	1	2
Magdeburg	4	5	7	11	18	32	67	144	87	57
Mainz	—	1	2	1	—	4	2	10	7	3
Mannheim	—	3	1	1	—	—	1	6	6	—
Metz	1	4	2	8	—	3	12	30	22	8
Mülhausen	—	4	1	2) —	2) —	2) —	2) —	5	4	1
München	95	534	469	442	742	633	655	3570	1948	1622
Nürnberg	—	1	8	8	41	17	1	76	43	33
Offenbach	—	—	2	8	4	6	11	31	23	8
Posen	1	3	1	—	2	1	1	9	6	3
Potsdam	2	—	—	2	2) —	2) —	2) —	4	3	1
Rostock	—	—	1	2) —	2) —	2) —	2) —	1	—	1
Schönebeck	—	—	—	—	1	—	2	3	3	—
Stettin	7	5	4	4	9	5	3	37	27	10
Straßburg	4	9	13	12	4	5	6	53	40	13
Stuttgart	8	4	8	13	9	14	18	74	52	22
Beisammen[2])	496	1088	1161	1476	2088	2458	2662	11 429	6944	4485

1) Ausgeblieben sind Unfälle in: Bromberg, Kiel, Oldenburg, Spiekeroog, Uetersen, Wiesbaden, Wiesloch, Wittenberg. 2) Meldungen, bezw. weitere Meldungen sind ausgeblieben für Altona, Bremen (Horn), Hamburg-Altona, Görlitz, Köpenick, Mülhausen, Potsdam, Pyrmont.

In Wahrheit liegen indeß für Eintritt von Unfällen bei Straßengängern und Fahrgästen völlig verschiedene Anlasse vor, zeigen sich bei beiden ganz anders gestaltete, begleitende Umstände, verlaufen sie durchaus ungleich und bieten sie für die Behörden abweichende Interessen, indem bei diesen vielmehr besondere Rücksichten bezüglich jeder einzelnen Unfallsgattung obwalten. Demgemäß wird in weiterem Verlaufe zwar die Trennung der Straßengänger- von den Fahrgästeunfällen streng durchgeführt werden. Diese Absicht darf indeß nicht abhalten, zunächst noch weitere gemeinsame Uebersichten und Gesichtspunkte voranzuschicken.

§ 20. Die weitere Sachbehandlung.

Die Ungleichheit der Nachrichten und die abweichende Fällezahl führt, wie bereits erwähnt[1]), zur Nothwendigkeit, die Darstellung dementsprechend zu gestalten. Dies soll in der Weise geschehen, daß die Beobachtungen im Bereiche der Berliner Betriebe vorangeschickt werden, und je nach ihrem Vollständigkeitsgrade die Ergebnisse aus anderen Orten vergleichend angereiht werden. Hierdurch wird nämlich einerseits die möglichst größte Vielseitigkeit der Beobachtungen ohne Gefährdung ihrer Zuverlässigkeit und Sicherheit, andererseits die Verwerthung der scheinbar geringfügigsten Nachricht noch erreicht. In weiterem Verfolge wird, wenn vielleicht noch nicht volle Wahrheit, so doch ein ihr nahekommender Wahrscheinlichkeitsgrad für das aufzusuchende Gefahrengesetz gewonnen und den örtlichen Verhältnissen und Eigenthümlichkeiten überall gebührend Rechnung getragen werden können.

§. 21. Die Berliner Verhältnisse.

Auf Berlin entfallen von der gewonnenen Gesammtsumme 4409 = 38,58 % Unfälle. Sein Gleisnetz beträgt bei 286 857 m von dem Gesammtgleisnetze 23,58 %. In der ermittelten Nutzkilometerziffer ist Berlin mit 23 861 299 = 32,26 %, in der Personenziffer

---

[1]) Oben § 5 S. 13.

mit 117 009 010 = 37,52 % betheiligt. Seine Erträgnißziffer stellt mit 13 982 996 Mk. sogar 40,39 % der Gesammteinnahme im deutschen Straßenbahnbetriebe her. Diese Ziffern rechtfertigen in sich allein schon eine abgesonderte Behandlung der Berliner Ergebnisse. Dazu tritt die gründliche Kenntniß der hiesigen Verhältnisse als der auswärtigen, sowie die bestandene Möglichkeit, dort aufgetauchte Bedenken leichter zu beheben, als dies anderwärtsher gelungen ist.

Irrthümlich würde die Annahme sein, daß die Erhebung der Unfälle bei den drei betheiligten Gesellschaften eine durchaus gleichmäßige und einheitliche ist. Solches sollte zwar aus dem Umstande angenommen werden dürfen, daß die Anzeigepflicht durch genau dieselbe behördliche Vorschrift geregelt wird. Sämmtliche Gesellschaften haben nach dem polizeilichen Pferdebahn-Regl. vom 27. Mai 1865 § 15 über alle Vorkommnisse, welche den regelmäßigen Gang des Betriebes stören oder unterbrechen, dem Kommissarius des Königlichen Polizei-Präsidiums für das öffentliche Fuhrwesen binnen 24 Stunden schriftliche Anzeige zu erstatten. Entsprechend verpflichtet § 27 die bedienenden Schaffner, solche Vorkommnisse sofort zur Kenntniß ihrer Dienstgeber zu bringen. Einem Zweifel kann es deshalb kaum unterliegen, daß sämmtliche Unfälle, welche sich im Betriebe ereignen, ohne Unterschied, ob solche zu einer Körperverletzung des Betroffenen geführt haben oder nicht, von dieser Anzeigepflicht betroffen sind, weil füglich der aufsichtsführenden Behörde die Entscheidung vorbehalten bleiben muß, ob nach Lage der Umstände ein Vorkommniß sich zur Unterlage für ein behördliches Einschreiten und damit zum Weiterverfolgen eignet oder nicht. Dem meldepflichtigen Betriebsunternehmer kann nicht zugestanden werden, das behördliche Aufsichtsrecht durch seine größere oder geringere Geneigtheit zum Erstatten von Berichten zu beeinflussen. Am allerwenigsten aber darf dem Ermessen des dienstthuenden Schaffner überlassen werden, ob ein auf seinem Wagen vorgekommener Unfall meldepflichtig ist, weil er andernfalls sehr leicht geneigt sein wird, gerade dann die Meldung eines Vorganges als unerheblich zu unterdrücken, wenn ihn dabei der Vorwurf einer Unzuverlässigkeit (z. B. unterlassenes Anhaltesignal, zu früh abgegebenes Weiterfahrtsignal) trifft, um so deren Verfolgen, die Feststellung seiner Schuld und eigene Unbequemlichkeiten daraus abzuschneiden.

Wenn gleichwohl eine einheitliche Behandlung der Unfallsberichte bei den drei in Berlin zugelassenen Gesellschaften bisher nicht erreicht worden ist, so dürfte daran überwiegend der Umstand die Schuld tragen, daß die Bedeutung der fraglichen Angelegenheit erst neuerdings richtig erkannt wurde.

Die bestandenen Unterschiede in der Behandlung der Unfallssachen sind selbstredend nicht ohne Einfluß auf den Werth der diesseits ermittelten Ergebnisse, da diese sich auf die Berichte stützen. Sie konnten deshalb nicht übergangen bleiben. Sie gestalten sich dahin:

Bei der Großen Berliner Pferdeeisenbahn Aktien-Gesellschaft wird die Meldung auch der geringfügigsten Unfälle von den Schaffnern verlangt und das Unterlassen mit Ordnungsstrafen belegt. Die Betriebs-Inspektionen haben nach einem vorgeschriebenen Formulare[1]) gleichzeitig an das Kommissariat und an die Direktion zu berichten. Der letzte Bericht gelangt behufs Prüfung, ob Haftpflicht vorliegt und ob das Personal eine Schuld trifft, an den Syndikus, welcher bei dieser Prüfung eine Zählkarte[2]) über den Unfall anfertigt und solche, so oft im Zeitenverlaufe sich Anlaß dazu bietet, vervollständigt. In allen erheblichen oder bezüglich des Herganges zweifelhaften Fällen wird der Sachverhalt von dem Syndikus durch Ermittelungen klargestellt. Dies Verfahren besteht seit dem 1. Januar 1882 und trat anstelle eines früheren, wonach die Form der Berichte dem freien Ermessen der Hofverwalter überlassen war. Wenn vielleicht noch für den Anfang des Jahres 1882 die Möglichkeit nicht ganz ausgeschlossen ist, daß dadurch Unfälle ungemeldet geblieben sind, weil die Schaffner die schuldige Anzeige unterließen, so besteht die gleiche Möglichkeit jedenfalls mindestens seit der zweiten Hälfte des Jahres 1882 nicht mehr. Es können jetzt nur noch Fälle ungemeldet bleiben, welche sich in Abwesenheit des Schaffners, weil er vielleicht im Innern des Wagens mit der Fahrscheinausgabe beschäftigt war[3]), ereignet haben, sodaß

---

[1]) Oben § 4 S. 11 Anm. 8.

[2]) Bis zum Sommer 1885 war die Strichmethode im Gebrauch.

[3]) Kommen solche auf anderem Wege z. B. durch Meldung der vom Unfalle Betroffenen zur Kenntniß der Verwaltung, so findet ein Ermittelungsverfahren durch den Syndikus statt, dem ein solches auch obliegt, sobald

die Zahlen der späteren Zeit auf Vollständigkeit und Zuverlässigkeit Anspruch haben.

Bei der Neuen Berliner Pferdebahn-Gesellschaft ist seit 1884 das bei der Großen Berliner Pferdeeisenbahn Aktien-Gesellschaft übliche Formular und Verfahren eingeführt, sodaß auch hier jedenfalls seit dieser Zeit Unfälle kaum ungemeldet geblieben sind. Früher konnten scheinbar, sobald Verletzungen ausgeblieben waren, Vorkommnisse der Meldung und Zählung entgehen. Andernfalls wäre nicht erklärlich, daß für 1882 nur fünf, für 1883 und 1884 schon je zwölf, für 1885 bereits zwanzig Unfälle gemeldet sind, die dann auf 54, 51 und 98 gestiegen sind, sowie daß anfangs das Verhältniß der Verletzten zu den Unverletzten sehr ungünstig ist. Seit 1886 geschieht die Bearbeitung durch den Syndikus. Aus früheren Jahren sind die Mittheilungen zum Zwecke der gegenwärtigen Arbeit den Aktenangaben entnommen und daraus gleichfalls auf Zählkarten übertragen worden.

Bei der Berliner Pferdeeisenbahn-Gesellschaft, Commandit-Gesellschaft auf Aktien, J. Lestmann & Co. sollen anweisungsgemäß zwar die Schaffner nicht blos Unfälle, welche zu Verletzungen geführt haben, sondern sämmtliche Vorkommnisse melden; gleichwohl dürfte scheinbar den Schaffnern gelungen sein, Fälle, in denen Verletzungen ausgeblieben, zu unterdrücken, sodaß sie für die vorliegende Arbeit nicht zur Verfügung gestellt werden konnten. Andernfalls wären sowohl die geringen und unregelmäßigen Ziffern als der Umstand schwer erklärlich, daß die Fälle, welche ohne Nachtheil verliefen, hier eine so geringe Höhe erreichen. Soweit indeß die Fälle mitgetheilt wurden, ist die Vollständigkeit und Gründlichkeit der einzelnen Umstände nicht anzweifelbar.

Die durch die diesseitigen Erhebungen gewonnenen Ziffern stimmen keineswegs mit denjenigen überein, welche ab und zu für die Betriebsunfälle im Berliner Pferdebahnverkehr auf Grundlage amtlicher Erhebungen des Kommissariats des Königl. Polizei-Präsidii für öffentliches Fuhrwesen Veröffentlichung gefunden haben.

Die Erklärung für diese Ziffernverschiedenheit ist in dem Um-

---

Zweifel über den thatsächlichen Hergang obwalten, oder die thatsächlichen Unterlagen zur Begründung der zulässigen Einreden festgestellt werden sollen.

stande zu suchen und zu finden, daß für dasselbe Vorkommniß nicht selten mehrere Personen meldepflichtig sind, sodaß über den nämlichen Fall mehrere Meldungen von verschiedenen Seiten einlaufen, die theilweis in der Sachdarstellung nicht genau übereinstimmen und deshalb anfänglich leicht für verschiedene Vorgänge gehalten und behandelt, dementsprechend aber auch in die Listen eingetragen werden. Aber selbst von demselben Meldepflichtigen laufen öfters mehrere sich nicht genau entsprechende Meldungen ein, wenn z. B. der erste Bericht des Schaffners und damit die Meldung an das Kommissariat den Namen des Betroffenen noch nicht kennt und mit dessen nachträglicher Weitergabe eine nochmalige Sachdarstellung aufgrund der mittlerweile gewonnenen besseren Aufklärung erfolgt. Hier liegt die Gefahr nahe, daß der Fall zweimal gezählt wird, weil die Sachdarstellung sich nicht genau deckt. Ausgeschlossen ist jedenfalls, daß bei den Behörden aus den Berliner Betrieben mehr Betriebsunfälle zur Anzeige gelangt sind als die diesseitigen Uebersichten beziffern. Bestehende Abweichungen zwischen den beiderseitigen Ergebnissen müssen deshalb zweifellos auf Doppelzählungen oder anderweiten Ungenauigkeiten bei Zusammenstellung der Listen, welche den anderweiten Veröffentlichungen zugrunde lagen, beruhen.

Die eingetretenen 4409 Unfälle vertheilen sich keineswegs gleichmäßig auf die einzelnen Jahre, sie steigen vielmehr von 249 im Jahre 1882 auf 1051 im Jahre 1888. Dabei ist die Steigerung sehr unregelmäßig, beträgt nämlich zwischen den einzelnen Jahren 62,25 %, 2,72 %, 40,25 % 30,72 %, 24,44 %, 10,98 %. In den ersten zwei Jahren hat man muthmaßlich noch mit unvollständigen Erhebungen zu kämpfen; in den letzten vier herrscht bereits das Bestreben zu einer fallenden Bewegung vor, weshalb sich von einer verhältnißmäßigen Abnahme der Unfälle um so mehr sprechen läßt, wenn die jährlich steigende oben § 14 S. 40, 42 veranschaulichte Verkehrs-Zunahme gebührend in Vergleich gezogen wird.

Die Unfälle in Berlin vertheilen sich innerhalb der einzelnen Jahre und Betriebe einerseits auf die Monate und Geschlechter, andererseits auf die Straßengänger und Fahrgäste dahin:

Monat		1882	1883	1884	1885	1886	1887	1888	Zusammen	Große Berliner Pferdeeisenbahn	Neue Berliner Pferdeeisenbahn	Berliner A.-G.
Januar	m.	12	22	11	33	28	39	43	188	170	15	3
	w.	7	11	11	12	20	24	33	118	116	2	—
Februar	m.	15	9	15	22	28	44	45	178	164	11	3
	w.	7	16	12	7	17	16	23	98	88	7	3
März	m.	20	17	24	31	43	42	43	220	195	21	4
	w.	8	10	13	12	13	28	33	117	114	3	—
April	m.	9	13	17	20	34	32	56	181	165	15	1
	w.	13	11	13	19	22	22	40	140	132	7	1
Mai	m.	15	21	26	25	53	49	38	227	203	17	7
	w.	7	6	13	16	21	37	44	144	133	10	1
Juni	m.	15	12	26	22	49	62	42	228	213	12	3
	w.	8	6	11	19	30	38	43	155	143	11	1
Juli	m.	13	13	33	32	43	43	52	229	214	12	3
	w.	7	10	12	11	22	41	39	142	129	11	2
August	m.	12	37	21	34	40	55	57	256	244	8	4
	w.	7	21	8	14	22	39	39	150	144	4	2
September	m.	13	21	21	52	38	40	52	237	221	10	6
	w.	5	10	15	20	24	37	40	151	145	4	2
October	m.	12	28	21	54	46	53	62	276	257	17	2
	w.	5	17	15	21	25	36	47	166	158	7	1
November	m.	12	29	18	41	51	57	60	268	240	23	5
	w.	8	18	12	21	29	38	31	157	152	5	—
Dezember	m.	11	26	28	35	28	43	51	222	206	14	2
	w.	8	20	19	9	35	32	38	161	151	8	2
Zusammen	m.	159	248	261	401	481	559	601	2710	2492	175	43
	w.	90	156	154	181	280	388	450	1699	1605	79	15
	beide	249	404	415	582	761	947	1051	4409	4097	254	58
Davon **Fahrgäste** der												
Großen Berliner		193	328	331	481	625	795	800	3553	3553	—	—
Neuen Berliner		—	5	9	17	36	39	70	176	—	176	—
Berliner		9	7	6	2	3	3	6	36	—	—	36
Straßengänger d.												
Großen Berliner		39	54	59	74	76	98	144	544	544	—	—
Neuen Berliner		5	8	4	3	18	12	28	78	—	78	—
Berliner		3	2	6	5	3	—	3	22	—	—	22

Nach weiteren Gesichtspunkten wird die Vertheilung bei der späteren getrennten Besprechung von Straßengänger- und Fahrgäste-Unfällen erfolgen.

§ 22. Die Verhältnisse anderweiter Betriebe.

Eine besondere Darstellung verdienen wegen Betriebsumfang und Fällezahl die Beobachtungen in München, Breslau, Köln und Hamburg, wobei bedauerlicherweise für Hamburg das Ergebniß aus zwei Betrieben fehlt, weshalb das Bild nicht zuverlässig und vollständig wird.

In München sind 3570 Unfälle gezählt, welche 31,23% der Gesammtunfälle ausmachen. Sie vertheilen sich auf die einzelnen Jahre mit 95, 534, 469, 442, 602, 480, 496. Die mithin äußerst unregelmäßige Bewegung läßt bei Berücksichtigung der thatsächlichen Verkehrszunahme die vorherrschende Neigung zur Abnahme erkennen.

Die Bewegung in Breslau, welche sich in den Jahresziffern 9, 10, 25, 53, 135, 270, 332 ausdrückt, zeigt umgekehrt eine stetige Zunahme, welche die Zunahmeziffer des Verkehres ganz gewaltig übersteigt, indem sie ausmacht 11,11%, 250,00%, 112,00%, 154,72%, 100,00%, 22,96%. Insofern 1887 und 1888 die Verhältnißziffern fallen, scheint die Unfallsgefahr 1886 ihren Höhepunkt erreicht zu haben, so daß auch hier eine weitere Abnahme zu erwarten steht.

In Köln sind für die einzelnen Jahre 26, 19, 53, 57, 84, 183 und 134 Unfälle gezählt. Für 1883 bis 1887 besteht also eine Zunahme um 178,95% bezw. 7,55%, 417,37% und 117,86%; ob das einmalige Fallen im Jahre 1888 um 26,77% anhalten, ob thatsächlich eine Rückwärtsbewegung in den Unfallsziffern eintreten wird, bleibt zwar abzuwarten, ist indessen aus dem Umstande wahrscheinlich, daß unter vergleichender Berücksichtigung der Verkehrszunahme sogar schon für die Vorjahre eine rückwärtsgängige Bewegung bemerkbar wird.

Aus Hamburg liegen für fünf Jahre, noch dazu nur von einzelnen Betrieben, Nachrichten vor; aus den ermittelten Jahresziffern 20, 71, 73, 108, 111 würde einerseits auf eine Unfallszunahme zu schließen sein; andererseits ist jedoch nicht zu unterschätzen, daß die Betriebe, welche Nachrichten vorenthalten haben, nach der Nutzkilometer- und Personenziffer (oben § 15, S. 40) erheblich sind und auf das Hamburger Verkehrsleben und das Schaffen der Gefahrenmöglichkeit einen ganz bedeutenden Einfluß ausüben. Deshalb ist hier besondere Vorsicht geboten, um nicht etwa zu Trugschlüssen zu gelangen.

Insofern verschiedentlich gemeint wird, daß eine Vermehrung der Unfallsgefahr zu befürchten stehe, wenn der Betriebsunternehmer außerhalb des Betriebsortes ansässig ist und an letzterem blos ein Betriebsleiter wirkt, sind einerseits die Ergebnisse für Chemnitz, Dortmund, Duisburg und M.-Gladbach, welche Betriebe der deutschen Lokal- und Straßenbahngesellschaft gehören, andererseits solche für Dresden, Halle, Hannover und Leipzig, wo englische Gesellschaften Betriebs-Unternehmer und -leiter sind, je zu einer besonderen Uebersicht zusammengezogen worden.

Die 129 Unfälle in den vier ersteren Betrieben vertheilen sich auf die einzelnen Jahre mit 13. 14. 16. 18. 11. 31. 26, weisen also — abgesehen von 1886 und 1887 — eine gewisse Regelmäßigkeit der Zunahme nach, welche gegen 1882 sich gerade verdoppelt hat, während die Verkehrszunahme in der Personenbeförderung nur um 12,98 %, in den Nutzkilometern um 0,50 % gestiegen ist. In den vier anderen Betrieben steht den 17. 23. 52. 115. 117. 102 und 150 Unfällen zwar keine entsprechende Verkehrszunahme gegenüber, sind indeß die Nachrichten vor 1885 anscheinend ungenau.

Insofern München 3570 also 31,23 %, Breslau 686 also 6,02 %, Köln 446 also 3,92 %, Hamburg 175 also 1,53 %, die letzten vier vereinigten Betriebe 576 also 5,04 %, die ersteren 129 also 1,13 % Unfälle zählen, ergeben sich zuzüglich Berlins mit 4409 also 38,58 % Unfällen im Ganzen 9991 oder 87,45 % Unfälle, welche eine mehr eingehende Behandlung finden werden. Die darnach verbleibenden 1438 oder 12,55 % Unfälle werden allerdings nur nebenbei vergleichsweise herangezogen werden.

In der oben berührten Reihenfolge stellt sich das Ergebniß nach Fällezahl, Ursache, Ausgang, Schuldbetheiligung, Beleuchtungsverhältniß und nach Monaten für die einzelnen Jahre, sowie für Straßengänger und Fahrgäste bezw. für die einzelnen Betriebe dahin:

München.	1882 m.	1882 w.	1883 m.	1883 w.	1884 m.	1884 w.	1885 m.	1885 w.
I. Fällezahl Erwachsene	47	45	259	257	238	207	238	189
Kinder	2	1	17	1	22	2	8	7
überhaupt	49	46	276	258	260	209	246	196
II. Unfallsursache								
1) während der Fahrt des Wagens: Absteigen	35	40	203	226	151	172	178	176
Aufsteigen	5	2	38	22	50	16	39	7
Herabfallen	5	2	20	5	30	18	21	4
2) Laufen in die Pferde, bezw. gegen den Wagen: Erwachsene	2	1	7	4	10	3	6	1
Kinder	—	1	7	—	14	—	2	6
3) durch fremde Wagen: Zusammenstoß	1	—	—	—	—	—	—	—
anderweit	—	—	—	—	1	—	—	—
durch eigene Wagen: Zusammenstoß	—	—	—	—	—	—	—	—
anderweit	—	—	—	—	—	—	—	—
4) Sonstige Ursachen	1	—	1	1	4	—	—	2
III. Ausgang des Unfalles								
1) unbestimmt	3	—	1	1	1	—	2	1
2) unverletzt	45	45	260	255	236	202	226	183
3) leicht verletzt	—	—	10	1	20	6	16	11
4) schwer verletzt	1	1	4	1	3	1	2	1
5) tödtlich	—	—	1	—	—	—	—	—
IV. Schuldbetheiligung								
eigenes Verschulden	44	42	253	252	233	196	229	191
fremdes Verschulden	—	—	1	—	2	2	—	2
Krankheit	—	—	1	1	1	—	1	—
ungewiß	5	4	21	5	24	11	16	3
V. Beleuchtungs-Verhältniß								
Tageslicht	21	19	78	83	111	81	67	65
Abendlicht	15	9	75	63	70	39	78	33
unbestimmt	13	18	123	112	79	89	101	98
Darunter befanden sich:								
1) Fahrgäste	47	44	261	254	231	206	238	189
2) Straßengänger	2	2	15	4	29	3	8	7
Davon auf die Monate vertheilt:								
Januar	1	—	22	25	15	15	19	13
Februar	—	—	34	29	13	7	22	7
März	—	—	36	19	14	13	18	15
April	—	—	22	19	23	13	28	24
Mai	—	1	26	23	33	21	33	18
Juni	—	—	24	26	19	27	19	26
Juli	—	—	24	23	23	29	18	22
August	2	1	13	20	33	26	22	21
September	2	—	18	26	43	21	15	15
October	3	5	24	24	18	16	21	18
November	5	7	19	16	14	8	20	10
Dezember	36	32	14	8	12	13	11	7

1886		1887		1888		Zusammen			Fahrgäste			Straßengänger		
m.	w.	m.	w.	m.	w.	m.	w.	beide	m.	w.	beide	m.	w.	beide
380	327	322	274	362	273	1846	1572	3418	1785	1548	3333	61	24	85
20	15	23	14	10	10	102	50	152	54	17	71	48	33	81
400	342	345	288	372	283	1948	1622	3570	1839	1565	3404	109	57	166
310	292	244	236	261	235	1382	1377	2759	1382	1377	2759	—	—	—
55	28	71	31	69	27	327	133	460	327	133	460	—	—	—
18	8	11	5	21	7	126	49	175	126	49	175	—	—	—
7	—	3	7	10	6	45	22	67	—	—	—	45	22	67
5	9	9	8	8	7	45	31	76	—	—	—	45	31	76
—	2	1	—	—	—	2	2	4	1	—	1	1	2	3
—	—	—	—	1	—	2	—	2	—	—	—	2	—	2
—	—	—	—	—	—	—	—	—	—	—	—	—	—	—
2	2	3	—	—	—	5	2	7	1	—	1	4	2	6
3	1	3	1	2	1	14	6	20	2	6	8	12	—	12
—	—	—	2	4	2	11	6	17	9	4	13	2	2	4
378	326	321	268	327	261	1793	1540	3333	1707	1489	3196	86	51	137
20	15	21	16	37	19	124	68	192	111	67	178	13	1	14
1	1	2	2	4	1	17	8	25	12	5	17	5	3	8
1	—	1	—	—	—	3	—	3	—	—	—	3	—	3
387	338	338	281	356	277	1840	1577	3417	1743	1525	3268	97	52	149
—	1	1	1	—	—	4	6	10	3	6	9	1	—	1
—	—	—	—	—	—	3	1	4	3	1	4	—	—	—
13	3	6	6	16	6	101	38	139	90	33	123	11	5	16
223	233	192	199	221	200	913	880	1793	843	842	1685	70	38	108
139	82	150	81	144	74	671	381	1052	640	370	1010	31	11	42
38	27	3	8	7	9	364	361	725	356	353	709	8	8	16
383	329	327	273	352	270	1839	1565	3404	1839	1565	3404	—	—	—
17	13	18	15	20	13	109	57	166	—	—	—	109	57	166
13	10	24	23	25	15	119	101	220	115	99	214	4	2	6
14	11	20	6	31	24	134	84	218	129	82	211	5	2	7
16	13	24	9	32	18	140	87	227	134	84	218	6	3	9
28	31	33	23	45	25	179	135	314	169	126	295	10	9	19
73	56	14	22	41	41	220	182	402	204	176	380	16	6	22
55	41	26	26	44	42	187	188	375	180	183	363	7	5	12
38	58	27	31	38	31	168	194	362	157	187	344	11	7	18
54	37	44	40	33	24	201	169	370	182	163	345	19	6	25
27	26	37	42	30	24	172	154	326	164	148	312	8	6	14
37	33	33	37	21	12	157	145	302	144	140	284	13	5	18
19	13	23	10	16	13	116	77	193	110	77	187	6	—	6
26	13	40	19	16	14	155	106	261	151	100	251	4	6	10

Breslau.	1882 m.	1882 w.	1883 m.	1883 w.	1884 m.	1884 w.	1885 m.	1885 w.
I. Fällezahl — Erwachsene	3	3	6	3	15	6	35	11
Kinder	3	—	1	—	2	2	6	1
überhaupt	6	3	7	3	17	8	41	12
II. Unfallsursache								
1) während der Fahrt des Wagens — Absteigen	—	2	2	3	—	1	11	5
Aufsteigen	—	—	—	—	—	—	4	—
Herabfallen	—	—	1	—	1	—	2	—
2) Laufen in die Pferde, bez. gegen den Wagen — Erwachsene	2	1	2	—	9	4	8	5
Kinder	3	—	—	—	2	1	4	1
3) Durch fremde Wagen — Zusammenstoß	1	—	1	—	4	1	8	—
anderweit	—	—	—	—	1	—	—	—
Durch eigene Wagen — Zusammenstoß	—	—	—	—	—	1	—	—
anderweit	—	—	—	—	—	—	—	—
4) Sonstige Ursachen	—	—	1	—	—	—	4	1
III. Ausgang des Unfalles								
1) unbestimmt	—	—	—	—	—	—	—	—
2) unverletzt	3	—	1	—	6	1	11	7
3) leicht verletzt	2	3	4	2	10	6	27	5
4) schwer verletzt	—	—	1	1	1	1	2	—
5) tödtlich	1	—	1	—	—	—	1	—
IV. Schuldbetheiligung								
eigenes Verschulden	5	3	5	3	16	6	27	8
fremdes Verschulden	1	—	1	—	1	2	6	2
Krankheit	—	—	1	—	—	—	1	—
ungewiß	—	—	—	—	—	—	7	2
V. Beleuchtungs-Verhältniß								
Tageslicht	3	1	4	2	13	8	21	7
Abendlicht	3	2	3	1	4	—	20	5
Darunter befanden sich:								
1) Fahrgäste	—	2	4	3	2	2	22	6
2) Straßengänger	6	1	3	—	15	6	19	6
Davon auf die Monate vertheilt:								
Januar	—	1	2	1		—	2	1
Februar	—	—	—	—	—	—	—	—
März	1	—	—	—	—	1	2	—
April	—	—	—	—	1	—	3	2
Mai	—	—	1	—	1	—	6	2
Juni	—	—	—	1	1	—	5	2
Juli	2	—	1	—	3	—	3	1
August	3	1	—	—	3	1	6	—
September	—	—	2	—	2	4	6	—
October	—	1	—	—	—	1	3	1
November	—	—	—	—	3	—	3	—
Dezember	—	—	1	1	3	1	2	3

1886		1887		1888		Zusammen			Fahrgäste			Straßengänger		
m.	w.	m.	w	m.	w.	m.	w.	beide	m.	w.	beide	m.	w.	beide
72	42	162	95	214	96	507	256	763	416	231	647	91	25	116
13	8	11	2	13	9	49	22	71	26	13	39	23	9	32
85	50	173	97	227	105	556	278	834	442	244	686	114	34	148
47	35	106	83	132	86	298	215	513	298	215	513	—	—	—
7	5	33	6	56	12	100	23	123	100	23	123	—	—	—
4	—	4	1	8	1	20	2	22	20	2	22	—	—	—
8	4	9	4	7	2	45	20	65	—	—	—	45	20	65
3	4	3	1	2	1	17	8	25	—	—	—	17	8	25
8	1	7	2	7	—	36	4	40	4	—	4	32	4	36
4	—	4	—	1	—	10	—	10	1	—	1	9	—	9
—	—	—	—	7	—	7	1	8	7	1	8	—	—	—
—	—	1	—	—	1	1	1	2	—	—	—	1	1	2
4	1	6	—	7	2	22	4	26	12	3	15	10	1	11
1	—	7	4	11	3	19	7	26	11	5	16	8	2	10
59	43	128	77	164	87	372	215	587	318	198	516	54	17	71
24	7	35	15	52	14	154	52	206	110	39	149	44	13	57
1	—	2	1	—	1	7	4	11	2	2	4	5	2	7
—	—	1	—	—	—	4	—	4	1	—	1	3	—	3
75	46	157	93	201	102	486	261	747	396	236	632	90	25	115
3	2	3	3	12	1	27	10	37	20	3	23	7	7	14
2	—	1	—	1	—	6	—	6	6	—	6	—	—	—
5	2	12	1	13	2	37	7	44	20	5	25	17	2	19
53	34	120	81	147	71	361	204	565	295	181	476	66	23	89
32	16	53	16	80	34	195	74	269	147	63	210	48	11	59
60	40	145	90	209	101	442	244	686	442	244	686			
25	10	28	7	18	4	114	34	148				114	34	148
1	—	6	5	22	6	33	14	47	24	12	36	9	2	11
1	—	13	1	17	7	31	8	39	27	8	35	4	—	4
1	—	22	8	19	8	45	17	62	38	16	54	7	1	8
3	2	18	14	18	10	43	28	71	32	27	59	11	1	12
13	1	21	13	23	16	65	32	97	51	30	81	14	2	16
5	6	22	12	14	13	47	34	81	38	32	70	9	2	11
8	6	18	12	21	5	56	24	80	45	23	68	11	1	12
10	11	13	10	14	8	49	31	80	37	21	58	12	10	22
10	10	5	5	22	11	47	30	77	39	25	64	8	5	13
12	5	6	8	19	3	40	19	59	32	15	47	8	4	12
11	1	15	5	15	9	47	15	62	39	15	54	8	—	8
10	8	14	4	23	9	53	26	79	40	20	60	13	6	19

Köln.	1882 m.	1882 w.	1883 m.	1883 w.	1884 m.	1884 w.	1885 m.	1885 w.
I. Fällezahl Erwachsene . .	15	4	17	2	21	23	25	20
Kinder	4	3	—	—	5	4	6	6
überhaupt . .	19	7	17	2	26	27	31	26
II. Unfallsursache								
1) während der Fahrt des Wagens: Absteigen . . .	4	3	10	1	11	14	19	22
Aufsteigen . .	2	—	1	—	4	1	3	—
Herabfallen .	1	—	2	—	3	1	1	—
2) Laufen in die Pferde, bezw. gegen den Wagen: Erwachsene . .	1	—	3	1	4	4	4	—
Kinder	2	3	—	—	2	2	3	2
3) durch fremde Wagen: Zusammenstoß	5	—	1	—	1	3	—	—
anderweit . .	—	—	—	—	—	—	—	—
durch eigene Wagen: Zusammenstoß	—	—	—	—	—	—	—	—
anderweit . .	—	1	—	—	—	2	—	—
4) Sonstige Ursachen	4	—	—	—	1	—	1	2
III. Ausgang des Unfalles								
1) unbestimmt	4	1	—	—	—	2	—	1
2) unverletzt	6	2	6	2	12	16	14	19
3) leicht verletzt	7	2	8	—	11	8	15	5
4) schwer verletzt	2	2	3	—	1	1	2	1
5) tödtlich	—	—	—	—	2	—	—	—
IV. Schuldbetheiligung								
eigenes Verschulden . . .	11	3	16	2	23	22	30	25
fremdes Verschulden . . .	8	4	1	—	3	5	—	—
Krankheit	—	—	—	—	—	—	—	—
ungewiß	—	—	—	—	—	—	1	1
V. Beleuchtungs-Verhältniß								
Tageslicht	15	6	10	2	18	13	16	19
Abendlicht	4	1	7	—	8	14	15	7
Darunter befanden sich:								
1) Fahrgäste	9	3	13	1	19	17	23	23
2) Straßengänger	10	4	4	1	7	10	8	3
Davon auf die Monate vertheilt:								
Januar	1	—	—	—	4	4	2	1
Februar	1	1	2	—	3	2	1	3
März	2	—	3	—	2	—	4	2
April	2	—	—	1	—	1	5	3
Mai	1	—	1	1	2	2	2	—
Juni	3	1	—	—	4	1	5	3
Juli	1	1	1	—	3	7	3	5
August	1	2	1	—	3	5	2	2
September . . .	5	—	2	—	—	2	4	2
October	1	1	1	—	2	1	—	2
November	1	—	2	—	2	1	2	2
Dezember	—	1	4	—	1	1	1	1

1886		1887		1888		Zusammen			Fahrgäste			Straßengänger		
m.	w.	m.	w.	m.	w.	m.	w.	beide	m.	w.	beide	m.	w.	beide
44	26	103	63	82	36	307	174	481	258	157	415	49	17	66
5	9	8	9	5	11	33	42	75	17	14	31	16	28	44
49	35	111	72	87	47	340	216	556	275	171	446	65	45	110
21	20	67	59	45	36	177	155	332	177	155	332	—	—	—
9	3	10	2	15	1	44	7	51	44	7	51	—	—	—
2	—	9	1	5	—	23	2	25	23	2	25	—	—	—
2	4	3	2	6	2	23	13	36	—	—	—	23	13	36
4	5	2	6	—	4	13	22	35	—	—	—	13	22	35
6	—	10	—	3	—	26	3	29	9	1	10	17	2	19
2	—	2	—	2	—	6	—	6	6	—	6	—	—	—
—	—	—	—	1	—	1	—	1	1	—	1	—	—	—
—	—	5	—	5	1	10	4	14	6	—	6	4	4	8
3	3	3	2	5	3	17	10	27	9	6	15	8	4	12
6	2	2	3	4	2	16	11	27	12	5	17	4	6	10
23	15	66	54	46	28	173	136	309	147	123	270	26	13	39
11	12	39	14	31	13	122	54	176	100	38	138	22	16	38
7	3	4	1	6	4	25	12	37	15	5	20	10	7	17
2	3	—	—	—	—	4	3	7	1	—	1	3	3	6
44	29	87	69	71	42	282	192	474	236	159	395	46	33	79
3	2	8	—	7	—	30	11	41	20	3	23	10	8	18
—	—	2	—	2	—	4	—	4	3	—	3	1	—	1
2	4	14	3	7	5	24	13	37	16	9	25	8	4	12
32	25	73	53	51	36	215	154	369	172	118	290	43	36	79
17	10	38	19	36	11	125	62	187	103	53	156	22	9	31
35	25	101	64	75	38	275	171	446	275	171	446	—	—	—
14	10	10	8	12	9	65	45	110	—	—	—	65	45	110
—	1	7	3	4	3	18	12	30	14	10	24	4	2	6
—	3	6	—	8	1	21	10	31	16	9	25	5	1	6
5	2	7	6	12	6	35	16	51	30	14	44	5	2	7
2	2	5	4	8	2	22	13	35	16	7	23	6	6	12
5	4	5	2	12	4	28	13	41	22	9	31	6	4	10
5	4	16	6	9	6	42	21	63	34	13	47	8	8	16
5	1	24	14	4	3	41	31	72	37	29	66	4	2	6
3	2	10	14	6	7	26	32	58	18	25	43	8	7	15
5	3	7	8	4	5	27	20	47	24	17	41	3	3	6
4	5	7	6	10	2	25	17	42	19	15	34	6	2	8
10	4	6	7	4	3	27	17	44	23	12	35	4	5	9
5	4	11	2	6	5	28	14	42	22	11	33	6	3	9

Hamburg (Straßenbahn).		1884 m.	1884 w.	1885 m.	1885 w.	1886 m.	1886 w.
I. Fällezahl	Erwachsene	9	—	39	18	49	11
	Kinder	—	1	7	7	10	3
	überhaupt	9	1	46	25	59	14
II. Unfallsursache							
1) während der Fahrt des Wagens	Absteigen	1	—	10	5	14	8
	Aufsteigen	1	—	3	—	5	—
	Herabfallen	2	—	5	1	9	1
2) Laufen in die Pferde, bezw. gegen den Wagen	Erwachsene	4	—	7	6	7	—
	Kinder	—	1	4	6	6	1
3) durch fremde Wagen	Zusammenstoß	1	—	11	2	5	—
	anderweit	—	—	—	1	—	—
durch eigene Wagen	Zusammenstoß	—	—	—	—	—	—
	anderweit	—	—	4	2	12	4
4) Sonstige Ursachen		—	—	2	2	1	—
III. Ausgang des Unfalles							
1) unbestimmt		—	—	9	1	7	6
2) unverletzt		—	—	10	9	17	2
3) leicht verletzt		1	—	17	10	25	5
4) schwer verletzt		7	1	7	3	6	1
5) tödtlich		1	—	3	2	4	—
IV. Schuldbetheiligung							
eigenes Verschulden		7	—	35	17	50	13
fremdes Verschulden		2	1	10	3	3	1
Krankheit		—	—	1	3	—	—
ungewiß		—	—	—	2	6	—
V. Beleuchtungs-Verhältniß							
Tageslicht		—	—	23	15	31	8
Abendlicht		—	—	23	10	28	6
unbestimmt		9	1	—	—	—	—
Darunter befanden sich:							
1) Fahrgäste		5	—	20	12	29	9
2) Straßengänger		4	1	26	13	30	5
Davon auf die Monate vertheilt:							
Januar		—	—	1	1	2	1
Februar		1	—	3	—	2	—
März		—	—	5	4	5	—
April		—	—	4	3	4	1
Mai		1	—	3	3	5	3
Juni		—	—	4	—	4	1
Juli		1	1	5	1	3	1
August		2	—	2	2	8	2
September		1	—	2	2	9	1
October		—	—	4	3	5	1
November		2	—	4	2	6	1
Dezember		1	—	9	4	6	2

1) Davon auf Gr. Hamburg-Altona 11 Fälle 8 m. 3 w. 1887 3 m. 2 w. 1888 5 m. 1 w.

1887		1888		Zusammen			Fahrgäste			Straßengänger		
m.	w.	m.	w.	m.	w.	beide	m.	w.	beide	m.	w.	beide
65	28	77	19	239	76	[1])315	139	54	193	100	22	122
9	6	10	5	36	22	58	4	1	5	32	21	53
74	34	87	24	275	98	373	143	55	198	132	43	175
19	12	20	8	64	33	97	64	33	97	—	—	—
6	3	8	1	23	4	27	23	4	27	—	—	—
7	3	9	4	32	9	41	32	9	41	—	—	—
12	9	15	2	45	17	62	—	—	—	45	17	62
6	6	6	4	22	18	40	—	—	—	22	18	40
8	—	13	2	38	4	42	9	5	13	29	—	29
2	—	1	—	3	1	4	—	1	1	3	—	3
3	—	2	1	5	1	6	5	1	6	—	—	—
8	1	8	—	32	7	39	4	1	5	28	6	34
3	—	5	2	11	4	15	6	2	8	5	2	7
19	5	12	2	47	14	61	37	13	50	10	1	11
11	14	18	5	56	30	86	27	16	43	29	14	43
25	9	44	14	112	38	150	55	23	78	57	15	72
14	4	11	3	45	12	57	20	1	21	25	11	36
5	2	2	—	15	4	19	4	2	6	11	2	13
48	22	48	13	188	65	253	95	33	128	93	32	125
8	2	16	4	39	11	50	21	10	31	18	1	19
4	—	4	2	9	5	14	6	3	9	3	2	5
14	10	19	5	39	17	56	21	9	30	18	8	26
41	19	37	10	132	52	184	73	25	98	59	27	86
32	15	49	14	132	45	177	63	30	93	69	15	84
1	—	1	—	11	1	12	7	—	7	4	1	5
37	18	52	16	143	55	198	143	55	198	—	—	—
37	16	35	8	132	43	175	—	—	—	132	43	175
4	1	12	2	19	5	24	9	3	12	10	2	12
6	6	5	1	17	7	24	9	6	15	8	1	9
6	5	2	—	18	9	27	9	5	14	9	4	13
6	2	7	2	21	8	29	11	2	13	10	6	16
7	1	12	1	28	8	36	15	4	19	13	4	17
4	5	9	3	21	9	30	10	3	13	11	6	17
2	2	3	5	14	10	24	6	6	12	8	4	12
1	3	9	3	22	10	32	12	7	19	10	3	13
11	1	9	3	32	7	39	21	6	27	11	1	12
10	4	4	—	23	8	31	12	5	17	11	3	14
10	1	12	1	34	5	39	17	3	20	17	2	19
7	3	3	3	26	12	38	12	5	17	14	7	21

Dresden. Halle. Hannover. Leipzig.	1882		1883		1884		1885		1886	
	m.	w.	m.	w.	m.	w.	m.	w.	m.	w.
I. Fällezahl Erwachsene . .	11	4	11	5	29	22	64	41	57	42
Kinder	2	—	4	3	1	—	8	2	14	4
überhaupt . .	13	4	15	8	30	22	72	43	71	46
II. Unfallsursache										
1) während der Fahrt des Wagens: Absteigen . . .	5	1	1	2	14	17	24	34	26	30
Aufsteigen . .	—	—	—	—	3	1	14	3	11	6
Herabfallen .	1	1	—	—	3	1	4	1	8	2
2) Laufen in d. Pferde, bez. gegen d. Wagen: Erwachsene . .	3	1	6	2	6	3	15	2	10	4
Kinder	2	—	4	3	1	—	5	2	10	4
3) durch fremde Wagen: Zusammenstoß	—	—	2	1	1	—	6	—	2	—
anderweit . .	—	—	1	—	—	—	—	—	1	—
durch eigene Wagen: Zusammenstoß	1	—	—	—	1	—	—	—	2	—
anderweit . .	—	—	—	—	—	—	—	1	1	—
4) Sonstige Ursachen	1	1	1	—	1	—	4	—	—	—
III. Ausgang des Unfalles										
1) unbestimmt	—	—	—	—	—	—	7	4	11	12
2) unverletzt	1	—	—	1	13	16	41	24	32	19
3) leicht verletzt	6	2	2	2	10	5	19	14	20	9
4) schwer verletzt	4	2	7	3	7	1	4	1	5	5
5) tödtlich	2	—	6	2	—	—	1	—	3	1
IV. Schuldbetheiligung										
eigenes Verschulden . .	10	4	12	4	26	20	63	41	56	42
fremdes Verschulden . .	3	—	3	4	4	2	4	1	2	—
Krankheit	—	—	—	—	—	—	—	—	—	—
ungewiß	—	—	—	—	—	—	5	1	13	4
V. Beleuchtungs-Verhältniß										
Tageslicht	7	3	6	4	18	14	30	25	44	35
Abendlicht	4	1	3	—	4	2	35	8	23	11
unbestimmt	2	—	6	4	8	6	7	10	4	—
Darunter befanden sich Fahrgäste:										
1) Dresden	—	—	2	1	4	1	2	2	2	2
2) Halle	—	—	—	—	1	—	—	—	—	—
3) Hannover	7	3	1	2	16	17	19	21	6	1
4) Leipzig	—	—	—	—	1	1	26	16	41	35
Straßengänger:										
1) Dresden	—	—	1	1	1	1	2	—	3	—
2) Halle	—	—	3	2	1	—	1	1	3	1
3) Hannover	2	1	3	2	3	2	8	1	1	—
4) Leipzig	4	—	5	—	3	—	14	2	15	7
Davon auf die Monate vertheilt:										
Januar	—	—	—	—	1	1	3	2	3	2
Februar	1	1	—	1	2	—	2	3	4	—
März	1	—	2	—	—	—	10	5	4	2
April	—	—	1	—	—	2	7	2	3	3
Mai	—	—	1	—	1	—	8	7	2	2
Juni	—	—	1	2	6	3	4	3	5	2
Juli	1	1	—	—	1	3	4	1	4	3
August	2	1	—	—	6	4	8	7	3	—
September . . .	—	—	2	1	1	2	6	2	16	15
October	3	—	1	2	2	2	5	3	16	10
November	2	1	2	—	1	2	10	5	7	4
Dezember	3	—	2	—	4	1	5	3	4	3
unbestimmt . . .	—	—	3	2	5	2	—	—	—	—

1887		1888		Zusammen			Dresden			Halle			Hannover			Leipzig		
m.	w.	m.	w.	m.	w.	beide	m.	w.	beide	m.	w.	beide	m.	w.	beide	m.	w.	beide
45	41	75	60	292	215	507	30	15	45	8	3	11	72	53	125	182	144	326
13	3	12	3	54	15	69	7	1	8	4	3	7	8	—	8	35	11	46
58	44	87	63	346	230	576	37	16	53	12	6	18	80	53	133	217	155	372
24	32	36	42	130	158	288	14	9	23	2	—	2	31	41	72	83	108	191
16	6	24	7	68	23	91	2	2	4	—	—	—	9	1	10	57	20	77
4	2	7	2	27	9	36	6	—	6	—	—	—	12	3	15	9	6	15
1	1	7	6	48	19	67	3	2	5	5	1	6	14	7	21	26	9	35
9	1	11	2	42	12	54	6	1	7	4	3	7	5	—	5	27	8	35
1	1	1	1	13	3	16	2	1	3	1	1	2	6	—	6	4	1	5
—	—	—	—	2	—	2	1	—	1	—	—	—	—	—	—	1	—	1
1	—	—	2	5	2	7	1	—	1	—	1	1	1	—	1	3	1	4
1	—	—	1	2	2	4	—	1	1	—	—	—	—	—	—	2	1	3
1	1	1	—	9	2	11	2	—	2	—	—	—	2	1	3	5	1	6
12	11	13	14	43	41	84	—	—	—	—	—	—	—	—	—	43	41	84
20	20	38	35	145	115	260	—	—	—	—	—	—	39	35	74	106	80	186
22	10	25	9	104	51	155	20	10	30	6	1	7	28	14	42	50	26	76
4	3	10	5	41	20	61	13	5	18	4	4	8	13	4	17	11	7	18
—	—	1	—	13	3	16	4	1	5	2	1	3	—	—	—	7	1	8
52	39	81	57	300	207	507	32	10	42	10	2	12	67	52	119	191	143	334
3	1	2	3	21	11	32	4	5	9	1	4	5	5	—	5	11	2	13
1	1	—	—	1	1	2	1	—	1	—	—	—	—	—	—	—	1	1
2	3	4	3	24	11	35	—	1	1	1	—	1	8	1	9	15	9	24
30	24	59	42	194	147	341	20	6	26	7	6	13	42	33	75	125	102	227
21	13	27	21	117	56	173	9	6	15	5	—	5	26	8	34	77	42	119
7	7	1	—	35	27	62	8	4	12	—	—	—	12	12	24	15	11	26
5	4	12	3	27	13	40	27	13	40	—	—	—	—	—	—	—	—	—
—	—	1	2	2	2	4	—	—	—	2	2	4	—	—	—	—	—	—
4	2	4	—	57	46	103	—	—	—	—	—	—	57	46	103	—	—	—
38	35	51	49	157	136	293	—	—	—	—	—	—	—	—	—	157	136	293
1	—	2	1	10	3	13	10	3	13	—	—	—	—	—	—	—	—	—
1	—	1	—	10	4	14	—	—	—	10	4	14	—	—	—	—	—	—
2	—	4	1	23	7	30	—	—	—	—	—	—	23	7	30	—	—	—
7	3	12	7	60	19	79	—	—	—	—	—	—	—	—	—	60	19	79
2	1	7	4	16	10	26	1	—	1	1	1	2	2	3	5	12	6	18
4	2	12	6	25	13	38	2	—	2	1	—	1	5	3	8	17	10	27
5	3	5	3	27	13	40	3	1	4	2	—	2	6	2	8	16	10	26
2	3	6	5	19	15	34	3	3	6	—	1	1	6	2	8	10	9	19
8	5	15	4	35	18	53	3	1	4	1	—	1	9	3	12	22	14	36
3	7	11	7	30	24	54	4	1	5	2	1	3	7	9	16	17	13	30
6	5	5	6	21	19	40	1	—	1	—	—	—	4	3	7	16	16	32
8	2	5	5	32	19	51	1	—	1	2	—	2	11	9	20	18	10	28
4	4	7	3	36	27	63	4	2	6	—	—	—	6	4	10	26	21	47
3	6	5	6	35	29	64	3	3	6	1	1	2	8	4	12	23	21	44
9	4	5	7	36	23	59	1	1	2	1	1	2	8	7	15	26	14	40
4	2	4	7	26	16	42	3	—	3	1	1	2	8	4	12	14	11	25
—	—	—	—	8	4	12	8	4	12	—	—	—	—	—	—	—	—	—

Chemnitz. Dortmund. Duisburg. M.-Gladbach.	1882		1883		1884		1885		1886	
	m.	w.	m.	w.	m.	w.	m.	w.	m.	w.
I. Fällezahl Erwachsene . .	6	4	5	2	5	1	7	7	6	1
Kinder	2	1	4	3	7	3	3	1	4	—
überhaupt . .	8	5	9	5	12	4	10	8	10	1
II. Unfallsursache										
1) während der Fahrt des Wagens Absteigen . . .	1	3	2	1	—	—	2	7	2	—
Aufsteigen . .	1	—	—	—	1	—	3	—	—	—
Herabfallen .	—	—	—	—	—	—	—	—	1	—
2) Laufen in d. Pferde, bez. gegen d. Wagen Erwachene . .	—	1	3	1	4	1	1	—	—	1
Kinder	2	1	3	3	7	3	3	1	3	—
3) durch fremde Wagen Zusammenstoß	—	—	—	—	—	—	—	—	1	—
anderweit . .	1	—	—	—	—	—	—	—	—	—
durch eigene Wagen Zusammenstoß	—	—	—	—	—	—	—	—	—	—
anderweit . .	1	—	—	—	—	—	1	—	3	—
4) Sonstige Ursachen	2	—	1	—	—	—	—	—	—	—
III. Ausgang des Unfalles										
1) unbestimmt	—	—	—	—	—	—	—	—	—	—
2) unverletzt	—	—	1	—	2	—	—	2	1	—
3) leicht verletzt	4	—	4	2	8	1	4	5	3	1
4) schwer verletzt	4	4	2	3	—	1	4	1	3	—
5) tödtlich	—	1	2	—	2	2	2	—	3	—
IV. Schuldbetheiligung										
eigenes Verschulden . .	5	4	6	2	9	2	7	7	9	1
fremdes Verschulden . .	3	1	3	3	3	2	2	1	1	—
Krankheit	—	—	—	—	—	—	—	—	—	—
ungewiß	—	—	—	—	—	—	1	—	—	—
V. Beleuchtungs-Verhältniß										
Tageslicht	4	2	5	3	10	4	8	4	3	1
Abendlicht	4	3	4	2	2	—	2	4	7	—
Darunter befanden sich Fahrgäste:										
1) Chemnitz	—	—	1	1	—	—	2	5	—	—
2) Dortmund	2	—	1	—	—	—	2	1	2	—
3) Duisburg	1	2	—	—	1	—	—	—	1	—
4) M.-Gladbach	1	1	—	—	—	—	1	1	—	—
Straßengänger:										
1) Chemnitz	1	1	2	—	3	1	—	—	1	—
2) Dortmund	3	—	2	2	5	2	3	—	3	—
3) Duisburg	—	1	1	1	—	1	—	—	2	—
4) M.-Gladbach	—	—	2	1	3	—	2	1	1	1
Davon auf die Monate vertheilt:										
Januar	—	—	—	1	4	—	—	—	—	—
Februar	—	—	2	—	1	—	1	1	—	—
März	1	—	—	—	1	—	1	—	1	1
April	2	—	—	1	—	1	1	1	2	—
Mai	1	—	—	—	—	1	—	—	1	—
Juni	1	2	1	—	1	2	2	1	1	—
Juli	—	—	—	—	—	—	—	3	—	—
August	1	1	2	—	3	—	1	—	2	—
September . . .	1	—	1	1	1	—	—	—	—	—
October	—	1	—	2	1	—	1	2	—	—
November	—	1	—	—	—	—	2	—	3	—
Dezember	1	—	3	—	—	—	1	—	—	—

1887		1888		Zusammen			Chemnitz			Dortmund			Duisburg			M.-Gladbach		
m.	w.	m.	w.	m.	w.	beide	m.	w.	beide	m.	w.	beide	m.	w.	beide	m.	w.	beide
20	6	17	3	66	24	90	13	7	20	29	7	36	11	2	13	13	8	21
1	4	5	1	26	13	39	2	2	4	13	7	20	2	3	5	9	1	10
21	10	22	4	92	37	129	15	9	24	42	14	56	13	5	18	22	9	31
6	3	7	1	20	15	35	5	6	11	9	3	12	2	2	4	4	4	8
2	—	1	—	8	—	8	1	—	1	4	—	4	2	—	2	1	—	1
2	—	1	—	4	—	4	1	—	1	—	—	—	1	—	1	2	—	2
2	1	5	—	15	5	20	4	1	5	8	1	9	3	—	3	—	3	3
1	1	3	—	22	9	31	2	2	4	9	3	12	2	3	5	9	1	10
1	2	1	1	3	3	6	—	—	—	2	3	5	—	—	—	1	—	1
—	—	—	2	1	2	3	1	—	1	—	2	2	—	—	—	—	—	—
—	—	—	—	—	—	—	—	—	—	—	—	—	—	—	—	—	—	—
5	2	4	—	14	2	16	1	—	1	8	2	10	3	—	3	2	—	2
2	1	—	—	5	1	6	—	—	—	2	—	2	—	—	—	3	1	4
—	—	1	1	1	1	2	—	—	—	—	1	1	—	—	—	1	—	1
4	2	—	—	8	4	12	—	2	2	4	—	4	—	—	—	4	2	6
6	8	8	3	37	20	57	8	4	12	16	10	26	2	—	2	11	6	17
10	—	10	—	33	9	42	5	3	8	17	2	19	6	3	9	5	1	6
1	—	3	—	13	3	16	2	—	2	5	1	6	5	2	7	1	—	1
16	5	17	2	69	23	92	14	7	21	31	7	38	11	2	13	13	7	20
2	4	4	2	18	13	31	1	2	3	10	7	17	1	3	4	6	1	7
1	—	—	—	1	—	1	—	—	—	—	—	—	—	—	—	1	—	1
2	1	1	—	4	1	5	—	—	—	1	—	1	1	—	1	2	1	3
13	9	15	4	58	27	85	10	4	14	22	13	35	8	3	11	18	7	25
8	1	7	—	34	10	44	5	5	10	20	1	21	5	2	7	4	2	6
1	—	3	—	7	6	13	7	6	13	—	—	—	—	—	—	—	—	—
5	3	4	3	16	7	23	—	—	—	16	7	23	—	—	—	—	—	—
—	—	2	—	5	2	7	—	—	—	—	—	—	5	2	7	—	—	—
3	2	3	—	8	4	12	—	—	—	—	—	—	—	—	—	9	4	13
1	1	—	—	8	3	11	8	3	11	—	—	—	—	—	—	—	—	—
5	2	5	1	26	7	33	—	—	—	26	7	33	—	—	—	—	—	—
2	—	3	—	8	3	11	—	—	—	—	—	—	8	3	11	—	—	—
4	2	2	—	14	5	19	—	—	—	—	—	—	—	—	—	13	5	18
3	—	3	—	10	1	11	3	1	4	6	—	6	—	—	—	1	—	1
1	1	1	—	6	2	8	2	—	2	2	—	2	1	—	1	1	2	3
3	3	—	—	7	4	11	—	—	—	3	3	6	—	—	—	4	1	5
2	—	1	—	8	3	11	2	—	2	5	3	8	1	—	1	—	—	—
—	2	2	—	4	3	7	—	1	1	—	1	1	3	—	3	1	1	2
—	1	3	1	9	7	16	2	1	3	2	2	4	—	2	2	5	2	7
6	—	1	—	7	3	10	1	3	4	4	—	4	—	—	—	2	—	2
1	—	1	—	11	1	12	2	—	2	4	—	4	2	1	3	3	—	3
1	1	2	—	6	2	8	1	—	1	4	1	5	—	1	1	1	—	1
1	2	5	3	8	10	18	1	2	3	4	4	8	—	1	1	3	3	6
1	—	1	—	7	1	8	1	1	2	4	—	4	1	—	1	1	—	1
2	—	2	—	9	—	9	—	—	—	4	—	4	5	—	5	—	—	—

1. Die Unfallsgefahr für Fahrgäste.

§ 23. Allgemeine Gesichtspunkte.

Ziffermäßig überwiegen die Unfälle der Fahrgäste diese der Straßengänger. Denn es ereigneten sich in Berlin 3765 gegen 644, in München 3404 gegen 166, in Breslau 686 gegen 148, in Köln 446 gegen 110, in Hamburg 198 gegen 175, in Dresden 40 gegen 13, in Hannover 103 gegen 30, in Leipzig 293 gegen 79, während aus den vier Betrieben der deutschen Lokal- und Straßenbahn nur 55 gegen 74, aus Halle sogar nur 4 gegen 14 gemeldet sind. In den sonstigen Betrieben beziffern sie sich auf 557 gegen 425.

Danach machen sie überhaupt 85,56 % sowie in der obigen Reihenfolge für die einzelnen Orte 85,4 % bezw. 95,4 %, 82,3 %, 80,2 %, 53,0 %, 75,5 % 77,8 %, 78,8 %, 42,7 % und 22,2 % aus.

Gleichwohl geben sie weder in gesellschaftswirthschaftlicher noch in verkehrspolizeilicher Hinsicht zu Besorgnissen einen begründeten Anlaß. Denn einmal ist ihre Ziffer im Verhältnisse zu der Zahl der Beförderten nur gering, sodann überwiegen die unverletzt und leichtverletzt gebliebenen Personen die Schwerverletzten oder die Todesfälle ganz gewaltig. Dies ist für die Jahre 1882—1885 durch das Zurückführen der innerhalb der deutschen Straßenbahnbetriebe eingetretenen Unfälle nach der Schwere des Ausganges auf die Gesammtziffer der Beförderten anderwärts[1]) bereits veranschaulicht und wird im weiteren Verlaufe auch für den Beobachtungszeitraum nachgewiesen werden.

Gerade im Bereiche der Fahrgastunfälle haben viele Betriebe sich daran genügen lassen, nur die im Ausgange verhängnißvolleren Fälle zu erheben und zu melden. Daraus erklärt sich das auffällige Mißverhältniß, welches an einzelnen Orten bezüglich der verschiedenen Ausgangsarten (tödtlich, schwer, leicht, unverletzt) beobachtet wird und gegenüber anderen Betrieben die Verhältnißziffer der schweren zu den leichten Fällen öfters viel zu hoch er-

---

[1]) K. Hilfe: Betriebsunfälle § 12 S. 46 mit S. 43 Anm. 1 u. 2, S. 45 Anm. 1, S. 6 Anm. 5; Haftpflicht § 20 S. 90.

scheinen läßt. Derarten Trugbildern vorzubeugen ist das Zurückführen der Unfallsziffer auf die Zahl der Beförderten ein wirksames Gegenmittel. Um ein richtiges Bild der wirklichen Gefahr an den einzelnen Orten in sich und gegen die anderen zu gewinnen, wird diese Zurückführung nicht unterbleiben dürfen.

Als Fahrgastunfälle sind übrigens nur diejenigen gezählt, welche Personen zugestoßen waren, so lange sie sich auf den Fahrzeugen befanden oder während sie bei deren Verlassen oder Besteigen wenigstens schon bezw. noch theilweis mit dem fraglichen Wagen in körperlicher Berührung waren. Dagegen sind Vorgänge, welche erst nach vollständigem Abstiege auf dem Straßendamme oder schon gelegentlich der vorbereitenden Handlungen zum Erreichen des Wagens behufs seines Besteigens sich zugetragen haben, den Unfällen der Straßengänger zugezählt worden. Hier werden sich also erst die durchaus nicht seltenen Unfälle finden, welche Personen bei Ausführung der Absicht, entweder den Wagen zwecks seiner Benutzung oder den Bürgersteig nach vollendeter Fahrt zu erreichen, zugestoßen sind. Das Bestehen einer thatsächlichen körperlichen Berührung des Verletzten mit dem Straßenbahnfahrzeug bildet also das Unterscheidungsmerkmal.

Für München, Breslau, Köln und Hamburg ist die Vertheilung der Fahrgastunfälle nach Ursache, Ausgang, Schuldbetheiligung, Beleuchtungsverhältniß und auf die einzelnen Monate übersichtlich[2]) erfolgt. Für Berlin wird sie § 24 gegeben werden. Entsprechend wird eine Vertheilung nach gleichen Gesichtspunkten durch sachgemäße Uebersichten für die je 4 Betriebe der von englischen Gesellschaften bezw. der deutschen Lokal- und Straßenbahn im weiteren Verlaufe an geeigneten Stellen sich finden. In den übrigen zu einer besonderen Behandlung nicht vorbehaltenen Betrieben stellen sich die Fahrgastunfälle nach Ursache und Ausgang dahin:

---

[2]) Oben § 22 S. 74–85.

[3]) Die Gesammtziffer der tödtlich, schwer und leicht Verletzten bleibt hinter der Fällezahl zurück, weil in letzterer die Unversehrten mit eingerechnet sind. Gleiches wird bei der entsprechenden Uebersicht der Straßengängerunfälle beobachtet werden.

Orte.[1]	Absteigen Fälle	Absteigen tödtlich verletzt	Absteigen schwer verletzt	Absteigen leicht verletzt	Aufsteigen Fälle	Aufsteigen tödtlich verletzt	Aufsteigen schwer verletzt	Aufsteigen leicht verletzt	Herabfallen Fälle	Herabfallen tödtlich verletzt	Herabfallen schwer verletzt	Herabfallen leicht verletzt
Aachen	18	1	7	8	4	—	3	1	5	1	1	3
Augsburg . .	3	1	1	—	2	—	—	1	—	—	—	—
Braunschweig	—	—	—	—	—	—	—	—	1	—	1	—
Bremen . . .	2	1	1	—	2	1	1	—	—	—	—	—
Bremerhafen .	2	1	1	—	2	—	—	2	—	—	—	—
Charlottenburg	—	—	—	—	—	—	—	—	—	—	—	—
Crefeld	26	3	7	16	5	1	1	3	3	2	—	1
Düsseldorf . .	19	—	6	13	8	—	2	5	3	—	1	2
Elberfeld . . .	20	1	7	9	8	—	5	2	1	—	—	1
Erfurt	—	—	—	—	—	—	—	—	1	1	—	—
Feudenheim .	—	—	—	—	1	—	—	1	—	—	—	—
Flensburg . .	—	—	—	—	—	—	—	—	1	—	—	1
Frankfurt . .	11	—	5	6	1	1	—	—	1	1	—	—
Görlitz	—	—	—	—	—	—	—	—	3	—	2	1
Hagen	—	—	—	—	—	—	—	—	1	1	—	—
Heidelberg . .	3	—	1	2	—	—	—	—	—	—	—	—
Ingolstadt . .	—	—	—	—	—	—	—	—	—	—	—	—
Kassel	4	1	1	2	—	—	—	—	2	—	—	2
Karlsruhe . .	4	—	2	2	—	—	—	—	2	—	1	1
Koblenz. . . .	—	—	—	—	—	—	—	—	—	—	—	—
Königsberg . .	40	1	5	26	12	—	2	8	6	—	—	6
Lübeck	1	—	—	1	—	—	—	—	—	—	—	—
Magdeburg .	74	3	7	17	14	—	3	2	14	—	2	4
Mannheim . .	2	—	1	1	1	—	1	—	—	—	—	—
Metz	11	—	—	8	2	—	1	1	2	—	—	1
Mülhausen . .	—	—	—	—	—	—	—	—	1	—	1	—
Nürnberg. . .	41	—	5	5	8	—	3	3	1	—	1	—
Offenbach . .	4	—	1	3	5	—	4	1	2	—	—	2
Posen	1	—	—	1	2	—	1	1	—	—	—	—
Potsdam. . .	1	—	1	—	—	—	—	—	—	—	—	—
Schönebeck . .	2	—	2	—	—	—	—	—	—	—	—	—
Stettin. . . .	6	—	1	5	1	—	—	1	2	—	1	1
Straßburg . .	12	3	5	4	6	—	2	4	1	—	1	—
Stuttgart . .	34	—	9	15	9	1	—	4	6	—	2	2
Zusammen	341	16	76	144	93	4	29	40	59	6	14	28

1) Betriebsunfälle von Fahrgästen sind nicht eingetreten in Altona, Danzig, Halberstadt, Mainz, Rostock.

Einwirkung fremder Fahrzeuge				Sonstige Ursachen				Beisammen			
Fälle	tödtlich verletzt	schwer verletzt	leicht verletzt	Fälle	tödtlich verletzt	schwer verletzt	leicht verletzt	Fälle	tödtlich verletzt	schwer verletzt	leicht verletzt
2	—	1	1	2	—	—	2	31	2	12	15
2	—	1	1	—	—	—	—	7	1	2	2
—	—	—	—	—	—	—	—	1	—	1	—
—	—	—	—	—	—	—	—	4	2	2	—
—	—	—	—	—	—	—	—	4	1	1	2
7	2	4	1	—	—	—	—	7	2	4	1
4	—	1	3	1	—	—	1	39	6	9	24
—	—	—	—	—	—	—	—	30	—	9	20
7	—	2	5	—	—	—	—	36	1	14	17
—	—	—	—	—	—	—	—	1	1	—	—
—	—	—	—	—	—	—	—	1	—	—	1
—	—	—	—	—	—	—	—	1	—	—	1
2	—	—	2	1	—	—	1	16	2	5	9
—	—	—	—	—	—	—	—	3	—	2	1
—	—	—	—	—	—	—	—	1	1	—	—
—	—	—	—	—	—	—	—	3	—	1	2
—	—	—	—	—	—	—	—	—	—	—	—
5	—	1	1	1	—	—	1	12	1	2	6
1	—	—	1	—	—	—	—	7	—	3	4
—	—	—	—	1	—	—	1	1	—	—	1
2	—	1	1	3	—	—	3	63	1	8	44
—	—	—	—	—	—	—	—	1	—	—	1
5	—	2	3	1	—	—	1	108	3	14	27
—	—	—	—	—	—	—	—	3	—	2	1
—	—	—	—	2	—	—	2	17	—	1	12
—	—	—	—	—	—	—	—	1	—	1	—
2	—	1	1	1	—	—	1	53	—	10	10
2	—	—	2	3	—	—	3	16	—	5	11
—	—	—	—	—	—	—	—	3	—	1	2
—	—	—	—	—	—	—	—	1	—	1	—
—	—	—	—	—	—	—	—	2	—	2	—
2	—	—	2	1	—	1	—	12	—	3	9
—	—	—	—	3	—	—	3	22	3	8	11
—	—	—	—	1	—	1	—	50	1	12	21
43	2	14	24	21	—	2	19	557	28	135	255

§ 24. Die Fahrgastunfälle in Berlin[1]).

Von den Fahrgästen der drei Berliner Betriebe haben in den einzelnen Jahren des Beobachtungszeitraumes 202 bezw. 340, 346, 500, 664, 837 und 876 beisammen also 3765 Personen einen Unfall erlitten, darunter 3655 = 97,18 % Erwachsene und 110 = 2,89 % Kinder, 2232 = 59,28 % männliche und 1533 = 40,72 % weibliche Personen. Leider steht das Verhältniß nicht fest, mit welchem die beiden Geschlechter bezw. Erwachsene und Kinder in der Gesammtziffer der Beförderten betheiligt sind. Daß Männer 1½ mal öfter als die Frauen fahren, mag möglich sein, daß dagegen ein Kind immer erst auf 34—35 Erwachsene entfallen sollte, ist ganz gewiß falsch. Mithin müssen für Kinder andere Gefahrengesetze bestehen als für Erwachsene, was indeß erst später besonders untersucht werden soll.

Unverkennbar haben die Unfälle stetig zugenommen. Die hohe Zunahmeziffer von 1883 gegen 1882 erklärt sich zwar daraus, daß 1882 noch viele Unfälle ungemeldet geblieben sein werden. Für die späteren Jahre trifft diese Vermuthung nicht zu. Bedenklich ist die beobachtete Steigerung indeß nicht. Denn einmal ist seit 1885 im Verhältnisse zu dem bezüglichen Vorjahre die Zunahmeziffer stetig gefallen, um 8,5 bezw. 6,7 %, sodaß hieraus auf eine weitere Abnahme sich schließen läßt. Sodann ist die Unfalls- schon zweimal gegen die Fahrgastzunahme zurückgeblieben, nämlich 1884 um 12,64 % und 1888 um 4,53 %, während sie in den übrigen Jahren solche allerdings erheblich überstiegen hat, indem sie nämlich betrug in %:

in den Jahren	1883	1884	1885	1886	1887	1888	überhaupt
Unfallszunahme. .	69.5	1.8	41.3	30.8	26.1	4.7	333.6
Fahrgastzunahme[1])	8.18	13.44	9.01	10.81	10.77	9.23	79.4
erstere { mehr. . .	61.32	—	32.29	19.99	15.33	—	254.2
erstere { weniger .	—	11.64	—	—	—	4.53	—

1) Oben § 15 S. 42.

[1]) K. Hilse: Betriebsunfälle § 9 S. 20—29, § 10 S. 29; Haftpflicht §§ 20 ff. S. 89 ff.

Würde aber selbst die Verkehrs- gegen die Fahrgastunfallszunahme erheblich zurückbleiben, so wäre das weitere Anwachsen des Straßenbahnverkehres, wie sich solches in der Ziffer der Beförderten abspiegelt, gleichwohl noch immer keine genügende Unterlage zur Besorgniß, daß er schließlich zu unabsehbaren Gefahren für das Leben und die Gesundheit der Fahrgäste führen würde. Denn einmal schwächen die auf die einzelnen Unfallsursachen zurückgeführten Beobachtungen die auf obige Ziffern etwa zu stützenden ungünstigen Folgerungen erheblich ab, weshalb es für unsere Aufgabe geboten erscheint, die Unfälle nach den einzelnen Ursachen besonders zu untersuchen. Sodann hat sich ungeachtet der 2½ mal gestiegenen Unfallsgefahr je ein Unfall doch immer erst auf nachstehende Personenzahl bezw. auf jede Million Beförderte nur in nachfolgender Anzahl ereignet:

im Jahre	Fälle	Fahrgäste	Beförderte Fahrgäste	auf eine Million
1882 . . .	202	13 560 424	67 131	15
1883 . . .	340	14 962 311	44 007	23
1884 . . .	346	16 425 769	47 472	21
1885 . . .	500	17 850 253	35 700	27
1886 . . .	664	19 416 839	29 398	34
1887 . . .	837	22 732 087	27 898	37
1888 . . .	876	13 801 299	27 170	37

Uebrigens sind bei den Fahrgast- und Straßengängerunfällen die drei Betriebe sehr ungleichmäßig betheiligt. Denn sie stellen zu den ersteren 86,73 % bezw. 69,30 % und 62,02 %, zu den letzteren dagegen nur 11,27 %, 30,70 % und 37,98 % der gesammten Unfallssumme des betreffenden Betriebes. Sachliche Gründe in der Betriebsanlage oder -weise zu suchen fehlt jeder Anlaß. Bevor hierauf weiter eingegangen wird, ist ein Bild der thatsächlichen Verhältnisse, unter denen innerhalb der drei Betriebe Fahrgastunfälle eingetreten sind, voranzuschicken, wie sich solches gewinnen läßt durch die Vertheilung der Unfälle nach Geschlecht, Alter, Ursache, Ausgang, Schuldbetheiligung, Beleuchtungsverhältnisse und auf die einzelnen Monate für Berlin und die dortigen drei Betriebe dahin:

Nähere Umstände der Unfälle von Fahrgästen.	1882		1883		1884		1885	
	m.	w.	m.	w.	m.	w.	m.	w.
I. Fällezahl — Erwachsene	121	76	194	134	201	138	332	158
Kinder	2	3	7	5	6	1	7	3
überhaupt	123	79	201	139	207	139	339	161
II. Unfallsursache								
1) Während der Fahrt des Wagens — Absteigen	80	62	125	114	127	110	209	128
Aufsteigen	22	11	39	22	40	22	76	25
Herabfallen	12	4	21	2	24	1	35	2
2) Durch fremde Wagen — Zusammenstoß	6	2	10	1	6	5	10	5
anderweit	—	—	1	—	—	—	—	—
3) Durch eigene Wagen — Zusammenstoß	1	—	3	—	3	—	6	1
anderweit	—	—	—	—	—	—	—	—
4) Sonstige Ursachen	2	—	2	—	7	1	3	—
III. Ausgang des Unfalles								
1) unverletzt	56	44	119	91	130	96	215	111
2) leicht verletzt	59	32	70	43	69	39	105	46
3) schwer verletzt	8	3	11	4	8	4	18	4
4) tödtlich	—	—	1	1	—	—	1	—
IV. Schuldbetheiligung								
1) eigenes Verschulden	108	71	173	135	174	132	293	149
2) fremdes Verschulden	9	5	15	2	13	5	21	9
3) Krankheit	—	—	4	1	5	1	4	—
4) ungewiß	6	3	9	1	15	1	21	3
V. Beleuchtungs-Verhältniß								
Tageslicht	73	59	122	82	133	92	224	89
Abendlicht	50	20	79	57	74	47	115	72
Darunter befanden sich Fahrgäste:								
1) der Großen rc.	118	75	192	136	195	136	326	155
2) der Neuen rc.	—	—	3	2	7	2	12	5
3) der Charlottenburger rc.	5	4	6	1	5	1	1	1
Davon auf die Monate vertheilt:								
Januar	6	5	19	10	8	10	29	11
Februar	11	5	8	14	11	9	18	6
März	18	7	13	9	17	12	24	11
April	7	12	10	10	13	13	19	16
Mai	11	5	12	4	18	12	21	13
Juni	12	8	10	4	21	10	19	18
Juli	9	6	12	9	30	12	25	11
August	11	7	32	21	21	8	30	10
September	11	5	16	10	14	12	47	18
October	11	5	24	14	17	14	43	18
November	9	7	24	16	15	12	33	20
Dezember	7	7	21	18	22	15	31	9

1886		1887		1888		Zusammen			Große Berl. Pferdeeisenbahn Act.-G.		Neue Berl. Pferdebahn-Gesellschaft		Berliner Pferdebahn-Gesellschaft	
m.	w.	m.	w.	m.	w.	m.	w.	beide	m.	w.	m.	w.	m.	w.
391	256	463	341	456	394	2158	1497	3655	2011	1439	123	48	24	10
13	4	22	11	17	9	74	36	110	71	32	2	3	1	1
404	260	485	352	473	403	2232	1533	3765	2082	1471	125	51	25	11
253	194	309	271	308	315	1411	1194	2605	1333	1151	66	35	12	8
78	43	97	59	85	76	437	258	695	414	249	21	8	2	1
51	9	54	9	46	4	243	31	274	215	29	21	2	7	—
18	11	16	11	22	6	88	41	129	73	35	12	4	3	2
—	—	—	—	1	—	2	—	2	2	—	—	—	—	—
1	1	4	2	8	1	26	5	31	24	3	2	2	—	—
—	—	1	—	—	—	1	—	1	1	—	—	—	—	—
3	2	4	—	3	1	24	4	28	20	4	3	—	1	—
237	186	308	240	298	292	1363	1060	2423	1298	1032	55	24	10	4
138	66	148	101	157	107	746	434	1180	679	405	57	23	10	6
29	8	26	9	16	4	116	36	152	100	32	13	3	3	1
—	—	3	2	2	—	7	3	10	5	2	—	1	2	—
349	237	426	322	410	387	1933	1433	3366	1817	1381	100	43	16	9
24	17	30	25	38	15	150	78	228	132	70	16	6	2	2
5	3	5	1	7	—	30	6	36	26	6	—	—	4	—
26	3	24	4	18	1	119	16	135	107	14	9	2	3	—
286	176	342	244	306	274	1486	1016	2502	1401	971	73	39	12	6
118	84	143	108	167	129	746	517	1263	681	500	52	12	13	5
373	252	457	338	421	379	2082	1471	3553	2082	1471	—	—	—	—
29	7	26	13	48	22	125	51	176	—	—	125	51	—	—
2	1	2	1	4	2	25	11	36	—	—	—	—	25	11
23	17	29	20	34	32	148	105	253	136	105	11	—	1	—
22	17	38	15	35	20	143	86	229	135	80	8	5	—	1
34	12	39	24	34	31	179	106	285	161	104	15	2	3	—
30	20	27	19	44	33	150	123	273	139	117	11	5	—	1
45	20	46	32	32	35	185	121	306	170	116	10	4	5	1
43	29	59	37	32	41	196	147	343	186	136	10	10	—	1
39	19	39	37	41	35	195	129	324	184	120	9	7	2	2
35	19	49	36	45	35	223	136	359	215	133	5	3	3	—
33	22	30	34	41	38	192	139	331	179	134	9	3	4	2
36	24	43	34	51	44	225	153	378	213	147	10	5	2	1
42	27	50	34	45	25	218	141	359	198	138	17	3	3	—
22	34	36	30	39	34	178	147	325	166	141	10	4	2	2

Weit eher läßt sich dies Mißverhältniß zwischen den beiden Unfallsgattungen durch die Annahme erklären[2]), daß eine größere Anzahl im Erfolge unerheblicher Fahrgastunfälle von den Schaffnern der Neuen und der Berliner Pferdebahn-Gesellschaft ungemeldet und deshalb unberücksichtigt geblieben sind. Denn wenn vielleicht auch für die Neue Berliner Pferdebahn-Gesellschaft der Umstand, daß sie durch eng bebaute, stark bevölkerte Straßen führt, in denen namentlich viele unbeaufsichtigte Arbeiterkinder spielen und dadurch Unfallsobjekte abgeben, erklärlich macht, daß die Kinderunfälle 14,14 % gegen nur 13,56 % bei der Berliner Pferdebahn-Gesellschaft und 7,00 % bei der Großen Berliner Pferdeeisenbahn Aktien-Gesellschaft betragen, von denen letztere noch dazu ebenso unvortheilhaft gestaltete Strecken durchfährt, so rechtfertigt er doch immerhin noch nicht die erhebliche Unfallsziffer der erwachsenen Straßengänger, welche hier 21,57 %, bei der Berliner Pferdebahn-Gesellschaft sogar 33,35 gegen nur 9,45 bei der Großen Berliner Gesellschaft ausmacht, zumal für die Berliner Pferdebahn-Gesellschaft die Verhältnisse sogar günstiger liegen, als für die beiden anderen Gesellschaften, indem die beiden Linien, welche vom Kupfergraben ausgehen, auf weitere Strecken die durch den Thiergarten führende Charlottenburger Chaussee benutzen, mithin durch Parkanlagen — statt eng bebaute Straßen — führen, in denen die Fußgängerwege noch dazu von der Fahrbahn durch vorhandene Chausseegräben getrennt sind. Man hätte hier weit eher darauf rechnen können, daß eine erheblich niedrigere Ziffer wie bei der Großen Berliner Pferdeeisenbahn Aktien-Gesellschaft sich herausstellen würde.

§ 25. Fahrgastunfälle außerhalb Berlins.

Daß Berlin in der Sicherheit des Verkehres anderen Orten voraus ist, läßt sich weder bejahen noch verneinen. Die oben gegebenen Ziffern der Fahrgastunfälle gestatten nämlich in dieser Hinsicht noch kein zuverlässiges Urtheil. Abgesehen von München ist zunächst schon ungewiß, ob die Erhebungen vollständig sind,

---

[2]) K. Hilse: Betriebsunfälle § 10 S. 33.

indem vielmehr in der ersteren Zeit die leichteren Fälle nicht mit gleicher Sorgfalt gesammelt zu sein scheinen, wie solches die drohende Haftpflichtgefahr bei den schwereren veranlaßt hat. Jedenfalls ist auch hier allerwärts die Unfallsziffer gegen 1882 gestiegen. Das Steigerungs-Verhältniß zu den betreffenden Vorjahren ist unregelmäßig. Ueberwiegend zeigt sich die Neigung zum Fallen. Gegenüber der Verkehrszunahme ist die Steigerung unbedenklich. Es gewinnt vielmehr den Anschein, als ob die im Zeitenverlaufe kommende Erkenntniß, wie man sich bei Benutzung der Straßenbahnen zu verhalten hat, um sich vor Schaden zu hüten, eine Abnahme der Unfälle durch Anwendung größerer Vorsicht erwarten läßt. Denn wenn auch mit der größeren Gewohnheit bei einzelnen das Gefühl der Sicherheit steigen und zur Waghalsigkeit ausarten mag, so bürgt die der Mehrzahl beiwohnende Besonnenheit jedoch für die umgekehrte Wirkung.

Indem im Allgemeinen auf die Ziffern in den gegebenen und folgenden Ueberrsichten[1]), sowie die späteren Erörterungen verwiesen wird, erscheint nicht nebensächlich, daß nach Alter- und Geschlechtsunterschieden eingetreten sind

in	Unfälle	Erwachsene	Kinder	männlich	weiblich
München .	3404	3333 = 97.92	71 = 2.08	1839 = 54.03	1565 = 40.97
Breslau. .	686	647 = 94.31	39 = 5.69	442 = 64.43	244 = 35.57
Köln . . .	446	415 = 93.04	31 = 6.96	275 = 61.66	171 = 38.34
Hamburg .	198	193 = 97.47	5 = 2.53	143 = 72.22	55 = 27.78

Danach ist das Verhältniß der Betheiligung der Kinder ein sehr verschiedenes, wofür eine stichhaltige Erklärung sich bisher nicht hat finden lassen. Gleiches gilt von dem Betheiligungsverhältniß der beiden Geschlechter. Denn, daß in Hamburg die Frauen nur etwa 3/5 so oft als in München fahren, widerlegt der Augenschein. Daß die Münchenerinnen waghalsiger oder ungeschickter als die Hamburgerinnen seien, oder daß umgekehrt bei den Männern Hamburgs das Letztere vorliege, wäre eine, sonstiger thatsächlicher Unterlagen entbehrende, Behauptung.

Durch Eingehen auf die einzelnen Ursachen der Fahrgastunfälle werden sich weitere Aufschlüsse ergeben.

---

1) S. 71, 74—85.

§ 26. Unfälle beim Ab- und Zusteigen im Fahren[1]).

Den ersten Rang nach der Höhe der Unfallsziffer nehmen die im Ab- und Zusteigen während des Fahrens Verunglückten ein. Das Ab- und Zusteigen im Fahren setzt ausnahmslos eine selbstthätige Handlung als Folge eines auf Ausführung der That gerichteten Willens[2]) voraus und begründet damit den Einwand des eigenen Verschuldens aus Gesetz vom 7. Juni 1871 § 1. Ersatzansprüche für die so Verunglückten fallen weg, zumal seitdem gerichtsseitig wiederholt angenommen wurde[3]), daß selbst dann das Absteigen während der Fahrt ein eigenes den Haftanspruch aufhebendes Verschulden darstellt, wenn etwa durch Nichtanhaltenlassen an der Haltestelle der Schaffner ein Versehen begangen und einen entfernten Anlaß zur That geboten haben sollte. Mithin sind im Rechtsverfahren erstreitbare Ersatzansprüche aus derarten Unfällen nicht zu befürchten[4]).

I. Berliner Verhältnisse.

Beide zusammen haben zu Berlin in den einzelnen Jahren 70,20% bezw. 74,20%, 71,56%, 75,23%, 74,7%, 78,8% und 83,3% aller Unfälle, sowie 86,65%, 88,24%, 86,41%, 87,60%, 85,54%, 87,93% und 87,21% aller Fahrgastunfälle gestellt, sodaß hier 74,80% (etwa 3/4 aller Unfälle) und 87,65% (etwa 7/8 der Fahrgastunfälle) auf diese beiden Ursachen entfallen.

Bezüglich der näheren Umstände liefert Berlin folgendes Bild:

---

1) K. Hilse: Betriebsunfälle §§ 9a S. 21; Haftpflicht § 21 S. 92, § 23 S. 99.

2) K. Hilse: Betriebsunfälle § 9 S. 21, § 12 S. 44; Haftpflicht § 21 S. 92, § 36 S. 147ff.

3) z. B. Urt. d. R.O.H.G. vom 28. November 1876 (Entsch. XXI 237) d. R.G. vom 14. Februar 1882, vom 13. Februar 1883 und 15. November 1886 (Eisenbahnrechtliche Entsch. II 202, III 8, V 114), d. O.L.G. zu Hamburg v. 13. Februar 1883 (ebenda III 8), d. L.G. zu Berlin XI v. 15. Februar 1887 u. I v. 8. November 1888 (S. 270 1886 d. C.K. XI. 106 88 C.K. I).

4) Allerdings haben einige Straßenbahnunternehmer für derarte Unfälle Ersatz geleistet und zwar angeblich aus Billigkeitsgründen. Jene Fälle sind nicht genügend aufgeklärt. K. Hilse: Betriebsunfälle § 9a S. 21.

Berlin.	Absteigen im Fahren										Aufsteigen im Fahren									
	nicht		leicht		schwer		tödtlich		Zusammen		nicht		leicht		schwer		tödtlich		Zusammen	
	verletzt										verletzt									
	abs.	%	abs.	%	abs.	%	abs.	%	abs	%	abs	%	abs.	%	abs	%	abs.	%	abs.	%
1882 m.	34	42.50	41	51.25	5	6.25	—	—	80	5.66	16	72.73	6	27.27	—	—	—	—	22	5.03
w.	35	56.45	25	40.32	2	3.23	—	—	62	5.19	6	54.55	4	36.36	1	9.09	—	—	11	4.26
1883 m.	83	66.67	40	32.00	2	1.33	—	—	125	8.85	26	66.67	10	25.64	3	7.69	—	—	39	8.92
w.	72	63.16	39	34.21	3	2.63	—	—	114	9.55	19	86.36	2	9.10	—	—	1	4.54	22	8.53
1884 m.	93	73.23	30	23.62	4	3.15	—	—	127	9.00	24	60.00	16	40.00	—	—	—	—	40	9.15
w.	78	70.91	29	26.36	3	2.73	—	—	110	9.21	16	72.73	6	27.27	—	—	—	—	22	8.53
1885 m.	141	67.47	59	28.23	8	3.82	1	0.48	209	14.81	48	63.16	21	27.63	7	9.21	—	—	76	17.40
w.	91	71.10	34	26.56	3	2.34	—	—	128	10.72	20	80.00	5	20.00	—	—	—	—	25	9.69
1886 m.	161	63.64	77	30.43	15	5.93	—	—	253	17.95	47	61.54	28	35.90	3	2.56	—	—	78	17.85
w.	146	75.27	43	22.16	5	2.57	—	—	194	16.25	30	69.77	11	25.58	2	4.65	—	—	43	16.67
1887 m.	214	69.25	78	25.25	15	4.86	2	0.64	309	21.90	58	59.79	33	34.02	6	6.19	—	—	97	22.20
w.	191	70.48	73	26.94	6	2.21	1	0.37	271	22.69	43	72.90	14	23.72	1	1.69	1	1.69	59	22.86
1888 m.	207	67.22	91	29.54	9	2.92	1	0.32	308	21.83	62	72.94	20	23.53	2	2.35	1	1.18	85	19.45
w.	226	71.75	86	27.30	3	0.95	—	—	315	26.39	62	81.58	13	17.10	1	1.32	—	—	76	29.46
Zusammen m.	933	66.12	416	29.49	58	4.11	4	0.28	1411	54.16	281	64.54	134	30.66	21	4.57	1	0.23	437	62.88
w.	839	70.27	329	27.55	25	2.08	1	0.10	1194	45.84	196	75.97	55	21.32	5	1.93	2	0.78	258	37.12
beide	1772	68.02	745	28.60	83	3.19	5	0.19	2605	100.00	477	68.78	189	27.20	26	3.59	3	0.43	695	100.00
Tageslicht m.	638	68.24	255	27.27	40	4.28	2	0.21	935	66.27	215	66.05	94	28.73	17	4.89	1	0.33	327	74.83
w.	548	72.29	197	25.99	13	1.72	—	—	758	63.49	160	78.81	39	19.21	2	0.99	2	0.99	203	78.70
Abendlicht m.	295	61.94	161	33.82	18	3.78	2	0.42	476	33.73	66	60.00	40	36.37	4	3.63	—	—	110	25.17
w.	291	66.78	132	30.28	12	2.75	1	0.23	436	36.51	36	65.46	16	29.09	3	5.45	—	—	55	21.30

Die Erwachsenen stellen also 3202 = 97,03 % gegen 98 = 2,91 % Kinder. Unter Letzteren überwiegen die Knaben mit 65 = 66,33 % die Mädchen mit 33 = 33,67 % erheblich stärker, als unter Ersteren die Männer mit 1783 = 55,68 % häufiger als die Frauen mit nur 1419 = 44,31 % verunglückt sind. Vielleicht ist es einerseits auf die größere Waghalsigkeit der Knaben, andererseits auf die größere Leichtigkeit und Geschicklichkeit der Mädchen zurückzuführen, solange Letztere die unvortheilhaften langen Kleider entbehren.

Als beim Absteigen eingetreten sind die nicht seltenen Unfälle von Fahrgästen gezählt, welche im Fahren zugestiegen bedeutet wurden, daß der Wagen besetzt sei, und wieder absprangen.

II. Auswärtige Verhältnisse.

Annähernd gleich liegt das Ergebniß der anderen Betriebe, soweit die Nachrichten nicht unverkennbar unvollständig sind.

Danach sind in Berlin 68,02 % bezw. 68,78 % — mehr als 2/3 — in München sogar 95,54 % und 90,44 %, in Breslau noch immer 80,12 % und 74,80 %, in Köln 68,67 % und 45,10 %, in Hannover 70,83 % und 40,00 % aller derarten Unfälle ohne jeden Schaden verlaufen. Schwere Verletzungen gehören überdies zu den Seltenheiten, treten aber scheinbar bei dem Aufsteigen im Fahren häufiger als bei dem Absteigen ein[5]). Die abweichenden Ziffern aus anderen Betrieben widerlegen vorstehende Feststellung nicht. Denn wo Unfälle, bei denen eine Verletzung ausgeblieben ist, ungemeldet geblieben sind, ist der Grund weniger in dem Nichteintritte als in dem Nichterheben der minder verhängnißvollen Unfälle zu suchen[6]).

Uebrigens ist die Gefahr für die im Fahren Ab- und Zusteigenden verhältnißmäßig nicht erheblich, da sie sich in den einzelnen Jahren und Betrieben dahin gestaltet hat:

---

[5]) K. Hilfe: Betriebsunfälle § 9a S. 23; Haftpflicht § 23 S. 100.

[6]) Aus den S. 88 aufgeführten Betrieben sind 341 Unfälle beim Ab- und 93 beim Aufsteigen gemeldet. Nur in 9 überwiegt die Fällezahl diese der Verletzten. Verlaufen sind tödtlich 16 = 4,69 % gegen 4 = 4,30 %, schwer 76 = 22,29 % gegen 29 = 31,18 %, leicht 144 = 42,23 % gegen 40 = 43,01 %. Diese Ziffern würden allerdings bestätigen, daß das Aufsteigen gefährlicher als das Absteigen wirkt.

München.		Absteigen im Fahren										Aufsteigen im Fahren									
		nicht		leicht		schwer		unbestimmt		Zusammen		nicht		leicht		schwer		unbestimmt		Zusammen	
		verletzt										verletzt									
		abs.	%	abs.	%	abs.	%	abs.	%	abs.	%	abs.	%	abs.	%	abs.	%	abs.	%	abs.	%
1882	m.	33	94.29	—	—	—	—	2	5.71	35	2.53	5	100.00	—	—	—	—	—	—	5	1.53
	w.	39	97.50	—	—	1	2.50	—	—	40	2.90	2	100.00	—	—	—	—	—	—	2	1.51
1883	m.	198	97.54	4	1.97	1	0.49	—	—	203	14.69	36	94.74	2	5.26	—	—	—	—	38	11.62
	w.	225	99.56	1	0.44	—	—	—	—	226	16.41	22	100.00	—	—	—	—	—	—	22	16.54
1884	m.	143	94.70	5	3.31	2	1.33	1	0.66	151	10.93	45	90.00	5	10.00	—	—	—	—	50	15.29
	w.	168	97.68	3	1.74	1	0.58	—	—	172	12.49	16	100.00	—	—	—	—	—	—	16	12.03
1885	m.	168	94.38	9	5.06	1	0.56	—	—	178	12.88	34	87.18	4	10.26	1	2.56	—	—	39	11.93
	w.	167	94.88	8	4.55	1	0.57	—	—	176	12.78	5	71.43	2	28.57	—	—	—	—	7	5.26
1886	m.	302	97.42	8	2.58	—	—	—	—	310	22.42	48	87.27	6	10.91	1	1.82	—	—	55	16.82
	w.	280	95.89	12	4.11	—	—	—	—	292	21.21	26	92.86	2	7.14	—	—	—	—	28	21.05
1887	m.	233	95.49	10	4.10	1	0.41	—	—	244	17.66	65	91.55	6	8.45	—	—	—	—	71	21.71
	w.	225	95.34	9	3 81	—	—	2	0.85	236	17.14	26	83.87	5	16.13	—	—	—	—	31	23.31
1888	m.	235	90.04	22	8.43	2	0.76	2	0.77	261	18.89	62	89.85	6	8.70	—	—	1	1.45	69	21.10
	w.	220	93.62	14	5.96	—	—	1	0.42	235	17.07	24	88.89	3	11.11	—	—	—	—	27	20.30
Zusammen	m.	1312	94.93	58	4.20	7	0.51	5	0.36	1382	50.09	295	90.21	29	8.87	2	0.61	1	0.31	327	71.09
	w.	1324	96.15	47	3.41	3	0.22	3	0.22	1377	49.91	121	90.98	12	9.02	—	—	—	—	133	28.91
	beide	2636	95.54	105	3.81	10	0.36	8	0.29	2759	100.00	416	90.44	41	8.91	2	0.43	1	0.22	460	100.00
Tageslicht	m.	585	94.36	31	5.00	3	0.48	1	0.16	620	44.86	162	89.50	17	9.39	2	1.11	—	—	181	55.35
	w.	702	96.03	26	3.56	2	0.27	1	0.14	731	53.09	74	90.24	8	9.76	—	—	—	—	82	61.66
Abendlicht	m.	448	94.12	20	4.20	4	0.84	4	0.84	476	34.45	93	90.29	9	8 74	—	—	1	0.97	103	31.50
	w.	319	94.38	17	5.03	—	—	2	0.59	338	24.55	21	87 50	3	12.50	—	—	—	—	24	18.04
ungewiß	m.	279	97.55	7	2.45	—	—	—	—	286	20.69	40	93.02	3	6.98	—	—	—	—	43	13.15
	w.	303	98.38	4	1.30	1	0.32	—	—	308	22.36	26	96.30	1	3.70	—	—	—	—	27	20.30

Breslau.	Absteigen im Fahren												Aufsteigen im Fahren							
	nicht verletzt		leicht verletzt		schwer verletzt		tödtlich verletzt		unbestimmt verletzt		Zusammen		nicht verletzt		leicht verletzt		unbestimmt verletzt		Zusammen	
	abs.	%	abs.	%	abs.	%	abs.	%	abs.	%	abs.	%	abs.	%	abs.	%	abs.	%	abs.	%
1882 m.	—	—	—	—	—	—	—	—	—	—	—	—	—	—	—	—	—	—	—	—
w.	—	—	2	100.00	—	—	—	—	—	—	2	0.93	—	—	—	—	—	—	—	—
1883 m.	1	50.00	1	50.00	—	—	—	—	—	—	2	0.67	—	—	—	—	—	—	—	—
w.	—	—	2	66.67	1	33.33	—	—	—	—	3	1.38	—	—	—	—	—	—	—	—
1884 m.	—	—	—	—	—	—	—	—	—	—	—	—	—	—	—	—	—	—	—	—
w.	—	—	1	100.00	—	—	—	—	—	—	1	0.47	—	—	—	—	—	—	—	—
1885 m.	2	18.18	8	72.73	—	—	1	9.09	—	—	11	3.69	1	25.00	3	75.00	—	—	4	4.00
w.	4	80.00	1	20.00	—	—	—	—	—	—	5	2.33	—	—	—	—	—	—	—	—
1886 m.	36	76.60	11	23.40	—	—	—	—	—	—	47	15.77	5	71.43	2	28.57	—	—	7	7.00
w.	30	85.72	5	14.28	—	—	—	—	—	—	35	16.28	5	100.00	—	—	—	—	5	21.74
1887 m.	86	81.13	19	17.93	1	0.94	—	—	—	—	106	35.57	26	78.79	7	21.21	—	—	33	33.00
w.	70	84.34	12	14.46	—	—	—	—	1	1.20	83	38.61	4	66.66	1	16.67	1	16.67	6	26.09
1888 m.	109	82.58	23	17.42	—	—	—	—	—	—	132	44.30	41	73.22	13	23.21	2	3.57	56	56.00
w.	73	84.88	10	11.63	1	1.16	—	—	2	2.33	86	40.00	10	83.33	2	16.67	—	—	12	52.17
Zusammen m.	234	78.52	62	20.80	1	0.34	1	0.34	—	—	298	58.09	73	73.00	25	25.00	2	2.00	100	81.30
w.	177	82.32	33	15.35	2	0.93	—	—	3	1.40	215	41.91	19	82.61	3	13.04	1	4.35	23	18.70
beide	411	80.12	95	18.42	3	0.58	1	0.20	3	0.58	513	100.00	92	74.80	28	22.77	3	2.43	123	100.00
Tageslicht m.	158	77.45	44	21.57	1	0.49	1	0.49	—	—	204	68.46	54	73.97	17	23.29	2	2.74	73	73.00
w.	134	83.75	23	14.37	1	0.63	—	—	2	1.25	160	74.42	15	88.24	2	11.76	—	—	17	73.91
Abendlicht m.	76	80.85	18	19.15	—	—	—	—	—	—	94	31.54	19	70.37	8	29.63	—	—	27	27.00
w.	43	78.18	10	18.18	1	1.82	—	—	1	1.82	55	25.58	4	66.66	1	16.67	1	16.67	6	26.09

Köln.	Absteigen im Fahren: nicht verletzt		leicht verletzt		schwer verletzt		tödtlich verletzt		unbestimmt verletzt		Zusammen		Aufsteigen im Fahren: nicht verletzt		leicht verletzt		schwer verletzt		unbestimmt verletzt		Zusammen	
	abs.	%	abs.	%	abs.	%	abs.	%	abs.	%	abs.	%	abs.	%	abs.	%	abs.	%	abs.	%	abs.	%
1882 m.	1	25.00	2	50.00	1	25.00	—	—	—	—	4	2.26	1	50.00	1	50.00	—	—	—	—	2	4.55
w.	1	33 33	1	33.33	1	33.34	—	—	—	—	3	1.93	—	—	—	—	—	—	—	—	—	—
1883 m.	4	40.00	6	60.00	—	—	—	—	—	—	10	5.67	—	—	1	100.00	—	—	—	—	1	2.27
w.	1	100.00	—	—	—	—	—	—	—	—	1	0.65	—	—	—	—	—	—	—	—	—	—
1884 m.	8	72.72	2	18.19	—	—	1	9.09	—	—	11	6.21	2	50.00	2	50.00	—	—	—	—	4	9.09
w.	10	71.43	4	28.57	—	—	—	—	—	—	14	9.03	—	—	—	—	1	100.00	—	—	1	14.28
1885 m.	10	52.63	8	42.11	1	5.26	—	—	—	—	19	10.73	2	66.67	1	33.33	—	—	—	—	3	6.82
w.	16	76.19	3	14.29	1	4.76	—	—	1	4.76	21	13.56	—	—	—	—	—	—	—	—	—	—
1886 m.	13	61.90	2	9.52	3	14.89	—	—	3	14.29	21	11.86	5	55.56	2	22.22	—	—	2	22.22	9	20.45
w.	11	55.00	6	30.00	1	5.00	—	—	2	10.00	20	12.90	3	100.00	—	—	—	—	—	—	3	42.86
1887 m.	47	70.15	16	23.87	2	2.99	—	—	2	2.99	67	37.85	4	40.00	5	50.00	1	10.00	—	—	10	22.73
w.	48	81.36	9	15.25	—	—	—	—	2	3.39	59	38.06	1	50.00	1	50.00	—	—	—	—	2	28.58
1888 m.	31	68.88	8	17.78	4	8.29	—	—	2	4.45	45	25.42	4	26.67	11	73.33	—	—	—	—	15	34.09
w.	27	72.97	9	24.33	1	2.70	—	—	—	—	37	23.87	1	100.00	—	—	—	—	—	—	1	14.28
Zusammen m.	114	64.41	44	24.86	11	6.21	1	0.57	7	3.95	177	53.31	18	40.90	23	52.28	1	2.27	2	4.55	44	86.28
w.	114	73.55	32	20.64	4	2.58	—	—	5	3.23	155	46.69	5	71.42	1	14.29	1	14.29	—	—	7	13.72
beide	228	68.67	76	22.89	15	4.52	1	0.30	12	3.62	332	100.00	23	45.10	24	47.06	2	3.92	2	3.92	51	100.00
Tageslicht m.	77	66.95	26	22.61	8	6.96	1	0.87	3	2.61	115	64.97	12	46.15	11	42.31	1	3.85	2	7.69	26	59.09
w.	78	71.56	23	21.10	4	3.67	—	—	4	3.67	109	70.32	4	80.00	—	—	1	20.00	—	—	5	71.43
Abendlicht m.	37	59.68	18	29.03	3	4.84	—	—	4	6.45	62	35.03	6	33.34	12	66.66	—	—	—	—	18	40.91
w.	36	78.26	9	19.56	—	—	—	—	1	2.18	46	29.68	1	50.00	1	50.00	—	—	—	—	2	28.57

Hamburg[1]) Straßenbahn	Absteigen im Fahren												Aufsteigen im Fahren									
	nicht verletzt		leicht verletzt		schwer verletzt		tödtlich		unbestimmt		Zusammen		nicht verletzt		leicht verletzt		schwer verletzt		unbestimmt		Zusammen	
	abs.	%	abs.	%	abs.	%	abs.	%	abs.	%	abs.	%	abs.	%	abs.	%	abs.	%	abs.	%	abs.	%
1884 m.	—	—	—	—	1	100.00	—	—	—	—	1	1.56	—	—	1	100.00	—	—	—	—	1	4.35
w.	—	—	—	—	—	—	—	—	—	—	—	—	—	—	—	—	—	—	—	—	—	—
1885 m.	4	40.00	1	10.00	1	10.00	1	10.00	3	30.00	10	15.62	1	33.33	1	33.33	—	—	1	33.34	3	13.05
w.	2	40.00	1	20.00	—	—	1	20.00	1	20.00	5	15.15	—	—	—	—	—	—	—	—	—	—
1886 m.	3	21.43	7	50.00	1	7.14	—	—	3	21.43	14	21.88	—	—	2	40.00	1	20.00	2	40.00	5	21.73
w.	1	12.50	3	37.50	—	—	—	—	4	50.00	8	24.24	—	—	—	—	—	—	—	—	—	—
1887 m.	2	10.53	4	21.05	5	26.32	—	—	8	42.10	19	29.69	1	16.67	4	66.67	—	—	1	16.66	6	26.09
w.	6	50.00	2	16.67	—	—	—	—	4	33.33	12	36.37	2	66.67	1	33.33	—	—	—	—	3	75.00
1888 m.	5	25.00	6	30.00	1	5.00	—	—	8	40.00	20	31.25	1	12.50	4	50.00	3	37.50	—	—	8	34.78
w.	3	37.50	5	62.50	—	—	—	—	—	—	8	24.24	—	—	—	—	—	—	1	100.00	1	25.00
Zusammen m.	14	21.88	18	28.12	9	14.06	1	1.56	22	34.38	64	65.97	3	13.05	12	52.17	4	17.39	4	17.39	23	85.20
w.	12	36.37	11	33.33	—	—	1	3.03	9	27.27	33	34.03	2	50.00	1	25.00	—	—	1	25.00	4	18.80
beide	26	26.80	29	29.90	9	9.28	2	2.06	31	31.96	97	100.00	5	18.52	13	48.15	4	14.81	5	18.52	27	100.00
Tageslicht m.	8	22.86	12	34.29	6	17.14	—	—	9	25.71	35	54.69	1	9.09	5	45.46	3	27.27	2	18.18	11	47.83
w.	5	38.46	3	23.08	—	—	—	—	5	38.46	13	39.40	1	50.00	1	50.00	—	—	—	—	2	50.00
Abendlicht m.	6	22.22	6	22.22	1	3.70	1	3.71	13	48.15	27	42.19	2	18.18	6	54.55	1	9.09	2	18.18	11	47.83
w.	7	35.00	8	40.00	—	—	1	5.00	4	20.00	20	60.60	1	50.00	—	—	—	—	1	50.00	2	50.00
unbestimmt m.	—	—	—	—	2	100.00	—	—	—	—	2	3.12	—	—	1	100.00	—	—	—	—	1	4.34
w.	—	—	—	—	—	—	—	—	—	—	—	—	—	—	—	—	—	—	—	—	—	—

[1]) davon auf Hamburg-Altona: 1887 m. w. — 1; 1888 m. w. 2 —; Zusammen m. w. beide. 2 1 3

1882—1888	Absteigen im Fahren: nicht verletzt abs.	%	leicht verletzt abs.	%	schwer verletzt abs.	%	unbestimmt abs.	%	Zusammen abs.	%	Aufsteigen im Fahren: nicht verletzt abs.	%	leicht verletzt abs.	%	schwer verletzt abs.	%	unbestimmt abs.	%	Zusammen abs.	%
Dresden m.	—	—	6	42.86	8	57.14	—	—	14	10.77	—	—	1	50.00	1	50.00	—	—	2	2.94
w.	—	—	6	66.67	3	33.33	—	—	9	5.69	—	—	1	50.00	1	50.00	—	—	2	8.70
beide	—	—	12	52.17	11	47.83	—	—	23	7.99	—	—	2	50.00	2	50.00	—	—	4	4.40
Tageslicht . . .	—	—	6	66.67	3	33.33	—	—	9	5.56	—	—	1	50.00	1	50.00	—	—	2	3.45
Abendlicht . . .	—	—	5	50.00	5	50.00	—	—	10	10.99	—	—	1	100.00	—	—	—	—	1	3.33
unbestimmt . .	—	—	1	25.00	3	75.00	—	—	4	11.43	—	—	—	—	1	100.00	—	—	1	33.33
Halle m.	—	—	1	50.00	1	50.00	—	—	2	1.54	—	—	—	—	—	—	—	—	—	—
w.	—	—	—	—	—	—	—	—	—	—	—	—	—	—	—	—	—	—	—	—
beide	—	—	1	50.00	1	50.00	—	—	2	0.69	—	—	—	—	—	—	—	—	—	—
Tageslicht . . .	—	—	1	50.00	1	50.00	—	—	2	1.23	—	—	—	—	—	—	—	—	—	—
Abendlicht . . .	—	—	—	—	—	—	—	—	—	—	—	—	—	—	—	—	—	—	—	—
unbestimmt . .	—	—	—	—	—	—	—	—	—	—	—	—	—	—	—	—	—	—	—	—
Hannover m.	22	70.97	7	22.58	2	6.45	—	—	31	23.85	3	33.33	5	55.56	1	11.11	—	—	9	13.24
w.	29	70.73	10	24.39	2	4.88	—	—	41	25.95	1	100.00	—	—	—	—	—	—	1	4.35
beide	51	70.83	17	23.61	4	5.56	—	—	72	25.00	4	40.00	5	50.00	1	10.00	—	—	10	10.99
Tageslicht . . .	27	69.23	11	28.21	1	2.56	—	—	39	24.07	2	50.00	2	50.00	—	—	—	—	4	6.89
Abendlicht . . .	12	70.59	4	23.53	1	5.88	—	—	17	18.68	1	20.00	3	60.00	1	20.00	—	—	5	16.67
unbestimmt . .	12	75.00	2	12.50	2	12.50	—	—	16	45.71	1	100.00	—	—	—	—	—	—	1	33.33
Leipzig m.	45	54.22	14	16.87	2	2.41	22	26.50	83	63.84	31	54.38	13	22.81	2	3.51	11	19.30	57	83.82
w.	57	52.78	15	13.89	5	4.63	31	28.70	108	68.36	12	60.00	1	5.00	—	—	7	35.00	20	86.95
beide	102	53.40	29	15.18	7	3.67	53	27.75	191	66.32	43	55.84	14	18.18	2	2.60	18	23.38	77	84.61
Tageslicht . . .	63	56.26	20	17.85	5	4.46	24	21.43	112	69.14	32	61.54	8	15.39	1	1.92	11	21.15	52	89.66
Abendlicht . . .	36	56.25	6	9.37	—	—	22	34.38	64	70.33	10	41.66	6	25.00	1	4.17	7	29.17	24	80.00
unbestimmt . .	3	20.00	3	20.00	2	13.33	7	46.67	15	42.86	1	100.00	—	—	—	—	—	—	1	33.34
Zusammen m.	67	51.54	28	21.54	13	10.00	22	16.92	130	45.14	34	50.00	19	27.94	4	5.88	11	16.18	68	74.72
w.	86	54.43	31	19.62	10	6.33	31	19.62	158	54.86	13	56.52	2	8.70	1	4.35	7	30.43	23	25.28
beide	153	53.13	59	20.49	23	7.98	53	18.40	288	100.00	47	51.65	21	23.08	5	5.49	18	19.78	91	100.00
Tageslicht . . .	90	55.56	38	23.46	10	6.17	24	14.81	162	56.25	34	58.62	11	18.97	2	3.45	11	18.96	58	63.74
Abendlicht . . .	48	52.75	15	16.48	6	6.59	22	24.18	91	31.60	11	36.67	10	33.33	2	6.67	7	23.33	30	32.97
unbestimmt . .	15	42.86	6	17.14	7	20.00	7	20.00	35	12.15	2	66.67	—	—	1	33.33	—	—	3	3.29

1882—1888	Absteigen im Fahren												Aufsteigen im Fahren							
	nicht verletzt		leicht verletzt		schwer verletzt		tödtlich verletzt		unbestimmt verletzt		Zusammen		nicht verletzt		leicht verletzt		schwer verletzt		Zusammen	
	abs.	%	abs.	%	abs	%	abs.	%	abs.	%	abs.	%	abs.	%	abs.	%	abs.	%	abs.	%
Chemnitz m.	—	—	3	60.00	2	40.00	—	—	—	—	5	25.00	—	—	1	100.00	—	—	1	12.50
w.	2	33.33	3	50.00	1	16.67	—	—	—	—	6	40.00	—	—	—	—	—	—	—	—
beide	2	18.18	6	54.55	3	27.27	—	—	—	—	11	31.43	—	—	1	100.00	—	—	1	12.50
Tageslicht . . .	—	—	3	50.00	3	50.00	—	—	—	—	6	31.58	—	—	—	—	—	—	—	—
Abendlicht . . .	2	40.00	3	60.00	—	—	—	—	—	—	5	31.25	—	—	1	100.00	—	—	1	100.00
unbestimmt . .	—	—	—	—	—	—	—	—	—	—	—	—	—	—	—	—	—	—	—	—
Dortmund m.	1	11.11	2	22.22	6	66.67	—	—	—	—	9	45.00	1	25.00	2	50.00	1	25.00	4	50.00
w.	—	—	2	66.67	—	—	—	—	1	33.33	3	20.00	—	—	—	—	—	—	—	—
beide	1	8.33	4	33.33	6	50.00	—	—	1	8.34	12	34.28	1	25.00	2	50.00	1	25.00	4	50.00
Tageslicht . . .	—	—	2	28.57	4	57.14	—	—	1	14.29	7	36.84	1	25.00	2	50.00	1	25.00	4	57.14
Abendlicht . . .	1	20.00	2	40.00	2	40.00	—	—	—	—	5	31.25	—	—	—	—	—	—	—	—
unbestimmt . .	—	—	—	—	—	—	—	—	—	—	—	—	—	—	—	—	—	—	—	—
Duisburg m.	—	—	—	—	1	50.00	1	50.00	—	—	2	10.00	—	—	1	50.00	1	50.00	2	25.00
w.	—	—	—	—	2	100.00	—	—	—	—	2	13.33	—	—	—	—	—	—	—	—
beide	—	—	—	—	3	75.00	1	25.00	—	—	4	11.43	—	—	1	50.00	1	50.00	2	25.00
Tageslicht . . .	—	—	—	—	—	—	—	—	—	—	—	—	—	—	1	50.00	1	50.00	2	28.57
Abendlicht . .	—	—	—	—	3	75.00	1	25.00	—	—	4	25.00	—	—	—	—	—	—	—	—
unbestimmt . .	—	—	—	—	—	—	—	—	—	—	—	—	—	—	—	—	—	—	—	—
M.-Gladbach m.	—	—	2	50.00	2	50.00	—	—	—	—	4	20.00	—	—	1	100.00	—	—	1	12.50
w.	1	25.00	2	50.00	1	25.00	—	—	—	—	4	26.67	—	—	—	—	—	—	—	—
beide	1	12.50	4	50.00	3	37.50	—	—	—	—	8	22.86	—	—	1	100.00	—	—	1	12.50
Tageslicht . . .	—	—	3	50.00	3	50.00	—	—	—	—	6	31.58	—	—	1	100.00	—	—	1	14.29
Abendlicht . .	1	50.00	1	50.00	—	—	—	—	—	—	2	12.50	—	—	—	—	—	—	—	—
unbestimmt . .	—	—	—	—	—	—	—	—	—	—	—	—	—	—	—	—	—	—	—	—
Zusammen m.	1	5.00	7	35.00	11	55.00	1	5.00	—	—	20	57.14	1	12.50	5	62.50	2	25.00	8	100.00
w.	3	20.00	7	46.67	4	26.67	—	—	1	6.66	15	42.86	—	—	—	—	—	—	—	—
beide	4	11.43	14	40.00	15	42.85	1	2.86	1	2.86	35	100.00	1	12.50	5	62.50	2	25.00	8	100.00
Tageslicht . . .	—	—	8	42.11	10	52.63	—	—	1	5.26	19	54.29	1	14.29	4	57.14	2	28.57	7	87.50
Abendlicht . . .	4	25.00	6	37.50	5	31.25	1	6.25	—	—	16	45.71	—	—	1	100.00	—	—	1	12.50
unbestimmt . .	—	—	—	—	—	—	—	—	—	—	—	—	—	—	—	—	—	—	—	—

Das Betheiligungsverhältniß der beiden Geschlechter in der Gesammtziffer stellt sich sehr verschieden. Es beträgt nämlich in München 1709 = 53,09 % männliche gegen 1510 = 56,91 % weibliche: in Breslau 398 = 62,59 % männliche gegen 238 = 37,41 % weibliche: in Köln 221 = 57,70 % männliche gegen 162 = 42,30 % weibliche: in Hamburg 87 = 70,16 % männliche gegen 37 = 29,84 % weibliche. In den zusammengezogenen 4 Betrieben zu Dresden, Hannover, Halle, Leipzig 198 = 52,24 % männliche gegen 181 = 47,76 % weibliche und endlich in diesen der deutschen Lokal- und Straßenbahn-Gesellschaft 28 = 65,12 % männliche gegen 15 = 34,88 % weibliche Personen.

III. Gemeinsame Gesichtspunkte.

Von der Aufnahme eines früheren Versuches[7]), die Verletzungsart d. h. festzustellen, welche Körpertheile und in welcher Weise eine Verletzung erlitten haben, wurde Abstand genommen, weil die Nachrichten unvollständig und dabei unzuverlässig waren, zumal sie sich lediglich auf die Wahrnehmung der Begleitmannschaft zu stützen vermochten, welcher neben der erforderlichen Sachkunde meist auch die Zeit und Ruhe für genaue Erhebungen abgegangen ist. Einen Nutzen für die ärztliche Statistik würde die Arbeit nicht geliefert haben.

Eine zuverlässige Untersuchung, ob das Absteigen und Zusteigen bei künstlicher Straßenbeleuchtung gefährlicher als bei Tageslicht sei, vereitelt das Fehlen der Ziffer, wie viel Personen überhaupt und namentlich zu den beregten beiden Tageszeiten den Wagen im Fahren verlassen oder bestiegen haben. Nicht unerheblich ist dagegen eine Uebersicht, ob das nämliche Ereigniß eine andere Wirkung äußert, wenn es bei Tages- oder bei Abendbeleuchtung eingetreten ist. In dieser Hinsicht ist bemerkenswerth, daß eine Verletzung eintrat:

---

[7]) Für 1882—1885 und Berlin hat K. Hilse: Betriebsunfälle S. 22 nur zu ermitteln vermocht, daß selten (sechs bezw. einmal) gleichzeitig je zwei Gliedmaßen verletzt wurden und Einzelverletzungen beim Absteigen 80 das Gesicht und dessen Theile, 70 den Hinterkopf, 61 die Arme, 60 die Beine, 21 den Rücken und 6 innere Körpertheile trafen, während beim Zusteigen sich 26 am Hinterkopf, 20 an den Beinen, 15 an den Armen, 8 im Gesicht und der Nase, 3 am Rücken ereigneten. Ebenda S. 38 finden sich entsprechende Nachrichten für München.

Ort		Tageslicht				Abendbeleuchtung			
		nicht	leicht	schwer	tödtlich	nicht	leicht	schwer	tödtlich
der Absteigenden									
Berlin	m.	68.24	27.27	4.28	0.21	61.98	33.82	3.78	0.42
	w.	72.29	25.99	1.72	—	66.74	30.28	2.75	0.23
München	m.	94.36	5.00	0.48	0.18	94.12	4.20	0.84	0.59
	w.	96.03	3.56	0.27	0.54	94.38	5.03	—	0.14
Breslau	m.	77.45	21.57	0.49	0.49	80.85	19.15	—	—
	w.	83.75	14.37	0.63	—	78.18	18.18	1.82	—
Köln	m.	66.95	22.61	6.96	0.87	59.68	29.03	4.84	—
	w.	71.56	21.10	3.67	—	78.26	19.56	—	—
Hamburg	m.	22.86	34.29	17.14	—	22.22	22.22	3.70	3.71
	w.	38.46	23.08	—	—	35.00	40.00	—	5.00
Hannover . .		69.23	18.21	2.56	—	70.59	23.53	5.88	—
Leipzig		56.26	17.85	4.46	—	56.25	9.37	—	—
Deutsche Lok.B.		—	42.11	52.63	—	25.00	37.50	31.25	6.25
der Aufsteigenden									
Berlin	m.	66.05	28.73	4.89	0.33	60.00	36.37	3.63	—
	w.	78.81	19.21	0.99	0.99	65.46	29.09	5.45	—
München	m.	89.50	9.39	1.11	—	90.29	8.74	—	—
	w.	90.24	9.76	—	—	87.50	12.50	—	—
Breslau	m.	73.97	23.29	—	—	70.37	29.63	—	—
	w.	88.24	11.76	—	—	66.66	16.67	—	—
Köln	m.	46.15	42.31	3.85	—	33.34	66.66	—	—
	w.	80.00	—	20.00	—	50.00	50.00	—	—
Hamburg	w.	50.00	50.00	—	—	18.18	54.55	9.09	—
Hannover . .		50.00	50.00	—	—	20.00	60.00	20.00	—
Leipzig. . . .		61.54	15.39	1.92	—	41.66	25.00	4.17	—
Deutsche Lok.B.		14.29	57.14	28.57	—	—	100.00	—	—

Nach diesen Ziffern[8]) würden für das Auf- und Absteigen im Fahren die Beleuchtungsverhältnisse kaum von weittragendem Einflusse sein, worauf später noch einmal zurückzukommen sein wird.

[8]) In der Uebersicht sind die im Ausgange oder nach der Unfallszeit unbestimmt gebliebenen Fälle ausgelassen.

§ 27. Fallen vom Wagen.

Hier werden nur die Fälle gezählt, in denen Fahrgäste vom Pferdebahnwagen herabgefallen bezw. gestoßen sind, während die bei Anlaß eines Zusammenstoßes mit Pferdebahnwagen vom eigenen Wagen herabgefallenen Führer fremder Wagen unter letztere Unfallsursache gebracht und deshalb unten § 36 behandelt werden.

Derarte Unfälle werden in Betrieben, welche nur Wagen benutzen, deren Zu- und Abstieg während des Fahrens geschlossen gehalten wird, selten vorkommen[1]), weil der Verschluß das Herabfallen hindert. Ihre Eintrittsmöglichkeit steigt mit der Zahl und Größe der vorhandenen Oeffnungen bezw. der Außenplätze. Wo Decksitzwagen im Gebrauch sind, ist das Herabfallen vom Deck, bei offenen an den Seiten besteigbaren Wagen von jeder Sitzreihe zu beiden Seiten, bei den übrigen Wagen von deren Hinter- und Vorderperron, je nachdem solche sämmtlich oder theilweis ohne Vergitterung bleiben, möglich. Eine sachgemäße Verwerthung der ermittelten Zahlen würde eine genaue Kenntniß der gebräuchlichen Wagen und ihres Verschlusses voraussetzen, die indeß nur aus einzelnen Betrieben besteht. Hieraus rechtfertigt sich die getrennte Behandlung der verschiedenen Betriebe.

I. Berliner Verhältnisse.

Die Berliner Wagen sind fast sämmtlich geschlossen. An beiden Enden des Wagenkastens finden sich Plattformen, (Perrons genannt), nach welchen der Zu- bezw. Abstieg geschieht. Beide Perrons sind zu Stehplätzen eingerichtet, welche nicht blos bei schöner, sondern selbst bei ungünstiger Witterung von Rauchern mit Vorliebe benutzt werden, weil das Rauchen im Wageninnern polizeilich verboten ist. Außerdem ist bei vielen Wagen das Verdeck zu Plätzen eingerichtet. Dasselbe ist dann oben frei, an den Seiten indeß durch eine Umwährung geschützt. Der Aufstieg erfolgt durch feste, umwährte Treppen. Die linke Seite des Vorderperrons wird durchweg, die rechte dagegen nur bei der Berliner Pferdebahn-

[1]) Doch sind sie keineswegs gänzlich ausgeschlossen, nach K. Hilse: Haftpflicht § 22 S. 96.

gesellschaft während der Fahrt geschlossen gehalten, während die übrigen Oeffnungen frei bleiben. Dies gilt namentlich auch von den Aufstiegen zum Deck. Danach kann man vom Deck, vom Hinter- und Vorderperron herabfallen.

Unter so bewandten Umständen sind in den einzelnen Jahren und Geschlechtern nach dem Verletzungsumfange geordnet Unfälle dahin eingetreten:

Jahr		nicht verletzt		leicht verletzt		schwer verletzt		tödtlich verletzt		Zusammen	
		abs.	%	abs.	%	abs.	%	abs.	%	abs.	%
1882	m.	5	41.67	6	50.00	1	8.33	—	—	12	4.94
	w.	2	50.00	2	50.00	—	—	—	—	4	12.90
1883	m.	9	42.86	9	42.86	3	14.28	—	—	21	8.65
	w.	—	—	1	50.00	1	50.00	—	—	2	6.45
1884	m.	8	33.33	12	50.00	4	16.67	—	—	24	9.88
	w.	—	—	—	—	1	100 00	—	—	1	3.24
1885	m.	20	57.14	12	34.29	3	8.57	—	—	35	14.39
	w.	—	—	1	50.00	1	50.00	—	—	2	6.45
1886	m.	25	49.02	19	37.25	7	13.73	—	—	51	21.00
	w.	7	77.78	2	22.22	—	—	—	—	9	29.03
1887	m.	30	55.56	20	37.03	4	7.41	—	—	54	22.22
	w.	5	55.56	4	44.44	—	—	—	—	9	29.03
1888	m.	21	45.65	21	45.65	4	8.70	—	—	46	18.92
	w.	3	75.00	1	25.00	—	—	—	—	4	12.90
Zusammen	m.	118	48.56	99	40.74	26	10.70	—	—	243	88.69
	w.	17	54.83	11	35.50	3	9.67	—	—	31	11.31
	beide	13	49.27	110	40.15	29	10.58	—	—	274	100.00
Tageslicht	m.	69	52.20	46	34.90	17	12.90	—	—	132	54.32
	w.	135	52.20	9	34.90	3	12.90	—	—	25	80.65
Abendlicht (worunter 3 Kinder)	m.	49	44.14	53	47.75	9	8.11	—	—	111	45.68
	w.	4	66.67	2	33.33	—	—	—	—	6	19.35

Im Beobachtungszeitraume verunglückten also 243 männliche und 31 weibliche, beisammen 274 Fahrgäste, worunter 3 Kinder, sodaß die ersteren mit 88,69 %, beinah das Achtfache der letzteren mit 11,31 % ausmachen. Unversehrt blieben durchschnittlich 49,27 %, während 40,15 % leicht und 10,58 % schwer verletzt wurden. Da die Frauen nur 9,67 % gegen 10,7 % schwere, 35,5 % gegen 40,74 % leichte Verletzungen zählen, dagegen unter den Unversehrten 54,83 % gegen 48,56 % stellen, könnte hieraus auf deren größere Geschicklichkeit beim Fallen geschlossen werden; doch sind die Ziffern für maßgebende Urtheile zu klein.

Daß Fälle der fraglichen Art haftpflichtig sind, unterliegt keinem Bedenken[2]). In ihrer Mehrzahl ereigneten sie sich, während die Schaffner im Innern mit Kassiren beschäftigt waren, sodaß die näheren Umstände des Vorganges unermittelt blieben. Gleichwohl konnte in 106 oder 37,98 % Fällen das Obwalten eigener, den Einwand des eigenen Verschuldens begründenden Unvorsichtigkeit festgestellt werden. Keineswegs würden die restlichen 168 Fälle durchweg die Haftpflicht begründet haben. Denn in 32 = 11,68 % Fällen liegt die schuldhafte Handlung eines Dritten, (darunter 19 Mal vorsätzliches Herabstoßen) vor, welche zu einem Rückgriff gegen diesen genügende Unterlage geboten hätte. Thatsächlich sind nur 16 Ansprüche aus diesem Anlaß geltend[3]) gemacht. In der restlichen Fällezahl scheinen die Betroffenen entweder Vermögensnachtheil nicht erlitten zu haben oder ihrer eigenen Schuld sich bewußt gewesen zu sein. Diese Unfallsart birgt also in gesellschaftwirthschaftlicher Hinsicht keine nennenswerthe Gefahren.

98 Fälle ereigneten sich beim Durchfahren der Kurve, 2 beim Ueberfahren der Brückenklappe, 4 gelegentlich des Bezahlens, 3 beim Anbremsen, 6 beim Anfahren, 9 beim Entgleisen, 19 durch fremde Schuld (Stoßen und Drängen), 36 durch Sitzen auf der Perronlehne oder unruhiges Stehen und sonstige willensfreie Bewegungen, 15 infolge Trunkenheit, 32 durch Krankheit; die restlichen 50 entzogen sich der näheren Feststellung, darunter die Unfälle von 6 Decksitzfahrgästen und 3 Kindern.

Das Uebergewicht der Männer über die Frauen bei dieser Unfallsart findet natürliche Erklärung in dem Umstande, daß nur Perronfahrgäste betroffen werden konnten, die Perronplätze aber meist von Männern eingenommen und etwaigen auf dem Perron

---

[2]) K. Hilse: Betriebsunfälle § 9b S. 23; Haftpflicht § 22 S. 95, § 23 II S. 100.

[3]) Sie bewirkten einen Geldaufwand von 4147 Mk. und die Verurtheilung zu einer Jahresrente von 540 Mk.

verbleibenden Frauen die mehr Sicherheit bietenden Plätze, in der Mitte gegen das Perronblech gelehnt, überlassen zu werden pflegen.

Die Oeffnung des Vorderperrongitters besteht erst seit 25. August 1885. Sie hat sich bereits nachtheilig erwiesen, indem unter 197 Personen 85 vom Vorderperron und 112 vom Hinterperron gefallen sind. Jene 85 Fälle würden bei Fortbestand des Verschlusses ausgeblieben sein[4]).

Das Steigen der Fällezahl vou 16 in 1882 auf 23 in 1883, 25 in 1884, 37 in 1885, 60 in 1886 und 63 in 1887 giebt zu Besorgniß umsoweniger Anlaß, als 1888 bereits ein Fallen auf 50 eingetreten ist und überdies ein Unfall dieser Art in den einzelnen Jahren erst auf je 178 074 bezw. 131 317, 129 821, 95 286, 61 383, 64 699 und 82 965 Fahrten, sowie auf 4 076 174 bezw. 3 067 596, 3 201 708, 2 358 606, 1 611 746, 1 700 313, 2 340 180 Fahrgäste entfallen ist. Im Gegentheil läßt der Umstand, daß die Zunahmeziffer des Verkehrs zwischen den einzelnen Jahren eine höhere ist und mit der vermehrten Gelegenheit zu Unfällen solche naturgemäß zunehmen, weit eher darauf schließen, daß der Vorsichtsgrad gewachsen und eine verhältnißmäßige Abnahme eingetreten ist.

II. Auswärtige Betriebe.

Gleich umfangreiche Erhebungen haben sich von außerhalb nicht gewinnen lassen, sodaß man sich mit nachstehendrn Angaben[5]) zu begnügen hat. Ueberall überwiegen die männlichen Verunglückten. Sie machen aus in München 72 % gegen 28 %; in Breslau 90,91 % gegen 9,09 %; in Köln 92 % gegen 8 %; in Hamburg 78,05 % gegen 21,95 %; in 6 zusammengefaßten Betrieben zu Chemnitz, Dresden, Duisburg, Gladbach, Hannover, Leipzig 77,50 % gegen 22,50 %. Kinder sind nur 20 bei dieser Unfallsart betheiligt, und zwar 7 im Alter unter 7, 12 in diesem über 7 Jahr, während in einem Fall das Lebensalter unsicher ist.

In München, wo überwiegend Wagen ohne Decksitzplätze in

---

[4]) Sofern die 85 vom Vorderperron Herabgefallenen ungezählt bleiben, was füglich geschehen müßte, durchschnittlich auf 1 901 755 Fahrgäste.

[5]) Oben S. 88 sind aus 21 Betrieben 59 hierhergehörige Fälle zusammengestellt, von denselben verliefen 6 tödlich, 14 schwer, 28 leicht.

Gebrauch sind, dagegen im Sommer offene Wagen benutzt werden beträgt die Fällezahl 175, die sich dahin vertheilen:

München.		nicht verletzt abs.	nicht verletzt %	leicht verletzt abs.	leicht verletzt %	schwer verletzt abs.	schwer verletzt %	unbestimmt verletzt abs.	unbestimmt verletzt %	Zusammen abs.	Zusammen %
1882	m.	5	100.00	—	—	—	—	—	—	5	3.97
	w.	2	100.00	—	—	—	—	—	—	2	4.08
1883	m.	18	90.00	2	10.00	—	—	—	—	20	15.87
	w.	5	100.00	—	—	—	—	—	—	5	10.20
1884	m.	23	76.67	6	20.00	1	3.33	—	—	30	23.81
	w.	15	83.33	3	16.67	—	—	—	—	18	36.74
1885	m.	16	76.19	3	14.29	—	—	2	9.52	21	16.67
	w.	4	100.00	—	—	—	—	—	—	4	8.16
1886	m.	15	83.33	3	16.67	—	—	—	—	18	14.28
	w.	8	100.00	—	—	—	—	—	—	8	16.33
1887	m.	10	90.91	1	9.09	—	—	—	—	11	8.73
	w.	3	60.00	1	20.00	1	20.00	—	—	5	10.20
1888	m.	12	57.14	8	38.10	1	4.76	—	—	21	16.67
	w.	6	85.71	1	14.29	—	—	—	—	7	14.29
Zusammen	m.	99	78.57	23	18.25	2	1.59	2	1.59	126	72.00
	w.	43	87.76	5	10.20	1	2.04	—	—	49	28.00
	beide	142	81.14	28	16.00	3	1.72	2	1.14	175	100.00
Tageslicht	m.	27	65.85	13	31.71	1	2.44	—	—	41	32.54
	w.	21	80.77	4	15.38	1	3.85	—	—	26	53.06
Abendlicht	m.	46	79.31	9	15.52	1	1.72	2	3.45	58	46.03
	w.	7	100.00	—	—	—	—	—	—	7	14.29
ungewiß	m.	26	96.30	1	3.70	—	—	—	—	27	21.43
	w.	15	93.75	1	6.25	—	—	—	—	16	32.65

Die festgestellten 175 Fälle machen nur 5,14 % der sämmtlichen Fahrgastunfälle aus. Deshalb sind sie umsoweniger bedenklich, als 81,14 % Unversehrten nur 1,72 % Schwerverletzte und 16,00 % Leichtverletzte gegenüber stehen, sowie 1,14 % unbestimmt sind.

Die 22 gleichartigen Fälle in **Breslau** machen nur 3,21 % der dortigen Fahrgastunfälle aus, verliefen in 22,73 % Fällen leicht, in 4,54 % schwer, brachten indeß keinen tödtlichen Ausgang, nahmen vielmehr in den einzelnen Jahren nachstehenden Verlauf:

Breslau.	nicht verletzt abs.	nicht verletzt %	leicht verletzt abs.	leicht verletzt %	schwer verletzt abs.	schwer verletzt %	unbestimmt verletzt abs.	unbestimmt verletzt %	Zusammen abs.	Zusammen %
1883 m.	—	—	—	—	1	100.00	—	—	1	5.00
1884 m.	1	100.00	—	—	—	—	—	—	1	5.00
1885 m.	1	50.00	1	50.00	—	—	—	—	2	10.00
1886 m.	2	50.00	2	50.00	—	—	—	—	4	20.00
1887 m.	2	50.00	—	—	—	—	2	50.00	4	20.00
w.	—	—	1	100.00	—	—	—	—	1	50.00
1888 m.	5	62.50	1	12.50	—	—	2	25.00	8	40.00
w.	—	—	—	—	—	—	1	100.00	1	50.00
Zusammen . m.	11	55.00	4	20.00	1	5.00	4	20.00	20	90.91
w.	—	—	1	50.00	—	—	1	50.00	2	9.09
beide	11	50.00	5	22.73	1	4.54	5	22.73	22	100.00
Tageslicht . . m.	6	60.00	1	10.00	1	10.00	2	20.00	10	50.00
w.	—	—	1	50.00	—	—	1	50.00	2	100.00
Abendlicht . . m.	5	50.00	3	30.00	—	—	2	20.00	10	50.00
w.	—	—	—	—	—	—	—	—	—	—

In Köln sind 25 Fälle unter folgenden Nebenumständen ermittelt

Köln.	nicht verletzt abs.	nicht verletzt %	leicht verletzt abs.	leicht verletzt %	schwer verletzt abs.	schwer verletzt %	unbestimmt verletzt abs.	unbestimmt verletzt %	Zusammen abs.	Zusammen %
1882 m.	1	100.00	—	—	—	—	—	—	1	4.34
1883 m.	—	—	1	50.00	1	50.00	—	—	2	8.70
1884 m.	—	—	3	100.00	—	—	—	—	3	13.04
w.	1	100.00	—	—	—	—	—	—	1	50.00
1885 m.	—	—	1	100.00	—	—	—	—	1	4.35
1886 m.	1	50.00	1	50.00	—	—	—	—	2	8.70
1887 m.	5	55.56	4	44.44	—	—	—	—	9	39.13
w.	1	100.00	—	—	—	—	—	—	1	50.00
1888 m.	1	20.00	2	40.00	—	—	2	40.00	5	21.74
Zusammen . m.	8	34.78	12	52.17	1	4.35	2	8.70	23	92.00
w.	2	100.00	—	—	—	—	—	—	2	8.00
beide	10	40.00	12	48.00	1	4.00	2	8.00	25	100.00
Tageslicht m.	4	40.00	5	50.00	—	—	1	10.00	10	43.48
w.	1	100.00	—	—	—	—	—	—	1	50.00
Abendlicht m.	4	30.77	7	53.85	1	7.69	1	7.69	13	56.52
w.	1	100.00	—	—	—	—	—	—	1	50.00

Sie machen nur 5,61 % der Fahrgastunfälle aus, sind überwiegend (14 = 56,00 % gegen 11 = 44,00 %) bei Abendbeleuchtung eingetreten, haben fast nur Männer (23 = 92,00 % gegen 2 = 8 %) Frauen betroffen und bloß 1 schwer, sowie 12 leichte Verletzungen herbeigeführt. Hier sind im Sommer offene Wagen im Gebrauch. Die starken Krümmungen mancher Straßen haben mehrfach zur Anlage scharfer Kurven geführt, bei deren Durchfahren die Wagen leicht einen Stoß erhalten, welcher stehende Fahrgäste zum Schwanken bringt.

In **Hamburg** hat man es mehrfach mit der Ueberwindung starker Steigungen und Gefälle in den Straßenzügen zu thun, auch ist die Zahl der Kurven, die zu durchfahren sind, durchaus nicht gering. Es werden hier geschlossene Wagen verwendet. Zum erheblichen Theile haben sie Sitzplätze auf dem Deck, welches dann nicht bloß, wie in Berlin, durch ein Gitter umwährt, sondern mit einer vollen Wandung versehen ist. Gleichwohl ist die Ziffer nicht gering, da sie 20,71 % der Fahrgastunfälle ausmacht und 41 beträgt, die sich vertheilen auf:

Hamburg.	nicht verletzt		leicht verletzt		schwer verletzt		tödtlich verletzt		unbestimmt verletzt		Zusammen	
	abs.	%	abs.	%	abs.	%	abs.	%	abs.	%	abs.	%
1884 m.	—	—	—	—	2	100.00	—	—	—	—	2	6.25
1885 m.	—	—	1	20.00	2	40.00	—	—	2	40.00	5	15.63
w.	—	—	1	100.00	—	—	—	—	—	—	1	11.11
1886 m.	6	66.67	1	11.11	1	11.11	—	—	1	11.11	9	28.12
w.	—	—	—	—	—	—	—	—	1	100.00	1	11.11
1887 m.	1	14.28	1	14.29	—	—	—	—	5	71.43	7	21.88
w.	2	66.67	—	—	—	—	—	—	1	33.33	3	33.33
1888 m.	2	22.22	5	55.56	—	—	1	11.11	1	11.11	9	28.12
w.	—	—	3	75.00	—	—	—	—	1	25.00	4	44.45
Zusammen m.	9	28.12	8	25.00	5	15.63	1	3.13	9	28.12	32	78.05
w.	2	22.22	4	44.45	—	—	—	—	3	33.33	9	21.95
beide	11	26.83	12	29.27	5	12.19	1	2.44	12	29.27	41	100.00
Tageslicht m.	5	33.33	4	26.67	2	13.33	—	—	4	26.67	15	46.88
w.	2	40.00	2	40.00	—	—	—	—	1	20.00	5	55.56
Abendlicht m.	4	26.67	4	26.67	1	6.66	1	6.67	5	33.33	15	46.87
w.	—	—	2	50.00	—	—	—	—	2	50.00	4	44.44
ungewiß m.	—	—	—	—	2	100.00	—	—	—	—	2	6.25

Während 59 im Bereich der sonstigen Betriebe eingetretene Unfälle bereits oben S. 88 nach Schwere des Ausgangs Darstellung gefunden haben, sind in den Betrieben zu Dresden, Hannover, Leipzig, Chemnitz, Duisburg, Gladbach 40 Unfälle unter folgenden Nebenumständen verzeichnet:

1882—1888		Fälle-zahl	nicht verletzt		leicht verletzt		schwer verletzt		unbestimmt verletzt	
			abs.	%	abs.	%	abs.	%	abs.	%
Dresden	m.	6	—	—	5	83.33	1	16.67	—	—
Hannover	m.	12	6	50.00	4	33.33	2	16.67	—	—
	w.	3	2	66.67	1	33.33	—	—	—	—
Leipzig	m.	9	5	55.56	1	11.33	—	—	3	33.33
	w.	6	3	50.00	2	33.33	—	—	1	16.67
Chemnitz	m.	1	—	—	—	—	1	100.00	—	—
Duisburg	m.	1	—	—	—	—	1	100.00	—	—
Gladbach-M.	m.	2	—	—	1	50.00	—	—	1	50.00
Zusammen	m.	31	11	35.48	11	35.48	5	16.13	4	12.91
	w.	9	5	55.56	3	33.33	—	—	1	11.11
	beide	40	16	40.00	14	35.00	5	12.50	5	12.50
Tageslicht										
Dresden		4	—	—	3	75.00	1	25.00	—	—
Hannover		9	4	44.45	3	33.33	2	22 22	—	—
Leipzig		10	5	50.00	3	30.00	—	—	2	40.00
Gladbach-M. . . .		2	—	—	1	50.00	—	—	1	50.00
Abendlicht										
Dresden		2	—	—	2	100.00	—	—	—	—
Hannover		5	8	60.00	2	40.00	—	—	—	—
Leipzig		5	3	60.00	—	—	—	—	2	40.00
Chemnitz		1	—	—	—	—	1	100.00	—	—
Duisburg		1	—	—	—	—	1	100.00	—	—
Unbestimmt										
Hannover		1	1	100.00	—	—	—	—	—	—

1) Halle und Dortmund unfallsfrei.

Im weiterem Verlaufe wird der Nachweis erbracht werden, daß im Vergleich zum Verkehre die beregten Unfälle nicht erheblich sind. Von Betrieben, die ohne Schaffnerbegleitung fahren lassen, hat blos Görlitz 3 Unfälle dieser Art. Ob für die ziffermäßig nicht geringen Münchens die Ursache in den offenen Sommerwagen zu uchen ist, hat sich der Feststellung entzogen.

§ 28. Unfälle durch Einwirkung von Fahrzeugen[1]).

Die Einwirkung fremder Fahrzeuge kann ebenso leicht Fahrgästen wie Straßengängern verhängnißvoll werden. Die Fälle der letzteren Art finden später (§ 36) Darstellung. Hier wird nur das Ergebniß der Erhebungen über Art und Umfang, in welchem Fahrgäste durch andere als die von ihnen benutzten Wagen zu Schaden gekommen sind, mitgetheilt.

Beiderlei Unfälle dieser Art verdienen jedoch gleichmäßig nicht blos in gesellschaftswirthschaftlicher, sondern mehr noch in verkehrspolizeilicher Hinsicht die Aufmerksamkeit der Behörden und Gesetzgebung. Ueberwiegend wird nämlich fremdes Verschulden die Unfallsursache abgeben, fast ausnahmslos das schuldhafte Verhalten eines Wagenführers der Anlaß zum eingetretenen nachtheiligen Erfolge, der Wagenführer also der Urheber des Schadens sein. Dadurch wird es aber vielfach dahin kommen, daß der Betriebsunternehmer aufgrund des Haftpflichtgesetzes dem Beschädigten Ersatz für die eingetretenen Vermögensnachtheile zu leisten hat, während der Vorgang weniger die Folge des Betriebes als des schuldhaften Verhaltens einer ihm völlig fern stehenden Person ist. Ein solcher Zustand widerstreitet jedoch dem Rechts- und Billigkeitsgefühle so sehr, daß er schwerlich für die Dauer wird aufrecht erhalten werden können[2]). Denn wenn zwar die Betriebsunternehmer wegen ihrer Aufwendungen ein gesetzliches Rückgriffsrecht an den Schadenurheber haben, der ihnen für ihre Aufwendungen aufzukommen hat, so ist in Wahrheit jedoch bisher fast ausnahmslos die Wiedererlangung aufgewendeter Beträge ausgeschlossen gewesen, theils wegen der Vermögenslosigkeit der Thäter, theils wegen der verlorenen Möglichkeit, sie zu ermitteln, so oft sie nämlich unmittelbar nach Zufügen des Schadens durch Antreiben ihrer Pferde sich ihrer Feststellung entzogen und ihre Dienstgeber unter dem Schutze der engen Auslegung, welche vielfach dem A.L.R. I 6 § 68 gegeben wird, die Namhaftmachung des Führers ihres am Vorgang be-

[1]) K. Hilse: **Betriebsunfälle** § 9c S. 27; **Haftpflicht** § 24 S. 102, §§ 30—32 S. 119ff., § 40 S. 165, § 45ff. S. 183ff.

[2]) K. Hilse: **Haftpflicht** § 40 S. 165.

theiligten Wagens ablehnten. Vergeblich sucht man nach einem Rechts- oder Billigkeitsgrunde, aus welchem die Pferdebahnen in derarten Fällen einzutreten haben. Die Eigenthümlichkeit des Betriebes kann jedenfalls als solcher ebenso wenig geltend gemacht werden, wie die Ausschließlichkeit der Verkehrsüberwältigung mittelst Eisenbahnschienen, weil eben nicht die Schienenbenutzung, sondern nachweisbare fremde Schuld die Unfallsursache gegeben hat. Doch darüber später, jetzt mögen erst die Zahlen sprechen.

I. Berliner Verhältnisse.

In Berlin sind 117 männliche und 46 weibliche, also 163 Fahrgäste durch einwirkende fremde Fahrzeuge verunglückt. Blos 27 = 16,58 % blieben unversehrt, 121 = 74,23 % trugen leichte 14 = 8,57 % schwere und 1 = 0,62 % eine tödtliche Verletzung davon. Bei 131 = 80,38 % Personen waren fremde, bei 32 = 19,62 % blos Pferdebahn-Wagen betheiligt; 160 = 98,15 % wurden die Opfer von Zusammenstößen 3 = 1,85 diese einer anders gearteten Einwirkung.

Die Charlotten- und Potsdamerstraße zählen mit je 14 die meisten Zusammenstöße. In fallender Folge schließen sich an Alexander-, König-, Leipziger-, Prinzenstraße mit je 7, Friedrichstraße 6, Charlottenburg, Köpenickerstraße mit 5, Reichstagsplatz 4, Brunnen-, Chaussee-, Dorotheen-, Greifswalder-, Oranienburger-, Königgrätzer-, Kottbuser-, Rosenthaler-, Thurmstraße mit je 3, Alt-Moabit, Andreas-, Anhalt-, Belle-Alliance-, Französische-, Gertraudten-, Landsberger-, Lützowstraße, Molkenmarkt, Müller-, Oranienstraße, Potsdamerplatz, Roon-, Schöneberger-, Schönhauser-, Stralauerstraße, Spandauerbrücke, Spittelmarkt je 2, während nur mit 1 Unfall betheiligt sind Alexanderplatz-, Behren-, Breslauer-, Frankfurter-, Friedenstraße, Herrmannplatz, Holzmarkt-, Kaiser-Wilhelm-, Koch-, Neue Königstraße, Königsplatz, Kurfürsten-, Münz-, Neander-, Spandauer-, Werder-, Yorkstraße, Pankow und Treptow; die Unfallstellen der restlichen 5 Fälle sind unbekannt.

Nach Jahren, Geschlecht und Verletzungsumfang gewinnt man folgendes Bild:

Fahrgäste	nicht		leicht		schwer		tödtlich		Zusammen	
	verletzt									
	abs.	%	abs.	%	abs.	%	abs.	%	abs.	%
1882 m.	1	14.27	4	57.15	2	28.58	—	—	7	5.98
w.	1	50.00	1	50.00	—	—	—	—	2	4.35
1883 m.	1	7.14	10	71.43	3	21.43	—	—	14	11.96
w.	—	—	1	100.00	—	—	—	—	1	2.17
1884 m.	4	44.44	5	55.56	—	—	—	—	9	7.70
w.	1	20.00	4	80.00	—	—	—	—	5	10.87
1885 m.	3	18.75	13	81.25	—	—	—	—	16	13.67
w.	—	—	6	100.00	—	—	—	—	6	13.04
1886 m.	2	10.52	13	68.42	4	21.06	—	—	19	16.24
w.	1	8.33	10	83.34	1	8.33	—	—	12	26.09
1887 m.	4	19.05	15	71.43	1	4.76	1	4.76	21	17.95
w.	1	7.69	10	76.92	2	15.39	—	—	13	28.26
1888 m.	7	22.58	23	74.19	1	3.23	—	—	31	26.50
w.	1	14.29	6	85.71	—	—	—	—	7	15.22
Zusammen m.	22	18.80	83	70.94	11	9.40	1	0.86	117	71.78
w.	5	10.87	38	82.61	3	6.52	—	—	46	28.22
beide	27	16.58	121	74.23	14	8.58	1	0.61	163	100.00
Davon Zusammenstoß										
mit eigenen Wagen	4	12.90	26	83.87	1	3.23	—	—	31	19.01
mit fremden Wagen	22	17.05	93	72.09	13	10.08	1	0.78	129	79.14
anderweit										
mit eigenen Wagen	—	—	1	100.00	—	—	—	—	1	0.61
mit fremden Wagen	1	50.00	1	50.00	—	—	—	—	2	1.24
Tageslicht m.	16	22.22	51	70.83	5	6.95	—	—	72	61.54
w.	2	7.69	21	80.77	3	11.54	—	—	26	56.52
Abendlicht m.	6	13.33	32	71.11	6	13.33	1	2.23	45	38.46
w.	3	15.00	17	85.00	—	—	—	—	20	43.48

a) Die 31 durch Zusammenfahren zweier Pferdebahnwagen[3]) und 1 dadurch, daß ein zur Seite springendes Pferdebahnpferd mit dem Kopf die Scheibe eines begegnenden Wagens einstieß, verunglückten Fahrgäste kamen bei 26 Vorfällen zu Schaden, indem einmal gleichzeitig 6 verletzt wurden. Mithin entfällt je 1 Zu-

---

[3]) 1883 jedoch 1 Wagen mit elektrischer Betriebskraft.

sammenfahren zweier Pferdebahnwagen erst auf 982 035 Fahrten und 5 152 359 Wagenkilometer, sowie ein hierdurch Betroffener auf 20 126 167 Fahrgäste. Von den 25 Unfällen durch Zusammenfahren fanden 13 beim Durchfahren der Weiche, 4 beim Entgleisen und 8 dadurch statt, daß der hintere Wagen an den mittlerweile zum Halten gebrachten vorderen anfuhr. In diesen letzteren 8 Fällen waren 7 mal die Kutscher der hinteren Wagen schuldlos, weil die vorderen infolge plötzlicher Verkehrshindernisse so schnell und unvorhergesehen zum Stehen gebracht werden mußten, daß der hintere nicht rechtzeitig bremsen konnte; 9 mal soll die Weiche durch die Pferde verstellt und 3 mal das Entgleisen durch fremde Körper herbeigeführt sein, welche in die Schienenrille gelegt waren, sodaß in diesen 19 Fällen beide betheiligte Kutscher schuldlos waren. Behördlich ist nur gegen den Kutscher des Wagens, welcher 6 Personen schädigte, Anklage erhoben und Verurtheilung eingetreten. Die Betriebsunternehmerin hat außer ihm noch 4 andere aus dem Fahrdienst entfernt und 11 zur größeren Vorsicht ermahnt; 9 gingen scheinbar im Schuldbewußtsein freiwillig ab.

27 wurden leicht, 1 schwer verletzt, 4 blieben unversehrt. Wenn auch überwiegend ein strafrechtliches Verschulden der Pferdebahnkutscher ausgeschlossen ist, kann dennoch ein obwaltendes Versehen nicht durchweg in Abrede gestellt werden. Selbstschuld der Verletzten ist hier gänzlich ausgeschlossen. Verletzt wurden je 8 unmittelbar durch die Deichsel des anfahrenden Wagens und durch Fallen gegen den Wagenkasten, 2 durch Fallen vom Wagen, 14 durch Glassplitter.

b) Als mittelbare oder unmittelbare Folge des Anfahrens fremder Fahrzeuge gegen Pferdebahnwagen verunglückten 129, sowie durch deren anderweite Einwirkung 2 Fahrgäste, sodaß je 1 entfällt auf 4 836 575 Fahrgäste 998 519 Nutzkilometer und 190 316 Fahrten. Die der Wagengattung nach bekannten 101 Fahrzeuge sind einerseits je 17 Arbeits- und Roll-, 12 Bier-, 9 Last-, 7 Möbel-, 5 Geschäfts- und je 2 Feuerwehr-, Spreng-, Hand- und Hundewagen, andererseits 15 Droschken, 10 Omnibusse, 1 Kutschwagen; Personenfuhrwerk ist also nur 26 mal, — darunter 25 das der Unterhaltung des öffentlichen Verkehrs dienende — betheiligt. Anklage gegen Pferdebahnkutscher ist nur einmal gelegentlich des Zusammenfahrens mit einem Feuerwehrwagen erhoben, um zu dessen Freisprechung zu führen. Fremde Wagenführer sind, soweit feststellbar gewesen, 57 mal angeklagt und 43 mal verurtheilt worden[4]), theilweis sogar mit recht erheblicher Gefängnißstrafe. Das Versagen einer Urtelsabschrift an die betheiligten Betriebsunternehmer trotz Erbietens zum Tragen der Kosten vereitelte zuverlässigere Erhebungen. Die vorliegenden beweisen indeß bereits, daß das Anfahren fremder Fahrzeuge an Pferdebahnwagen nicht zur Seltenheit gehört, sowie überwiegend auf Muthwillen oder Ungeschicklichkeit ihrer Führer zurückzuführen ist; denn anderenfalls würde es nicht so häufig zur Verurtheilung gekommen sein. Auch überwiegen unter den anfahrenden Fahrzeugen die schwergebauten, welche einen Stoß ohne eigenen Schaden aushalten können, wie Roll-, Last-, Faßbier- und Arbeitswagen, die leichten, deren Führer sich zur Abwendung eigenen Schadens mehr vorzusehen haben.

Die Unfälle waren meist erst mittelbare Folge des Zusammenstoßes. 29 Fahrgäste verloren durch die Gewalt des Anpralls — besonders auf Stehplätzen — den Halt (14 fielen davon gegen die Stirnwand, 15 vom Wagen), 34 wurden durch Glassplitter zerbrochener Fensterscheiben verletzt; 2 Frauen durch den Schreck ohnmächtig.

Unmittelbar wurden 34 durch die Deichselstangen anfahrender Wagen, 25 durch die Wagenkasten oder Theile der Ladung getroffen; in den restlichen 7 Fällen, ist der Hergang nicht aufgeklärt. Die Perronfahrgäste sind danach mehr gefährdet, als die Innenfahrgäste.

II. Auswärtige Betriebe.

Von auswärtigen Betrieben haben, vertheilt auf den Anlaß, die Verletzung und Schuldbetheiligung, sich in Köln, Hamburg, München und Breslau folgende Unfälle zugetragen:

---

4) Davon z. B. aus 1886 und 1887 ein Rollkutscher wegen fahrlässiger Tödtung mit 9 Monat Gefängniß, sowie wegen fahrlässiger Körperverletzung ein Arbeitskutscher zu 3 Monat, ein Bierfahrer zu 2 Monat, ein Arbeitskutscher zu 2 Wochen Gefängniß, zwei weitere Bierfahrer zu 50 bezw. 10 Mark, ein Bäckermeister zu 30 Mark, ein dritter Arbeitskutscher zu 50 Mark Geldstrafe verurtheilt.

Fahrgäste		Zusammenstoß				anderweit			
		fremde Wagen		eigene Wagen		fremde Wagen		eigene Wagen	
		Fälle	%	Fälle	%	Fälle	%	Fälle	%
I. Verletzung[1])									
nicht	Köln	3	33.33	—	—	2	33.33	3	50.00
	Hamburg . .	1	7.69	—	—	—	—	—	—
leicht	München . .	—	—	—	—	—	—	1	100.00
	Breslau . . .	2	100.00	6	100.00	1	100.00	—	—
	Köln	6	66.67	1	100.00	3	50.00	3	50.00
	Hamburg . .	11	84.62	5	83.33	1	100.00	5	100.00
schwer	Köln	—	—	—	—	1	16.67	—	—
	Hamburg . .	1	7.69	1	16.67	—	—	—	—
II. Schuld									
eigene	Breslau . . .	—	—	—	—	1	100.00	—	—
	Köln	1	11.11	—	—	1	16.67	—	—
fremde	München . .	—	—	—	—	—	—	1	100.00
	Breslau . . .	2	100.00	6	100.00	—	—	—	—
	Köln	5	55.56	1	100.00	5	83.33	3	50.00
	Hamburg . .	12	92.31	6	100.00	1	100.00	—	—
ungewiß	Köln	3	33.33	—	—	—	—	3	50.00
	Hamburg . .	1	7.69	—	—	—	—	5	100.00

1) 6 unbestimmte Fälle blieben hier ungezählt.

während aus 6 anderen Orten nachstehendes Ergebniß vorliegt:

Ort[1])	Fälle	nicht verletzt		leicht verletzt		schwer verletzt		tödtlich verletzt	
		abs.	%	abs.	%	abs.	%	abs.	%
Dresden	5	—	—	4	80.00	1	20.00	—	—
Halle	2	—	—	—	—	2	100.00	—	—
Hannover	3	1	33.33	2	66.67	—	—	—	—
Leipzig	6	1	16.67	3	50.00	1	16.67	1	16.66
Dortmund . . .	7	—	—	7	100.00	—	—	—	—
Gladbach=M. . .	1	—	—	1	100.00	—	—	—	—
Zusammen . .	24	2	8.33	17	70.83	4	16.67	1	4.17
Daran betheiligt:									
1. eigene Wagen	11	1	9.09	7	63.63	2	18.19	1	9.09
2. fremde Wagen	13	1	7.69	10	76.92	2	15.39	—	—

1) Chemnitz und Duisburg unfallsfrei.

Außerdem sind aus den übrigen Betrieben bereits (oben S. 89) 43 hierhergehörige Fälle nach Verletzungsausgang mitgetheilt. An den darin liegenden 175 Zusammenstößen sind betheiligt:

Ort	Personenwagen		Geschäftswagen		Sonstige		Unbestimmt	Zusammen
	Droschke	sonstige	Handwagen	Karren	leicht	schwer		
Aachen	—	—	—	—	—	—	1	1
Altona	—	—	1	—	—	—	—	1
Augsburg . .	—	—	—	—	—	—	1	1
Breslau . . .	12	3	9	1	4	5	6	40
Charlottenburg	—	6	—	—	—	—	—	6
Danzig	—	—	—	—	—	1	—	1
Dortmund . .	—	—	—	—	—	1	4	5
Dresden . . .	—	—	—	—	—	2	1	3
Elberfeld . . .	1	1	—	1	—	1	4	8
Frankfurt . .	—	—	—	—	—	—	1	1
Gladbach-M. .	—	—	—	—	—	—	1	1
Halle	—	—	—	—	—	—	2	2
Hamburg . .	4	4	1	7	8	[1])12	6	42
Hannover . .	—	—	1	2	—	—	3	6
Köln	1	—	8	5	2	2	11	29
Königsberg . .	1	—	2	—	—	1	3	7
Leipzig	—	—	2	—	—	—	3	5
Magdeburg .	—	1	—	—	—	—	5	6
Mannheim . .	1	—	—	—	—	—	—	1
München . . .	1	—	2	1	—	—	—	4
Nürnberg . . .	—	—	—	—	—	1	1	2
Offenbach . .	—	—	—	—	—	—	2	2
Straßburg . .	1	—	—	—	—	—	—	1
Zusammen[2])	25	15	26	17	14	26	55	175

1) Darunter 1 Sprengwagen. — 2) einschließlich der Straßengänger, ausschließlich der anderweit durch Fuhrwerke Verletzten. Vergl. unten § 36 S. 153 Anm. 1.

§ 29. Vermischte[1]) andere Ursachen.

Hier sind alle Fälle zusammengezogen, welche sich in keine der vorstehenden Gattungen bringen ließen und eine besondere Behandlung der geringen Ziffer wegen nicht mehr gestatteten.

I. Berliner Verhältnisse.

In Berlin gestalteten sie sich in den einzelnen Jahren:

1) K. Hilse: Betriebsunfälle § 8c S. 20; Haftpflicht § 25 S. 104.

im Jahre	nicht		leicht		tödtlich		Zusammen	
	verletzt.							
	abs.	%	abs.	%	abs.	%	abs.	%
1882 m.	—	—	2	100.00	—	—	2	8.34
w.	—	—	—	—	—	—	—	—
1883 m.	—	—	1	50.00	1	50.00	2	8.34
w.	—	—	—	—	—	—	—	—
1884 m.	1	14.28	6	85.72	—	—	7	29.16
w.	1	100.00	—	—	—	—	1	25.00
1885 m.	1	33.37	2	66.67	—	—	3	12.50
w.	—	—	—	—	—	—	—	—
1886 m.	2	66.67	1	33.33	—	—	3	12.50
w.	2	100.00	—	—	—	—	2	50.00
1887 m.	2	50.00	2	50.00	—	—	4	16.66
w.	—	—	—	—	—	—	—	—
1888 m.	1	33.33	2	66.67	—	—	3	12.50
w.	—	—	1	100.00	—	—	1	25.00
Zusammen . m.	7	29.17	16	66.67	1	4.16	24	85.72
w.	3	75.00	1	25.00	—	—	4	14.28
beide	10	35.72	17	60.72	1	3.56	28	100.00
Tageslicht . . m.	6	30.00	13	65.00	1	5.00	20	83.33
w.	3	100.00	—	—	—	—	3	75.00
Abendlicht . . m.	1	25.00	3	75.00	—	—	4	16.67
w.	—	—	1	100.00	—	—	1	25.00

Von den 28 hiernach Verunglückten fielen 3 beim heftigen Bremsen, welches zur Abwendung des Ueberfahrens von Straßengängern nothwendig wurde, je 2 infolge überschnellen Fahrens und gelegentlich des Entgleisens im Wagen hin. Je 2 andere erlitten Verletzungen durch Glassplitter von Scheiben, deren eine muthwillig eingeworfen und deren andere versehentlich eingedrückt wurde, sowie beim Hinfallen im Wagengange. Je 1 wurde vom Pferde beim Ausschlagen, durch Herabfallen der Koupeelaterne bezw. eines Bolzens, welchen ein Mitfahrgast fallen ließ, und durch Umfallen des Gitters getroffen, 3 verletzte die Bremse, als sie mit ihr spielten, 1 wurde durch Theer eines Kessels, der beim Anfahren des Pferdebahnwagens umfiel, 1 durch eine umgefahrene Latte verletzt, 1 bog sich zu weit vor und stieß dadurch an einen Laternenpfahl, 1 stieß beim Ueberfahren der Kletterweiche gegen die Signalglocke und 1 wurde beim Zuschlagen der Thür gequetscht. Die 5 restlichen erkrankten aus inneren Ursachen während der Fahrt. Zweifellos lag in 7 Fällen eigenes Verschulden, in 9 anderen die Schuld dritter Personen, in den 7 übrigen ein unglücklicher Zufall vor. 7 Fälle waren derart angethan, daß sich eine Ersatzklage auf sie hin allenfalls hätte stützen lassen, wenngleich das Obsiegen des Klägers wenig Aussicht bot, zumal nachdem in einem hier durchgeführten Rechtsstreite beide Instanzrichter rechtsgrundsätzlich bereits ausgesprochen haben, daß, so oft das Verschulden eines Dritten die unmittelbare Ursache eines Schadens gebildet habe, für Anwendung des Gesetzes v. 7. Juni 1871 der Boden fehle. Uebrigens wurden bei Unfällen dieser Art nur 17 Personen leicht, und 1 tödtlich verletzt und sind Zahlungen bisher nicht zu leisten gewesen. Ebensowenig sind Bedienstete dieserhalb behördlich zur Verantwortung gezogen.

II. Auswärtige Betriebe.

Oben Seite 89 sind aus 13 Betrieben 21, sowie S. 74—85, aus 9 weiteren Betrieben 56 Unfälle von Fahrgästen ermittelt, welche hier Erörterung zu finden haben. Von denselben verunglückten beim Zuschieben der Wagenthür durch Einklemmen 6, durch Glassplitter eingeworfener oder eingedrückter Wagenscheiben 7, durch Hinfallen (infolge Anbremsens 4, plötzlichen Anrückens 2, beim Hängenbleiben am Lattenläufer 2 und beim Platzeinnehmen 3) 11, durch Pferdeschlag 2, beim Herauslehnen über den Wagen durch Anstoß an Gegenstände 6, beim Entgleisen 5, durch Gewaltthätigkeiten von Mitfahrgästen 5, durch entfallende Gegenstände 4, durch Hundebiß 1, durch einen zuschlagenden Thorflügel 1, beim Umsteigen durch Fallen in die Baugrube 2, beim Herumklettern im Wagen oder auf Lowrys 4, durch den Schlag der Bremse und durch Quetschen beim Umwechseln der Sitzplätze je 4, durch Fehltreten 2, welche Absteigenden dabei behülflich sein wollten, durch das Zusammenbrechen des Perronbodens 1, endlich infolge von Krankheitsanfällen 8. In 4 Fällen blieb der Hergang unbekannt.

5 mal blieb der Verletzungsumfang unbestimmt. Es starben 3, erlitten schwere Verletzung 6, leichte 57; 6 blieben unverletzt. Die

Schuldfrage blieb 15mal ungewiß, 17 Fälle mit eigenen stehen 28 Fällen fremden Verschulden, und 8 mit Krankheitsfällen gegenüber. Unter den Verunglückten befanden sich 62 Erwachsene und 15 Kinder (9 Knaben 6 Mädchen).

2. Die Unfallsgefahr der Straßengänger.

§ 30. Im Allgemeinen[1]).

Die Unfälle der Straßengänger verdienen in verkehrspolizeilicher und in wirthschaftlicher Hinsicht besondere Aufmerksamkeit. Aus ihnen entspringen die Mehrzahl der Ersatzansprüche und die Hauptsumme der Schadensbeträge.

Im Ausgange verhängnißvoller stehen sie ziffermäßig den Fahrgastunfällen erheblich nach. Denn sie machen überhaupt nur 14,44 % sämmtlicher Unfälle aus, während sie sich stellen in Berlin mit 644 auf 14,6 %, in München bei 166 auf 4,6 %, in Breslau bei 148 auf 17,7 %, in Köln bei 110 auf 19,8 %, in Hamburg bei 175 auf 47,0 %, in Dresden bei 13 auf 24,5 %, in Hannover bei 30 auf 22,6 %, in Leipzig bei 79 auf 21,2 %. Daß die 14 Unfälle in Halle 77,8 % und die 74 in den vier Betrieben der deutschen Lokal- und Straßenbahn-Gesellschaft 57,3 % ergeben, findet seine Erklärung darin, daß hier die Fahrgastunfälle, welche keine Verletzungen verursacht hatten, fehlen.

Das Betheiligungsverhältniß der beiden Geschlechter sowie der Erwachsenen und Kinder in der Unfallssumme ist bei den Straßengängern ein völlig verschiedenes von den Fahrgästen[2]), indem nämlich eingetreten sind:

in	Fälle	Erwachsene	Kinder	Männlich	Weiblich
Berlin . . .	644	424 = 65.84	220 = 34.16	478 = 74.22	166 = 25.78
München . .	166	55 = 51.20	81 = 48.86	109 = 65.66	57 = 34.34
Breslau . .	148	116 = 78.39	31 = 21.62	114 = 77.03	34 = 22.97
Köln	110	66 = 16.00	44 = 40.00	65 = 59.09	45 = 40.91
Hamburg .	175	122 = 69.72	53 = 30.09	132 = 75.43	43 = 25.57

[1]) K. Hilse: Betriebsunfälle §§ 8. 12 S. 16. 48; Haftpflicht § 26 S. 106.
[2]) Oben § 25 S. 95.

Abgesehen von Köln ist die Betheiligung des weiblichen Geschlechts also schwächer, um 14,94 % bezw. 6,63 %, 12,60 %, 3,21 %, allerwärts dagegen diese der Kinder stärker um 31,27 % bezw. 46,72 %, 15,93 %, 33,04 % und 27,56 %. Die natürliche Aufklärung ist einerseits in der größeren Aengstlichkeit der Frauen, andererseits darin zu suchen, daß spielende Kinder in erheblicher Zahl auf den Straßen angetroffen werden.

Hierher sind alle Fälle gerechnet[3]), welche Personen betroffen haben, die im Augenblicke des Vorganges Fahrgäste noch nicht geworden waren, oder es zu sein wieder aufgehört hatten. Wer nach dem Verlassen des Wagens oder bei der Absicht seines Besteigens zu Schaden kam, ist also mitgezählt. Der Aufenthalt auf dem Straßendamme und außerhalb des Pferdebahnwagens bildet für vorliegende Arbeit das unterscheidende Merkmal gegenüber dem Fahrgaste.

Die Erhebungen erstrecken sich überall anscheinend auf die wirkliche Fällezahl, beschränken sich also nicht auf diejenigen, welche zum Tode oder zu Verletzungen geführt haben. Jedenfalls ist solches für Berlin der Fall. Mithin hat das aus ihnen zu gewinnende Ergebniß begründeten Anspruch auf Genauigkeit und Zuverlässigkeit.

Die Aufwendungen der Betriebsunternehmer aus diesen Unfällen durch Ersatzleistungen werden später erörtert. Die Bewegung welche die Unfallsziffern nachweisen, läßt in ihrer Bedeutung sich blos im Verhältniß zu der Bewegung im Verkehr richtig beurtheilen. Auch sie wird erst später dargestellt werden.

Für München, Breslau, Köln und Hamburg ist die Vertheilung der im Beobachtungszeitraume gemeldeten Unfälle nach Zahl, Geschlecht, Anlaß, Ausgang, Schuldbetheiligung und Beleuchtungsverhältnissen[4]), für Chemnitz, Dortmund, Dresden, Duisburg, Gladbach, Halle, Hannover, Leipzig für die einzelnen Jahre[5]) schon vorangeschickt. Berlin wird eine besondere Darstellung finden. In den übrigen deutschen Betrieben verunglückten Straßengänger im folgenden Umfange unter den beigesetzten Nebenumständen:

---

[3]) Oben § 23 S. 86.
[4]) Oben § 22 S. 74—81.
[5]) Oben § 22 S. 82—85.

Ort[1])	Laufen in die Pferde						Einwirkung fr. Fahrzeuge				Sonstige Ursachen				Beisammen			
	Fälle	Erw.	Kinder	tödlich	schwer	leicht	Fälle	tödlich	schwer	leicht	Fälle	tödlich	schwer	leicht	Fälle	tödlich	schwer	leicht
				verletzt				verletzt				verletzt				verletzt		
Aachen	18	5	13	3	5	5	—	—	—	—	1	—	1	—	19	3	6	5
Altona	5	1	4	4	1	—	1	—	1	—	—	—	—	—	6	4	2	—
Augsburg . . .	6	5	1	5	1	—	—	—	—	—	1	—	1	—	7	5	2	—
Braunschweig .	1	—	1	1	—	—	—	—	—	—	—	—	—	—	1	1	—	—
Bremen	4	1	3	3	—	1	—	—	—	—	1	1	—	—	5	4	—	1
Bremerhafen .	3	1	2	2	—	1	—	—	—	—	1	1	—	—	4	3	—	1
Chemnitz[2]) . .	—	—	—	—	—	—	—	—	—	—	—	—	—	—	—	—	—	—
Crefeld	19	12	7	7	2	10	2	—	—	2	4	3	1	—	25	10	3	12
Danzig	12	8	4	2	6	3	1	—	—	1	2	—	1	1	15	2	7	5
Düsseldorf . .	5	2	3	—	1	2	2	—	1	1	—	—	—	—	7	—	2	3
Elberfeld . . .	29	10	19	5	8	13	2	—	—	1	3	—	—	3	34	5	8	17
Erfurt	15	3	12	6	8	1	—	—	—	—	—	—	—	—	15	6	8	1
Feudenheim . .	3	2	1	2	1	—	—	—	—	—	—	—	—	—	3	2	1	—
Flensburg . . .	2	—	2	—	2	—	—	—	—	—	—	—	—	—	2	—	2	—
Frankfurt . . .	2	2	—	—	1	1	—	—	—	—	—	—	—	—	2	—	1	1
Görlitz	2	—	2	1	1	—	—	—	—	—	—	—	—	—	2	1	1	—
Hagen	2	1	1	—	1	—	—	—	—	—	—	—	—	—	2	—	1	—
Halberstadt . .	1	—	1	—	—	1	—	—	—	—	—	—	—	—	1	—	—	1
Heidelberg . . .	5	2	3	2	2	1	1	—	—	1	—	—	—	—	6	2	2	2
Ingolstadt . .	4	4	—	—	—	4	—	—	—	—	—	—	—	—	4	—	—	4
Kassel	10	2	8	1	5	4	3	—	—	2	5	—	2	3	18	1	7	9
Karlsruhe . . .	6	2	4	5	—	1	—	—	—	—	—	—	—	—	6	5	—	1
Koblenz	2	1	1	—	—	2	1	—	—	1	—	—	—	—	3	—	—	3
Königsberg . .	30	23	7	1	4	15	9	1	1	3	2	—	—	1	41	2	5	19
Lübeck	—	—	—	—	—	—	—	—	—	—	2	—	1	1	2	—	1	1
Magdeburg . .	27	16	11	—	3	7	4	—	—	2	5	1	2	1	36	1	5	10
Mainz	10	5	5	4	2	4	—	—	—	—	—	—	—	—	10	4	2	4
Mannheim . .	2	—	2	—	—	2	1	—	1	—	—	—	—	—	3	—	1	2
Metz	8	4	4	—	3	5	2	2	—	—	3	—	1	2	13	2	4	7
Mülhausen . .	3	1	2	3	—	—	—	—	—	—	1	—	1	—	4	3	1	—
Nürnberg . . .	18	10	8	3	5	5	4	—	—	3	1	—	—	—	23	3	5	8
Offenbach . . .	11	4	7	2	2	7	3	—	—	3	1	—	—	1	15	2	2	11
Posen	5	1	4	2	—	2	—	—	—	—	1	—	1	—	6	2	1	2
Potsdam . . .	3	2	1	2	—	1	—	—	—	—	—	—	—	—	3	2	—	1
Rostock	1	—	1	—	—	—	—	—	—	—	—	—	—	—	1	—	—	—
Schönebeck . .	—	—	—	—	—	—	—	—	—	—	1	1	—	—	1	1	—	—
Stettin	24	16	8	6	6	9	—	—	—	—	1	1	—	—	25	7	6	9
Straßburg . .	25	13	12	6	6	9	3	—	2	1	3	—	1	2	31	6	9	12
Stuttgart . . .	21	12	9	4	6	8	1	—	1	—	2	—	1	1	24	4	8	9
	344	171	173	82	82	124	40	3	7	21	41	8	14	16	425	93	103	161

1) Charlottenburger Dampfstraßenbahn hatte keine. — 2) Vergl. oben S. 85.

Entgegen dem früheren Gebrauche, zu Vergleichszwecken das Verhältniß zwischen Unfalls- und Fahrtenziffer[6]) zu suchen, wird vorliegend dies zu der Wagenkilometerziffer gewählt werden. Denn die Fahrt ist eine zu unsichere, selbst in dem nämlichen Betriebe oft wechselnde Größe. Die einzelnen Fahrstrecken weichen in ihrer Länge von einander ab. In Berlin sind z. B. auf der Strecke von der Weidendammer-Brücke bis nach Tegel drei Linien eingerichtet, deren eine bis zum Wedding-Platze mit 2500 m Länge, deren zweite bis zur Weichbildgrenze mit 5860 m und deren dritte bis nach Tegel mit 10 670 m geht. Auf 10 670 m bietet sich naturgemäß mehr Gelegenheit zu Unfällen, als auf nur 2500 m[7]). Der Nutzkilometer ist dagegen eine feste Größe, seine Wahl zu Vergleichszwecken also begründet. Da übrigens die Fahrtenziffern oben[8]) gegeben sind, kann Jeder, dem daran gelegen sein sollte, durch Umrechnung deren Verhältniß zu den Unfallsziffern leicht selbst finden.

§ 31. Die Unfallsgefahr in Berlin.

Von 1882 — 1888 verunglückten in Berlin 644 Straßengänger, (darunter 424 = 65,84 % Erwachsene und 220 = 34,16 % Kinder, 478 = 74,22 % männliche und 166 = 25,78 % weibliche Personen). Die drei Betriebe sind mit 544 = 84,47 % bezw. 78 = 12,11 % und 22 = 3,42 % betheiligt, während zu der gesammten Nutzkilometerziffer die einzelnen Betriebe 82,18 % bezw. 9,12 % und 8,70 % gestellt haben. Vertheilt auf Ursache, Ausgang, Schuldbetheiligung, Beleuchtungsverhältnisse und die einzelnen Monate wird für die einzelnen Jahre und Betriebe folgendes Bild gewonnen:

---

6) K. Hilse: Betriebsunfälle § 12 S. 46; Haftpflicht § 26 S. 107.

7) K. Hilse: Zur Statistik der Todesstrafe i. d. Zeitschr. d. Königl. preuß. Statistischen Bureaus IX. 410 hat bereits ziffermäßig an dem Verhältnisse zwischen Kindesmorden und der durch die neuere Schwängerungsgesetzgebung beförderten Zunahme der unehelichen Geburten nachgewiesen, daß die vermehrte Gelegenheit stets eine Zunahme der Ereignisse hervorruft, weshalb die Frage dahin zu stellen sei, was bei Fortdauer des bestandenen Zustandes eingetreten sein würde. Liegt eine Veränderung in den Verhältnissen vor, so sind Abweichungen gänzlich oder theilweis auf diese zurückzuführen, muß mindestens ihr Einfluß und ihre Einwirkung gebührend mitberücksichtigt werden.

8) § 14 S. 39, § 15 S. 46 ff., § 16 S. 49—56.

Nähere Umstände der Unfälle von Straßengängern	1882		1883		1884		1885	
	m.	w.	m.	w.	m.	w	m.	w.
I. Fällezahl								
Erwachsene . .	22	11	34	9	36	9	48	11
Kinder	14	—	13	8	18	6	14	9
überhaupt . . .	36	11	47	17	54	15	62	20
II. Unfallsursache								
1) Laufen in die Pferde, bezw. gegen den Wagen — Erwachsene . .	20	11	27	9	32	7	39	7
Kinder	14	—	13	8	18	6	14	9
2) Durch fremde Wagen — Zusammenstoß .	2	—	2	—	3	—	3	—
anderweit . . .	—	—	2	—	1	2	1	4
3) Durch eigene Wagen — Zusammenstoß .	—	—	—	—	—	—	—	—
anderweit . . .	—	—	—	—	—	—	4	—
4) Sonstige Ursachen	—	—	3	—	—	—	1	—
III. Ausgang des Unfalles								
1) unverletzt	17	5	19	5	22	6	36	8
2) leicht verletzt	15	6	21	8	23	7	20	10
3) schwer verletzt	3	—	6	3	6	—	4	1
4) tödtlich	1	—	1	1	3	2	2	1
IV. Schuldbetheiligung								
1) eigenes Verschulden	27	11	38	11	44	6	53	13
2) fremdes Verschulden	1	—	4	—	1	4	7	3
3) Krankheit	—	—	1	—	—	—	1	—
4) ungewiß	8	—	4	6	9	5	1	4
V. Beleuchtungs-Verhältniß								
Tageslicht	20	4	26	14	27	8	34	17
Abendlicht	16	7	21	3	27	7	28	3
Darunter befanden sich Straßengänger:								
1) der Großen ꝛc.	30	9	41	13	46	13	56	18
2) der Neuen ꝛc.	3	2	4	4	4	—	3	—
3) der Berliner ꝛc.	3	—	2	—	4	2	3	2
Davon auf die Monate vertheilt:								
Januar	6	2	3	1	3	1	4	1
Februar	4	2	1	2	4	3	4	1
März	2	1	4	1	7	1	7	1
April	2	1	3	1	4	—	1	3
Mai	4	2	9	2	8	1	4	3
Juni	3	—	2	2	5	1	3	1
Juli	4	1	1	1	3	—	7	—
August	1	—	5	—	—	—	4	4
September . .	2	—	5	—	7	3	5	2
October	1	—	4	3	4	1	11	3
November . . .	3	1	5	2	3	—	8	1
Dezember . . .	4	1	5	2	6	4	4	—

1886		1887		1888		Zusammen			Große Berl. Pferdeeisenbahn Act.-G.		Neue Berl. Pferdebahn-Gesellschaft		Berliner Pferdebahn-Gesellschaft	
m.	w.	m.	w.	m.	w.	m.	w.	beide	m.	w.	m.	w.	m.	w.
54	11	47	19	88	25	329	95	424	281	79	32	15	16	1
23	9	27	17	40	22	149	71	220	129	55	18	13	2	3
77	20	74	36	128	47	478	166	644	410	134	50	28	18	4
50	8	36	12	56	18	260	72	332	222	56	28	15	10	1
22	9	26	17	36	22	143	71	214	123	55	18	13	2	3
—	—	3	1	21	1	34	2	36	25	2	4	—	5	—
3	2	3	5	7	4	17	17	34	17	17	—	—	—	—
—	—	—	—	—	—	—	—	—	—	—	—	—	—	—
1	1	2	—	2	—	9	1	10	9	1	—	—	—	—
1	—	4	1	6	2	15	3	18	14	3	—	—	1	—
34	10	35	17	70	21	233	72	305	203	62	23	7	7	3
36	7	29	15	42	24	186	77	263	161	58	17	18	8	1
6	3	10	4	15	2	50	13	63	40	10	8	3	2	—
1	—	—	—	1	—	9	4	13	6	4	2	—	1	—
65	15	61	21	101	32	389	109	498	332	87	40	21	17	1
7	2	7	8	9	7	36	24	60	30	22	5	2	1	—
—	—	—	—	1	—	3	—	3	3	—	—	—	—	—
5	3	6	7	17	8	50	33	83	45	25	5	5	—	3
47	14	35	29	80	37	269	123	392	230	98	32	23	7	2
30	6	39	7	48	10	209	43	252	180	36	18	5	11	2
62	14	68	30	107	37	410	134	544	410	134	—	—	—	—
12	6	6	6	18	10	50	28	78	—	—	50	28	—	—
3	—	—	—	3	—	18	4	22	—	—	—	—	18	4
5	3	10	4	9	1	40	13	53	34	11	4	2	2	—
6	—	6	1	10	3	35	12	47	29	8	3	2	3	2
9	1	3	4	9	2	41	11	52	34	10	6	1	1	—
4	2	5	3	12	7	31	17	48	26	15	4	2	1	—
8	1	3	5	6	9	42	23	65	33	17	7	6	2	—
6	1	3	1	10	2	32	8	40	27	7	2	1	3	—
4	3	4	4	11	4	34	13	47	30	9	3	4	1	—
5	3	6	3	12	4	33	14	47	29	11	3	1	1	2
5	2	10	3	11	2	45	12	57	42	11	1	1	2	—
10	1	10	2	11	3	51	13	64	44	11	7	2	—	—
9	2	7	4	15	6	50	16	66	42	14	6	2	2	—
6	1	7	2	12	4	44	14	58	40	10	4	4	—	—

§ 32. Gemeinsame Gesichtspunkte.

Nach den vorangeschickten Ziffern liegt keineswegs allerwärts eine Zunahme der Unfälle vor. Indem vielmehr beispielsweise eingetreten sind:

zu	1882	1883	1884	1885	1886	1887	1888
Berlin	47	64	69	82	97	110	165
München . . .	4	19	32	15	30	33	33
Breslau	7	3	21	25	35	35	22
Köln	14	5	17	11	24	18	21
Hamburg . . .	—	—	5	39	35	53	43
Dresden	—	2	2	2	3	1	3
Halle	—	5	1	2	4	1	1
Hannover . . .	3	5	5	9	1	2	5
Leipzig	4	5	3	16	22	10	19
Chemnitz . . .	2	2	4	—	1	2	—
Dortmund . .	3	4	7	3	3	7	6
Duisburg . . .	1	2	1	—	2	2	3
Gladbach . . .	—	3	3	3	2	6	2

und würde sich, da die unregelmäßigen Schwankungen in den anderen Betrieben auf eigenthümliche Zustände der betreffenden Jahre zurückzuführen sind, höchstens zu Berlin, München, Breslau, Köln, Hamburg, Leipzig von einer solchen sprechen lassen. Aber selbst hier finden höhere Ziffern der späteren Jahre gegenüber den vorangegangenen in der Verkehrszunahme eine natürlich Aufklärung, sodaß es geradezu verfehlt sein würde, sie ohne Weiteres als Belag für die eingetretene Gefahrenzunahme zu verwerthen.

Erst aus dem Verhältnisse zwischen Unfalls- und Verkehrssteigerung läßt sich ein maßgebendes Urtheil fällen. Beiderlei Bewegungen sind gegeneinander abzuwägen. Die Verkehrszunahme spiegelt sich in der Ziffer der Nutz- oder Wagenkilometer ab. Letztere zeigt nämlich den Umfang, in welchem der Straßenkörper im Zeitenverlaufe immer mehr für den Straßenbahnbetrieb in Anspruch genommen wurde. Jede zunehmende Gefahrenmöglichkeit befördert naturgemäß den Gefahreneintritt und bewirkt das Steigen der Unfallsziffer, ohne daß darin nothwendig eine Verschlimmerung der Zustände zu liegen braucht[1]).

In Berlin werden von Jahr zu Jahr die Unfallsziffern größer, sodaß hier allerdings auf eine stetige Unfallszunahme geschlossen werden könnte. In Wahrheit besteht keine solche. Schon die Unregelmäßigkeit der Zunahmeziffern ist der Annahme entgegen, daß es sich um Veränderungen handelt, die einem festen Gesetze folgen, läßt vielmehr den Eintritt und die Mitwirkung begleitender Ereignisse vermuthen. Insofern nun betragen hat gegenüber dem Vorjahre

Berlin.	1883	1884	1885	1886	1887	1888
Unfallszunahme	36.17	7.78	18.84	18.29	13.40	50.00
Verkehrszunahme . . .	10.34	9.77	8.67	8.77	17.07	4.96
Steigerung	25.83	—	10.17	9.52	—	45.04
Fallen	—	1.99	—	—	4.33	—

ist vom Jahre 1888 abgesehen, für welches die Abweichung später auf andere Weise erklärt werden wird, seit 1885 ein — zwar unregelmäßiges aber sicheres — Fallen der Gefahrenziffer in sich und im Verhältnisse zur Verkehrssteigerung nicht zu verkennen.

Muß danach schon für Berlin jede Besorgniß schwinden, so trifft dies außerhalb erst recht zu.

In München könnte sogar der Umstand, daß die Unfallsziffern für 1884 bis 1888 nur sehr wenig schwanken, eher auf einen Stillstand als ein Fortschreiten der Unfallsgefahr schließen lassen. Wird jedoch die stetige Verkehrssteigerung, wie solche § 16 S. 49 veranschaulicht ist, gebührend mitberücksichtigt, so wird die Gefahrenabnahme nicht mehr zu verkennen sein.

Der Breslauer Betrieb zeigt bis 1886 eine Steigerung, in 1886 und 1887 einen Stillstand, in 1888 einen erheblichen (37,2 %) Rückgang der Unfallsziffer. Danach scheint besonders im Vergleiche mit der Verkehrszunahme auch hier die Gefahrenhöhe überwunden und der Rückgang eingetreten zu sein. Dagegen gestatten die schwankenden Zahlen in Köln und Leipzig keine nur einigermaßen

[1]) Oben § 30 S. 127 Anm. 7.

sichere Schlußfolgerung. Die Unstätigkeit und Unregelmäßigkeit der Bewegung in Hamburg, wo bis 1887 die Zahlen wachsen und 1888 erheblich zurückgehen, würde zwar auf eine Rückwärtsbewegung schließen lassen; doch verbietet sich hier jedes maßgebende Urtheil, weil die Nachrichten nur einzelne dortige Betriebe umfassen. Jedenfalls liefern die Beobachtungen in den erwähnten und den noch unberücksichtigten Betrieben eine genügende Unterlage zur Annahme, daß die Gefahrenhöhe nach Verlauf der ersten Betriebsjahre erreicht zu sein pflegt, um, sobald sie überwunden ist, nach kurzem Stillstande einen Rückgang zu erfahren.

In ihrer Mehrzahl verunglückten Straßengänger, wenn sie in die Pferde bezw. unter den Wagen gerathen sind. Der nach ihrem Abzuge verbleibende Ueberrest fällt überwiegend der Einwirkung fremder Fuhrwerke zur Last. Das nähere Eingehen auf diese Unfallsursachen wird die Wahrheit[2]) bestätigen, daß mit der größeren Vertrautheit der Gefahr solche abzunehmen pflegt.

§ 33. Das Laufen in die Pferde.

Daß diese Bezeichnung vielleicht nicht glücklich gewählt, weil nicht immer feststellbar ist, ob die Bewegung des Verunglückten oder diese des Wagens die Hauptursache geboten hat, indem meist vielmehr das Zusammentreffen beider Bewegungen in ihrer Wechselwirkung diejenige Minderung der Entfernung zwischen Beiden herstellt, welche zur thatsächlichen Ursache des Unfalles wird, ist bereits anderwärts[1]) dargethan. Eine gleich kurze und dabei treffende Bezeichnung fehlt indeß. Ueberdies ist sie durch frühere Arbeiten gleichsam eingebürgert.

Mitgezählt sind hier die Personen, welche von der linken Perronseite, also nach dem Nebengleise, abgesprungen und so unter die begegnenden Wagen gerathen sind.

Ihre Zahl in den einzelnen Jahren, die näheren Umstände, unter denen sie sich ereigneten, namentlich auch mit Rücksicht auf

---

[2]) K. Hilse: Betriebsunfälle § 8 S. 16, § 12 S. 48; Haftpflicht § 26 S. 106.

[1]) K. Hilse: Haftpflicht § 27 S. 109, § 19 S. 85.

die Beleuchtungsverhältnisse, ferner der Einfluß eigenen oder fremden Verschuldens, endlich ihr Ausgang nach Schwere und Art der Verletzung, sowie die Einwirkung des Haftpflichtgesetzes sind für die Zeit vor 1888 anderweit[2]) veranschaulicht.

Von allen Straßengängerunfällen sind die hier gezählten am gefährlichsten und deshalb für Bemessung der Ersatzverbindlichkeit am bedeutsamsten. Mit Erfolg geltend gemachte Ersatzansprüche sind überwiegend auf sie zurückzuführen. Andererseits pflegen die Behörden gerade diesen Unfällen die größte Beachtung zuzuwenden, und zwecks ihrer Verhütung der Anlage und Ausdehnung der Straßenbahnen öfter Schwierigkeiten zu bereiten. Demgemäß erscheint es allerdings rathsam, nach den denkbar weitesten Gesichtspunkten gerade diese Unfallsgefahr in ihrem Umfange und Wesen festzustellen, um die Vorurtheile abzuschneiden, welche ihr zur Zeit leider noch anhängen. Damit das zu entrollende Bild die Zustandsverhältnisse möglich klar veranschaulicht, empfiehlt es sich, das Ergebniß der Berliner von diesem der sonstigen Betriebe abgesondert darzustellen.

§ 34. Berliner Verhältnisse.

Den Berliner Verhältnissen eine besondere Darstellung zu widmen, rechtfertigt nicht allein die erhebliche Fällezahl, sondern namentlich der Umstand, daß die hier obwaltenden Einzelheiten am zuverlässigsten ermittelt werden konnten. Zugetragen haben sich in sieben Jahren 546 Fälle, von denen 332 = 60,81 % auf Erwachsene und 214 = 39,19 % auf Kinder entfallen. Das männliche Geschlecht ist mit 403 = 73,81 %, das weibliche mit 143 = 26,19 % betheiligt. Nach den beiden Altersklassen stellt sich das Betheiligungsverhältniß indeß sehr verschieden, den 143 = 66,84 % Knaben stehen 71 = 33,16 % Mädchen gegenüber, während die 72 weiblichen Erwachsenen nur 21,68 %, die 260 männlichen Erwachsenen dagegen 78,32 % ausmachen. Auf die einzelnen Jahre und die einzelnen Betriebe vertheilt, gewinnt man das nachstehende Bild:

---

[2]) K. Hilse: Betriebsunfälle § 8 b S. 16, § 13 S. 57; Haftpflicht § 26 S. 106, § 27 S. 169.

Verunglückt in den einzelnen Betrieben	Durch Laufen in die Pferde, bezw. Gerathen unter die Wagen:											
	Zusammen			Große Berliner Pferdeeisenbahn			Neue Berliner Pferdeeisenbahn			Berliner Pferdeeisenbahn Actien-Gesellschaft.		
	m.	w.	beide	m.	w.	beide	m.	w.	beide	m.	w.	beide
Gesammtziffer. Erw.	260	72	332	222	56	278	28	15	43	10	1	11
Gesammtziffer. K.	143	71	214	123	55	178	18	13	31	2	3	5
überhaupt	403	143	546	345	111	456	46	28	74	12	4	16
Verletzung												
nicht Erw.	125	33	158	108	28	136	13	4	17	4	1	5
nicht K.	81	31	112	71	26	97	8	3	11	2	2	4
leicht Erw.	104	30	134	90	22	112	9	8	17	5	—	5
leicht K.	46	36	82	40	25	65	6	10	16	—	1	1
schwer Erw.	27	5	32	21	2	23	5	3	8	1	—	1
schwer K.	13	4	17	10	4	14	3	—	3	—	—	—
tödtlich Erw.	4	4	8	3	4	7	1	—	1	—	—	—
tödtlich K.	3	—	3	2	—	2	1	—	1	—	—	—
Schuldbetheiligung.												
eigenes Verschulden Erw.	252	69	321	216	54	270	26	14	40	10	1	11
eigenes Verschulden K.	92	36	128	77	29	106	13	7	20	2	—	2
fremdes Verschulden Erw.	1	1	2	1	1	2	—	—	—	—	—	—
fremdes Verschulden K.	17	6	23	14	4	18	3	2	5	—	—	—
Krankheit Erw.	2	—	2	2	—	2	—	—	—	—	—	—
Krankheit K.	—	—	—	—	—	—	—	—	—	—	—	—
Ungewiß Erw.	5	2	7	3	1	4	2	1	3	—	—	—
Ungewiß K.	34	29	63	32	22	54	2	4	6	—	3	3
Haftpflicht												
lag vor bei Erw.	3	1	4	2	1	3	1	—	1	—	—	—
lag vor bei K.	28	19	47	25	14	39	3	4	7	—	1	1
Beleuchtungsart.												
Tageslicht	219	104	323	186	79	265	28	23	51	5	2	7
Abendlicht	184	39	223	159	32	191	18	5	23	7	2	9

Verunglückt in den einzelnen Jahren		Durch Laufen in die Pferde, bezw. Gerathen unter die Wagen verunglückten																
		1882		1883		1884		1885		1886		1887		1888		Zusammen		
		m.	w.	m	w	m	w.	m	w.	m.	w.	m.	w	m.	w.	m.	w.	beide
Gesammtziffer	Erw.	20	11	27	9	32	7	39	7	50	8	36	12	56	18	260	72	332
	K.	14	—	13	8	18	6	14	9	22	9	26	17	36	22	143	71	214
I. Ausgang des Unfalles.																		
nicht verletzt	Erw.	12	5	10	2	12	1	23	5	23	5	15	7	30	8	125	33	158
	K.	5	—	7	3	10	4	9	2	11	3	16	10	20	9	81	31	112
leicht verletzt	Erw.	6	6	12	3	15	4	14	1	24	3	14	4	23	9	104	30	134
	K.	8	—	5	5	4	2	3	6	8	4	9	7	19	12	46	36	82
schwer verletzt	Erw.	2	—	4	3	3	—	2	—	3	—	7	1	9	1	27	5	32
	K.	1	—	1	—	3	—	1	1	2	2	1	—	6	1	13	4	17
tödtlich	Erw.	—	—	1	1	2	2	—	1	—	—	—	—	4	—	4	4	8
	K.	—	—	—	—	1	—	1	—	1	—	—	—	1	—	3	—	3
II. Art der Verletzung.																		
a) Hinterkopf		—	—	6	—	8	1	3	2	6	1	2	2	2	2	27	8	35
b) Gesicht		—	—	5	—	5	3	8	2	5	—	14	2	11	7	48	14	62
c) Auge		—	—	—	—	—	—	—	—	2	—	—	—	—	—	2	—	2
d) Nase		—	—	—	1	1	—	—	—	2	—	2	—	2	1	7	2	9
e) Seite oder Rücken		—	—	1	3	1	1	1	—	—	—	5	2	5	2	13	8	21
f) Bein oder Fuß		—	—	4	2	5	2	—	3	8	3	1	5	13	6	31	21	52
g) Arm oder Hand		—	—	6	1	5	1	4	1	4	1	5	—	3	2	27	6	33
h) Unbestimmt		17	6	—	—	—	—	2	—	10	4	2	1	1	3	32	14	46
i) Kopf und Arm		—	—	—	—	—	—	—	—	—	—	—	—	—	—	—	—	—
k) Kopf und Bein		—	—	—	3	—	—	1	—	1	—	—	—	—	—	2	3	5
l) Innere Körpertheile		—	—	1	2	3	—	2	1	—	—	—	—	2	—	8	3	11
III Schuldbetheiligung.																		
eigenes Verschulden	Erw.	20	11	27	8	32	6	38	7	48	8	35	12	52	17	252	69	321
	K.	5	—	8	3	9	—	11	6	17	6	15	8	27	13	92	36	128
fremdes Verschulden oder Zufall	Erw.	—	—	—	1	—	1	1	—	2	—	1	—	4	1	8	3	11
	K.	9	—	5	5	9	6	3	3	5	3	11	9	9	9	51	35	86
IV. Nähere Umstände.																		
a) Kreuzen der Strecke	Erw.[1]	2	[2])1	19	8	22	[2])7	18	[2])5	36	8	25	12	[2])39	[3])17	161	58	219
	K.	1	—	2	2	6	4	3	5	13	9	17	[2])12	21	14	63	46	109
b) Ab- u. Aufsteigen	Erw.	—	1	—	—	1	—	4	—	6	—	8	—	5	—	24	1	25
	K.	—	—	1	—	—	—	—	—	—	—	—	—	—	—	1	—	1
c) Spielen	K.	—	—	6	4	12	—	6	1	4	—	7	4	9	6	44	15	59
d) Selbstmord	Erw.	—	—	—	—	1	—	2	—	2	—	1	—	2	—	8	—	8
e) Fremde Gewaltthätigkeit	Erw.	—	—	—	—	—	—	1	—	—	—	—	—	—	—	1	—	1
	K.	—	—	—	—	—	—	1	—	2	—	2	1	2	—	7	1	8
f) Geschäftsverrichtung	Erw.	1	—	—	—	—	—	5	—	4	—	2	—	5	—	17	—	17
	K.	—	—	—	—	—	—	—	—	1	—	—	—	1	—	2	—	2
g) Sonstige Verrichtung	Erw.	—	—	1	—	—	—	3	—	2	—	—	—	3	1	9	1	10
	K.	—	—	1	—	—	—	—	—	2	—	—	—	1	1	4	1	5
h) Unbestimmt	Erw.	17	9	7	1	8	—	6	2	—	—	—	—	2	—	40	12	52
	K.	13	—	3	2	—	2	4	3	—	—	—	—	2	1	22	8	30

1) Davon in den bezüglichen Jahren angetrunken 2, 5, 6, 8, 5, 7, 11. — 2) Davon 1 mit Kind auf dem Arm. — 3) 3 je 1 Kind auf dem Arm.

Danach hat allerdings eine Steigerung der Unfallsziffern von Jahr zu Jahr stattgefunden. Besorgniß erregend ist sie gleichwohl nicht, besonders bei dem Zurückführen auf die Nutzkilometerziffern[1]). Der Steigerung von 45 in 1882 auf 57 in 1883, 63 in 1885, 69 in 1885, 89 in 1886, 91 in 1887 und 132 in 1888 steht namentlich der erheblich größere Verkehrsumfang, wie er sich aus der vermehrten Fahrten- und Nutzkilometerzahl ergiebt, und der Umstand gegenüber, daß sich das Pferdebahnnetz in das Innere der Stadt mehr ansgedehnt hat, erheblich schmalere Straßen berührt und deshalb auf eine weit größere Zunahme von Unfällen dieser Art gerechnet werden konnte. Es zeigt sich vielmehr, daß der zunehmende Verkehr die Vorsicht zeitigt und zu einer Minderung führt. Ob die anderen Gattungen von Fahrzeugen öffentlicher oder gewerblicher Art ein gleich günstiges Ergebniß liefern würden, ist mindestens sehr fraglich.

Dazu tritt der verhältnißmäßig günstige Ausgang, welcher sich dahin stellt:

	Fälle-zahl	Ausgang des Unfalles							
		nicht verletzt		leicht verletzt		schwer verletzt		tödtlich verletzt	
		abs.	%	abs.	%	abs.	%	abs.	%
Erwachsene									
männlich .	260	125	48.08	104	40.00	27	10.38	4	1.54
weiblich . .	72	33	45.83	30	41.67	5	6.94	4	5.56
zusammen .	332	158	47.59	134	40.36	32	9.64	8	2.41
Kinder									
männlich .	143	81	56.64	46	32.17	13	9.09	3	2.10
weiblich . .	71	31	43.66	36	50.70	4	5.64	—	—
zusammen .	214	112	52.34	82	38.31	17	7.95	3	1.40
Ueberhaupt									
männlich .	403	206	51.12	150	37.82	40	9.33	7	1.73
weiblich . .	143	64	44.75	66	46.15	9	6.29	4	2.81
zusammen .	546	270	49.44	216	39.56	49	8.98	11	2.02

Hervorhebenswerth ist hieraus, daß von den 546 Betroffenen 270 (158 Erwachsene und 112 Kinder), also etwa die Hälfte, unversehrt geblieben sind, mithin die Kutscher noch in der Lage waren,

[1]) Oben § 14 S. 39, § 3 S. 127, § 32 S. 130. 131.

den Wagen so schnell zu bremsen, daß er zum Stehen kam, bevor er an die vor dem Wagen liegenden Personen heranreichte. Diese Ziffern entsprechen ziemlich genau den schon früher ermittelten[2]) und bestätigen gleichzeitig die große Gewandtheit und Ruhe des Fahrpersonals. Unter den Verletzten sind übrigens Personen gezählt, welche sich bereits durch den Fall auf das Straßenpflaster beschädigten, also nicht erst durch die Wagen oder Pferde zu Schaden gekommen sind. Anklagen gegen Kutscher anläßlich derartiger Vorgänge haben zweimal mit deren Verurtheilung zu einer Geldstrafe geendet, während siebenmal auf Freisprechung erkannt wurde und in der zur Verfolgung durch Anklage nicht geeignet befundenen restlichen Anzahl dafür gehalten sein muß, daß die Anwendung des berufsgemäßen Aufmerksamkeitsgrades für vorgelegen hat.

Die näheren Umstände, unter denen die Unfälle sich vollzogen, nämlich die Betheiligten unter die Pferde bezw. unter den Wagen gerathen sind, haben sich in 82 = 15,02 % Fällen nicht mit derjenigen Sicherheit feststellen lassen, um sie für weitere Beobachtungen zu verwerthen. Solches war für 52 Erwachsene und 30 Kinder, welche 15,66 % bezw. 14,02 % der betreffenden Altersklassen ausmachen, der Fall. Für die Mehrzahl konnte dagegen das oben S. 35 auf die einzelnen Jahre nach Geschlecht und Alter geordnete Bild gegeben werden, wonach das Kreuzen der Gleise 219 (161 und 58) Erwachsene und 109 Kinder (63 und 46) zu Schaden brachte. Die Kinder haben also etwa halb so oft wie Erwachsene hierbei Unfall erlitten Von den vorerwähnten 109 Kindern dürften füglich noch einige den 59 beim Spielen verunglückten zuzuzählen sein, da erfahrungsgemäß Kinder mehr aus Uebermuth als im Drange von Geschäften die Straßen und Gleise zu kreuzen pflegen. Unter den 161 männlichen Erwachsenen waren 44 = 27,26 % angetrunken, welcher Zustand jedenfalls eigenes, die Haftpflicht ausschließendes Verschulden herstellt[3]). Selbstschuld trifft auch diejenigen 26 Personen, welche beim Versuche, kreuzende Wagen von der linken Seite zu besteigen oder zu verlassen, verunglückt sind, zumal sie sich durch ihr Verhalten mit der Warnung und dem Verbote, die Wagen von der

---

[2]) K. Hilse: Betriebsunfälle § 8 S. 17; Haftpflicht § 27 S. 111.

[3]) K. Hilse: Haftpflicht § 36 S. 150.

linken Seite zu besteigen, in Widerspruch gesetzt hatten. Die 8 Selbstmorde bezw. Versuche dazu dürften nach den begleitenden Umständen zum Theil auf die — allerdings verfehlte — Absicht zurückzuführen sein, den Hinterbliebenen einen Haftpflichtsanspruch und damit eine bessere Lebenslage zu verschaffen, da sie ausnahmslos von mittellosen Familienvätern ausgeführt sind. Als Fälle der fremden Gewalt wurden nur solche Vorkommnisse gezählt, bei denen augenscheinlich ein auf den Erfolg gerichteter Vorsatz vorlag, wenn den Thätern überwiegend vielleicht auch die Ueberlegung der Folgen ihrer Handlung gefehlt haben mag. In der restlichen Fällezahl, wo bei Geschäftsverrichtungen (19) oder sonstigem Anlaß (15) der Unfall eingetreten ist, würde eigenes Verschulden schwerlich angenommen werden, da hier die Aufmerksamkeit durch die betreffenden Verrichtungen in Anspruch genommen bezw. gemindert war.

Die Gründe, aus denen im allgemeinen davon Abstand genommen wurde[4]), die Art der erlittenen Verletzungen festzustellen, treffen vorliegend weniger zu, sodaß eine Ausnahme zugunsten der vorliegenden Unfallsart umsomehr am Platze erscheint, als bloß in 46 Fällen die Verletzungsart ungewiß geblieben ist, während in 230 Fällen entsprechende Angaben vorliegen und sich überwiegend auf ärztliche Befunde stützen. Wiederholt haben die Betroffenen den Verlust von Armen oder Beinen, und damit eine dauernde Verstümmelung erlitten. Dagegen schien eine über die Angaben S. 135 hinausgehende Behandlung nicht rathsam, da sie ohne genügende ärztliche Vorkenntnisse einen Nutzen für die Arzneikunde kaum bieten könnte, andererseits den Rahmen der gegenwärtigen Arbeit überschreiten würde.

Die Unfälle der Kinder werden später eine besondere ausführliche Besprechung finden, weshalb hier von weiteren diesbezüglichen Untersuchungen Abstand genommen wird.

Tödtliche Unfälle kommen unter den Frauen verhältnißmäßig häufiger vor als unter den Männern, stellen dort nämlich 2,81 % hier nur 1,73 %. Werden die je 3 Selbstmörder und getödteten Kinder abgezogen, so bleibt nur 1 männlicher gegenüber 4 weiblichen Erwachsenen. Dies bestätigt die Annahme[5]), daß bei Frauen

[4]) Oben § 26 unter III S. 105.

[5]) K. Hilse: Betriebsunfälle § 8 S. 19.

deren unvortheilhafte, die freie Bewegung hindernde Bekleidung die Unfallsgefahr erhöht, zumal im Beobachtungszeitraum, wie früher, die Unfälle der kurz gekleideten Mädchen verhältnißmäßig viel leichter verlaufen sind, als diese der Knaben, nämlich nur 5,64 % schwere gegen 9,09 % schwere und 2,10 % tödtliche, also 11,19 % verhängnißvolle, Verletzungen ergaben. Im allgemeinen scheint weibliche Geschicklichkeit und Vorsicht die männliche zu übertreffen. Denn unter den 546 Verunglückten befinden sich 403 = 73,70 % männliche, gegen nur 143 = 26,30 % weibliche, unter den Erwachsenen 260 = 78,28 % männliche, gegen 72 = 21,72 % weibliche, unter den Kindern aber 143 = 66,82 % männliche gegen 71 = 33,18 weibliche, sodaß in der Unfallsziffer der Durchschnitt von den Mädchen überschritten, von den Frauen nicht einmal erreicht wird, was die verhängnißvolle Ausgangsziffer für die letzteren nur noch vergrößert.

Ueberwiegend (in 449 = 82,23 % Fällen) lag, wie in den Vorperioden[6]), eigenes Verschulden, unter den restlichen 97 = 17,73 % mindestens 23 mal = 0,37 % Krankheit und 25 mal = 4,58 % unmittelbar fremde Schuld vor, indem theils Erwachsene Kinder auf dem Arm hatten, als sie gegen die Pferde liefen[7]), theils Jemand einen Andern muthwillig vor die Pferde hinstieß. Die Schuldfrage blieb nur bei 5 männlichen und 2 weiblichen Erwachsenen, sowie bei 34 männlichen (23,78 %) und 29 weiblichen (40,58 %) Kindern unerwiesen und dadurch zweifelhaft. Darunter sind die im

---

[6]) Strafanträge sind ausgeschlossen nach K. Hilse: Einfluß der Kranken- und Unfallfürsorge auf den Ersatzanspruch des Verletzten (Berlin 1888) S. 30 und dem dort Anm. 38 mitgetheilten, dahin lautenden Bescheid der Staatsanwaltschaft bei dem Königl. Landgericht I zu Berlin vom 5. Juli 1887: „Der Direktion eröffne ich auf die gefällige Eingabe vom 24 Juni 1887 — J. No. 8269, daß ich mich nicht veranlaßt sehen kann, gegen die Beschuldigte Frau Klotz, wegen fahrlässiger Körperverletzung ihres Kindes strafrechtlich einzuschreiten. Einmal steht noch nicht fest, ob eine Schadenersatzklage geltend gemacht, beziehungsweise ob dieselbe zum Schadenersatz verpflichtet wird. Abgesehen aber hiervon kann der Ansicht nicht beigetreten werden, daß im Falle einer fahrlässigen Körperverletzung derjenige antragsberechtigt sein soll, welchem ein pekuniärer Schaden durch diese Körperverletzung erwächst. Es muß vielmehr angenommen werden, daß zu dem Antrage bei Körperverletzungen nur derjenige berechtigt ist, dessen körperliche Integrität verletzt wurde, beziehungsweise dessen gesetzlicher Vertreter." Vergl. a. a. O. § 43 S 176.

[7]) K. Hilse: Betriebsunfälle § 8a S. 19; Haftpflicht § 27 S. 113.

Alter unter sieben Jahren betroffenen Kinder einbegriffen. Da nach der herrschenden Rechtsprechung des Reichsgerichts bei Kindern erst mit vollendetem siebenten Lebensjahre das eigene Verschulden beginnt[8]), fremde Schuld aber den Betriebsunternehmer von der Haftpflicht nicht befreit[9]), sondern ihm bloß ein Regeßrecht an den Thäter giebt, so sind sie für den Betriebsunternehmer verhängnißvoll. Gleiches gilt für die Fälle, wo fremde Schuld obwaltete. Uebrigens stellt sich die Schuldbetheiligung nach Geschlecht und Alter:

	Fällezahl	Selbstschuld		Fremde Schuld		Krankheit		Unentschieden	
		abs.	%	abs.	%	abs.	%	abs.	%
Erwachsene									
männlich . .	260	252	96.92	1	0.39	2	0.77	5	1.92
weiblich . .	72	69	95.83	1	1.39	—	—	2	2.78
Kinder									
männlich . .	143	92	64.33	17	11.89	—	—	34	23.78
weiblich . .	71	36	50.70	6	8.45	—	—	29	40.85
Zusammen									
Erwachsene.	332	321	96.69	2	0.60	2	0.60	7	2.11
Kinder . . .	214	128	59.81	23	10.75	—	—	63	29.44
beide	546	449	82.23	25	4.58	2	0.37	70	12.82

Man greift fehl, die meisten Unfälle dieser Art in denjenigen Straßen zu suchen[10]), welche den stärksten Verkehr haben, oder besonders eng sind, oder in gekrümmten Linien verlaufen, also etwa an der Ecke der Leipziger- und Charlottenstraße, wo durchschnittlich alle 42 Sekunden ein Pferdebahnwagen fährt, im engen Mühlendamm, in der schmalen Rosen- oder in der gekrümmten Jakobstraße. Es folgen sich vielmehr die einzelnen betroffenen Straßen in fallender Reihe: Köpnickerstr. 33, Frankfurter Allee und Potsdamerstr.

[8]) Im Urtheil d. R.-G. v. 13. April 1880 (Entsch. I 276) heißt es z. B.: „Ein eigenes Verschulden ist bei Kindern, welche zur Zeit des Unfalls noch nicht 7 Jahre alt waren, ausgeschlossen." Man vergl. hierzu sächs. bürg. G.-B. §§ 47, 81, 119; A. L. R. I 6 § 57; Entw. f. d. bürg. G.-B. §§ 25. 64.

[9]) Eger: Haftpflicht S. 135 ff.; K. Hilse: Haftpflicht § 39 S. 162.

[10]) K. Hilse: Haftpflicht § 27 S. 109.

je 25, Oranienstr. 24, Chausseestr. 21, Friedrichstr. 17, Belle-Alliancestr. 16, Brunnenstr. 14, Rosenthalerstr. und Schönhauser-Allee je 13, Landsberger-, Leipziger-, Oranienburger- und Prinzenstr. je 11, Andreas-, Charlottenstr. und Moabit je 10, Gitschiner-, Spandauer- und Schönebergerstr. je 8, Jakob-, König-, Wienerstr. und Rixdorf je 7; Greifswalderstr., Belle-Alliance-Platz, Spittelmarkt, Stralauerstr. und Charlottenburg je 6; Bülow-, Friedenstr., Hasenhaide, Invaliden-, Koch-, Lausitzer-, Linden- und Müllerstr. je 5; Alexander-, Französische-, Karl-, Kronenstr., Moritzplatz, Rosenstr. und Schöneberg je 4; Anhalter-, Elsasser-, Gneisenau-, Herrmann-, Königgrätzer-, Lützow-, Neander-, Schillstr., Schloßplatz, Straußbergerstr., Gesundbrunnen und Tempelhof je 3; Adalbert-, Blücher-, Gertraudten-, Jerusalemer-, Kaiserin-Augusta-, Kommandanten-, Kottbusser-, Kurfürstenstr-, Mühlendamm, Reichstagsufer, Schönhauser-, Seidelstr. und Weddingplatz je 2; Beuth-, Chaussee-, Flottwellstr., Hausvoigteiplatz, Holzmarkt-, Jüden-, Kanonierstr., Kastanien-Allee, Königs-Chaussee, Mariendorfer-, Oberwall-, Petersburger-, Prenzlauer-, Prinzessinenstraße, Spandauerbrücke, Tegler-Chaussee und Yorkstr. je 1. In der restlichen Fällezahl steht die Unfallsstelle nicht sicher fest. Ein maßgebendes Urtheil gewährt diese Uebersicht zwar nicht, weil die Straßen verschieden lang sind, doch werden die Ziffern später weiter verwerthet werden. Danach stehen in der Gefährlichkeit oben an Straßen, in deren Mitte von Kindern zum Spielplatze benutzte Promenadenwege biegen [11]). Sie bergen die Gefahr, daß die Kinder beim Spielen in die vorbeikommenden Pferdebahnwagen gerathen. Der zunehmende Verkehr zeitigt dagegen die Vorsicht und bewirkt damit eine Unfalls-Abnahme.

§ 35. Auswärtige Verhältnisse.

Die Ergebnisse der auswärtigen Betrieben weichen wenig ab. Das Laufen in die Pferde bezw. Gerathen unter den Wagen hat auch hier verhältnißmäßig viele und schwere Unfallsopfer gefordert. Von den verunglückten Straßengängern entfallen hierher:

---

[11]) Vergleicht man die Länge der einzelnen Straßen miteinander und führt die Unfallsziffer auf die Längenverhältnisse und Straßeneinrichtung zurück, so wird diese Thatsache noch kräftiger bewiesen.

in	Fälle	Verunglückt				Getödtet			
		Erwachsene		Kinder		Erwachsene		Kinder	
		Fälle	%	Fälle	%	Fälle	%	Fälle	%
München .	143	67	46.85	76	53.15	—	—	3	33.95
Hamburg .	102	62	60.78	40	39.22	3	4.84	1	23.50
Breslau. .	90	65	72.22	25	27.78	1	1.54	1	4.00
Köln . . .	71	36	50.70	35	49.30	3	8.33	4	11.53
Leipzig . .	70	35	50.00	35	50.00	2	5.77	4	11.53
Hannover .	26	21	80.80	5	19.20	—	—	—	—
Dortmund	21	9	42.86	12	57.14	1	11.11	3	25.00
Gladbach .	13	3	23.08	10	76.92	—	—	1	10.00
Halle . . .	13	6	46.15	7	53.85	1	16.67	2	28.57
Dresden. .	12	5	41.67	7	58.33	—	—	4	57.14
Chemnitz .	9	5	55.56	4	44.44	1	20.00	1	25.00
Duisburg.	8	3	37.50	5	62.50	—	—	4	80.00

Von den 548 hier Verunglückten sind sind also 40 = 6,92 % verstorben, nämlich 12 = 30,00 % Erwachsene und 28 = 70,00 % Kinder. Letztere machen mit 261 nur 45,15 %, erstere mit 317 aber 54,85 % der Verunglückten aus, sodaß hier erst 3,75 %, dort schon 10,73 % Unfälle der behandelten Art tödtlich verlaufen sind, damit aber die Todesgefahr für Kinder fast dreimal so groß erscheint, wie für Erwachsene.

Nach § 30 S. 126 sind weitere 344 auf die gleiche Weise Verunglückte ermittelt, von welchen je 82 = 23,84 % tödtlich und schwer, 124 = 35,46 % leicht verletzt wurden und die restlichen 56 = 16,86 % unversehrt geblieben sind. Zu diesen haben die Erwachsenen 171 = 49,71 % und die Kinder 173 = 50,29 % gestellt. In der Unfallsgefahr hat die Todesgefahr hier also ganz erheblich ärger gewüthet. Denn gegenüber nur 2,02 % Todesfällen in Berlin und 6,92 % in den obigen 12 Orten überwiegen sie um 21,82 % bezw. 16,82 % d. h. das Zehnfache bezw. 2½fache.

Bei der hier erörterten Unfallsart ist die Todes- in der Unfallsgefahr, nämlich die Zahl der Getödteten zwar verhältnißmäßig hoch, bei den Kindern sogar höher als bei den Erwachsenen. Gleichwohl fehlt jeder Anlaß zur Besorgniß. Denn die Vertheilung auf die einzelnen Jahre läßt nach Schwere des Ausganges überall eher auf eine Abnahme, als auf ein Wachsen der Gefahr schließen, wie solches nachstehend veranschaulicht wird:

München.	Laufen in die Pferde bezw. gegen den Wagen										Zusammen	
	nicht verletzt		leicht verletzt		schwer verletzt		tödtlich verletzt		unbestimmt verletzt			
	abs.	%	abs.	%	abs.	%	abs.	%	abs.	%	abs.	%
1882 Erw. m.	1	50.00	—	—	1	50.00	—	—	—	—	2	4.44
w.	1	100.00	—	—	—	—	—	—	—	—	1	4.54
Kinder .	1	100.00	—	—	—	—	—	—	—	—	1	1.32
1883 Erw. m.	5	71.43	1	14.29	1	14.28	—	—	—	—	7	15.56
w.	2	50.00	—	—	1	25.00	—	—	1	25.00	4	18.18
Kinder .	3	42.86	1	14.29	2	28.57	1	14.28	—	—	7	9.21
1884 Erw. m.	8	80.00	2	20.00	—	—	—	—	—	—	10	22.22
w.	3	100.00	—	—	—	—	—	—	—	—	3	13.64
Kinder .	12	85.71	2	14.29	—	—	—	—	—	—	14	18.42
1885 Erw. m.	6	100.00	—	—	—	—	—	—	—	—	6	13.33
w.	1	100.00	—	—	—	—	—	—	—	—	1	4.54
Kinder .	8	100.00	—	—	—	—	—	—	—	—	8	10.53
1886 Erw. m.	4	57.14	3	42.86	—	—	—	—	—	—	7	15.56
w.	—	—	—	—	—	—	—	—	—	—	—	—
Kinder .	12	85.71	1	7.14	—	—	1	7.15	—	—	14	18.42
1887 Erw. m.	3	100.00	—	—	—	—	—	—	—	—	3	6.67
w.	7	100.00	—	—	—	—	—	—	—	—	7	31.83
Kinder .	14	82.35	—	—	2	11.77	1	5.88	—	—	17	22.37
1888 Erw. m.	9	90.00	1	10.00	—	—	—	—	—	—	10	22.22
w.	5	83.33	—	—	—	—	—	—	1	16.67	6	27.27
Kinder .	13	86.66	—	—	1	6.67	—	—	1	6.67	15	19.73
Ueberhaupt m.	36	80.00	7	15.56	2	4.44	—	—	—	—	45	31.47
w.	19	86.36	—	—	1	4.55	—	—	2	9.09	22	15.38
Kinder .	63	82.89	4	5.26	5	6.58	3	3.95	1	1.32	76	53.15
Zusammen . . .	118	82.52	11	7.69	8	5.59	3	2.10	3	2.10	143	100.00
Tageslicht . . m.	17	85.00	2	10.00	1	5.00	—	—	—	—	20	44.45
w.	10	90.91	—	—	1	9.09	—	—	—	—	11	50.00
Kinder	51	82.26	3	4.84	4	6.45	3	4.84	1	1.61	62	81.58
Abendlicht . . m.	14	73.69	4	21.05	1	5.26	—	—	—	—	19	42.22
w.	6	85.71	—	—	—	—	—	—	1	14.29	7	31.82
Kinder	7	87.50	1	12.50	—	—	—	—	—	—	8	10.52
ungewiß . . . m.	5	83.33	1	16.67	—	—	—	—	—	—	6	13.33
w.	3	75.00	—	—	—	—	—	—	1	25.00	4	18.18
Kinder	5	83.33	—	—	1	16.67	—	—	—	—	6	7.90

Breslau.	Laufen in die Pferde bezw. gegen den Wagen									
	nicht		leicht		schwer		tödtlich		Zusammen	
	verletzt									
	abs.	%	abs.	%	abs.	%	abs.	%	abs.	%
1882 Erw. m.	2	100.00	—	—	—	—	—	—	2	4.44
w.	—	—	1	100.00	—	—	—	—	1	5.00
Kinder .	—	—	2	66.67	—	—	1	33.33	3	12.00
1883 Erw. m.	—	—	1	50.00	—	—	1	50.00	2	4.44
w.	—	—	—	—	—	—	—	—	—	—
Kinder .	—	—	—	—	—	—	—	—	—	—
1884 Erw. m.	2	22.22	7	77.78	—	—	—	—	9	20.00
w.	1	25.00	2	50.00	1	25.00	—	—	4	20.00
Kinder .	1	33.33	2	66.67	—	—	—	—	3	12.00
1885 Erw. m.	5	62.50	2	25.00	1	12.50	—	—	8	17.78
w.	3	60.00	2	40.00	—	—	—	—	5	25.00
Kinder .	—	—	5	100.00	—	—	—	—	5	20.00
1886 Erw. m.	5	62.50	2	25.00	1	12.50	—	—	8	17.78
w.	4	100.00	—	—	—	—	—	—	4	20.00
Kinder .	5	71.43	2	28.57	—	—	—	—	7	28.00
1887 Erw. m.	7	77.78	1	11.11	1	11.11	—	—	9	20.00
w.	3	75.00	—	—	1	25.00	—	—	4	20.00
Kinder .	1	25.00	3	75.00	—	—	—	—	4	16.00
1888 Erw. m.	5	71.43	2	28.57	—	—	—	—	7	15.56
w.	—	—	2	100.00	—	—	—	—	2	10.00
Kinder .	2	66.67	1	33.33	—	—	—	—	3	12.00
Ueberhaupt m.	26	57.78	15	33.33	3	6.67	1	2.22	45	50.00
w.	11	55.00	7	35.00	2	10.00	—	—	20	22.22
Kinder .	9	36.00	15	60.00	—	—	1	4.00	25	27.78
Zusammen . . .	46	51.11	37	41.11	5	5.56	2	2.22	90	100.00
Tageslicht m.	13	65.00	7	35.00	—	—	—	—	20	44.44
w.	7	53.85	5	38.46	1	7.69	—	—	13	65.00
Kinder	6	46.15	7	53.85	—	—	—	—	13	52.00
Abendlicht m.	13	52.00	8	32.00	3	12.00	1	4.00	25	55.56
w.	4	57.14	2	28.57	1	14.29	—	—	7	35.00
Kinder	3	25.00	8	66.67	—	—	1	8.33	12	48.00

Nicht zu übersehen ist hier und in den folgenden Uebersichten das Verhältniß, in welchem sich die Unfälle der Kinder und der Erwachsenen auf die beiden Beleuchtungsverhältnisse vertheilen, indem Kinderunfälle bei Abendbeleuchtung erheblich hinter der Durchschnittssumme zurückbleiben. Dies liegt darin, daß sie gemeinüblich Abends weniger auf die Straße gelassen werden.

Köln.	Laufen in die Pferde bezw. gegen den Wagen										Zusammen	
	nicht verletzt		leicht verletzt		schwer verletzt		tödtlich verletzt		unbestimmt verletzt			
	abs.	%	abs.	%	abs.	%	abs.	%	abs.	%	abs.	%
1882 Erw. m.	—	—	—	—	—	—	—	—	1	100.00	1	4.35
w.	—	—	—	—	—	—	—	—	—	—	—	—
Kinder .	1	20.00	1	20.00	1	20.00	—	—	2	40.00	5	14.29
1883 Erw. m.	1	33.33	—	—	2	66.67	—	—	—	—	3	13.05
w.	1	100.00	—	—	—	—	—	—	—	—	1	7.69
Kinder .	—	—	—	—	—	—	—	—	—	—	—	—
1884 Erw. m.	—	—	2	50.00	1	25.00	1	25.00	—	—	4	17.39
w.	1	25.00	2	50.00	—	—	—	—	1	25.00	4	30.77
Kinder .	2	50.00	1	25.00	—	—	—	—	1	25.00	4	11.43
1885 Erw. m.	—	—	3	75.00	1	25.00	—	—	—	—	4	17.39
w.	—	—	—	—	—	—	—	—	—	—	—	—
Kinder .	3	60.00	2	40.00	—	—	—	—	—	—	5	14.28
1886 Erw. m.	—	—	1	50.00	1	50.00	—	—	—	—	2	8.69
w.	1	25.00	1	25.00	1	25.00	1	25.00	—	—	4	30.77
Kinder .	1	11.11	4	44.45	2	22.22	2	22.22	—	—	9	25.71
1887 Erw. m.	2	66.67	1	33.33	—	—	—	—	—	—	3	13.05
w.	—	—	2	100.00	—	—	—	—	—	—	2	15.38
Kinder .	4	50.00	1	12.50	2	25.00	—	—	1	12.50	8	22.86
1888 Erw. m.	3	50.00	2	33.33	1	16.67	—	—	—	—	6	26.08
w.	1	50.00	—	—	—	—	—	—	1	50.00	2	15.39
Kinder .	—	—	2	50.00	2	50.00	—	—	—	—	4	11.43
Ueberhaupt m.	6	26.09	9	39.13	6	26.09	1	4.34	1	4.35	23	32.39
w.	4	30.77	5	38.46	1	7.69	1	7 69	2	15.39	13	18.31
Kinder .	11	31.43	11	31.43	7	20.00	2	5.71	4	11.43	35	49.30
Zusammen . . .	21	29.58	25	35.21	14	19.72	4	5.63	7	9 86	71	100.00
Tageslicht . . m.	3	30.00	3	30.00	2	20.00	1	10.00	1	10.00	10	43.48
w.	3	33.33	4	44.45	1	11.11	1	11.11	—	—	9	69.23
Kinder	10	33.33	10	33.33	6	20.00	1	3.34	3	10.00	30	85.71
Abendlicht . . m.	3	23.08	6	46.15	4	30.77	—	—	—	—	13	56.52
w.	1	25.00	1	25.00	—	—	—	—	2	50.00	4	30.77
Kinder	1	20.00	1	20.00	1	20.00	1	20.00	1	20.00	5	14.29

Hamburg.	Laufen in die Pferde bezw. gegen den Wagen											
	nicht verletzt		leicht verletzt		schwer verletzt		tödtlich verletzt		unbestimmt verletzt		Zusammen	
	abs.	%	abs.	%	abs.	%	abs.	%	abs.	%	abs.	%
1882 Erw. m.	—	—	—	—	—	—	—	—	—	—	—	—
w.	—	—	—	—	—	—	—	—	—	—	—	—
Kinder .	—	—	—	—	—	—	—	—	—	—	—	—
1883 Erw. m.	—	—	—	—	—	—	—	—	—	—	—	—
w.	—	—	—	—	—	—	—	—	—	—	—	—
Kinder .	—	—	—	—	—	—	—	—	—	—	—	—
1884 Erw. m.	—	—	—	—	3	75.00	1	25.00	—	—	4	8.89
w.	—	—	—	—	—	—	—	—	—	—	—	—
Kinder .	—	—	—	—	1	100.00	—	—	—	—	1	2.50
1885 Erw. m.	3	42.86	1	14.29	1	14.29	1	14.28	1	14.28	7	15.55
w.	3	50.00	1	16.67	2	33.33	—	—	—	—	6	35.29
Kinder .	3	30.00	6	60.00	—	—	1	10.00	—	—	10	25.00
1886 Erw. m.	2	28.57	2	28.57	2	28.57	1	14.29	—	—	7	15.56
w.	—	—	—	—	—	—	—	—	—	—	—	—
Kinder .	1	14.28	4	57.14	1	14.29	1	14.29	—	—	7	17.50
1887 Erw. m.	2	16.66	6	50.00	—	—	2	16.67	2	16.67	12	26.67
w.	3	33.33	4	44.45	2	22.22	—	—	—	—	9	52.94
Kinder .	3	25.00	5	41.67	3	25.00	1	8.33	—	—	12	30.00
1888 Erw. m.	8	53.33	5	33.33	2	13.34	—	—	—	—	15	33.33
w.	—	—	1	50.00	1	50.00	—	—	—	—	2	11.77
Kinder .	2	20.00	3	30.00	4	40.00	—	—	1	10.00	10	25.00
Ueberhaupt m.	15	33.33	14	31.11	8	17.78	5	11.11	3	6.67	45	44.11
w.	6	35.29	6	35.30	5	29.41	—	—	—	—	17	16.67
Kinder .	9	22.50	18	45.00	9	22.50	3	7.50	1	2.50	40	39.22
Zusammen . . .	30	29.41	38	37.26	22	21.57	8	7.84	4	3.92	102	100.00
Tageslicht . . m.	6	42.86	6	42.86	—	—	2	14.28	—	—	14	31.11
w.	3	50.00	2	33.33	1	16.67	—	—	—	—	6	35.29
Kinder	8	28.57	15	53.57	4	14.29	1	3.57	—	—	28	70.00
Abendlicht . . m.	9	33.33	8	29.63	5	18.52	2	7.41	3	11.11	27	60.00
w.	3	27.28	4	36.36	4	36.36	—	—	—	—	11	64.71
Kinder	1	9.09	3	27.27	4	36.37	2	18.18	1	9.09	11	27.50
ungewiß . . . m.	—	—	—	—	3	75.00	1	25.00	—	—	4	8.89
w.	—	—	—	—	—	—	—	—	—	—	—	—
Kinder	—	—	—	—	1	100.00	—	—	—	—	1	2.50

1882—1888	Laufen in die Pferde bezw. gegen den Wagen									
	nicht verletzt		leicht verletzt		schwer verletzt		tödtlich verletzt		Zusammen	
	abs.	%	abs.	%	abs.	%	abs.	%	abs.	%
Chemnitz.										
Erw. m.	—	—	3	75.00	—	—	1	25.00	4	26.67
w.	—	—	—	—	1	100.00	—	—	1	20.00
Kinder .	—	—	2	50.00	1	25.00	1	25.00	4	12.90
Zusammen . .	—	—	5	55.56	2	22.22	2	22.22	9	17.65
Tageslicht . .	—	—	3	50.00	1	16.67	2	33.33	6	16.67
Abendlicht . .	—	—	2	66.67	1	33.33	—	—	3	20.60
unbestimmt .	—	—	—	—	—	—	—	—	—	—
Dortmund.										
Erw. m.	—	—	2	25.00	5	62.50	1	12.50	8	53.33
w.	—	—	1	100.00	—	—	—	—	1	20.00
Kinder .	1	8.33	3	25.00	5	41.67	3	25.00	12	38.71
Zusammen .	1	4.76	6	28.57	10	47.62	4	19.05	21	41.18
Tageslicht . .	1	9.09	5	45.46	2	18.18	3	27.27	11	30.56
Abendlicht . .	—	—	1	10.00	8	80.00	1	10.00	10	66.66
unbestimmt .	—	—	—	—	—	—	—	—	—	—
Duisburg.										
Erw. m.	—	—	1	33.33	2	66.67	—	—	3	20.00
w.	—	—	—	—	—	—	—	—	—	—
Kinder .	—	—	—	—	1	20.00	4	80.00	5	16.13
Zusammen .	—	—	1	12.50	3	37.50	4	50.00	8	15.68
Tageslicht . .	—	—	1	14.29	2	28.57	4	57.14	7	19.44
Abendlicht . .	—	—	—	—	1	100.00	—	—	1	6.67
unbestimmt .	—	—	—	—	—	—	—	—	—	—
Gladbach-M.										
Erw. m.	—	—	—	—	—	—	—	—	—	—
w.	—	—	3	100.00	—	—	—	—	3	60.00
Kinder .	3	30.00	4	40.00	2	20.00	1	10.00	10	32.26
Zusammen .	3	23.08	7	53.85	2	15.38	1	7.69	13	25.49
Tageslicht . .	2	16.67	7	58.33	2	16.67	1	8.33	12	33.33
Abendlicht . .	1	100.00	—	—	—	—	—	—	1	6.67
unbestimmt .	—	—	—	—	—	—	—	—	—	—
Zusammen m.	—	—	6	40.00	7	46.67	2	13.33	15	29.41
w.	—	—	4	80.00	1	20.00	—	—	5	9.80
Kinder .	4	12.90	9	29.03	9	29.03	9	29.04	31	60.79
Zusammen .	4	7.84	19	37.26	17	33.33	11	21.57	51	100.00
Tageslicht . .	3	8.33	16	44.45	7	19.44	10	27.78	36	70.59
Abendlicht . .	1	6.67	3	20.00	10	66.67	1	6.66	15	29.41
unbestimmt .	—	—	—	—	—	—	—	—	—	—

1882—1888	Laufen in die Pferde bezw. gegen den Wagen										Zusammen	
	nicht		leicht		schwer		tödtlich		unbestimmt			
	verletzt											
	abs.	%	abs.	%	abs.	%	abs.	%	abs.	%	abs.	%
Dresden.												
Erw. m.	—	—	2	66.67	1	33.33	—	—	—	—	3	6.25
w.	—	—	2	100.00	—	—	—	—	—	—	2	10.53
Kinder .	—	—	1	14.29	2	28.57	4	57.14	—	—	7	12.96
Zusammen .	—	—	5	41.67	3	25.00	4	33.33	—	—	12	9.92
Tageslicht . .	—	—	2	28.57	2	28.57	3	42.86	—	—	7	8.97
Abendlicht . .	—	—	1	50.00	1	50.00	—	—	—	—	2	5.88
unbestimmt .	—	—	2	66.67	—	—	1	33.33	—	—	3	33.33
Halle.												
Erw. m.	—	—	3	60.00	1	20.00	1	20.00	—	—	5	10.43
w.	—	—	—	—	1	100.00	—	—	—	—	1	5.26
Kinder .	—	—	3	42.86	2	28.57	2	28.57	—	—	7	12.96
Zusammen .	—	—	6	46.15	4	30.77	3	23.08	—	—	13	10.74
Tageslicht . .	—	—	3	37.50	3	37.50	2	25.00	—	—	8	10.26
Abendlicht . .	—	—	3	60.00	1	20.00	1	20.00	—	—	5	14.71
unbestimmt .	—	—	—	—	—	—	—	—	—	—	—	—
Hannover.												
Erw. m.	3	21.43	6	42.86	5	35.71	—	—	—	—	14	29.16
w.	3	42.86	2	28.57	2	28.57	—	—	—	—	7	36.84
Kinder .	1	20.00	3	60.00	1	20.00	—	—	—	—	5	9.26
Zusammen .	7	26.92	11	42.31	8	30.77	—	—	—	—	26	21.49
Tageslicht . .	4	22.22	8	44.45	6	33.33	—	—	—	—	18	23.08
Abendlicht . .	2	50.00	2	50.00	—	—	—	—	—	—	4	11.76
unbestimmt .	1	25.00	1	25.00	2	50.00	—	—	—	—	4	44.45
Leipzig.												
Erw. m.	12	46.15	7	26.93	3	11.54	2	7.69	2	7.69	26	54.16
w.	5	55.56	2	22.22	1	11.11	—	—	1	11.11	9	47.37
Kinder .	14	40.00	10	28.57	4	11.43	4	11.43	3	8.57	35	64.82
Zusammen .	31	44.29	19	27.14	8	11.43	6	8.57	6	8.57	70	57.85
Tageslicht . .	19	42.22	12	26.67	6	13.33	3	6.67	5	11.11	45	57.69
Abendlicht . .	12	52.17	7	30.43	1	4.35	2	8.70	1	4.35	23	67.65
unbestimmt .	—	—	—	—	1	50.00	1	50.00	—	—	2	22.22
Zusammen m.	15	31.25	18	37.50	10	20.83	3	6.25	2	4.17	48	39.67
w.	8	42.11	6	31.58	4	21.05	—	—	1	5.26	19	15.70
Kinder .	15	27.78	17	31.48	9	16.67	10	18.52	3	5.55	54	44.63
Zusammen .	38	31.41	41	33.88	23	19.01	13	10.74	6	4.96	121	100.00
Tageslicht . .	23	29.49	25	32.05	17	21.79	8	10.26	5	6.41	78	64.46
Abendlicht . .	14	41.18	13	38.24	3	8.82	3	8.82	1	2.94	34	28.10
unbestimmt .	1	11.11	3	33.33	3	33.34	2	22.22	—	—	9	7.44

§ 36. Einwirkung fremder Fahrzeuge.

Wieweit durch solche Fahrgäste zu Unfall gekommen sind, ist oben § 28 erörtert. Hier handelt es sich nur noch um die Unfälle von Straßengängern, welche auf die Einwirkung fremder Fahrzeuge zurückzuführen sind. Sie gestalten sich nach Anlaß, Ausgang und Schuldbetheiligung von diesen der Fahrgäste wesentlich verschieden.

I. Berliner Verhältnisse.

In Berlin beträgt ihre Ziffer 80, davon sind 36 auf Zusammenstöße mit fremden Wagen, 44 auf anderweite Berührung, mit eigenen (10) oder fremden (34) Fahrzeugen zurückzuführen. Hierbei überwiegen die Unverletzten und Leichtverletzten je mit 33 = 41,25 % die 12 = 15,00 % Schwer- und 2 = 2,50 % Tödtlichverletzten.

Unter den 34 durch anfahrende Wagen Verunglückten befanden sich 14, welche nach Verlassen des Wagens, und 10 welche zwecks seines Besteigens den Straßendamm zwischen Wagen und Bürgersteig kreuzten. Sie waren zu vermeiden, wenn die Führer an den Haltestellen minder dicht an den haltenden Pferdebahnwagen vorbeigefahren wären oder vielleicht gehalten haben würden. In 3 Fällen waren ohne äußere Ursache Personen, welche auf vorüberfahrenden Roll- bezw. Möbelwagen saßen, herabgefallen, 2 mal die Führer von Handwagen durch ihr eigenes Fahrzeug umgestoßen worden, als sie dem Pferdebahnwagen Platz machen wollten, 1 mal die Führerin eines Hundewagens durch den vorgespannten Hund bei dessen Versuch, die Pferde anzuspringen, gegen dieselben gedrängt, endlich 4 Straßengänger, die sich unachtsam auf dem Straßenkörper bewegten, vom Wagen dergestalt umgeworfen, daß sie theilweis auf das Gleis zu liegen kamen. Die anfahrenden Wagen waren 8 Droschken, 5 Roll-, 4 Schlächter-, je 2 Eis-, Möbelwagen und Omnibusse, je 1 Fourage-, Hand-, Hunde-, Kohlen-, Kutsch-, Milch- und Postwagen. 4 mal blieb die Wagengattung unbestimmt.

Die hier gezählten Unfälle liefern nach Jahren, Geschlecht und Verletzung nachstehendes Bild:

Straßengänger	Einwirkung fremder Fahrzeuge									
	nicht verletzt		leicht verletzt		schwer verletzt		tödtlich verletzt		Zusammen	
	abs.	%	abs.	%	abs.	%	abs.	%	abs.	%
1882 m.	—	—	1	50.00	—	—	1	50.00	2	3.33
w.	—	—	—	—	—	—	—	—	—	—
1883 m.	1	25.00	2	50.00	1	25.00	—	—	4	6.67
w.	—	—	—	—	—	—	—	—	—	—
1884 m.	—	—	4	100.00	—	—	—	—	4	6.67
w.	1	50.00	1	50.00	—	—	—	—	2	10.00
1885 m.	4	50.00	2	25.00	1	12.50	1	12.50	8	13.33
w.	1	25.00	3	75.00	—	—	—	—	4	20.00
1886 m.	—	—	3	75.00	1	25.00	—	—	4	6.67
w.	2	66.67	—	—	1	33.33	—	—	3	15.00
1887 m.	4	50.00	3	37.50	1	12.50	—	—	8	13.33
w.	—	—	3	50.00	3	50.00	—	—	6	30.00
1888 m.	17	56.67	9	30.30	4	13.33	—	—	30	50.00
w.	3	60.00	2	40.00	—	—	—	—	5	25.00
Zusammen m.	26	43.34	24	40.00	8	13.33	2	3.33	60	75.00
w.	7	35.00	9	45.00	4	20.00	—	—	20	25.00
beide	33	41.25	33	41.25	12	15.00	2	2.50	80	100.00
Davon Zusammenstoß										
mit eigenen Wagen	—	—	—	—	—	—	—	—	—	—
mit fremden Wagen	16	44.45	15	41.67	3	8.33	2	5.55	36	45.00
anderweit										
mit eigenen Wagen	7	70.00	3	30.00	—	—	—	—	10	12.50
mit fremden Wagen	10	29.41	15	44.12	9	26.47	—	—	34	42.50
Tageslicht m.	22	57.89	13	34.21	3	7.90	—	—	38	63.33
w.	4	26.67	8	53.33	3	20.00	—	—	15	75.00
Abendlicht m.	4	18.18	11	50.00	5	22.72	2	9.10	22	36.67
w.	3	60.00	1	20.00	1	20.00	—	—	5	25.00

Bei den Unfällen durch Zusammenstoß handelt es sich ausnahmslos um die Führer der anfahrenden Wagen, welche durch die Gewalt des Stoßes von ihrem Wagen herabgefallen und dabei theilweis unter ihr eigenes Fahrzeug gerathen sind, während Fälle, wo herabgefallene Kutscher unter die Pferdebahnwagen zu liegen kamen, bereits § 34 S. 135 mitgezählt sind. Unter den anfahrenden Wagen befanden sich 7 Droschken, je 3 Bier- und Handwagen, je 2 Dreirade, Abfuhr-, Roll-, und Schlächterwagen, je 1 Break, Fegemaschine, Geschäfts-, Hunde-, Sprengwagen und Kremser. In 9 Fällen steht die Wagengattung nicht fest.

Von den 10 Unfällen, welche in dem Anfahren von Pferdebahnwagen ihre Ursache haben, sind 4 Personen, welche mit dem Tragen von Theatercoulissen und 2 mit Pflasterarbeiten Beschäftigte betroffen; 2 reichten Gegenstände auf den vorüberfahrenden Wagen, je 1 war beim Zurückschieben eines entgleisten Wagens thätig bezw. wurde umgerissen, weil der vorbeifahrende Wagen einen vom Verunglückten auf dem Rücken getragenen Sack faßte.

Anläßlich dieser Vorgänge ist 1 Pferdebahnkutscher, welcher einen Pflasterarbeiter angefahren hatte, wegen Körperletzung unter Außerachtlassen der kutscherberufsgemäßen Aufmerksamkeit angeklagt, und sind soweit diesseits feststellbar 13 Führer anderer Fahrzeuge verurtheilt worden.

Von Unfällen traten ein im Zuge der Potsdamer- 8, der Leipziger- 7, der Französischen- 5, der Chaussee-, Holzmarktstraße, Hackescher Markt, Kottbuser Damm, Oranienstraße je 3, der Brunnen-, Charlotten-, Elsasser-, Invaliden-, König-, Köpnicker-, Kurfürsten-, Landsberger-, Lützow-, Prinzen- und Seydelstraße je 2, während auf Andreasplatz, Brandenburg-, Friedrich-, Jakob-, Karl-, Koch-, Kommandantenstraße, Molkenmarkt, Müller-, Neander-, Oranienburgerstraße, Reichstagsplatz, Schöneberger Ufer, Rosenthalerstraße, Schönhauser-Allee und -Straße, Stralauerstraße, und Charlottenburg je 1 entfallen. In den restlichen 5 Fällen ist die Unfallsstelle nicht sicher ermittelt. Ueberwiegend befanden sich die Unfallsstellen bei Straßeneinmündungen.

II. Auswärtige Betriebe.

Die Fällezahl, in welcher zu München, Breslau, Köln und Hamburg Straßengänger durch Einwirkung fremder oder eigener Fahrzeuge verunglückt sind, ist bereits oben S. 74—81 gegeben. Nach Verletzung und Schuldbetheiligung trat solches unter nachstehenden Umständen ein:

Straßengänger[1])		Zusammenstoß fremde Wagen		anderweit fremde Wagen		anderweit eigene Wagen		Zusammen
		Fälle	%	Fälle	%	Fälle	%	
I. Verletzungen								
nicht	München	2	66.67	2	100.00	4	66.67	8
	Breslau	14	50.00	4	50.00	2	100.00	20
	Köln	13	72.22	—	—	3	37.50	16
	Hamburg	3	11.11	—	—	8	26.67	11
leicht	München	1	33.33	—	—	2	33.33	3
	Breslau	13	46.43	3	37.50	—	—	16
	Köln	5	27.78	—	—	5	62.50	10
	Hamburg	17	62.96	—	—	14	46.67	31
schwer	Breslau	1	3.57	—	—	—	—	1
	Hamburg	7	25.93	1	50.00	5	16.66	13
tödtlich	Breslau	—	—	1	12.50	—	—	1
	Hamburg	—	—	1	50.00	3	10.00	4
II. Schuldbetheiligung								
eigene	München	3	100.00	1	50.00	2	33.33	6
	Breslau	17	60.71	5	62.50	1	50.00	23
	Köln	11	61.11	—	—	4	50.00	15
	Hamburg	15	55.56	—	—	21	70.00	36
fremde	München	—	—	1	50.00	—	—	1
	Breslau	4	14.29	2	25.00	—	—	6
	Köln	4	22.22	—	—	3	37.50	7
	Hamburg	8	29.63	1	50.00	3	10.00	12
Krankheit	Hamburg	—	—	—	—	1	3.33	1
ungewiß	München	—	—	—	—	4	66.67	4
	Breslau	7	25.00	1	12.50	1	50.00	9
	Köln	3	16.67	—	—	—	—	3
	Hamburg	4	14.81	1	50.00	5	16.67	10

1) 17 unbestimmte Fälle blieben hier ungezählt.

Die weitere Verwerthung dieses Ergebnisses erfolgt erst später.

In den 4 Betrieben englischer, bezw. der deutschen Lokal- und Straßenbahn-Gesellschaften kam es zu nachstehendem Unfallsausgang:

Straßengänger 1882—1888.	Fälle	Einwirkung von Fahrzeugen.							
		nicht		leicht		schwer		tödtlich	
		verletzt							
		abs.	%	abs.	%	abs.	%	abs.	%
Dresden	1	—	—	—	—	—	—	1	100.00
Halle	1	—	—	—	—	1	100.00	—	—
Hannover	4	2	50.00	—	—	2	50.00	—	—
Leipzig	[1]) 7	1	14.28	5	71.44	—	—	—	—
Zusammen	[1])13	3	23.08	5	38.46	3	23.08	1	7.69
Daran betheiligt:									
1. eigene Wagen	3	1	33.33	2	66.67	—	—	—	—
2. fremde Wagen	[1])10	2	20.00	3	30.00	3	30.00	1	10.00
Chemnitz	2	—	—	—	—	2	100.00	—	—
Dortmund	10	—	—	7	70.00	1	10.00	2	20.00
Duisburg	3	—	—	—	—	1	33.33	2	66.67
Gladbach-M. . . .	2	1	50.00	—	—	1	50.00	—	—
Zusammen	17	1	5.88	7	41.18	5	29.41	4	23.53
Daran betheiligt:									
1. eigene Wagen	13	1	7.69	4	30.77	4	30.77	4	30.77
2. fremde Wagen	4	—	—	3	75.00	1	25.00	—	—

1) Davon 1 unbestimmt.

Für die übrigen Betriebe finden sich oben die bezüglichen Angaben.

Leider verbot sich aus ungenügender Ortskenntniß und mangelhaften Nachrichten die Feststellung der betreffenden Unfallsstellen, wodurch allerdings die sachgemäße Verwerthung ungünstig beeinflußt wird. Die Gattung der betheiligten fremden Fahrzeuge ist gleichfalls nur vereinzelt zu ermitteln gewesen[1]).

§ 37. Vermischte andere Ursachen[1]).

Auf mannigfache Weisen sind weitere 66 Straßengänger zu Schaden gekommen, welche hier zusammengefaßt werden.

---

[1]) Die diesbezügliche Uebersicht § 28 S. 121 umfaßt die Fahrgast- und Straßengängerunfälle durch das Anfahren fremder Fahrzeuge.

[1]) K. Hilse: Betriebsunfälle § 8c S. 20; Haftpflicht § 28 S. 114.

I. Berliner Verhältnisse.

In Berlin wurden 18 verletzt. Sie vertheilen sich nach Jahr und Verletzungsumfang dahin:

Jahr		nicht verletzt		leicht verletzt		schwer verletzt		Zusammen	
		abs.	%	abs.	%	abs.	%	abs.	%
1882	m.	—	—	—	—	—	—	—	—
	w.	—	—	—	—	—	—	—	—
1883	m.	1	33.33	2	66.67	—	—	3	20.00
	w.	—	—	—	—	—	—	—	—
1884	m.	—	—	—	—	—	—	—	—
	w.	—	—	—	—	—	—	—	—
1885	m.	—	—	1	100.00	—	—	1	6.67
	w.	—	—	—	—	—	—	—	—
1886	m.	—	—	1	100.00	—	—	1	6.67
	w.	—	—	—	—	—	—	—	—
1887	m.	—	—	3	75.00	1	25.00	4	26.66
	w.	—	—	1	100.00	—	—	1	33.33
1888	m.	—	—	5	83.33	1	16.67	6	40.00
	w.	1	50.00	1	50.00	—	—	2	66.67
Zusammen .	m.	1	6.67	12	80.00	2	13.33	15	83.33
	w.	1	33.33	2	.66.67	—	—	3	16.67
	beide	2	11.11	14	77.78	2	22.22	18	100.00
Tageslicht . .	m.	1	8.33	9	75.00	2	16.67	12	66.66
	w.	1	33.33	2	66.67	—	—	3	16.67
Abendlicht . .	m.	—	—	3	100.00	—	—	3	16.67
	w.	—	—	—	—	—	—	—	—

Von Fahrlustigen, welche einem fahrenden Pferdebahnwagen nachliefen, um ihn zu besteigen, war 1 vom Herzschlag getroffen, und sind 6 gefallen. Je 2 Personen hatten sich an der Haltestelle den eingespannten bezw. auf dem Straßendamme den zur Umspannung geführten Pferden soweit genähert, daß sie von denselben beim Ausschlagen getroffen wurden. Umfielen 1 Asphaltarbeiter als der Vorderachshalter eines im Schritt vorüberfahrenden Pferdebahnwagens mit der von ihm geschobenen Handwalze in Berührung kam, 1 Schienenarbeiter dadurch, daß ihn ein durch einen vorüberfahrenden Pferdebahnwagen ins Rollen gebrachter Stein traf, 1 Reinigungsarbeiter durch Umfallen seiner an den Pferdebahnwagen gelehnten Leiter. Ferner wurden je 1 bei dem Versuche, durchgehende Pferde aufzuhalten, umgerissen; verwickelte sich die Peitsche eines Wagenführers beim Schlagen nach dem Pferdebahnwagen am Weichensteller, wodurch er vom eigenen Bock herabgezogen wurde. Ein Fußgänger fiel über ein Keileisen, 1 Reiter mit seinem durch das Warnungssignal scheu gewordenen Pferde. Auf die Eigenthümlichkeiten des Pferdebahnbetriebes lassen diese Vorkommnisse sich schwerlich schieben. Sie konnten sämmtlich auch durch anderes Fuhrwerk veranlaßt werden.

II. Auswärtige Betriebe.

In München verliefen 11 ohne, 1 mit unbestimmter Verletzung. Die Unfallsursache war für 3 Reiter das Scheuwerden bezw. Stürzen ihrer Pferde, für 2 Radfahrer das Fallen vom Rad, für 2 Personen das Fallen vom Wagen, für 2 andere dies aufs Pflaster beim Versuche des Ausweichens; 1 hatte sich einem Pferde oder dem herannahenden Wagen so sehr genähert, daß er umgerissen werden konnte und 1 sich in der Trunkenheit die Gleise als Lagerstätte gewählt.

In Köln wurden je 1 beim Vorübergehen durch Pferde geschlagen bezw. gebissen, 3 durch umfallende Latten oder Schienen getroffen, fielen 3 über Schienen bezw. anderweit auf das Pflaster, wurde je 1 durch das Scheuwerden seines Pferdes, durch einen Schlag der Bremse, durch das Entgleisen eines Wagens oder beim Ausweichen durch ein fremdes Fahrzeug verletzt. Nur 2 blieben unversehrt; je 3 erlitten leichte oder schwere Verletzungen, 2 den Tod, 2mal blieb der Ausgang unsicher.

In Hamburg wurde für 2 das Scheuen der Pferde vor einem nahenden Dampfwagen die Veranlassung, 1 traf der Herzschlag infolge Ueberanstrengung beim Nachlaufen eines Wagens; 1 Greisin fiel vor Schreck über das Herannahen eines Wagens um, je 1 Person wurde durch ein abgespanntes Pferd umgerissen, durch ein Brett getroffen, welches unter einen entgleisten Wagen geschoben werden sollte, fiel über die Schienen. Nur 2 blieben unverletzt, 3 wurden leicht, je 1 schwer und tödtlich verletzt.

In Breslau sind 5 un-, 4 leicht, 1 schwer und 1 unbestimmt verletzt. 5 waren beim Ausweichen umgerissen bezw. gefallen, je 1 von einem Hunde bezw. seinem eigenen Handwagen umgerissen, durch die Bremskurbel an die Backe getroffen, von einem Rollkutscher mit der Peitsche geschlagen, von einem vorüberfahrenden Rollwagen bezw. beim übermüthigen Nebenanlaufen gefallen.

In ähnlicher Weise gestalteten sich die Unfälle in Leipzig, Dortmund und Gladbach, von denen je 1 tödtlich und leicht, 2 schwer verlaufen sind, sowie in den oben S. 126 zusammengestellten Betrieben. Denn je 2 Kinder wurden von ihren Spielgefährten in die Pferde gestoßen, hatten sich am Straßenbahnwagen angehängt oder waren neben demselben hergelaufen. Infolge zu großer Annäherung an Pferde sind von solchen 2 gebissen und 3 geschlagen. Durch das Scheuen ihrer Pferde vor herannahenden Dampfwagen sind 3 Personen vom Wagen, 2 Reiter vom Pferde geworfen; 3 Fußgänger wurden von durchgehenden Pferden umgerannt. Je 1 verunglückte, weil ein absteigender Fahrgast und ein fallendes Pferd auf ihn fiel. 3 wurden durch fallende Gegenstände, 2 durch Glassplitter je einer eingeworfenen Scheibe verletzt. Bei der Entfernung von Gegenständen, welche sich auf dem Gleise befanden, kamen 3, beim Spielen an der Bremse 2, beim Entgleisen 2, infolge Krankheit 2 zu Schaden. Eine Frau, welche zu ihrem Schutze vor dem Ueberfahrenwerden vom Schienenwege zurückgerissen wurde, fiel hierbei und ein Mann bei dem Nachlaufen zur Erde. Ein anderer verletzte sich beim Umfallen seines Dreirades, als er einem Pferdebahnwagen ausweichen wollte. In 10 weiteren Fällen soll sinnlose Trunkenheit der Unfallsgrund gewesen sein. Der Ausgang dieser Unfälle ist S. 126 ersichtlich.

Mindestens 8 Fälle sind in mittelbarer Folge des Dampfbetriebes, nämlich 6 durch Scheuen der Pferde beim Anblick der Dampfmaschine, und je 1 durch Schreck bei deren Anblick, sowie beim Hinwegziehen von den Schienen entstanden. Von den 11 Trunkenen sind 10 bei Maschinen- und nur 1 bei Pferdebetrieb verunglückt.

3. Einfluß übende Nebenumstände.

§ 38. Wagenbeschaffenheit.

Die Einrichtung der in den deutschen Straßenbahnbetrieben benutzten Wagen ist keine einheitliche[1]). Ueberwiegend sind geschlossene Wagen im Gebrauche, welche vielfach jedoch auf dem Verdecke noch Sitzplätze und fast ausnahmslos vor und hinter dem Wagenkasten eine offene und zu Stehplätzen eingerichtete Platte (Perron) haben. Meist sind sie nur vom Hinterperron aus besteigbar, vereinzelt darf Ab- und Zusteigen jedoch gleichfalls vom Vorderperron aus geschehen. Wagen, welche von der Seite zu besteigen und zu verlassen sind, kommen nur in einzelnen Betrieben vor. Die Gelegenheit, von vorn oder der Mitte des Wagens im Fahren zu- oder abzusteigen, giebt Manchem Anlaß solches zu thun. Um das Zu- oder Absteigen während der Fahrt zu verhindern, werden vereinzelt die Eingänge zu beiden Seiten verschlossen gehalten. Ueberwiegend bleibt jedoch der Hinterperron bald nur an der rechten Seite, bald zu beiden Seiten, in manchen Betrieben sogar die rechte Seite des Vorderperrons offen. Danach gestaltet sich die Möglichkeit, während der Fahrt vom Wagen herab auf den Straßendamm zu gelangen, verschieden.

Die Ansichten der Behörden über die Ersprießlichkeit der verschiedenen Maßnahmen zur Verhütung von Unfällen weichen ab und haben im Zeitenverlaufe vielfach gewechselt[2]). Die Feststellung, nach welchen Gesichtspunkten behördlicherseits zu verfahren sein dürfte, ist sicher keine müßige. Wo Doppelgeleise bestehen, birgt das Absteigen nach dem Nebengleise noch dazu die Gefahr, von kreuzenden Wagen erfaßt zu werden, weshalb Anlaß sein möchte, den Verschluß nach dieser Seite zu fordern. Umgekehrt schneidet dessen Vorhandensein aber wieder die Möglichkeit ab, sich vor kreuzenden Wagen, zwischen die man zu gerathen droht, von der Straße aus auf den Perron zu retten, und bewirkt infolge Anpralls das Herabfallen derer, welche den Verschluß übersehend den Wagen im

---

1) Oben § 27 S. 107.

2) K. Hilse: Haftpflicht § 23 S. 97; oben § 27 S. 110.

Fahren zu besteigen versuchen. Entsprechend kann die selbst schon gerichtsseitig erkannte [3]) größere Gefahr, welcher sich die im Fahren vom Vorderperron aus Zu- oder Absteigenden aussetzen, Anlaß sein, hier einen Verschluß zu fordern oder die Benutzung der seitwärts besteigbaren Wagen gänzlich zu untersagen. Unter so bewandten Umständen mögen auch nach dieser Richtung die Zahlen sprechen.

Die Benutzung von Decksitzen birgt keine nennenswerthe Gefahr [4]). Denn die Unfälle durch Herabfallen vom Deck sind sehr selten, und überdies ausnahmslos auf das Wagniß zurückzuführen, im Fahren abzusteigen. Ziffern liefern die Berliner und Hamburger Betriebe.

Wünschenswerth wären Beobachtungen nach allen vorberegten Gesichtspunkten gewesen. Die Beschaffenheit der eingegangenen Nachrichten hat solches nicht erreichen lassen. Ueber seitwärts besteigbare Wagen fehlen die Angaben gänzlich; über die anderen Wagengattungen und -einrichtungen [5]) sind sie nur aus den Berliner Betrieben genau und zuverlässig genug, um als Unterlage zu maßgebenden Schlüssen verwendbar zu sein, ob die Einrichtung der Wagen und der Gitterverschluß eine Gefahrenzu- oder -abnahme birgt. Nach manchem Wechsel der behördlichen Anschauung hat hier nämlich seit August 1885 die rechte Seite des Vorderperrons während der Fahrt offen zu bleiben. Das Gegenüberstellen der Unfallsziffer in den 3 Unfallsarten, des Zu- und Absteigens im Fahren, sowie des Fallens vom Wagen während der Fahrt je nachdem, ob der Vorgang sich vom Vorder- oder vom Hinterperron aus vollzogen hat, liefert folgendes Bild [6]):

---

[3]) Urt. d. R.G., d. O.L.G zu Hamburg, d. L.G. I zu Berlin oben § 26 S. 96 Anm. 3.

[4]) d. h. für Fahrgäste nach oben § 27 S. 109 und unten S. 159, wohl aber für die Schaffner und Kontroleure, die während der Fahrt sie dienstlich zu besteigen und verlassen haben.

[5]) Unfälle infolge Umwechselns der Sitzplätze oben § 29 S. 123.

[6]) Diese Gegenüberstellung umfaßt sämmtliche in den drei Berliner Betrieben seit dem 25. August 1885 bis 31. Dezember 1888, also während etwa $3^1/_3$ Jahren, eingetretenen Fälle, wobei noch dazu in dem Betriebe der Berliner Pferdeeisenbahn-Gesellschaft das Verbot des Gitterverschlusses nicht besteht, also diesbezügliche Unfälle vom Vorderperron aus unmöglich sind. Vgl. übrigens K. Hilse: Haftpflicht § 23 S. 97; Betriebsunfälle § 9 S. 23. 26.

		Zahl der Verletzten			Ausgang der Verletzung							
					nicht verletzt		leicht verletzt		schwer verletzt		tödtlich verletzt	
		m.	w.	überhaupt	m.	w.	m.	w.	m.	w.	m.	w.
Absteigen.												
Vorderperron	abs.	267	99	366	158	66	71	26	35	6	3	1
	%	27.55	11.87	20.30	43.18	18.03	19.40	7.10	9.56	1.64	0.82	0.27
Hinterperron	abs.	702	735	1437	[3] 496	540	[1] 199	187	7	8	—	—
	%	72.45	88.13	79.70	34.52	37.58	13.85	13.00	0.49	0.56	—	—
Zusammen	abs.	969	834	1803	654	606	270	213	42	14	3	1
	%	76.42	81.53	78.69	36.27	33.61	14.97	11.82	2.33	0.77	0.18	0.05
Aufsteigen.												
Vorderperron	abs.	97	15	112	56	8	30	4	10	3	1	—
	%	32.44	7.94	22.95	50.00	7.14	26.80	3.57	8.92	2.68	0.89	—
Hinterperron	abs.	202	174	376	[2] 136	136	[2] 61	36	5	1	—	1
	%	67.56	92.06	77.05	36.18	36.18	16.22	9.57	1.33	0.26	—	0.26
Zusammen	abs.	299	189	488	192	144	91	40	15	4	1	1
	%	23.58	18.47	21.31	39.34	29.51	18.65	8.20	3.08	0.82	0.20	0.20
Beides.												
Vorderperron	abs.	364	114	478	214	74	101	30	45	9	4	1
	%	28.71	11.14	20.86	44.77	15.48	21.13	6.27	9.41	1.88	0.84	0.22
Hinterperron	abs.	904	909	1813	632	676	260	223	12	9	—	1
	%	71.29	88.86	79.14	34.86	37.28	14.35	12.30	0.66	0.50	—	0.05
Zusammen	abs.	1268	1023	2291	846	750	361	253	57	18	4	2
	%	55.35	44.65	100.00	36.93	32.74	15.76	11.05	2.49	0.78	0.17	0.08
Fallen vom Wagen.												
Vorderperron	abs.	76	9	85	41	5	26	4	9	—	—	—
	%	43.93	37.50	43.15	48.24	5.88	30.58	4.71	10.59	—	—	—
Hinterperron	abs.	97	15	112	[1] 48	10	[3] 40	4	[2] 9	1	—	—
	%	56.07	62.50	56.85	42.86	8.92	35.72	3.57	8.04	0.89	—	—
Zusammen	abs.	173	24	197	89	15	66	8	18	1	—	—
	%	87.82	12.18	100.00	45.18	7.62	33.50	4.06	9.14	0.50	—	—

1) Darunter 1 vom Decksitz.
2) » 2 » »
3) » 3 » »

Von 2291 durch Ab- und Aufsteigen Verunglückten entfallen nur 478 = 20,86 % auf Vorderperron- und 1813 = 79,14 % auf Hinterperronfahrgäste. Der Zu- und Abstieg von hier erfolgt aber zweifellos wenigstens 10 Mal öfter als von dort. Während durchschnittlich bloß 0,25 % tödtlich, 3,27 % schwer, 26,81 % leicht verletzt wurden und 69,67 % unverletzt geblieben sind, fällt die letztere Ziffer bei Vorderperrongästen auf 60,25 %, um bei Hinterperronfahrgästen auf 72,14 % zu steigen. Umgekehrt machen bei ersteren die Getödteten 1,06 %, Schwerverletzten 11,29 %, Leichtverletzten 27,40 %, bei letzteren dagegen nur 0,05 %, 1,16 %, 26,65 % aus. Dies spricht unwiderlegbar für die größere Gefährlichkeit des Ab- und Zusteigens vom Vorderperron wie vom Hinterperron.

Vom Vorderperron abzusteigen erscheint im Ausgange kaum gefährlicher[7]) als das Zusteigen. Hier ereigneten sich 1, dort 4 Todesfälle, führten 11,60 % dort 11,70 % zu einer schweren, hier 30,37 % dort 26,50 % zu einer leichten Verletzung und sind überhaupt nur 57,14 % gegen 61,21 % Verunglückte unversehrt geblieben.

Die Gefahr, beim Ab- oder Zusteigen tödtlich verletzt zu werden, erscheint bei der Vornahme vom Vorderperron aus einundzwanzigmal größer als vom Hinterperron (1,06 % und 0,05 %), schwer verletzt zu werden noch zehnmal (11,29 % gegen 1,16 %), die Aussicht unverletzt zu bleiben dagegen (60,25 gegen 72,14) um 1/5 geringer.

Ist das Zu- und Absteigen für Frauen an sich schon gefährlicher als für Männer, so nimmt die Gefahr bei Vornahme vom Vorderperron noch erheblich zu. Denn unter 10 000 Frauen sind tödtlich verletzt 88 gegen 11, schwerverletzt 790 gegen 99, leicht verletzt 2631 gegen 2453, unverletzt geblieben blos 6491 gegen 7437.

Beim Fallen vom Wagen scheint allerdings kein wesentlicher Unterschied obzuwalten. Denn durchschnittlich 52,80 % Unverletzten, 37,56 % Leicht-, sowie 9,64 % Schwerverletzten stehen einerseits 54,12 %, 35,29 %, 10,59 %, andererseits 51,78 %, 39,29 %, 8.93 % gegenüber. Da indeß 43,15 % vom Vorder-, 56,85 %

---

7) K. Hilse: Haftpflicht § 23 S. 100; Betriebsunfälle § 9 S. 23.

vom Hinterperron gefallen sind, der erstere indeß selbst bei schönem Wetter schwächer als der letztere und bei schlechtem nur als Nothbehelf benutzt wird, so tritt zweifellos das Herabfallen vom Vorderperron im Vergleich zu dessen Fahrgästezahl weit öfter als vom Hinterperron ein. Vielleicht wirkt der Stoß, den die Wagen beim Durchfahren von Kurven, beim heftigen Anbremsen, beim Entgleisen oder infolge sonstiger plötzlicher Vorkommnisse erleiden, hier kräftiger. Ueberdies finden die an der Wagenwand Stehenden bei dem Vornüberfallen keinen Gegenhalt, welchen für die mit dem Rücken an der Perronlehne stehenden Hinterperrongäste der Wagenkasten bietet.

Aus den auswärtigen Betrieben ließen sich ähnliche Erhebungen nicht gewinnen[8]). Bei Wagen, die von der Seite besteigbar sind und zugleich vielleicht offen bleiben, liegt die nämliche Gefahrenmöglichkeit und deshalb muthmaßlich der gleiche Gefahreneintritt vor. Vielleicht bringen spätere Untersuchungen hierüber Klarheit, indem die Erkenntniß der Verwerthbarkeit diesbezüglicher Erhebungen die maßgebenden Betriebe zu deren Vornahme veranlaßt.

§ 39. Die Triebkraft.

Das gegenwärtig vorherrschende Bestreben, den thierischen durch Maschinen-Betrieb zu ersetzen, legt die Frage nahe, wie die Sicherheit und Annehmlichkeit des Straßenverkehres bei Einführung bezw. weiterer Ausdehnung des Maschinen- (Kabel-, Dampf- oder elektrischen) Betriebes sich wohl gestalten wird. In Amerika sollen angeblich[1]) die Betriebsunternehmer in der Mehrzahl sich

---

[8]) Vergl. jedoch oben § 27 S. 113.

[1]) Nach der Zeitschr. f. Transportw. VI 154 sollen in den Vereinigten Staaten bereits 58 Strecken mit 496 Km. Gleislänge 424 elektrische Maschinen — theils zugleich mit Thierkraft — benutzen und 33 weitere Strecken mit 354 Km. für die Verwendung von 287 elektrischen Lokomotiven hergerichtet werden. — Eine Erhebung des Street Railway Journal soll nach der Straßenbahn V 155 dahin ausgefallen sein, daß von den angefragten Betriebsunternehmern 16 % eine Antwort vorenthalten, 18 % sich für thierischen, 16 % für mechanischen, 16 % für Kabel- oder Dampf- und 34 % für elektrischen Betrieb entschieden haben. Die Ziffer der befragten Betriebsunternehmer fehlt in der Mittheilung.

für die Ausdehnung des mechanischen und Einschränkung des thierischen Betriebes entschieden und dabei von den verschiedenen mechanischen Triebkräften der Elektrizität den Vorzug zugestanden haben. Daß die Sicherheitsbehörden oder die Bevölkerung dem zugestimmt hat, verlautet bisher jedoch nicht. Ueberdies stehen jene Mittheilungen mit den diesseitigen, auf sorgfältigen Ermittelungen[2]) beruhenden Erhebungen vielfach in Widerspruch, erscheinen aus begleitenden Nebenumständen nicht unbedenklich, stützen sich überdies blos auf Urtheile und Erwartungen, statt auf gewonnene Erfahrungen. Das Mißtrauen an ihrer Zuverlässigkeit wird dadurch nicht gemindert, daß der Ursprung dieser Nachrichten in Blättern[3]) zu suchen ist, welche für Verwerthung der Elektrizität wirken. Immerhin ist das nicht ableugbare Bestreben, die thierische Triebkraft zu verdrängen, genügender Beweggrund, die diesbezüglichen Beobachtungen aus dem Bereiche der deutschen Betriebe mitzutheilen.

In Deutschland bestehen mechanische Betriebe nur in beschränktem Umfange[4]). Die Ziffer der durch Verwendung mechanischer Kraft gemachten Fahrten, zurückgelegten Nutzkilometer, beförderten Fahrgäste und verursachten Unfälle ist aus dem Bereiche derjenigen Betriebe, welche beiderlei Kräfte benutzen, mit Zuverlässigkeit nicht zu ermitteln gewesen. Danach fehlt es an sicheren Grund- und maßgebenden Verhältnißzahlen. Dagegen steht fest, daß in mechanischen Betrieben die einzelnen Unfälle verhängnißvoller verlaufen sind, als die Durchschnittssumme bei thierischer Triebkraft nachweist. Unfälle, von denen gleichzeitig mehrere Personen betroffen sind, fallen überwiegend auf Rechnung der mechanischen Betriebe. Auch sind bereits mittelbare Unfälle durch Scheuwerden der Pferde beim Anblick von Maschinen festgestellt[5]). Im Zeitenverlaufe gewöhnen die

[2]) Oben § 9 S. 24. 25, wo übrigens in Spalte 1 statt 960 zu lesen ist 558; ebenso ist S. 16 Anm statt 990 zu setzen 960.

[3]) Nämlich: Electrical Engineer und Electrot. Echo.

[4]) Oben § 9 S. 19 Anm. 3 4. Vorübergehend und versuchsweise hatte in Berlin die Berliner Pferdeeisenbahngesellschaft elektrischen Betrieb von Charlottenburg nach Westend und Dampfbetrieb vom Brandenburger Thor nach Charlottenburg, sowie die Große Berliner Pferdeeisenbahn-Aktiengesellschaft einen Dampfbetrieb zwischen dem Schönhauser Thor und Pankow eingerichtet. Beide haben ihn bald wieder eingestellt.

[5]) Oben § 28 S. 117 Anm. 3, § 35 S. 155, 156.

Pferde sich vielleicht an den Anblick der Maschinen und nimmt die Sorgfalt ihrer Führer im Fahren zu, doch ist dabei nicht zu übersehen, daß alljährlich in größerer Anzahl junge Pferde von außerhalb zum Ersatze ausgedienter eintreten, bei denen das Eingewöhnen sich erst vollziehen muß, sodaß höchstens eine Minderung, damit jedoch noch kein Ausbleiben derarter Unfälle künftig wahrscheinlich ist. Daß diese Erwartung sich erfüllen muß, ist ziffermäßig aber bisher nicht zu erweisen gewesen. Wenn nach irgend welcher Richtung eine Verschärfung gewissenhafter und sorgsamer Beobachtungen angezeigt ist, so trifft solches ganz gewiß bezüglich der Verwerthung mechanischer Triebkräfte zu. Denn nicht blos behördlicherseits, sondern auch beim größeren Theil der Ortsbevölkerung herrscht die Besorgniß vor, daß mechanische Triebkraft die Sicherheit und Annehmlichkeit des Straßenverkehres besonders in Großstädten und bei dichter Bevölkerung allzusehr gefährdet, um zugelassen werden zu dürfen[6]). Zu seiner Beseitigung reicht das Bestreiten nicht aus. Ziffermäßig muß die Unstichhaltigkeit behördlicher Weigerungsgründe nachgewiesen werden, um mit Erfolg die Untersagung mechanischer Triebkraft anzufechten und die Kraftloserklärung diesbezüglicher Polizeiverfügung herbeizuführen. Danach wäre es Pflicht, aus dem Bereiche mechanischer oder gemischter Betriebe möglichst zuverlässige Erhebungen und richtige Berichte herbeizuführen.

§ 40. Die Schaffnerbegleitung.

Wiederholt sind die Gerichtshöfe bereits mit der Frage behelligt worden, ob ein Obhutsverhältniß der Begleitmannschaft von Straßenbahnwagen den Fahrgästen gegenüber besteht, bezw. geboten sei und deshalb das Nichtzurückhalten eines Fahrgastes von seinem eine Unfallsgefahr bergenden Vorhaben ein zum Ersatz verpflichtendes Verschulden herstelle[1]). Sie ist zu verneinen, überwiegend verneint worden und wird später eingehende Behandlung finden. Hier

---

[6]) Fuhrhalter V 22. 23. 24; Straßenbahn II 179 ff. 185. 189.

[1]) K. Hilse: Stehen Fahrgäste der Straßenbahnen unter der Obhut der Schaffner? i. d. Selbstverwaltung XV 345, Zeitschr. f. Transportw. VI 159, Straßenbahn I 262; Verstadtlichung § 13 S. 36.

bleibt nur zu bemerken, daß in den deutschen Betrieben zur Zeit bloß wenige[2]) ohne einen Schaffner fahren lassen, welcher das Fahrgeld erhebt, das Zu- und Absteigen regelt, sich meist auf dem Hinterperron aufhält und deshalb an sich geeignet sowie in der Lage ist, gewisse Gefahren zu verhindern. Sobald dem Fahrer nebenbei die Beaufsichtigung des Zu- und Absteigens obliegt, ist seine Aufmerksamkeit getheilt und deshalb die Wahrscheinlichkeit größer, daß die Sicherheit des Straßenverkehres durch ihn leidet. Ein am Hintertheil sich vollziehender Vorgang entgeht ihm leichter und länger z. B. das Hinfallen und Geschleiftwerden eines Zusteigenden, Gegenmaßnahmen wie Bremsen werden verspätet und das Uebel dadurch vergrößert. Deshalb sind Fahrgäste und Straßenverkehr durch diese — vielleicht nicht einmal richtigen Sparsamkeitsrücksichten entspringende — Betriebsweise mehr gefährdet, als wenn die verschiedenen Verrichtungen auf zwei Personen vertheilt sind, ohne daß man gerade nöthig hat, von der Annahme eines Obhutsverhältnisses zwischen Begleitmannschaft und Fahrgast auszugehen. Wenn behördlicherseits, wozu für Preußen A.L.R. II. 17 § 10 eine Handhabe bietet, die Mitnahme von Schaffnern verlangt wird und seitens der Versicherungsgesellschaften die ohne Schaffner fahrenden Betriebe in eine höhere Gefahrenklasse gesetzt werden, ist solches nicht bedingungslos zu verwerfen. Die nur geringe Zahl derartiger Betriebe in Verbindung mit der Wahrscheinlichkeit, daß die von ihnen eingegangenen Unfallsziffern[3]) zu klein sein werden, weil der Unfallseintritt nicht allein den Kutschern leicht entgehen, sondern infolge der fehlenden Kontrolle auch leicht verheimlicht werden konnte, hat das Erbringen eines Zahlenbeweises nach der einen oder anderen Richtung bisher vereitelt.

§ 41. Witterungsverhältnisse.

Die Witterungsverhältnisse können in mehrfacher Hinsicht auf die Gefahrengestaltung wirken. Bei Regen und Schnee ist der Schienenweg und Straßenkörper glatt und damit ein Nebenum-

[2]) z. B. Görlitz, Lübeck, Rostock sowie Berlin zwischen Müllerstraße und Dalldorf.

[3]) Oben § 27 S. 114.

stand geschaffen, welcher der nämlichen Handlung einen anderen Ausgang giebt, als wenn sie bei trockener Witterung vollzogen wäre. Schneegestöber, Regen, Nebel beeinflussen gleichzeitig die Beleuchtungsverhältnisse und trüben das Sehvermögen. Sie können die Fahrer in ihren Verrichtungen unsicher machen, den Führern sonstiger Fahrzeuge das Erkennen der Straßenbahnwagen erschweren und deshalb das rechtzeitige Abbiegen vereitelnd zu einem Zusammenfahren Anlaß werden. Nicht minder bewirken sie für Fahrgäste oder Straßengänger eine nachtheilige Abnahme des Aufmerksamkeitsgrades auf den Straßenverkehr.

Unter so bewandten Umständen wäre es sicher verdienstlich und vortheilhaft gewesen, wenn eine dahin gehende Beobachtung mit einer gewissen Vollständigkeit und Zuverlässigkeit sich hätte gewinnen lassen. Der Versuch wurde zwar gemacht, mußte indeß als erfolglos aufgegeben werden, weil die Zahl der heiteren, trüben und gemischten Tage und ebenso dieser, an welchen Regen, Schnee, oder Beides, Hagel, Nebel, Gewitter stattgefunden haben, mit genügender Sicherheit für die einzelnen Orte nicht zu erlangen war. Auch würde es vielfach auf die Tagesstunden und den Grad der Witterungserscheinung angekommen sein. Für Berlin ließen sich allerdings 1888 nur 9,83 % gegen 18,63 % in 1887 heitere, 58,19 % gegen 55,68 % trübe und 31,96 % gegen 26,30 % gemischte Tage ermitteln. Würde man nun selbst die Unfälle während dieser beiden Jahre hiernach vertheilt haben, so würde wegen der kurzen Beobachtungszeit und daß nur ein Ort hierfür verfügbar gewesen, dem gewonnenen Ergebniß keine große Beweiskraft zur Seite stehen.

Den diesbezüglichen Gesichtspunkten wird indeß für die in Aussicht genommene Weiterarbeit: »Das Verkehrsgesetz im Straßenbahnbetriebe« eine sachgemäße Aufmerksamkeit geschenkt werden, weil naturgemäß der Verkehr bei guter Witterung sich anders als bei ungünstiger gestaltet, nämlich ein plötzlicher Schneefall, ein Platzregen, Gewitter oder Hagelschlag unvorhergesehene Verkehrsabweichungen zurfolge hat, und damit umgekehrt den Betriebsleitern Anlaß bieten muß, sachgemäße Gegenvorkehrungen, welche das Einhalten des Fahrplanes ermöglichen, vorbereitend zu treffen.

§ 42. Jahreszeit.

Die Jahreszeit kann nicht ohne jeden Einfluß auf die Gefahrenhöhe bleiben; nicht allein die Dichtigkeit des Verkehres hängt davon ab, sondern es werden auch gewisse Betriebsstörungen und Gestaltungen dadurch verursacht. Uebergroße Kälte hält vom Fahren ab, während große Hitze die Wagenbenutzung befördert. Bei Glätte ist die Bewegung auf dem Straßendamm gefährlicher, fallen die Fußgänger, besonders wenn sie ihre Gangart beschleunigen, leichter und lassen sich die Wagen durch Bremsen schwerer zum Stehen bringen.

Um diesbezügliche Beobachtungen zu ermöglichen, sind die Unfälle der einzelnen Jahre und Hauptbetriebe auf die Monate vertheilt[1]). Hierbei hat sich indeß gezeigt, daß innerhalb der einzelnen Jahre die einzelnen Monate in völlig verschiedenen Verhältnissen an der Gesammtsumme betheiligt sind. Im siebenjährigen Durchschnitte folgen sich z. B. in Berlin: Oktober, November, August, September, Dezember, Juni, Juli, Mai, März, April, Januar, Februar. In München dagegen: Mai, Juni, August, Juli, September, April, Oktober, Dezember, März, Januar, Februar, November. In Breslau zeigt Februar die niedrigste Ziffer; es schließen sich an: Januar, Oktober, März, November, April, September, Dezember, Juli, August, Juni, Mai. Die Kölner Reihenfolge ist von unten: Januar, Februar, April, Mai, Oktober, Dezember, November, September, März, August, Juni, Juli. In Hamburg sind Januar, Februar, Juli gleich, wonächst sich in steigender Folge anschließen: März, April, Juni, Oktober, August, Mai, Dezember, September und November.

Diese Ziffernunterschiede für sich allein sowie mit Rücksicht darauf, daß jeder Betrieb in den einzelnen Jahren eine völlig andere Reihenfolge zeigt, beweist bereits, daß die Jahreszeit nur in Wechselwirkung mit anderen begleitenden Umständen wirkt, bezw. durch solche in ihrer Wirkung beeinflußt wird. Demgemäß verbietet sich zur Zeit noch ein endgiltiges Urtheil über den Ein-

[1]) Oben S. 71, 74—85, 128.

fluß der Jahreszeiten auf die Unfallsgefahr. Die bisherigen Beobachtungen gestatten indeß schon einen gewissen, später zu erörternden Anhalt dafür, ob und wodurch das blinde Walten der Jahreszeiten geregelt werden kann.

§ 43. Tageszeit.

Der Straßenverkehr ist erfahrungsgemäß in den verschiedenen Tageszeiten kein gleicher. Der Beginn und Schluß der Geschäftsstunden oder ortsüblichen Erholungszeiten, ebenso Anfang und Ende von Gottesdienst oder Schaustellungen[1]), bewirken vorübergehend einen Andrang zu vorhandenen Fahrgelegenheiten, ein Uebergewicht der Nachfrage gegen das Angebot, um bald darauf einem Stillstande Platz zu machen. Bei großem Andrange vollzieht sich naturgemäß die Besetzung und Entleerung der Fahrzeuge in größerer Hast, mit geringerer Vorsicht und deshalb mit erhöhter Gefährlichkeit. Bei Geschäftsbesorgungen pflegt man überdies in der Zeit mehr beschränkt und deshalb zum übereilten Gehen auf der Straße, sowie beim Zu- oder Absteigen leichter geneigt zu sein. Deshalb ist anzunehmen, daß den Erwachsenen die Hauptgeschäftszeit mehr Unfälle bringen wird als Geschäftsruhe. Umgekehrt werden die Unfälle der Kinder überwiegend auf schulfreie Zeiten, insbesondere auf die Stunden unmittelbar nach dem Schlusse des Unterrichts fallen, wenn sie des Schulzwanges ledig, Freiheit und Uebermuth zügellos walten lassen. Das Zutreffen dieser Annahme läßt sich gegenwärtig ziffermäßig noch nicht mit Sicherheit nachweisen. Einmal ist der Anfang und Schluß der Schulstunden, bezw. der Geschäftsthätigkeit für die einzelnen Betriebsorte zuverlässig nicht zu ermitteln gewesen. Ueberdies traten derarte Verschiedenheiten für die einzelnen Berufsfächer innerhalb des nämlichen Ortes zu Tage, daß sich eine genügende Unterlage zu Schlußfolgerungen umsomehr entzog, als blos in einer verschwindend kleinen Fällezahl der Beruf[2]) der Verunglückten und die Verrichtungen

[1]) K. Hilfe: Sonntagsruhe S. 31; Verstadtlichung § 18 S. 52.

[2]) Aus diesen Gesichtspunkten verbot sich die Unterscheidung der Verunglückten nach ihrem Gewerbe oder Berufe, obschon kaum zu bezweifeln ist,

bekannt wurden, bei deren Ausübung sie sich auf dem für sie verhängnißvollen Ausgange befunden haben. Aus diesem Gesichtspunkte wurde von einer Vertheilung auf die Tagesstunden innerhalb der einzelnen Monate noch Abstand genommen[3]). Dieser nach Tages- und Abendlicht in § 44 liegen andere Erwägungen zugrunde.

§ 44. Beleuchtungsverhältnisse.

Die Beleuchtungsverhältnisse sind von erheblichem Einflusse auf die Gestaltung der Unfallsgefahr nach ihrem Eintritt und Ausgange. Unverkennbar wird die größere oder geringere Sicherheit, mit welcher man den Straßenkörper und etwaige auf demselben liegende bezw. nahende Hindernisse zu unterscheiden vermag, einer bestimmten Handlung die Möglichkeit erhalten oder benehmen, sich innerhalb der beabsichtigten Grenze zu vollziehen, bezw. in einer unvorhergesehenen Weise auszuschlagen. Werden auf dem Straßenkörper liegende Gegenstände (z. B. Körner, Schalen) übersehen, so kann das Auftreten darauf gefahrbringend wirken, indem die erforderliche Sicherheit verloren geht, und der Absteigende deshalb leicht hinfallen. In erhöhtem Grade begünstigen schlechte Beleuchtungsverhältnisse das Zusammenfahren mehrerer Fahrzeuge oder das Ueberfahren von Straßengängern, weil beiderseits das Vermögen, die nahenden Hindernisse rechtzeitig zu erkennen und ihnen auszuweichen, geschwächt wird. Deshalb verdienen die Beleuchtungsverhältnisse volle Aufmerksamkeit, welche ihnen auch, soweit solches nur immer angänglich gewesen, in vollem Maße zu Theil geworden ist. Denn fast durchweg ist eine diesbezügliche Scheidung der Fällezahlen durchgeführt[1]). Allerdings hat nur die Trennung nach Tageslicht und Abendbeleuchtung vorgenommen werden können, während die Art der letzteren Beleuchtung (Gas, Elektricität, Petroleum, Oel) bei der Unbestimmtheit der diesbezüglichen Nachrichten und,

---

daß die Angehörigen des einen Zweiges vor diesen der anderen mehr gefährdet sein mögen.

[3]) K. Hilse: Haftpflicht § 31 S. 132. 133.

[1]) Oben § 22 S. 75—85, § 24 S. 92, § 26 S. 97, 99—104, § 27 S. 108, 111—114, § 28 S. 117, § 29 S. 122, § 31 S. 128, § 34 S. 134, § 35 S. 143—148, § 36 S. 150, § 37 S. 154.

da in einzelnen Orten verschiedene Beleuchtungsarten nebeneinander bestehen, nicht festzustellen war. Ebensowenig konnten die Beleuchtungsstörungen infolge Nebel, Regen oder Schneegestöber Berücksichtigung finden.

Den Fällen bei Abendlicht sind alle beigezählt worden, welche nach Beginn der ortsüblichen Zeit für das Anzünden der Straßenbeleuchtungskörper eingetreten sind. Allerdings birgt unverkennbar gerade die Uebergangszeit von der einen zur anderen Beleuchtungsart wegen des dann bestehenden Zwielichtes eine besondere Gefährlichkeit. Die Unsicherheit der diesbezüglichen Angaben hätte indeß kein zuverläßiges, untrügliches Bild des thatsächlichen Zustandes gewinnen lassen, sodaß von dem Ausscheiden der beregten Fälle zu einer besonderen Beleuchtungsklasse Abstand genommen wurde, um verhängnißvollen Trugschlüssen und etwaigen darauf zu stützenden behördlichen Gegenmaßnahmen vorzubeugen.

Durch die gegebenen Zahlen, wie sich die Unfälle ziffermäßig auf Tag und Abend vertheilen, ist noch nicht gar zu viel erreicht. Denn nirgendsher ließ sich ziffermäßig ermitteln, wie oft Vorgänge der schließlich zu Unfällen ausgeschlagenen Art z. B. Ab- und Zusteigen im Fahren bei Tage oder bei Abend vorgenommen zu werden pflegen, wie sich also das Verhältniß zwischen ihnen stellt. Sogar nicht einmal der Verkehrsunterschied durch die Zahl der Fahrten, Personen und Nutzkilometer, welche auf die eine oder andere Beleuchtungsart entfallen, konnte ziffermäßig festgestellt werden, weil die dafür benöthigte Zeit mangelte und die verfügbaren Unterlagen (tägliche Fahrzettel) theilweis nicht mehr vorhanden sind.

Somit fehlen wesentliche Unterlagen zu sachgemäßen Vergleichen und folgeweise nothwendige Glieder in der Kette zu richtigen Folgerungen. Die Verwerthung der gefundenen Ziffern beschränkt sich auf den Vergleich, ob der Verlauf eines Unfalles verhängnißvoller wird, jenachdem zu welcher Tageszeit er sich vollzieht. Soweit diesbezügliche Zusammenstellungen[2]) noch fehlen, sind sie unschwer aus den gebotenen Ziffern zu gewinnen.

---

[2]) Bezüglich des Ab- und Zusteigens oben § 26 S. 106.

§ 45. Sonn- und Werktag.

Im Wege der polizeilichen Verordnung ist bereits die Einführung der Sonntagsruhe und des Normalarbeitstags für das Straßenbahngewerbe versucht worden[1]). In Preußen würde sie die polizeilichen Befugnisse überschreiten und keine Bestandsfähigkeit haben, sobald sie sich nicht auf A.L.R. II 17 § 10 zu stützen vermag[2]). Eine ziffermäßige Feststellung, ob die Unfallsziffern an Werktagen niedriger als an Sonn- oder Festtagen sind, würde nicht ohne Werth sein. Wen immer die Beweislast über die Gefährlichkeit des Sonntagsbetriebes trifft, ob die Polizei das Obwalten oder der Betriebsunternehmer das Fehlen[3]) zu beweisen hat, in beiden Fällen ist ein ziffermäßiges Beweismaterial ersprießlich. Leider hat sich ein Solches nicht erbringen lassen. Zwar kennt man die Ziffer der Beförderten an Sonn- und Werktagen und ebenso der Verunglückten für 2 Berliner Betriebe. Gleichwohl liefern sie keine Unterlage in der gewünschten Richtung.

§ 46. Das Geschlecht.

Die fast durchweg durchgeführte[1]) Trennung der Verunglückten nach deren Geschlecht wird vielleicht künftigen Bearbeitern aufgrund fortgesetzter Beobachtungen eine schätzbare Unterlage für ihre Feststellungen bieten. Gegenwärtig ist die Ausbeutung gering. Zwar ist nicht zu verkennen, daß das Betheiligungsverhältniß beider Geschlechter nicht bloß bei den Unfallsarten, sondern auch bei dem Ausgange der Schuldfrage und anderweit ein verschiedenes ist. Da indeß die Straßen- oder Straßenbahnbenutzung seitens der beiden Geschlechter ziffermäßig nicht feststeht, man also nicht weiß, ob

---

[1]) K. Hilse: Sonntagsruhe und Normalarbeitstag im Straßenbahngewerbe (Berlin 1889).

[2]) Parey in der Selbstverwaltung XVI. 27.

[3]) Dies meint Zeller in der Darmstädter Zeitung gegen K. Hilse. Warum sollte jedoch die Polizei eines Beweises überhoben sein, daß die thatsächlichen Voraussetzungen zu ihrem Eingreifen vorliegen?

[1]) Oben S. 65, 71, 74—85, 92, 95, 97, 99—104, 108, 109, 111—114, 117, 122, 128, 134—136, 140, 143—148, 150, 154, 159, 174, 176.

und inwieweit Frauen seltener fahren, weniger auf der Straße verkehren, bei ihren Geschäftsgängen mit der Zeit minder zu kargen haben, als die Männer, fehlt es an geeigneten Vergleichspunkten. Allerdings dürfte kaum zu bezweifeln sein, daß Frauen im Allgemeinen zwar seltener, dagegen verhältnismäßig ungünstiger verunglücken. Hieran mag die sachwidrige, eine freie Bewegung beschränkende Kleidung[2]) ungünstig mitwirken.

§ 47. Kindesalter.

Mängel des Seh- und Hörvermögens, Gebrechlichkeit, welche die freie und sichere Bewegung hemmt, außergewöhnliche die Ueberlegungsfähigkeit beschränkende Geistesschwäche bewirken, daß die damit Behafteten leichter zu Unfall kommen als die Leidensfreien. Nicht minder vermag das Alter und die in dessen Verfolg unausbleibliche Störung in der Beweglichkeit oder Ueberlegungsfähigkeit eine Unfallszunahme zu verursachen. Demgemäß würde die Feststellung von großem Werthe gewesen sein, ob und in welchem Umfange die Verunglückten mit derlei Gebrechen behaftet waren bezw. in welchem Lebensalter sie sich befanden. Nach diesen verschiedenen Richtungen verwerthbare Ziffern haben die vorliegenden Berichte nicht geliefert. Vereinzelt ist zwar bemerkt worden, der Verunglückte sei taub oder kurzsichtig oder sinnesverwirrt erschienen. Einerseits steht jedoch nicht fest, ob der Schein nicht etwa getrügt und der fragliche Zustand wirklich bestanden hat; andererseits ist ungewiß, ob die Fällezahl derarter Zustände sich auf diejenigen beschränkt, bezüglich welcher solche Vermerke vorliegen. Demgemäß schienen die verfügbaren Ziffern wegen Unvollständigkeit und Unzuverlässigkeit unverwerthbar.

Bezüglich des Alters trifft das Vorgesagte schon in geringerem Umfange zu. Hier findet sich durchweg die Unterscheidung nach Erwachsenen und Kindern, häufig bei letzteren noch weiter danach, ob sie das siebente Lebensjahr bereits vollendet hatten oder nicht. Vereinzelt ist auch angegeben, daß die Verunglückten in hohem Alter standen. Ein Ausscheiden der Kinder aus der Gesammtziffer, eine

---

2) K. Hilse: Betriebsunfälle § 8 b S. 19 und oben § 26 S. 98.

Trennung der Verunglückten in Erwachsene und Kinder war demnach in weitem Umfange angängig[1]), außerdem bei den Kindern sogar überwiegend die weitere Absonderung in über und unter 7 Jahr ausführbar. Die letztere Unterscheidung ist von einem nicht zu unterschätzenden Werthe. — Gegen die Haftpflicht für selbstthätig veranlaßte Unfälle von Kindern unter 7 Jahren schützt nämlich weder der Einwand des eigenen Verschuldens noch dieser der höheren Gewalt[2]). Für die Betriebsunternehmer sind sie, sobald es zu einer den künftigen Erwerb störenden oder erschwerenden Körperverletzung kommt, wirthschaftlich meist sehr verhängnißvoll, weil sie die Verpflichtung zur Zahlung lebenslänglicher Renten vom Beginn des Alters der Erwerbsfähigkeit ab begründen[3]), während bei Eintritt von Todesfällen sich die Zahlungsverbindlichkeit auf Erstattung der Beerdigungskosten beschränkt, sodaß ein Todesfall weniger zu fürchten ist wie eine Verstümmelung.

I. Berliner Verhältnisse[4]).

Nach älteren Ermittelungen[5]) sind in den Jahren 1886 und 1887 zu Berlin 44 Kinder unter 7 Jahren verunglückt, welche sich vertheilten:

---

[1]) Oben § 22 S. 76—85, § 24 S. 92, § 27 S. 108, § 30 S. 124, § 31 S. 128, § 34 S. 134ff., § 35 S. 142–148.

[2]) K. Hilse: Haftpflicht § 36 S. 149, § 38 S. 159, § 39 S. 162ff. So wurde z. B. der Unfall eines Knaben, welcher unmittelbar von seinen Schulgenossen weg auf das Gleise mit den Worten trat: „Jetzt lasse ich mich von der Trambahn überfahren“ und diesen Standort selbst auf wiederholtes Zurufen nicht verließ, hierdurch aber mit der Hand noch unter das Vorderrad des auslaufenden Wagens gerathen war, für haftpflichtig erklärt.

[3]) Bayr. Ob. L.-G. in München vom 22. August 1885. Man vergleiche Urt. d. R.-G. v. 2. Dezember 1879, 13. April 1880, 23. Mai 1882 (Eisenbahnrechtliche Entsch. I 31, 149, II 291), 18. September 1885 (Entsch. XIV 83), d. Württ. L.-Ob.-H.-G. v. 13. Juni 1876 (Württ. Ger.-Bl. XII 306), d. Preuß. Kammer-G. v. 27. November 1885, d. Bayr. Ob.-L.-G. in München v. 22. August 1885, d. Württ. L.-G. in Stuttgart v. 7. Juni 1882 (letztere 3 ungedruckt). — Entw. d. bürg. G. B. enthält den hier einschlagenden § 709: „Kindesalter befreit von Verantwortlichkeit bei Schadenszufügung. S. dazu Motive II S. 732 und vergl. § 25.

[4]) Oben § 24 S. 90. 94, § 27 S. 108, § 31 S. 127, § 34 S. 133ff.

[5]) K. Hilse: Haftpflicht § 39 S. 163 mit § 27 S. 111 und Betriebsunfälle § 8. S. 17.

auf	Verletzung				Thätigkeit		
	schwer	leicht	nicht	über-haupt	eigene	fremde	un-gewiß
Absteigen	—	2	5	7	—	7	—
Aufsteigen	—	1	—	1	—	1	—
Fallen vom Wagen	—	—	1	1	—	1	—
Laufen in die Pferde	2	11	20	33	10	7	16
Fremde Wagen . .	—	2	—	2	—	2	—
Zusammen . .	2	16	26	44	10	18	16
davon selbstthätig .	—	4	6	10	—	—	—
fremde Thätigkeit .	1	7	10	18	—	—	—

Danach waren jedenfalls 10 durch eigene, 18 durch fremde Handlungen zu Unfall gekommen. Dabei ist in keinem Falle dem Pferdebahnkutscher gerichtsseitig ein Verschulden zur Last gelegt, dieserhalb gegen ihn Anklage erhoben oder er wohl gar verurtheilt worden. Vielmehr waren die fremden Unfallsurheber ausnahmslos die Eltern bezw. Begleiter der verunglückten Kinder, welche diese beim Zu- oder Absteigen im Fahren bezw. beim Kreuzen der Gleise auf dem Arm oder an der Hand hatten und bei dem eigenen selbst verschuldeten Unfall gleichfalls zu Schaden brachten bezw. im Stich ließen, als sie für sich Sicherheit suchten.

Die siebenjährige Beobachtungszeit liefert ein ähnliches Ergebniß. Denn darin sind im ganzen 330 Kinder verunglückt, von denen 123 = 37,28 % unter, 172 = 52,12 % über sieben Jahr alt, und bei 35 = 10,60 % die Lebensjahre unbekannt waren. Von den noch nicht sieben Jahr alten blieben 70 = 56,91 % unversehrt, wurden 47 = 38,21 % leicht, 4 = 3,25 % schwer und 2 = 1,63 % tödtlich verletzt. Unter den über 7 Jahr alten blieben dagegen nur 90 = 52,33 % unversehrt, würden 61 = 35,47 % leicht, und 1 = 0,58 % tödtlich sowie 20 = 11,62 % schwer verletzt, was für die Betriebsunternehmer unvortheilhaft wirkt. Das Verhältniß der im unsicheren Lebensalter verunglückten Kinder gleicht durch die Ziffern 57,14 %, 37,15 % und 5,71 % annähernd diesem der Kinder unter 7 Jahren.

Solches vollzog sich unter folgenden Umständen:

Lebensjahr	Fälle	Unfallsursache									
		Laufen in die Pferde		Zusammenstoß		Ab- und Aufsteigen		Fallen vom Wagen		Sonstige Ursachen	
		abs.	%	abs.	%	abs.	%	abs.	%	abs.	%
Fällezahl											
unter 7 m.	65	56	86.15	2	3.08	7	10.77	—	—	—	—
unter 7 w.	58	41	70.68	1	1.72	15	25.88	1	1.72	—	—
über 7 m.	131	76	58.02	6	4.58	47	35.88	—	—	2	1.52
über 7 w.	41	28	68.29	—	—	13	31.71	—	—	—	—
unsicher m.	27	11	40.74	2	7.41	11	40.74	2	7.41	1	3.70
unsicher w.	8	2	25.00	1	12.50	5	62.50	—	—	—	—
Thätigkeit											
eigene											
unter 7 . . .	22	21	95.45	—	—	1	4.55	—	—	—	—
über 7 . . .	158	96	60.77	2	1.25	59	37.34	—	—	1	0.64
unsicher . . .	27	10	37.03	—	—	15	55.56	2	7.41	—	—
fremde											
unter 7 . . .	37	14	37.84	2	5.40	20	54.05	1	2.71	—	—
über 7 . . .	12	8	66.67	3	25.00	1	8.33	—	—	—	—
unsicher . . .	4	1	33.33	3	66.67	—	—	—	—	—	—
Verletzung											
tödtlich											
unter 7 . . .	2	2	100.00	—	—	—	—	—	—	—	—
über 7 . . .	1	1	100.00	—	—	—	—	—	—	—	—
unsicher . . .	—	—	—	—	—	—	—	—	—	—	—
schwer											
unter 7 . . .	4	4	100.00	—	—	—	—	—	—	—	—
über 7 . . .	20	12	60.00	1	5.00	6	30.00	—	—	1	5.00
unsicher . . .	2	1	50.00	—	—	1	50.00	—	—	—	—
leicht											
unter 7 . . .	47	39	82.98	2	4.25	6	12.77	—	—	—	—
über 7 . . .	61	39	63.94	3	4.92	19	31.14	—	—	—	—
unsicher . . .	13	4	30.77	3	23.08	4	30.77	1	7.69	1	7.69
nicht											
unter 7 . . .	70	52	74.28	1	1.43	16	22.86	1	1.43	—	—
über 7 . . .	90	52	57.78	2	2.22	35	38 89	—	—	1	1.11
unsicher . . .	20	8	40.00	—	—	11	55.00	1	5.00	—	—

Bei den Kindern unter 7 Jahren sind beide Geschlechter ziemlich gleich betheiligt, indem den 65 = 52,84 % Knaben 58 = 47,16 % Mädchen gegenüber stehen. Bei den Kindern über 7 Jahren bilden dagegen die 41 = 23,84 % Mädchen gegen 131 = 76,16 % Knaben eine auffallende Minderheit, welche die bereits gemachte Beobachtung bestätigt, daß Mädchen furchtsamer und zu Waghalsigkeiten minder geneigt sind[6]). Da die 8 Mädchen in unsicherem Lebensalter 22,86 %, die 27 Knaben dagegen 77,14 % ausmachen, also den Verhältnißziffern der Kinder über 7 Jahre annähernd gleichen, handelt es sich hier scheinbar um ältere Mädchen. Dasjenige Ereigniß, welches schließlich zur Unfallsursache wurde, haben 22 = 17,88 % der Kinder unter 7 Jahren, 158 = 91,86 % dieser über 7 Jahr und 27 = 77,14 % der im ungewissen Lebensalter Stehenden durch ihre Selbstthätigkeit herbeigeführt, während von den bezüglichen Gesammtziffern 37 = 30 % bezw. 12 = 6,98 % und 4 = 11,48 % auf fremdes Verschulden fallen. Der unverantwortliche Leichtsinn von erwachsenen Begleitern zarter Kinder, diese in ihre eigenen Waghalsigkeiten zu verwickeln, verdient Strafe, entzieht sich aber der strafrechtlichen Verantwortlichkeit, weil es sich um Antragsvergehen handelt und die Thäter mit den Antragsberechtigten identisch zu sein pflegen[7]). Die Fällezahl nimmt noch dazu von Jahr zu Jahr zu. Ein behördliches Einschreiten ist deshalb am Platze.

II. Auswärtige Betriebe[8]).

In den auswärtigen Betrieben sind die Kinder mit 701 Unfällen betheiligt. Davon entfallen 474 = 67,61 % auf Knaben, 227 = 32,38 % auf Mädchen. 306 = 43,65 % hatten das 7. Lebensjahr noch nicht, 342 = 48,79 % bereits vollendet, während für 53 = 7,56 % das Alter unsicher ist. Der Ausgang ist ungünstiger als in Berlin, denn es wurden 90 = 12,84 % tödtlich, 120 = 17,11 % schwer, 213 = 30,38 % leicht verletzt; unversehrt blieben nur 214 = 37,11 %; bei 18 = 2,56 % ist der Verletzungsumfang nicht angegeben. Die näheren Umstände stellen sich dahin:

---

6) Oben § 34 S. 135. 139.

7) K. Hilse: Haftpflicht § 44 S. 180.

8) Oben § 25 S. 95, § 27 S. 110, § 29 S. 124, § 35 S. 141 – 148, § 37 S. 153.

Lebensjahr	Fälle		Laufen in die Pferde		Zusammenstoß		Ab- und Aufsteigen		Fallen vom Wagen		Sonstige Ursachen	
	abs.	%	abs.	%	abs.	%	abs.	%	abs.	%	abs.	%
unter 7 m.	169	24.11	145	85.80	9	5.32	5	2.96	5	2.96	5	2.96
unter 7 w.	137	19.54	109	79.56	13	9.49	6	4.38	2	1.46	7	5.11
über 7 m.	263	37.52	114	43.35	19	7.23	106	40.30	10	3.80	14	5.32
über 7 w.	79	11.27	31	39.24	4	5.07	35	44.30	2	2.53	7	8.86
unsicher m.	42	5.98	25	59.53	3	7.14	12	28.57	1	2.38	1	2.38
unsicher w.	11	1.58	10	90.91	—	—	1	9.09	—	—	—	—
Thätigkeit												
eigene												
unter 7 . . .	180	58.82	152	84.44	11	6.11	9	5.00	3	1.67	5	2.78
über 7 . . .	294	85.90	129	43.88	10	3.40	139	47.28	5	1.70	11	3.74
unsicher . . .	45	84.90	32	71.11	—	—	12	26.67	—	—	1	2.22
fremde												
unter 7 . . .	96	30.37	78	81.25	9	9.37	2	2.08	4	4.17	3	3.13
über 7 . . .	29	8.48	9	31.03	10	34.48	1	3.45	2	6.90	7	24.14
unsicher . . .	7	13.29	2	28.57	3	42.85	1	14.29	1	14.29	—	—
Verletzung												
tödtlich												
unter 7 . . .	60	19.61	53	88.33	4	6.67	—	—	2	3.33	1	1.67
über 7 . . .	25	7.32	21	84.00	—	—	2	8.00	—	—	2	8.00
unsicher . . .	5	9.43	5	100.00	—	—	—	—	—	—	—	—
schwer												
unter 7 . . .	65	21.24	59	90.76	1	1.54	2	3.08	2	3.08	1	1.54
über 7 . . .	54	15.79	33	61.11	4	7.41	12	22.22	2	3.70	3	5.56
unsicher . . :	1	1.89	—	—	—	—	—	—	1	100.00	—	—
leicht												
unter 7 . . .	90	29.41	67	74.45	12	13.33	3	3.33	2	2.22	6	6.67
über 7 . . .	117	34.21	50	42.74	16	13.68	33	28.20	3	2.56	15	12.82
unsicher . . .	6	11.32	5	83.33	1	16.67	—	—	—	—	—	—
nicht												
unter 7 . . .	80	26.14	69	86.25	4	5.00	5	6.25	—	—	2	2.50
über 7 . . .	140	40.93	39	27.86	3	2.14	91	65.00	6	4.28	1	0.72
unsicher . . .	40	75.47	24	60.00	2	5.00	13	32.50	—	—	1	2.50
unbestimmt												
unter 7 . . .	11	3.60	6	54.55	1	9.09	1	9.09	1	9.09	2	18.18
über 7 . . .	6	1.75	2	33.33	—	—	3	50.00	1	16.67	—	—
unsicher . . .	1	1.89	1	100.00	—	—	—	—	—	—	—	—

Die Betheiligung der Geschlechter ist in Berlin und außerhalb verhältnißmäßig ziemlich gleich, indem die Knaben 67,58 % gegen 67,62 %, die Mädchen 32,42 % gegen 32,38 % ausmachen. In der Wirkung zeigt sich dagegen folgendes Bild:

	Verletzung					Thätigkeit		
	tödtlich	schwer	leicht	nicht	ungewiß	eigene	fremde	ungewiß
Durchschnittlich								
Berlin	1.91	7.88	36.97	54.54	—	17.88	30.08	52.04
außerhalb . .	12.84	17.11	30.38	37.11	2.56	75.46	18.83	5.71
dort mehr .	—	—	6.59	17.43	—	—	11.25	46.33
dort weniger	10.93	9.23	—	—	2.56	57.58	—	—
unter 7 Jahr								
Berlin	1.63	3.25	38.21	56.91	—	17.88	30.08	52.04
außerhalb . .	19.61	21.24	29.41	26.14	3.60	58.82	30.37	10.81
dort mehr .	—	—	8.80	30.77	—	—	—	41.23
dort weniger	17.98	17.99	—	—	3.60	40.94	0.29	—
über 7 Jahr								
Berlin	0.58	11.62	35.47	52.33	—	91.86	6.90	1.24
außerhalb . .	7.32	15.79	34.21	40.93	1.75	85.96	8.48	5.56
dort mehr .	—	—	1.26	11.40	—	5.90	—	—
dort weniger	6.74	4.17	—	—	1.75	—	1.58	4.32
Alter unsicher								
Berlin	—	5.71	37.15	57.14	—	77.14	11.43	11.43
außerhalb . .	9.43	1.89	11.32	75.47	1.89	84.91	13.21	1.88
dort mehr .	—	3.82	25.83	—	—	—	—	9.55
dort weniger	9.43	—	—	18.33	1.89	7.77	1.78	—

§ 48. Trunkenheit.

Trunkenheit ist allemal die Wirkung eines übermäßigen Genusses geistiger Getränke, dieser aber ausnahmslos wieder die Folge eines eigenen — wenigstens im Beginn meist willensfreien — Handelns, sodaß die in ihrem Verfolg eintretende Sinnesverwirrung selbst herbeigeführt und der durch diese verursachte Unfall als die Wirkung des Genusses geistiger Getränke zu erklären ist. Gleichwohl ist nicht unstreitig[1]), ob Trunkenheit zur Begründung des Ein-

[1]) K. Hilse: Haftpflicht § 36 S. 150.

wandes eigenen Verschuldens ausreicht und die Haftpflicht aufhebt. Jedenfalls übt sie auf die Gefahrenziffer einen ungünstigen Einfluß und wird nachweisbar[2]) vielfach der Anlaß zu Unfällen. Dabei sind die erbrachten Ziffern nicht einmal vollständig. Vielmehr sind nur solche Fälle gezählt, in denen jeder Zweifel an dem Zustande der Trunkenheit ausgeschlossen war. Die thatsächliche Ziffer wird vielmehr weit höher sein, zumal nicht blos die Trunkenheit der Verunglückten, sondern auch diese der Führer fremder Wagen, die einen Pferdebahnwagen anfuhren, Unfallsanlaß werden kann und in letzterer Richtung diesbezügliche Nachrichten fehlen. Da außer der Verkehrs- auch die Wohlfahrtspolizei genügenden Grund hat, den Einfluß der Trunkenheit im Gefahrengesetz kennen zu lernen, bleibt zu hoffen, daß diesem Umstande bei den Unfallsmeldungen künftig eine größere Beachtung zugewendet, hierdurch aber eine reichere und deshalb mehr verwerthbare Unterlage zu sachgemäßen Beobachtungen und Gegenmaßnahmen geschaffen werden wird.

§ 49. Sonstige Nebenumstände.

Die Beschaffenheit des Straßenkörpers nach Gefälle, Pflastergattung und Güte, Breite und sonstiger Einrichtung (z. B. Baumanpflanzungen, Vertheilung in Fahr-, Reit- und Fußgängerweg), das Bestehen oder Fehlen sachgemäßer Polizei-Ordnungen über die Art der Straßenbenutzung seitens der verschiedenen Verkehrenden und deren strengere oder mildere Handhabung, die Art und Güte der Schienenwege, die Zweckmäßigkeit der Betriebseinrichtungen, insbesondere nach Fahrgeschwindigkeit, sind für Eintritt und Verlauf von Unfallgefahren durchaus nicht nebensächlich. Wenn gleichwohl ziffermäßige Mittheilungen hier noch fehlen, so geschieht dies, weil im späteren Verlaufe der Arbeit die an sich noch geringen Ziffern eine weit zweckmäßigere Verwerthung finden wird.

---

[2]) Oben § 27 S. 109, § 34 S. 137, § 38 S. 155, 156.

b) Unfälle der Werkthätigen.

§ 50. Verwerthbarkeit des Gefahrengesetzes.

Weniger zur Befriedigung der allgemeinen Theilnahme, welche sich den Betriebsunfällen der Bediensteten von Verkehrsanstalten zuzuwenden pflegt, sondern für Verwaltungszwecke ist das Aufsuchen des Gefahrengesetzes der Werkthätigen bestimmt. Denn um ihre Aufgabe, Unfallsverhütungsvorschriften zu treffen, zu erfüllen, muß die Polizei doch zunächst erst wissen, wo ihr Eingreifen geboten ist. Nicht minder ist vom Standpunkte der öffentlich rechtlichen Kranken-, Unfall-, Hinterbliebenen-, Alters- und Invalidenfürsorge die Kenntniß der Gefahrenhöhe in den einzelnen Zweigen gewerblicher Thätigkeit fast unerläßlich, weil der größere oder geringere Umfang der Unfallsgefahr die Leistungsverbindlichkeit jener Fürsorgeanstalten beeinflußt. Da die betreffenden Ziffern somit vielfach verwerthbar sind, wäre gerade hier eine größere Vollständigkeit und Vielseitigkeit wünschenswerth gewesen, als die Umstände gestattet haben. Die Zuverlässigkeit des über die Unfallsgefahr der Werkthätigen im Straßenbahnbetriebe Gebotenen steht dagegen außer Zweifel.

Größeren Gefahren als die Werkthätigen im sonstigen Fuhrgewerbe sind sie nicht ausgesetzt[1]). Vielmehr liegt bei Verwendung thierischer Triebkraft der Schwerpunkt der Gefahr, sowohl ihre ziffermäßige Höhe als die Tragweite des Ausganges anlangend, in denjenigen Dienstleistungen, welche das Straßenbahn-Gewerbe mit dem sonstigen Fuhr-Gewerbe gemeinsam hat, nämlich dem Stall- und Wagenreinigungsdienste. Die verhältnißmäßig seltenen Unfälle im Außenbetriebe sind noch überdies zum erheblichsten Theile auf das schuldhafte Verhalten bezw. Außerachtlassen der schuldigen Aufmerksamkeit fremder Wagenführer oder auf Gewaltthätigkeiten dritter Personen zurückzuführen.

Zuverlässige Ziffern waren blos aus dem Betriebe der Großen

---

[1]) K. Hilse: Haftpflicht § 12—18 S. 41—73.

Berliner Pferdeeisenbahn-Aktiengesellschaft[2]) zu erlangen. Deshalb beschränkt sich die Darstellung auf dieselben. Sie umfassen jedoch einen sechsjährigen Beobachtungszeitraum.

§ 51. Feststellung der Unfallsziffern.

In dem Beobachtungszeitraum waren werkthätig[1]):

als	1883	1884	1885	1886	1887	1888	Zusammen abs.	Zusammen %
Kontrolleure . . .	61	68	62	56	55	58	360	2.85
Schaffner	488	524	580	692	711	780	3775	29.88
Kutscher	487	543	603	704	720	809	3866	30.60
Stallleute	347	362	405	483	473	544	2614	20.69
Vorleger	19	22	20	32	31	29	153	1.21
Beschlagspersonal	46	49	54	64	101	111	425	3.37
Bahnhofspersonal	112	127	131	165	169	179	883	6.99
Betriebs- u. Bahn-aufsichtspersonal	85	86	85	97	106	97	556	4.41
Zusammen	1645	1781	1940	2293	2366	2607	12 632	

Zur Meldung gelangten 813 Unfälle[1]). Nur 10 bewirkten den Tod, 13 dauernde — gänzliche oder theilweise — Erwerbsunfähigkeit. In 126 Fällen brauchten die Dienstverrichtungen nicht einmal unterbrochen zu werden. Die Unterbrechung war beschränkt in 532 Fällen auf 28 Tage und darunter, nämlich zusammen 4526 Tage oder durchschnittlich auf 8,4 Tage; in 63 auf 29—91 Tage, nämlich zusammen 2933 Tage oder durchschnittlich 47,3 Tage; in 16 überdauerte sie 91 Tage[2]), währte nämlich 3574 Tage oder durchschnittlich 223 Tage.

---

[2]) Hier ist die Zählkartenmethode im Gebrauche. Die Sachbehandlung s. bei K. Hilse: Haftpflicht § 12 Anm. 2 S. 42.

[1]) Die Nebenbetriebe (Bau- und Werkstätten-Unfälle) bleiben hier unberücksichtigt.

[2]) 28 Fälle liegen theils länger als zwei Jahre zurück, sodaß mittlerweile die gesetzliche Verjährungsfrist abgelaufen ist, theils hat bereits eine rechtskräftige Ablehnung geltend gemachter Ersatzansprüche stattgefunden. Hier war Bestehen oder Umfang einer Unfähigkeit zu Dienstleistungen theils ungewiß, theils widerlegt. R.G. v. 7. Juni 1871 § 8; R.G. v. 6. Juli §§ 59, 65.

Innerhalb der einzelnen Jahre sind nur unerhebliche stetig zu einer Abnahme nach Zahl und Schwere hinneigende Schwankungen beobachtet[3]).

Auf je 1000 zurückgeführt verliefen 155 ohne Störung der Dienstfähigkeit, bewirkten 654 eine geringfügige von durchschnittlich 8—9 Tagen[4]), 77 eine größere von etwa durchschnittlich 46—47 Tagen, 20 eine solche von durchschnittlich 223 Tagen (also annähernd 8 Monate)[5]), 12 den Tod, und 16 dauernde Erwerbsminderung, 35 sind wiedergenesen, ohne daß feststeht, wie lange sie keinen Dienst gethan haben. 31 sind umgekehrt noch dienstunfähig gewesen, ohne daß Genesung ausgeschlossen ist[6]). Auf die Eigenart des Straßenbahnbetriebes fallen verhältnißmäßig wenig Unfälle. Die meisten ereigneten sich bei Verrichtungen, welche der Straßenbahnbetrieb, soweit er, wie in Berlin, mittelst Pferden geschieht, mit anderen Fuhrgewerben gemein hat. Sie sind höchstens im Außenbetriebe unter den 246 1—4, 6—9 aufgeführten Verrichtungen zu suchen. Das Zuführen und Umspannen der Pferde und sämmtliche Stallverrichtungen mit 425 Fällen kommen in jedem anderen Fuhrgewerbe gleichfalls vor[7]).

Im Verhältnisse zu dem Bestande in den einzelnen Dienststellungen sind die Stallleute verhängnißvolleren Unfällen ausgesetzt als die Fahr- oder Begleitungsmannschaft, sodaß das Pferdebahnunternehmen in dem eigenthümlichen Betriebe keine größere Gefahr für die Werkthätigen birgt, als jeder andere Fuhrbetrieb[8]). Denn es vertheilen sich:

---

[3]) K. Hilse, in Zeitschr. f. Lok.- und Straßenbahnwesen VII 63.

[4]) Grund für diese Vertheilung ist, daß nach G. v. 6. Juli 1884 § 5 die Fürsorgepflicht der Berufsgenossenschaften in Verletzungsfällen erst mit Beginn der 14. Woche nach dem Unfalle eintritt und zwischen dem 29—91 Tage dem Betriebsunternehmer eine beschränkte Zuschußverbindlichkeit treffen kann.

[5]) Die Betroffenen waren keineswegs die ganze Zeit über völlig dienstunfähig, konnten vielmehr überwiegend schon nach wenig Tagen leichte Verrichtungen leisten und thaten dies.

[6]) Der 5jährige Durchschnitt bei K. Hilse Haftpflicht § 13 S. 43 ergab ungünstigere Ziffern.

[7]) In der Rechtsprechung ist deshalb für die bei derartigen Verrichtungen eingetretenen Unfälle Ersatzanspruch auf Grund des Haftpflichtgesetzes abgelehnt worden. K. Hilse, a. a. O. VII 68 und Haftpflicht S. 47 Anm 1.

[8]) K. Hilse: Haftpflicht § 13 S. 43.

Dienstverrichtung, bei welcher und nähere Umstände, unter denen sich der Unfall ereignete.		Verletzungsum					
			wieder erwerbsfähig				
		Tod	sogleich	28 Tage und darunter	29 bis 91 Tage	über 91 Tage	unbestimmt
A. Betriebshandlungen.							
a. Außendienst.							
1. Bahnkörperreinigung	Fälle	1	5	11	2	1	1
	Tage	—	—	139	122	117	—
2. Weichen- u. Brückenbed.	Fälle	—	6	36	5	1	4
	Tage	—	—	257	217	174	—
3. Kontrolle u. Expedition	Fälle	—	1	7	4	1	1
	Tage	—	—	70	248	154	—
4. Fahrscheinausgabe . . .	Fälle	1	8	13	1	—	1
	Tage	—	—	140	32	—	—
5. Zuführen und Umlegen der Pferde	Fälle	—	10	83	12	1	1
	Tage	—	—	653	505	93	—
6. Fahren	Fälle	—	4	15	3	1	1
	Tage	—	—	162	117	147	—
7. Bremsen	Fälle	—	11	40	3	2	—
	Tage	—	—	256	151	1596	—
8. Hülfe beim Entgleisen	Fälle	—	—	8	1	—	1
	Tage	—	—	96	39	—	—
9. Durch Zusammenstoß	Fälle	—	7	18	2	1	1
	Tage	—	—	132	89	170	—
b. Innendienst.							
I. Stalldienst.							
1. Pferdepflege	Fälle	2	23	79	9	1	3
	Tage	—	—	690	394	167	—
2. Anschirren, Anspannen	Fälle	—	9	40	4	2	2
	Tage	—	—	323	210	233	—
3. Hufbeschlag	Fälle	2	3	42	1	1	3
	Tage	—	—	290	32	91	—
4. Stallreinigen . . .	Fälle	—	12	27	3	1	2
	Tage	—	—	259	128	241	—
5. Sonstige Stallarbeiten	Fälle	—	8	20	2	2	—
	Tage	—	—	160	66	293	—
II. Wagenreinigen	Fälle	1	6	15	4	—	2
	Tage	—	—	138	181	—	—
III. Futter anfahren, zubereiten u. abladen	Fälle	1	3	35	2	—	3
	Tage	—	—	330	70	—	—
B. Verschiedene sonstige Dienstverrichtungen	Fälle	1	9	29	3	1	1
	Tage	—	—	360	195	98	—
C. Gewaltthätigkeiten bei Ausübung dienstl. Verrichtungen	Fälle	1	1	14	2	—	1
	Tage	—	—	71	137	—	—
Zusammen	**Fälle**	**10**	**126**	**532**	**63**	**16**	**28**
	Tage	—	—	**4526**	**2933**	**3574**	—

fang		Ueberhaupt	Dienststellung								
Erwerbsfähigkeit gemindert	unentschieden		Kontrolleure	Schaffner	Kutscher	Stallleute	Vorreiter	Beschlagpersonal	Bahnhofspersonal	Betriebs- und Bahnaufsichtspersonal	
—	2	23	—	—	—	—	—	—	17	6	abs.
—	—	378	—	—	—	—	—	—	34.70	10.71	%
3	2	57	1	47	—	—	—	—	7	2	abs.
—	—	648	5.00	30.13	—	—	—	—	14.28	3.57	%
—	3	17	17	—	—	—	—	—	—	—	abs.
—	—	472	85.00	—	—	—	—	—	—	—	%
—	1	25	—	25	—	—	—	—	—	—	abs.
—	—	172	—	16.02	—	—	—	—	—	—	%
2	2	111	—	13	37	47	14	—	—	—	abs.
—	—	1251	—	8.33	21.14	15.31	77.80	—	—	—	%
—	—	24	—	—	24	—	—	—	—	—	abs.
—	—	426	—	—	13.70	—	—	—	—	—	%
—	3	59	—	18	36	2	—	—	—	3	abs.
—	—	2003	—	11.54	20.56	0.65	—	—	—	5.36	%
—	—	10	1	5	2	—	—	—	1	1	abs.
—	—	135	5.00	3.21	1.13	—	—	—	2.04	1.78	%
1	1	31	1	15	13	1	—	—	1	—	abs.
—	—	391	5.00	9.62	7.41	0.32	—	—	2.04	—	%
2	3	122	—	—	11	107	1	1	—	2	abs.
—	—	1251	—	—	6.28	34.86	5.55	3.12	—	3.57	%
1	—	58	—	2	33	22	1	—	—	—	abs.
—	—	766	—	1.28	18.85	7.18	5.55	—	—	—	%
2	3	57	—	—	—	28	—	26	3	—	abs.
—	—	413	—	—	—	9.12	—	81.25	6.12	—	%
—	—	45	—	—	1	42	—	—	2	—	abs.
—	—	628	—	—	0.57	13.68	—	—	4.08	—	%
—	—	32	—	—	3	25	—	1	—	3	abs.
—	—	519	—	—	1.81	8.14	—	3.12	—	5.36	%
—	1	29	—	—	—	2	—	—	6	21	abs.
—	—	319	—	—	—	0.65	—	—	12.25	37.50	%
—	3	47	—	—	8	27	1	—	1	10	abs.
—	—	400	—	—	4.57	8.79	5.55	—	2.04	17.86	%
—	1	45	—	18	5	2	—	4	11	5	abs.
—	—	653	—	11.54	2.85	0.65	—	12.51	22.45	8.93	%
2	—	21	—	13	2	2	1	—	—	3	abs.
—	—	208	—	8.33	1.13	0.65	5.55	—	—	5.36	%
13	**25**	**813**	**20**	**156**	**175**	**307**	**18**	**32**	**49**	**56**	**abs.**
—	—	**11033**	**2.46**	**19.19**	**21.53**	**37.76**	**2.22**	**3.93**	**6.03**	**6.88**	%

§ 52. Nähere Umstände der Unfälle.

Daß der Pferdebahnbetrieb für seine Werkthätigen keine erhöhten Gefahren gegenüber den sonstigen Fuhrbetrieben birgt, beweisen die begleitenden Umstände der einzelnen Unfälle bei den verschiedenen Dienstverrichtungen.

a) Verrichtungen im Außenbetriebe.

Nach Absetzen der 111 Unfälle beim Zuführen und Umspannen der Pferde verbleiben 248 als Folge des Außenbetriebes.

Nach der Zifferhöhe obenan stehen 59 Unfälle beim Bremsen, 45 traten beim Einstecken oder Herausziehen des Bremsstöpsels, nur 14 durch das heftige plötzliche Anziehen der Bremse Zwecks Abwendung eines Zusammenstoßes oder des Ueberfahrens Vorübergehender ein. Deshalb sind sie überwiegend der eigenen Unvorsichtigkeit der Verletzten und nur zum geringsten Theile unwillkürlichen und unabwendbaren Betriebsereignissen zuzuschreiben. Hierher gehören die 5 im Ausgange erheblichen Fälle.

Beim Bedienen des Wagens verletzten sich 5 infolge eines heftigen unvorhergesehenen Stoßes des Wagens, sodaß bei ihnen von eigenthümlichen Gefahren des Pferdebahnbetriebes gesprochen werden könnte, 10 beim Thür- oder Fensterschließen, 5 beim Umtragen der Gitter, 2 beim Besteigen und Halten der Wagen und 1 Schaffner (tödtlich), indem er beim Verlassen des Wagenschuppens unzulässiger Weise sich über den Vorderperron nach hinten vorbeugte, wodurch sein Kopf zwischen Ausgangspfeiler und Wagenkasten gerieth; 2 wurden durch die Führer fremder Wagen verletzt.

Von den 24 Fahrern verunglückten je 7 durch ungeschicktes Auf- oder Absteigen an der Haltestelle und beim heftigen unvorhergesehenen Anziehen der Pferde, welche zu fallen bezw. durchzugehen drohten, je 3 durch einen Stoß des Wagens und durch einen Pferdeschlag, 2 durch Stoß gegen die Treppe und 2 durch den Eingriff fremder Fahrzeuge.

9 Kontrolleure erlitten beim Zu-, 5 beim Absteigen, 2 beim Fassen des Handgriffs Schaden, 1 fiel vom Verdeck.

Beim Bahnkörperreinigen wurden 20 durch fremde Fuhrwerke angefahren, 3 fielen unvorsichtiger Weise hin. Ebenso wurden beim Weichenstellen 19 durch fremde Fahrzeuge umgefahren, fielen 13 auf dem Straßenpflaster infolge Glätte zur Erde, vertraten sich 9 beim eiligen Nachlaufen das Bein, verletzten sich je 6 beim Zu- und beim Absteigen das Bein und zogen sich 4 Quetschungen zu.

Durch das Anfahren fremder Fahrzeuge[1]) gegen Pferdebahnwagen wurden 23 unmittel-, 8 mittelbar infolge Glassplitter verletzt.

Die Hülfeleistung bei Entgleisungen verursachte 6 Verletzungen durch Ueberanstrengung beim Schieben, 2 durch Angefahrenwerden seitens fremder Fahrzeuge, je 1 durch Stoß gegen die Stirnwandscheibe und durch Quetschung.

Nach den Vorerörterungen entfallen somit 79 Verletzungen auf die Einwirkung fremder Fahrzeuge, überwiegend durch Verschulden fremder Wagenführer, seltener durch eigene Schuld der Verletzten.

b) Die mit den sonstigen Fuhrgewerben gemeinsamen Verrichtungen.

Pferde zur Umspannung zu führen[2]) und umzuspannen, die Pferdepflege, das Anschirren und Anspannen, der Hufbeschlag, die Stallreinigung und sonst'ge Stallarbeiten, das Wagenreinigen, die Futterzufuhr und Zubereitung sind keine Eigenthümlichkeiten des Straßen- bezw. Pferdebahnbetriebes, sondern kommen in jedem Fuhrgewerbe vor. Von den übrigen Fuhrgewerben fehlen zuverlässige Unfallziffern, sodaß ein Ziffernvergleich ausgeschlossen ist.

47 sind beim Zubereiten und Heranschaffen des Futters verunglückt, 22 haben beim Abladen oder Tragen von Futter solches fallen lassen, wobei sie sich verletzten, 11 unvorsichtig den Wagen bestiegen oder verlassen, 6 (darunter der tödtlich Verletzte) sind beim Maisquetschen oder Häckselschneiden in die Maschine gerathen, je 2 beim Schnüren des Heues und beim Gehen neben dem Wa-

---

[1]) Vergl. oben § 28 S. 115, § 36 S. 149 ff.

[2]) Z. B. Urt. d. sächs. Ob.-L.-Ger. in Dresden v. 22. Oktober 1884 (Klemm u. Lemm Annalen VI 335).

gen gefallen, je einer durch die Schrotleiter bezw. einen rutschenden Sack auf den Kopf getroffen, oder durch Umfallen des Heuwagens bezw. beim Getreideanbinden beschädigt. Alle diese Verrichtungen einschließlich der Zubereitung des Futters mittelst Kraftmaschinen kommen bei jedem anderen größeren Fuhrbetriebe vor.

Gelegentlich des Wagenreinigens fielen je 3 beim Wagenschieben und von der Leiter, 7 vom Wagen, 8 beim freien Gehen im Schuppen, 3 beim Waschen hin. 2 wurden durch den Schlag der Bremse, je 1 durch ein fallendes Gitter, durch muthwilliges Springen auf einen Schrank bezw. durch die Lampenscheere verletzt.

Der Umgang mit Pferden — also eine im Fuhrgewerbe ganz unvermeidliche und allgemeine Verrichtung — brachte 425 Personen zu Schaden, wobei noch nicht einmal diejenigen mitgezählt sind, welche beim Fahren zu Unfall kamen. Von ihnen starben 4 und wurden 3 in der Erwerbsfähigkeit beschränkt. In der Gefährlichkeit obenan steht von den verschiedenen Dienstverrichtungen mit Pferden die Behandlung der Hufe durch Beschlagen mit 51 Fällen (deren 2 Tod und 1 Verlust des rechten Auges herbeiführten), Reinigen und Scheeren mit 33, Einstecken von Stollen mit 14 beisammen also mit 98 Fällen. Beim Beschlagen scheint das Aufhalten (36) gefährlicher als das Zuschlagen (21).

Das Führen brachte 42, das Füttern je 34, das Auf- und Abzäumen und das Entfernen des Dunges aus den Ständen 20, das Vorlegen der Pferde an den Haltestellen und das Reiten dahin je 33, das Pferdeputzen 26, das Befestigen von Flankirbäumen 11, das Anspannen 17, das Tränken 14, die Hülfeleistung bei kranken Pferden 10, das Streubereiten 11, Reinigen der Stallgänge und das Aufhelfen gefallener Pferde je 8, das Zurückbringen über den Strang getretener Pferde 6 Personen zu Schaden. Weitere 9 wurden von Pferden geschlagen, denen sie sich unbefugt ohne dienstlichen Anlaß, und 4, welche sich bei dem Aufnehmen von Gegenständen den Pferden zu sehr genähert hatten. 4 waren bei Ausübung von Stallarbeiten ausgeglitten, je 1 bei der Rettung von Pferden aus einer Brandgefahr, beim Abmelken einer Stute, durch das Herabfallen einer Stallaterne verletzt worden. Die restlichen 6 hatten über die näheren Umstände, unter denen sie durch Pferde verletzt wurden, keine Aufklärung zu geben vermocht.

c) Die sonstigen Unfallursachen.

Es erübrigt nur noch ein weiteres Eingehen auf die 66 unter B und C untergebrachten Fälle.

Die verschiedenen Dienstleistungen, auf welche 45 Fälle kommen, vertheilen sich mit 15 auf das Fahren von Arbeitsfuhrwerk oder Kastenwagen, bei welchem Anlaß 11 herabfielen, 4 Pferdeschlag davontrugen, mit 13 auf häusliche Verrichtungen (wie Holzspalten, Riegelbefestigen), mit 6 auf Wegräumen von Verkehrshindernissen, mit 2 auf Revision unbespannter Wagen im Schuppen, mit 9 endlich auf Gehen zur Erledigung von dienstlichen Bestellungen oder eigenen Angelegenheiten.

Gewaltthätigkeiten verübten je 3 Fahrgäste wegen Abweisung von der Mitfahrt absichtlich bezw. beim Zuschlagen der Thüre unabsichtlich, ferner 4 Wagenführer durch unvorsichtige zu große Annäherung an die haltenden Pferdebahnwagen, 3 Mitbedienstete durch unabsichtliches Fallenlassen von Gegenständen, 2 Strolche ohne jeden Anlaß aus Muthwillen, 4 Wagenführer aus Aerger, daß sie festgestellt werden sollten, endlich 2 Mitbedienstete durch übermüthiges Ringen mit dem Verletzten.

In den hier dargestellten Fällen fehlte somit ausnahmslos jeder ursachliche Zusammenhang zwischen Schaden und den eigentlichen Gefahren des Pferdebahnbetriebes.

§ 53. Die Krankenfürsorge.

Werkthätige im Straßenbahnbetriebe sind krankenversicherungspflichtig gemäß R.-G. vom 15. Juni 1883. Die Versicherung hat unter Mitwirkung der Betriebsunternehmer durch Beiträge der Werkthätigen zu geschehen. Bei 50 oder mehr Werkthätigen in einem Betriebe ist die Errichtung besonderer Betriebskrankenkassen nicht nur zuläßig, sondern sogar behördlicherseits erzwingbar. Unter so bewandten Umständen bestehen Betriebskrankenkassen der Straßenbahnen. Die meisten beschränken sich auf die gesetzlichen Mindestleistungen, gewähren nämlich außer ärztlicher Hülfe und Heilmittel blos die Hälfte des ortsüblichen Tagelohns als Krankengeld, während diese der Großen Berliner Pferde-Eisenbahn Aktien-Gesellschaft $^2/_3$ zahlt und die Betriebsunternehmerin überdies den älteren Bediensteten aus eignen Mitteln den zum vollen Einkommen fehlenden Betrag zuschießt. Dies ist in rechtlicher Hinsicht nicht nebensächlich. Betriebe, deren Werkthätige bloß $^1/_2$ der Löhnung als Krankengeld erhalten, haben nämlich bei Unfällen vom 29. bis 91. Tage den Fehlbetrag bis zu $^2/_3$ des Einkommens nach R.-G. v. 6. Juli 1884 § 5 zuzuzahlen.

Die Summe der Krankenkassenleistungen aus den eingetretenen Unfällen hat sich ziffermäßig nicht ermitteln lassen, zumal die jährlichen Kassenberichte diesbezügliche Unterscheidungen nicht zu machen pflegen. Insofern aus der Uebersicht S. 182 indeß feststeht, daß 11033 Krankentage auf die wieder erwerbsfähig Gewordenen entfallen sind, so läßt sich der Aufwand jener Betriebskrankenkasse anläßlich der Unfallsgefahr wenigstens annähernd bestimmen. Denn er setzt sich zusammen aus 7459 Krankentagen der binnen 13 Wochen Genesenen 2118 Krankentagen der später Genesenen und 1183 der schließlich erwerbsunfähig Gewordenen[1]). Veranschlagt man mit Rücksicht auf die Durchschnittssumme von etwa 18 Tagen, welche die Genesenen krank gewesen sind, und unter Erwägung des Umstandes, daß darunter auch schließlich für erwerbsunfähig Erklärte gewesen sein werden, für die 53 unentschiedenen Fälle 1240 Krankentage, so gelangt man zu 12000 Krankentagen und damit bei der Durchschnittsaufwendung von 2,50 M. Heilkosten und Krankengeld für jeden Tag auf 30000 oder jährlich auf 5000 Mark als Unkosten der Betriebskrankenkassen aus der Unfallsgefahr.

§ 54. Unfallsfürsorge.

Seit dem 1. Oktober 1885 genießen die Werkthätigen im Straßenbahnbetriebe ohne Unterschied, ob sie im Hauptbetriebe oder in etwaigen Nebenbetrieben Beschäftigung finden, aufgrund der Reichs-Gesetze vom 6. Juli 1884 und vom 28. Mai 1885 die öffentlich rechtliche[1]) Unfallfürsorge durch die Straßenbahn-Berufs-

---

[1]) Für jeden Fall sind 91 Tage angesetzt, für welche die Kassen gesetzlich und statutarisch einzutreten haben.

[1]) Menzel i. d. Archiv f. bürgerl. Recht I 327ff. hält sie irrthümlich für eine privatrechtliche Schuldverbindlichkeit.

genossenschaft. Dagegen ist die Anwendbarkeit des Haftpflichtgesetzes vom 7. Juni 1871 auf Unfälle beseitigt, soweit sie solche im Betriebe ihrer Dienstgeberin erleiden[2]).

Dieselbe besteht dem durch einen Betriebsunfall in seiner Erwerbsfähigkeit gestörten Arbeitnehmer gegenüber in der Gewährung einer Rente vom 91. Tage nach dem Unfalle bis zum Wiedereintritte der Erwerbsfähigkeit — also unter Umständen lebenslänglich — deren Höhe $^2/_3$ des letzten Diensteinkommens erreichen kann und nach dem Grade vorliegender Erwerbsminderung abzustufen ist. Ihre, dem Vorstand der Berufsgenossenschaft überlassene Feststellung kann durch Berufung und Rekurs zur Nachprüfung seitens eines Schiedsgerichts, in welchem Arbeitgeber und -nehmer zu gleichen Theilen vertreten sind, und des Reichs- bezw. des Landes-Versicherungs-Amtes gelangen. Die Mittel hierzu werden ausschließlich von den Betrieben aufgebracht.

Die bisherigen Leistungen der Straßenbahnberufsgenossenschaft aus Anlaß von Unfällen im Straßenbahnbetriebe ergeben deren Geschäftsberichte[3]) keineswegs sicher und zuverlässig. Denn in deren Mitgliederzahl finden und befanden sich Anschluß-, Feld-, Forst-, Bau- und Unterhaltungsbahnen. Sie hat sich geändert, indem die ihr ursprünglich zugewiesenen Betriebe nachträglich theilweis der Tiefbau- und Speditionsberufsgenossenschaft überwiesen, theils der land- und forstwirthschaftlichen Fürsorge unterstellt sind. Es bleibt zu erwarten, daß die späteren Berichte die benöthigten Trennungen und damit Zahlen zu diesbezüglichen Feststellungen bringen werden.

§ 55. Hinterbliebenenfürsorge.

Soweit der Versorger durch einen Betriebsunfall sein Leben verloren hat, genießen seit dem 1. Oktober 1885 die Hinterbliebenen die Fürsorge aus R.-G. vom 6. Juli 1884. Sie erhalten Jahresrenten in gewissem Verhältnisse zur Höhe seines Einkommens

---

2) So Eger: Haftpflichtgesetz 604. K. Hilse, in Selbstverwaltung XV 17; Einfluß der Kranken- und Unfallfürsorge auf den Ersatzanspruch des Verletzten gegenüber dem Beschädiger. (Berlin 1888. Carl Heymanns Verlag); Haftpflicht § 12 S. 41.

3) K. Hilse: Haftpflicht § 15 S. 51.

zur Zeit des eingetretenen Todes, und zwar die Wittwe 20 %, jedes Kind 15 % mit der Einschränkung, daß sie zusammen nicht mehr als 60 % zu erhalten haben.

Eine darüber hinausgehende Fürsorge für die versorgungsbenöthigten Hinterbliebenen von Werkthätigen im Straßenbahndienste besteht dagegen bisher nirgends und wird in absehbarer Zeit gesetzgeberischerseits kaum eingerichtet werden. Wo Unterstützungen gewährt werden, geschieht dies lediglich aus Wohlwollen der Betriebsunternehmer und ohne jeden Verpflichtungsgrund. In ihrem diesbezüglichen Handeln sind die Betriebsleiter indeß durch den handelsrechtlichen Grundsatz außerordentlich beengt, daß die Minderheit der Aktionäre sich Schenkungen nicht gefallen zu lassen braucht, welche die Mehrheit beschließt. Deshalb gestaltet ein gegen den Gesellschaftsvorstand zu richtender Vorwurf der Engherzigkeit sich zum Unrecht, da dessen auf größere Freigebigkeit gerichteter Wille durch gesetzliche Verbote in seiner Entfaltung behindert ist.

Um für etwaige weitere Arbeiten Unterlagen zu gewähren, wie oft und wie viele Wittwen und Waisen durch Unfälle ihres Versorgers wohl betroffen werden, wird folgende Uebersicht aus dem Betriebe der Großen Berliner Pferdeeisenbahn Aktien-Gesellschaft mitgetheilt, welche den Zustand vom 2. Januar 1889 giebt:

Dienststellung.	Verheirathet	Verwittwet	Geschieden	Ledig	Anzahl der Kinder unter 14 Jahr						Zahl der	
					1	2	3	4	5	6 und mehr	Fälle	Kinder
Bureaubeamte	41	5	1	61	11	12	3	1	—	—	27	48
Betriebsbeamte	32	2	—	4	11	7	4	—	2	—	24	47
Kontrolleure .	54	—	—	4	13	11	8	5	2	—	39	89
Schaffner . . .	638	9	—	138	179	150	85	34	21	3	472	993
Kutscher . . .	656	8	—	133	165	144	115	44	33	[1]) 12	513	1216
Stallleute . .	176	2	—	335	52	43	22	10	3	1	131	265
Bahnaufsichtspersonal . .	85	1	—	6	17	16	5	9	4	1	52	126
Bahnhofsperf.	120	5	—	14	32	25	20	12	3	1	93	211
Handwerker . .	180	3	—	32	60	33	23	11	5	3	135	282
Zusammen[2])	1982	35	1	727	540	441	285	126	73	21	1486	3277

1) Darunter 1 mit 7 und 2 mit je 8 Kindern. — 2) Die Abweichung gegen S. 180 beruht darauf, daß dort der Durchschnittsbestand des Jahres 1888, hier der Bestand am 2. Januar 1889 gezählt ist.

§ 56. Alters- und Invalidenfürsorge.

Die Werkthätigen im Straßenbahnbetriebe sind alters- und invalidenversicherungspflichtig[1]). Gegen Beiträge, welche je zur Hälfte sie selbst und die Betriebsleiter tragen, erwerben sie das Recht auf Bezug einer Alters-Rente in Höhe von 115 Mk. bezw. 130 Mk., 165 Mk. und 200 Mk., wenn sie (beim Jahreseinkommen von weniger als 350 Mk. bezw. 350—550 Mk., 550—850 Mk. oder über 850 Mk.) nach 30 Beitragsjahren 70 Jahre alt geworden sind, oder einer Invalidenrente zum Mindestbetrage von 114 Mk. bezw. 124,10 Mk., 131,15 Mk., 140,55 Mk., sowie zum Höchstbetrage von 157 Mk. bezw. 251 Mk., 321,50 Mk., 415,50 Mk., wenn sie nach 5 Beitragsjahren dauernd völlig erwerbsunfähig werden. Die Rentenhöhe innerhalb der beiden Grenzen bestimmt sich nach der Höhe der geleisteten Beiträge und wird durch den Vorstand von Landesversicherungsanstalten festgesetzt. Die Festsetzung kann durch Berufung an das Schiedsgericht und dessen Spruch aus formellen Gründen durch Revision an das Reichs- oder Landesversicherungsamt angefochten werden. Den Anspruch auf Invalidenrente verwirkt jedoch, wer vorsätzlich oder durch schuldhafte Betheiligung an einer strafbaren Handlung die Ursache der Erwerbsunfähigkeit herbeigeführt hat, bezw. die Wiedererlangung der Erwerbsfähigkeit durch sein Verhalten im Heilverfahren vereitelt. Die Rentenauszahlung geschieht durch Vermittelung der Postanstalten.

Bei der verhältnißmäßig kurzen Dauer, für welche die Gemeinden den Straßenkörper zu Schienenanlagen zu bewilligen pflegen[2]), und dem bewährten Gebrauche der Betriebsleitungen, Bewerbungen von Personen in stark vorgerücktem Alter bei Einstellungen nicht zu berücksichtigen, ist fast ausgeschlossen, daß Werkthätige im Straßenbahndienst als solche zum Genuß von Altersrenten gelangen werden. Im Betriebe der Großen Berliner Pferdeeisenbahn Aktien-Gesellschaft liegen folgende Altersverhältnisse der Werkthätigen vor:

---

[1]) Nämlich nach dem Reichsgesetze v. 22. Juni 1889 und dazu B. Hilse i. d. Zeitschr. f. Lok.- u. Straßenbahnw. VIII H. 2.

[2]) K. Hilse: Verstadtlichung der Straßenbahnen § 8 S. 22.

Alter des Bestandes 1888

Jahre	Bureau-beamte abs.	Bureau-beamte %	Betriebs-beamte abs.	Betriebs-beamte %	Kontrolleure abs.	Kontrolleure %	Schaffner abs.	Schaffner %	Kutscher abs.	Kutscher %	Stallleute abs.	Stallleute %	Bahn-aufsichtspers. abs.	Bahn-aufsichtspers. %
15	—	—	—	—	—	—	—	—	—	—	1	100.00	—	—
16	—	—	—	—	—	—	—	—	—	—	1	100.00	—	—
17	—	—	—	—	—	—	—	—	—	—	4	100 00	—	—
18	1	9.09	—	—	—	—	—	—	—	—	9	81.82	—	—
19	—	—	—	—	—	—	—	—	1	3.45	27	93.10	—	—
20	1	6.25	—	—	—	—	—	—	4	25.00	9	56.25	—	—
21	7	20.59	—	—	—	—	—	—	1	2.94	23	67.94	—	—
22	3	6.38	—	—	1	2.13	3	6.38	3	6.38	34	72.34	—	—
23	2	2.95	—	—	—	—	5	7.35	11	16.17	47	69.11	—	—
24	4	3.39	—	—	—	—	22	18.64	18	15.25	64	54.24	1	0.85
25	7	4.52	—	—	—	—	27	17.42	35	22.58	75	48.39	2	1.29
26	4	2.63	—	—	—	—	34	22.37	43	28.29	50	32.90	2	1.31
27	5	3.13	—	—	5	3.13	50	31.25	45	28.13	35	21.86	2	1.25
28	3	1.90	—	—	—	—	46	29.11	60	37.98	25	15.82	1	0.63
29	5	3.14	2	1.26	—	—	52	32.71	60	37.74	16	10.06	4	2.52
30	3	2.17	1	0.72	2	1.45	49	35.51	50	36.24	15	10.87	3	2.17
31	6	3.98	2	1.32	2	1.32	47	31.13	62	41.06	9	5.96	3	1.99
32	7	5.48	1	0.78	3	2.34	44	34.37	48	37.50	6	4.68	3	2.34
33	—	—	1	0.70	3	2.11	55	38.73	50	35.21	7	4.94	2	1.41
34	4	3.57	1	0.89	4	3.57	38	33.93	33	29.46	12	10.72	2	1.78
35	4	3.18	3	2.38	6	4.76	36	28.57	47	37.30	9	7.14	4	3.18
36	5	4.03	1	0.81	5	4.03	39	31.45	38	30.65	3	2.42	10	8.06
37	4	3.48	3	2.61	2	1.74	54	46.95	29	25.21	5	4.35	7	6.09
38	4	4.08	1	1.02	5	5.10	37	37.74	30	30.62	5	5.10	4	4.08
39	3	3.53	3	3.53	3	3.53	35	41.18	20	23.52	3	3.53	7	8.24
40	1	1.75	—	—	—	—	19	33.33	26	45.61	—	—	1	1.75
41	2	3.70	1	1.85	4	7.41	16	29.63	19	35.19	1	1.85	1	1.85
42	2	5.26	2	5.26	2	5.26	15	39.47	11	28.95	—	—	—	—
43	—	—	3	7.15	4	9.52	15	35.72	12	28.57	1	2.38	1	2.38
44	1	3.33	1	3.33	1	3.33	10	33.34	10	33.34	1	3.33	2	6.67
45	—	—	—	—	—	—	6	27.27	5	22.72	3	13.63	3	13.63
46	3	13.04	—	—	2	8.70	6	26.08	5	21.74	4	17.39	2	8.70
47	2	13.33	2	13.33	—	—	7	46.67	1	6.67	—	—	—	—
48	2	10.52	2	10.52	1	5.27	1	5.27	9	47.36	1	5.27	—	—
49	2	11.11	—	—	—	—	2	11.11	2	11.11	2	11.11	3	16.67
50	1	8.33	—	—	—	—	3	25.00	3	25.00	—	—	1	8.33
51	1	12.50	—	—	1	12.50	3	37.50	1	12.50	—	—	1	12.50
52	2	15.38	3	23.08	—	—	—	—	3	23.08	3	23.08	1	7.69
53	—	—	—	—	—	—	1	20.00	1	20.00	—	—	—	—
54	2	20.00	1	10.00	—	—	3	30.00	—	—	1	10.00	2	20.00
55	1	12.50	—	—	—	—	1	12.50	—	—	—	—	4	50.00
56	1	10.00	1	10.00	1	10.00	—	—	1	10.00	—	—	4	40.00
57	1	14.29	—	—	1	14.29	1	14.29	—	—	—	—	3	42.85
58	2	22.23	1	11.11	—	—	1	11.11	—	—	1	11.11	2	22.22
59	—	—	1	33.33	—	—	1	33.33	—	—	—	—	—	—
60	—	—	—	—	—	—	1	50.00	—	—	—	—	1	50.00
61	—	—	—	—	—	—	—	—	—	—	1	100.00	—	—
62	—	—	1	100.00	—	—	—	—	—	—	—	—	—	—
63	—	—	—	—	—	—	—	—	—	—	—	—	2	50.00
66	—	—	—	—	—	—	—	—	—	—	—	—	[1] 1	50.00
Zus.	108	3.94	38	1.39	58	2.12	785	28.60	797	29.04	513	18.69	92	3.36

1) 69 Jahr alt.

Bahnhofspersonal		Handwerker		Bestand Zusammen		Alter der Abgegangenen: Gestorbene Beamte		Entlassene Beamte		Ausgeschiedene Beamte		Zusammen	
abs.	%	abs.	%	abs.	%	abs.	%	abs.	%	abs.	%	abs.	%
—	—	—	—	1	0.03	—	—	—	—	—	—	—	—
—	—	—	—	1	0.03	—	—	—	—	—	—	—	—
—	—	—	—	4	0.14	1	25.00	1	25.00	2	50.00	4	1.35
1	9.09	—	—	11	0.40	—	—	2	28.57	5	71.43	7	2.37
—	—	1	3.45	29	1.05	—	—	—	—	5	100.00	5	1.69
1	6.25	1	6.25	16	0.58	—	—	1	10.00	9	90.00	10	3.38
—	—	3	8.53	34	1.26	—	—	1	10.00	9	90.00	10	3.38
1	2.13	2	4.26	47	1.71	—	—	1	14.29	6	85.71	7	2.36
1	1.47	2	2.95	68	2.47	—	—	5	26.32	14	73.68	19	6.42
5	4.24	4	3.39	118	4.68	1	3.70	4	14.82	22	81.48	27	9.12
5	3.22	4	2.58	155	5.64	—	—	3	14.29	18	85.71	21	7.09
5	3.29	14	9.21	152	5.53	1	3.57	4	14.29	23	82.14	28	9.46
7	4.38	11	6.87	160	5.82	—	—	7	23.33	23	76.67	30	10.13
6	3.80	17	10.76	158	5.65	—	—	1	8.33	11	91.67	12	4.05
5	3.14	15	9.43	159	5.69	—	—	6	30.00	14	70.00	20	6.76
5	3.62	10	7.25	138	5.02	1	7.14	4	28.57	9	64.29	14	4.73
5	3.31	15	9.93	151	5.50	—	—	4	28.57	10	71.43	14	4.73
7	5.48	9	7.03	128	4.66	1	10.00	1	10.00	8	80.00	10	3.38
9	6.34	15	10.56	142	5.17	1	11.11	3	33.33	5	55.56	9	3.04
6	5.36	12	10.72	112	4.08	3	30.00	1	10.00	6	60.00	10	3.38
8	6.35	9	7.14	126	4.59	2	33.33	2	33.33	2	33.34	6	2.03
12	9.68	11	8.87	124	4.51	—	—	3	100.00	—	—	3	1.01
4	3.48	7	6.09	115	4.18	2	40.00	—	—	3	60.00	5	1.69
6	6.13	6	6.13	98	3.57	—	—	2	40.00	3	60.00	5	1.69
3	3.53	8	9.41	85	3.09	—	—	1	20.00	4	80.00	5	1.69
5	8.78	5	8.78	57	2.07	—	—	1	50.00	1	50.00	2	0.67
4	7.41	6	11.11	54	1.96	—	—	—	—	1	100.00	1	0.34
1	2.64	5	13.16	38	1.38	—	—	1	100.00	—	—	1	0.34
2	4.76	4	9.52	42	1.53	—	—	1	100.00	—	—	1	0.34
1	3.33	3	10.00	30	1.09	—	—	—	—	—	—	—	—
4	18.20	1	4.55	22	0.80	—	—	1	100.00	—	—	1	0.34
—	—	1	4.35	23	0.83	1	100.00	—	—	—	—	1	0.34
2	13.33	1	6.67	15	0.54	—	—	—	—	2	100.00	2	0.67
1	5.27	2	10.52	19	0.69	—	—	—	—	2	100.00	2	0.67
5	27.78	2	11.11	18	0.65	—	—	—	—	1	100.00	1	0.34
4	33.34	—	—	12	0.43	—	—	—	—	—	—	—	—
—	—	1	12.50	8	0.29	—	—	1	100.00	—	—	1	0.34
1	7.69	—	—	13	0.47	—	—	—	—	—	—	—	—
2	40.00	1	20.00	5	0.18	1	100.00	—	—	—	—	1	0.34
—	—	1	10.00	10	0.37	1	100.00	—	—	—	—	1	0.34
—	—	2	25.00	8	0.29	—	—	—	—	—	—	—	—
2	20.00	—	—	10	0.37	—	—	—	—	—	—	—	—
1	14.28	—	—	7	0.25	—	—	—	—	—	—	—	—
1	11.11	1	11.11	9	0.32	—	—	—	—	—	—	—	—
—	—	1	33.34	3	0.10	—	—	—	—	—	—	—	—
—	—	—	—	2	0.67	—	—	—	—	—	—	—	—
—	—	—	—	1	0.03	—	—	—	—	—	—	—	—
—	—	—	—	1	0.03	—	—	—	—	—	—	—	—
—	—	2	50.00	4	0.14	—	—	—	—	—	—	—	—
1	50.00	—	—	2	0.07	—	—	—	—	—	—	—	—
139	5.03	215	7.83	2745	100.00	16	5.41	62	20.94	218	73.65	296	100.00

Die Genehmigung zur Straßenbenutzung endet hier am 31. Dezember 1911. Mithin kommen nur diejenigen in Frage, welche gegenwärtig bereits mindestens 47 Jahr alt sind, dies sind 147 unter 2745. Es läßt sich jedoch annehmen, daß ein größerer Bruchtheil derselben bis dahin durch Abgang, Entlassung oder Tod noch ausscheiden wird. Das Verhältniß, in welchem diese drei Bestandsveränderungen eingetreten sind, stellt sich nämlich dahin:

Im Dienstjahre	ausgeschieden		entlassen		gestorben		zusammen abgegangen	
	abs.	%	abs.	%	abs.	%	abs.	%
von	1838		1238		108		3184	
13	2	0.11	1	0.08	4	3.70	7	0.22
12	4	0.22	6	0.48	3	2.78	13	0.41
11	2	0.11	4	0.32	3	2.78	9	0.28
10	5	0.27	7	0.57	6	5.56	18	0.56
9	11	0.60	7	0.57	2	1.85	20	0.63
8	10	0.54	12	0.97	9	8.34	31	0.97
7	28	1.52	18	1.46	4	3.70	50	1.57
6	30	1.63	22	1.78	13	12.04	65	2.04
5	52	2.83	49	3.96	10	9.26	111	3.49
4	89	4.84	94	7.59	9	8.34	192	6.03
3	142	7.73	121	9.77	18	16.67	281	8.83
2	346	18.83	211	17.04	16	14.80	573	18.00
10—12 Monat	184	10.01	121	9.77	4	3.70	309	9.70
7—9 »	202	10.99	122	9.86	3	2.78	327	10.27
4—6 »	355	19.31	181	14.62	2	1.85	538	16.90
1—3 »	376	20.46	262	21.16	2	1.85	640	20.10

Da der Abgang größer als die Entlassung, überdies im ersten Dienstjahr, welches als Probezeit dient, am stärksten ist, fällt die etwaige Unterstellung weg, als ob die Betriebsleitung der Altersschwachen sich durch Kündigung zu erledigen sucht. Am wirksamsten wird dieselbe einerseits durch eine Vertheilung des Bestandes der Gestorbenen, der Entlassenen und der Ausgeschiedenen nach dem Eintrittsalter, andererseits durch die Darstellung des Bestandwechsels innerhalb der einzelnen Jahre nach Zunahme, Einstellung, Uebernahme und Abgang widerlegt. Man gewinnt hierdurch folgendes Ergebniß:

Jahre	Bestand		Gestorbene		Entlassene		Ausgeschiedene		Gesammtzahl	
	abs.	%	abs.	%	abs.	%	abs.	%	abs.	%
14	—	—	—	—	—	—	2	100.00	2	0.03
15	4	50.00	—	—	2	25.00	2	25.00	8	0.14
16	3	12.00	1	4.00	7	28.00	14	56.00	25	0.43
17	16	34.79	—	—	12	26.08	18	39.13	46	0.78
18	21	28.77	1	1.37	19	26.03	32	43.83	73	1.24
19	49	39.84	1	0.81	21	17.07	52	42.28	123	2.09
20	35	29.41	1	0.84	24	20.16	59	49.59	119	2.02
21	40	37.38	2	1.87	22	20.56	43	40.19	107	1.82
22	93	50.54	—	—	31	16.85	60	32.61	184	3.13
23	201	52.20	2	0.52	62	16.11	120	31.17	385	6.55
24	295	51.75	3	0.53	78	13.68	194	34.04	570	9.69
25	302	54.71	5	0.91	80	14.49	165	29.89	552	9.38
26	259	49.72	11	2.11	87	16.70	164	31.47	521	8.86
27	205	47.78	1	0.23	92	21.45	131	30.54	429	7.29
28	214	51.44	7	1.68	77	18.51	118	28.37	416	7.07
29	176	52.53	7	2.09	64	19.11	88	26.27	335	5.69
30	141	44.62	8	2.53	67	21.20	100	31.65	316	5.37
31	101	40.89	7	2.83	61	24.70	78	31.58	247	4.23
32	115	51.34	4	1.79	54	24.10	51	22.77	224	3.81
33	102	47.44	2	0.93	45	20.93	66	30.70	215	3.76
34	88	39.46	1	1.80	63	28.25	68	30.49	224	3.79
35	53	49.84	1	0.75	39	29.33	40	30.08	133	2.26
36	29	34.52	4	4.76	27	32.15	24	28.57	83	1.43
37	30	34.89	4	4.65	30	34.89	22	25.97	86	1.46
38	29	37.19	1	1.28	25	32.05	23	29.48	78	1.33
39	25	33.33	2	2.67	31	41.33	17	22.67	75	1.27
40	17	29.31	4	6.90	23	39.65	14	24.14	58	0.99
41	16	32.00	6	12.00	17	34.00	11	22.00	50	0.85
42	13	46.44	—	—	10	35.70	5	17.86	28	0.48
43	8	28.57	2	7.15	9	32.14	9	32.14	28	0.48
44	12	46.16	1	3.84	7	26.92	6	23.08	26	0.44
45	8	42.10	—	—	3	15.80	8	42.10	19	0.30
46	9	39.14	1	4.35	4	17.37	9	39.14	23	0.39
47	3	17.65	1	5.87	10	58.83	3	17.65	17	0.29
48	6	50.00	—	—	5	41.67	1	8.33	12	0.20
49	2	22.22	1	11.11	5	55.56	1	11.11	9	0.15
50	6	85.71	—	—	1	14.29	—	—	7	0.12
51	1	33.33	—	—	2	66.67	—	—	3	0.06
52	2	66.67	—	—	1	33.33	—	—	3	0.06
53	—	—	—	—	3	50.00	3	50.00	6	0.10
54	3	75.00	—	—	—	—	1	25.00	4	0 07
55	—	—	—	—	1	100.00	—	—	1	0.02
56	—	—	1	33.33	1	33.33	1	33.34	3	0.05
57	1	33.33	—	—	1	33.33	1	33.34	3	0.05
60	—	—	1	25.00	2	50.00	1	25.00	4	0.07
61	—	—	1	100.00	—	—	—	—	1	0.02
66	—	—	—	—	1	100.00	—	—	1	0.02
Zus.	2733	47.15	98	1.52	1226	21.58	1825	29.75	5882	100.00

Bestands-Wechsel	1888	1887	1886	1885	1884	1883	1882	1881	1880	1879	1878
I. Bestandsziffer	3041	3132	2979	2473	2254	2030	1992	1892	1884	1466	1117
a) davon neu angestellt	510	653	938	573	643	510	558	579	799	681	359
b) übernommen aus den Vorjahren	2531	2479	2041	1900	1611	1520	1434	1313	1085	785	758
1887	385	—	—	—	—	—	—	—	—	—	—
1886	539	766	—	—	—	—	—	—	—	—	—
1885	280	308	468	—	—	—	—	—	—	—	—
1884	282	307	390	591	—	—	—	—	—	—	—
1883	195	208	227	274	416	—	—	—	—	—	—
1882	142	148	169	187	250	421	—	—	—	—	—
1881	122	132	142	157	185	245	417	—	—	—	—
1880	172	178	187	203	226	270	364	558	—	—	—
1879	139	143	150	161	175	195	225	280	509	—	—
1878	48	52	56	60	71	77	86	99	137	226	—
1877	57	61	61	63	68	74	82	91	110	154	246
1876	59	64	68	74	85	91	107	118	142	184	243
1875	69	70	79	86	91	99	104	115	129	153	189
1874	29	29	30	30	30	31	32	34	39	49	58
1873	13	13	14	14	14	17	17	18	19	19	22
II. Ausgeschieden durch											
a) Beförderung	—	136	221	156	178	147	175	144	211	146	77
b) Abgang	218	343	181	173	88	147	166	136	181	84	108
c) Entlassung	62	109	81	88	72	117	121	158	155	131	133
d) Veränderung	—	—	2	7	4	2	4	11	15	12	8
e) Tod	16	13	15	8	12	6	6	9	9	8	6
III. Verblieben	2745	2531	2479	2041	1900	1611	1520	1434	1313	1085	785

Bestands-Wechsel in Verhältnißziffern	1888	1887	1886	1885	1884	1883	1882	1881	1880	1879	1878
I. Bestandsziffer	3041	3132	2979	2473	2254	2030	1992	1892	1884	1466	1117
Zunahmeverhältniß in %	—	5.13	20.46	9.72	11.16	1.91	5.30	0.42	28.51	31.24	—
a) davon neu angestellt	16.80	20.85	31.49	23.17	28.53	25.13	28.02	30.60	42.42	46.46	32.14
b) übernommen	83.20	79.15	68.51	76.83	71.47	74.87	71.98	69.40	57.58	53.54	67.86
II. Ausgeschieden durch											
a) Beförderung	—	4.34	7.42	6.31	7.91	7.24	8.79	7.61	11.20	9.96	6.89
b) Abgang	7.17	10.95	6.08	7.00	3.91	7.24	8.33	7.19	9.61	5.73	9.66
c) Entlassung	2.04	3.48	2.72	3.56	3.20	5.76	6.08	8.35	8.23	8.94	11.90
d) Veränderung	—	—	0.07	0.25	0.19	0.10	0.20	0.59	0.80	0.81	0.73
e) Tod	0.52	0.42	0.50	0.33	0.54	0.30	0.30	0.48	0.48	0.55	0.53
III. Verblieben	90.27	80.81	83.21	82.55	84.25	79.36	76.30	75.78	69.68	74.01	70.29
IV. Die Uebernommenen vertheilen sich auf Anstellung in den Jahren											
1887	15.21	—	—	—	—	—	—	—	—	—	—
1886	21.30	30.90	—	—	—	—	—	—	—	—	—
1885	11.06	12.43	22.94	—	—	—	—	—	—	—	—
1884	11.14	12.38	19.11	31.10	—	—	—	—	—	—	—
1883	7.68	8.39	11.13	14.42	25.82	—	—	—	—	—	—
1882	5.62	5.97	8.29	9.84	15.52	27.70	—	—	—	—	—
1881	4.82	5.32	6.96	8.26	11.49	16.12	29.08	—	—	—	—
1880	6.80	7.18	9.17	10.68	14.03	17.76	25.38	42.50	—	—	—
1879	5.50	5.78	7.35	8.48	10.86	12.83	15.69	21.33	46.91	—	—
1878	1.90	2.10	2.74	3.16	4.41	5.07	6.00	7.54	12.61	28.79	—
1877	2.25	2.46	2.93	3.32	4.21	4.87	5.72	6.93	10.13	19.62	32.46
1876	2.33	2.58	3.33	3.89	5.28	5.99	7.46	8.99	13.08	23.43	32.06
1875	2.73	2.82	3.88	4.53	5.66	6.51	7.26	8.76	11.89	19.49	24.92
1874	1.15	1.17	1.48	1.58	1.85	2.04	2.23	2.58	3.59	6.25	7.66
1873	0.51	0.52	0.69	0.74	0.87	1.11	1.18	1.37	1.79	2.42	2.90

Inwieweit Invalidenrente erworben werden wird, ist nicht zu übersehen. Todesfälle sind selten.

Einstellungsjahr	Es verstarben in den Jahren										
	1888	1887	1886	1885	1884	1883	1882	1881	1880	1879	1878
1888 . . .	1	—	—	—	—	—	—	—	—	—	—
1887 . . .	1	1	—	—	—	—	—	—	—	—	—
1886 . . .	2	1	1	—	—	—	—	—	—	—	—
1885 . . .	1	—	—	—	—	—	—	—	—	—	—
1884 . . .	2	1	1	—	—	—	—	—	—	—	—
1883 . . .	1	1	—	1	2	—	—	—	—	—	—
1882 . . .	—	—	—	—	1	—	1	—	—	—	—
1881 . . .	3	1	—	3	1	3	—	—	—	—	—
1880 . . .	—	1	1	2	—	—	—	4	1	—	—
1879 . . .	—	—	3	—	1	—	—	3	3	1	—
1878 . . .	4	2	1	—	2	1	—	—	—	1	—
früher . .	1	5	8	2	5	2	5	2	5	6	6
oder im Verhältniß zu den Angestellten in den betr. Jahren											
1888 . . .	0.19	—	—	—	—	—	—	—	—	—	—
1887 . . .	0.15	0.15	—	—	—	—	—	—	—	—	—
1886 . . .	0.20	0.10	0.10	—	—	—	—	—	—	—	—
1885 . . .	0.17	—	—	—	—	—	—	—	—	—	—
1884 . . .	0.33	0.16	0.16	—	—	—	—	—	—	—	—
1883 . . .	0.20	0.20	—	0.20	0.39	—	—	—	—	—	—
1882 . . .	—	—	—	—	0.18	—	0.18	—	—	—	—
1881 . . .	0.52	0.17	—	0.52	0.17	0.52	—	—	—	—	—
1880 . . .	—	0.13	0.13	0.25	—	—	—	0.50	0.13	—	—
1879 . . .	—	—	0 44	—	0.15	—	—	0.44	0.44	0.15	—
1878 . . .	1.10	0.55	0.28	—	0.55	0.28	—	—	—	0.28	—
früher . .	0.13	0.66	1.07	0.26	0.66	0.26	0.66	0.26	0.66	0.79	0.79
Davon befanden sich im Jahre ihrer Beschäftigung	**bis 1**	**1—2**	**2—3**	**3—4**	**4—5**	**5—6**	**6—7**	**7—8**	**8—9**	**9—10**	**höhere**
Personen	9	15	13	7	8	13	6	9	6	9	13
Lebensjahre zus.	260	496	431	215	249	517	231	397	277	378	521
Lebensalter											
höchstes	35	54	42	36	38	62	47	68	68	55	47
durchschnittl. .	29	33	33	31	31	40	38	44	46	42	40
geringstes . . .	17	21	20	26	22	25	32	32	32	31	34

Von ihrem Entlassungsrechte macht die Verwaltung jedoch nur in sehr beschränktem Umfange Gebrauch.

Einstellungsjahr	Es wurden entlassen in den Jahren										
	1888	1887	1886	1885	1884	1883	1882	1881	1880	1879	1878
1888 . . .	8	—	—	—	—	—	—	—	—	—	—
1887 . . .	18	28	—	—	—	—	—	—	—	—	—
1886 . . .	9	33	25	—	—	—	—	—	—	—	—
1885 . . .	8	10	19	17	—	—	—	—	—	—	—
1884 . . .	6	11	13	32	3	—	—	—	—	—	—
1883 . . .	3	6	10	10	26	23	—	—	—	—	—
1882 . . .	1	4	3	7	9	37	30	—	—	—	—
1881 . . .	3	3	4	2	5	16	37	53	—	—	—
1880 . . .	2	4	—	10	7	17	27	51	49	—	—
1879 . . .	—	4	1	1	8	8	12	27	65	57	—
1878 . . .	—	3	—	2	5	3	4	3	12	24	48
früher . .	4	3	6	7	9	13	11	24	29	50	85
oder im Verhältniß zu den Angestellten in den betr. Jahren											
1888 . . .	1.57	—	—	—	—	—	—	—	—	—	—
1887 . . .	2.76	4.29	—	—	—	—	—	—	—	—	—
1886 . . .	0.97	3.41	2.67	—	—	—	—	—	—	—	—
1885 . . .	1.40	1.74	3.32	2.97	—	—	—	—	—	—	—
1884 . . .	0.92	1.71	2.02	4.98	0.46	—	—	—	—	—	—
1883 . . .	0.59	1.18	1.96	1.96	5.10	4.51	—	—	—	—	—
1882 . . .	0.18	0.72	0.55	1.25	1.61	6.63	5.37	—	—	—	—
1881 . . .	0.52	0.52	0.69	0.35	0.86	2.76	6.39	9.15	—	—	—
1880 . . .	0.25	0.50	—	1.26	0.88	2.13	3.37	6.38	6.13	—	—
1879 . . .	—	0.59	0.15	0.15	1.17	1.17	1.76	3.96	9.55	8.37	—
1878 . . .	—	0.84	—	0.55	1.39	0.84	1.11	0.84	3.34	6.68	13.37
früher . .	0.53	0.40	0.79	0.92	1.19	1.72	1.45	3.17	3.82	6.60	11.21
Davon befanden sich im Jahre ihrer Beschäftigung	**bis 1**	**1—2**	**2—3**	**3—4**	**4—5**	**5—6**	**6—7**	**7—8**	**8—9**	**9—10**	**höhere**
Personen	593	223	141	100	56	35	24	19	12	11	13
Lebensjahre zus.	17235	6562	4511	3312	2011	1348	981	685	469	481	573
Lebensalter . . .											
höchstes	51	58	63	69	57	62	61	51	50	61	70
durchschnittl. .	29	29	32	33	36	39	41	36	39	43	44
geringstes . . .	15	17	19	19	23	26	30	30	34	24	33

Der freiwillige Abgang entspringt aber anderen Beweggründen als ihrem Einfluß.

Einstellungsjahr	Es schieden aus in den Jahren										
	1888	1887	1886	1885	1884	1883	1882	1881	1880	1879	1878
1888 . . .	14	—	—	—	—	—	—	—	—	—	—
1887 . . .	87	121	—	—	—	—	—	—	—	—	—
1886 . . .	50	136	88	—	—	—	—	—	—	—	—
1885 . . .	19	35	44	47	—	—	—	—	—	—	—
1884 . . .	17	20	24	69	6	—	—	—	—	—	—
1883 . . .	9	6	4	24	24	26	—	—	—	—	—
1882 . . .	5	6	7	7	17	51	43	—	—	—	—
1881 . . .	4	11	6	4	12	28	53	43	—	—	—
1880 . . .	4	5	2	8	13	21	35	62	73	—	—
1879 . . .	4	2	1	6	5	7	21	15	80	40	—
1878 . . .	—	—	—	5	2	3	4	5	12	22	48
früher . .	5	1	5	3	9	11	10	11	16	22	60
oder im Verhältniß zu den Angestellten in den betr. Jahren											
1888 . . .	2.75	—	—	—	—	—	—	—	—	—	—
1887 . . .	13.32	18.53	—	—	—	—	—	—	—	—	—
1886 . . .	5.22	14.50	9.38	—	—	—	—	—	—	—	—
1885 . . .	3.32	6.11	7.68	8.20	—	—	—	—	—	—	—
1884 . . .	2.64	3.11	3.73	10.73	0.94	—	—	—	—	—	—
1883 . . .	1.77	1.18	0.78	4.71	4.71	5.09	—	—	—	—	—
1882 . . .	0.91	1.08	1.25	1.25	3.05	9.14	7.71	—	—	—	—
1881 . . .	0.69	1.90	1.04	0.69	2.07	4.84	9.15	7.43	—	—	—
1880 . . .	0.50	0.63	0.25	1.00	1.63	2.63	4.38	7.76	9.13	—	—
1879 . . .	0.59	0.29	0.15	0.88	0.74	1.03	3.08	2.20	11.75	5.87	—
1878 . . .	—	—	—	1.39	0.55	0.84	1.11	1.39	3.34	6.14	13.37
früher . .	0.66	0.13	0.66	0.40	1.19	1.45	1.32	1.45	2.11	2.90	7.92
Davon befanden sich im Jahre ihrer Beschäftigung	**bis 1**	**1–2**	**2–3**	**3–4**	**4–5**	**5–6**	**6–7**	**7–8**	**8–9**	**9–10**	**höhere**
Personen	984	369	181	104	70	42	34	12	14	6	9
Lebensjahre zus.	26800	10454	5232	3265	2222	1414	1189	477	517	225	356
Lebensalter											
höchstes	48	61	58	57	50	62	59	49	48	48	49
durchschnittl. .	27	26	29	31	32	34	35	40	37	37	40
geringstes . . .	14	17	18	17	20	20	24	33	27	32	29

Gegen die allgemeine Annahme bewirken die Anstrengungen im Pferdebahnbetrieb mithin weder außergewöhnlichen Kräfteverbrauch noch schnellere Abnutzung oder frühere Erwerbslosigkeit als andere Verkehrsgewerbe[3]). Sonst würden schwerlich Werkthätige im Alter von 66 und 69 Jahr, sowie mit 15jähriger Dienstzeit angetroffen werden.

c) Unfälle durch Sachbeschädigungen.

§ 57. Eintrittsmöglichkeit von Sachbeschädigungen für Dritte.

Zu Sachbeschädigungen kann es im Straßenbahnbetriebe auf verschiedene Weise kommen. Zunächst wird vielfach mit der Personenverletzung eine solche der Kleidungsstücke der Betroffenen eintreten. Sodann können unabhängig davon Fahrgäste an ihrer Kleidung oder ihren mitgeführten Gegenständen beschädigt werden, indem solche durch Hängenbleiben an vorstehenden Gegenständen (Nägel, Thürklinke), Risse oder durch auslaufende Flüssigkeiten (z. B. die Lampen der Beleuchtungskörper) Flecke erhalten. Ersatz hierfür ist nur bei nachweisbarer Schuld der Betriebsunternehmerin nach den jeweiligen landesrechtlichen Grundsätzen über die Haftung für verschuldeten Schaden zu leisten. Das Haftpflichtgesetz versagt hier seine Hülfe!

Ebenso können beliebige Dritte auf verschiedene Weise an ihren Gegenständen durch die Straßenbahn-Anlage und den -Betrieb geschädigt werden. Pferde bleiben mit den Füßen in den Schienenrillen oder den Weichenkasten hängen, wodurch sie Verletzungen davon tragen; die Räder auf dem Schienenwege laufender Wagen gerathen in die Gleise, und bewirken beim Versuche des Abbiegens das Umfallen der Wagen, und im weiteren Verfolg seine und der

---

[3]) Dies bestätigt die amtliche Verunglückungsstatistik für Preußen, wonach 1886 im Verkehrsgewerbe unter 799 tödtlich verlaufenen Unfällen 555 = 69,56 % im Berufe eingetreten sind. Es wäre zu wünschen, daß künftig Veröffentlichungen der amtlichen Statistik die Verkehrsgewerbe weiter unterscheiden, namentlich den Straßenbahnen eine besondere Aufmerksamkeit widmen, zumal leicht Gelegenheit hierzu ist. S. oben § 4 S. 11 und vergl. Arbeiter-Versorgung VI 199.

mitgeführten Ladung Beschädigung; stürzende Pferde fallen in die Scheiben von Geschäftslokalen und zertrümmern diese; durch das Gegeneinanderfahren werden fremde Wagen oder wird deren Ladung vernichtet. In allen derartigen und ähnlichen Fällen bestehen gleichfalls keine weiteren Ansprüche als aufgrund der Schadensverbindlichkeit aus dem Verschulden[1]).

Sicher würde es von großem Werthe sein, den Umfang derartiger Beschädigungen nach Hergang, Fällezahl und Werth kennen zu lernen. Leider sind jedoch die desfallsigen Nachrichten so lückenhaft, daß auf die Darstellung eines ihnen entnehmbaren Ergebnisses verzichtet werden mußte.

Um in dieser Hinsicht nicht ganz leer auszugehen, soll, weil dies gleichzeitig eine erhebliche verkehrspolizeiliche Seite bietet, wenigstens der Umfang festgestellt werden, in welchem die Straßenbahnbetriebe durch den Eingriff fremder Fahrzeuge in ihrem Betriebe zu leiden haben, d. h. ihnen durch solche Gefahren gebracht werden.

§ 58. Beschädigung der Betriebsmittel.

In nicht zu unterschätzender Fällezahl werden Vermögensstücke der Betriebsunternehmer durch Ereignisse, welche außerhalb der Eigenthümlichkeit des Straßenbahnbetriebes liegen, beschädigt. Die Scheiben der Straßenbahnwagen werden nicht blos von Kindern sondern auch von übermüthigen Erwachsenen zum Wurfziel ausersehen. In die Schienenrillen werden harte Körper eingebracht, um ein Entgleisen zu bewirken. Absichtlich oder unvorsichtig werden Straßenbahnpferde oder -wagen angefahren. Aus diesen und ähnlichen Vorgängen entspringen nicht zu unterschätzende Vermögensnachtheile, zu deren Abwehr die Betriebsleiter bei Lage der heutigen Gesetzgebung fast machtlos sind[1]).

---

[1]) Den Rechtszustand s. bei K. Hilse: Haftpflicht § 45 S. 183 ff. In dem herkömmlichen Begriffe des Verschuldens stecken aber zwei sehr verschiedene Dinge: Fahrlässigkeit auf eigene und Fahrlässigkeit auf fremde Rechnung, unbewußte Unaufmerksamkeit und bewußte Gleichgiltigkeit, Einsichtslosigkeit und Selbstsucht. Vergl. Mataja i. Archiv f. bürg. Recht I 272.

[1]) K. Hilse: Haftpflicht § 42 S. 171, § 46 S. 186, § 47 S. 193.

Von denselben sind nur die Beschädigungen durch Anfahren und selbst diese blos für 2 Berliner Betriebe zu ermitteln gewesen. Da im Betriebe der Großen Berliner Pferdeeisenbahn Aktien-Gesellschaft und der Neuen Berliner Pferdebahn-Gesellschaft, um die es sich hier handelt, jedoch im Jahre 1888 auf einer Gleislänge von (229 317 + 32 190) 261 507 m (102 150 000 + 10 210 000) 112 360 000 Fahrgäste auf (3 352 730 + 455 982) 3 808 712 Fahrten bei (19 595 767 + 2 494 979) 22 090 746 Nutzkilometern befördert und hieraus 13 299 875 Mark Einnahme erzielt sind, dürfen die hier gemachten Erfahrungen als werthvolle Unterlage für statistische Vergleichungen und als Maßstab zur Beurtheilung der Sicherheit des Straßenverkehrs in Berlin bezw. des Gradmessers der Gefährlichkeit, welchen die einzelnen Fuhrbetriebe den Straßenbahnen bereiten, umsomehr bezeichnet werden, weil sie sechs Jahre umfassen und durchweg einheitliche Aufarbeitungsgrundsätze[2]) befolgt werden konnten. Danach ist bei beiden Betriebsunternehmern ein ziemlich gleichlautendes Formular für die Zusammenstoßmeldung des Schaffners an die Verwaltung und dieser an die Ortspolizeibehörde gebräuchlich. Aus diesen Meldungen erfolgt eine Uebertragung auf Zählkarten, die einheitlich bearbeitet werden, sodaß Abweichungen und Irrthümer ausgeschlossen sind. Die gewonnenen Ziffern stellen die Mindestzahl der eingetretenen Zusammenstöße her, können also durch die thatsächlichen überstiegen werden. Soweit Zusammenstöße zwischen 2 Pferdebahnwagen erfolgen, läßt sich zwar die Genauigkeit der Ziffern prüfen, weil von den Schaffnern beider Wagen Meldungen vorliegen müssen, selbst wenn die betheiligten je 2 Wagen verschiedenen Unternehmern angehören, sodaß Fälle dieser Art nicht ungemeldet bleiben können. Dagegen ist das Unterdrücken von Zusammenstößen mit anderen Fuhrwerken aus Bequemlichkeit der meldenden Schaffner möglich, so oft eine Beschädigung des Pferdebahnwagens ausbleibt.

Nach Jahren und Monaten geordnet ergeben sich für die beiden Betriebe die nachfolgenden Ziffern:

---

[2]) Dieselben s. bei K. Hilse: Haftpflicht § 31 S. 123. Die dortigen Beobachtungen umfassen 5 Jahre. S. 127, 130 sind Verhältnißziffern gegeben. Für vorliegende Arbeit sind solche entbehrend, weshalb sie aus räumlichen Gründen wegblieben.

Monate	Jahr 1883	1884	1885	1886	1887	1888	Zusammen
Große Berliner ꝛc.							
Januar . . .	29	36	79	97	132	78	451
Februar . . .	23	41	64	62	67	135	392
März	43	54	91	124	97	210	619
April	29	52	80	91	113	100	465
Mai	34	60	68	83	96	116	457
Juni	51	75	80	79	107	94	486
Juli	48	63	43	88	103	84	429
August	49	66	64	95	93	100	467
September . .	44	75	86	111	115	117	548
October . . .	63	77	77	108	118	160	603
November . .	44	99	91	112	95	106	547
Dezember . .	56	110	97	150	95	124	632
Zusammen	**513**	**808**	**920**	**1200**	**1231**	**1424**	**6096**
Neue Berliner ꝛc.							
Januar . . .	28	13	25	18	29	20	133
Februar . . .	10	14	20	18	23	45	130
März	7	21	23	26	26	75	178
April	16	15	29	19	34	41	154
Mai	13	13	30	22	31	43	152
Juni	18	4	29	29	38	51	169
Juli	15	7	24	34	49	41	170
August	20	11	27	44	25	40	167
September . .	18	12	19	36	46	61	192
October . . .	18	20	17	37	63	94	249
November . .	18	24	21	26	39	86	214
Dezember . .	26	19	15	29	46	64	199
Zusammen	**207**	**173**	**279**	**338**	**449**	**661**	**2107**
Beide zusammen	**720**	**981**	**1199**	**1538**	**1680**	**2085**	**8203**

Die Schadenspflicht aus diesen Vorfällen hängt jedoch zusammen mit der »Widerrechtlichkeit« der »Handlung«. Sie ist gebunden an das Vorhandensein von Fahrlässigkeit und bösem Vorsatz. Für eine Schadensersatzpflicht aus dem Grunde der ökonomischen Verursachung, aus bloßen Zuständen, aus der Erwägung, daß, wer von Etwas den Nutzen bezieht, auch die hiermit verbundenen Gefahren zu tragen habe, ist kein Raum. Die Schadensersatzpflicht ereilt gleich der Strafe nur denjenigen, der eine bestimmte widerrechtliche Handlung begangen hat.

Die Beseitigung der Zusammenstoß-Schäden verursachte 38 375,10 Mk. Kostenaufwand, nämlich:

Monate	Jahr						Zusammen
	1883	1884	1885	1886	1887	1888	
Große Berliner ꝛc.							
Januar	230.50	228.10	429.50	687.40	730.15	528.33	2833.98
Februar	125.00	196.35	258.95	410.85	337.55	993.31	2322.01
März	278.30	287.40	427.30	740.80	454.10	1055.77	3243.67
April	174.70	246.60	392.75	497.10	504.45	473.55	2289.15
Mai	138.20	243.75	426.50	437.75	448.40	470.50	2165.10
Juni	370.25	457.80	392.80	489.65	450.25	415.69	2576.44
Juli	363.45	454.30	277.05	412.20	487.15	379.71	2373.86
August	288.95	396.25	359.65	534.70	390.40	932.36	2902.31
September	199.35	365.00	484.80	678.50	661.65	411.19	2800.49
October	369.80	494.60	419.95	469.35	440.85	735.74	2930.29
November	161.15	517.50	554.10	510.35	504.60	459.76	2707.46
Dezember	304.35	492.15	603.50	1170.55	440.40	584.69	3595.64
Zusammen	**3004.00**	**4379.80**	**5026.85**	**7039.20**	**5849.95**	**7440.60**	**32740.40**
Neue Berliner ꝛc.							
Januar	93.50	35.75	122.70	41.45	75.05	61.95	430.40
Februar	39.50	58.00	30.50	73.05	79.35	185.00	465.40
März	39.75	81.50	71.90	72.50	50.45	268.95	585.05
April	116.50	45.40	96.70	26.00	76.55	90.55	451.70
Mai	30.75	55.00	58.35	48.40	50.45	136.70	379.65
Juni	58.50	7.75	53.30	79.55	68.45	131.80	399.35
Juli	95.50	36.00	46.55	16.60	101.40	101.80	397.85
August	111.10	81.50	51.10	123.90	38.00	155.95	561.55
September	38.25	24.25	37.45	40.75	106.50	147.50	394.70
October	55.75	46.45	44.75	54.30	100.70	218.45	520.40
November	64.75	105.15	106.55	60.95	66.15	233.00	636.55
Dezember	70.00	62.40	51.55	85.80	82.75	59.60	412.10
Zusammen	**813.85**	**639.15**	**771.40**	**723.25**	**895.80**	**1791.25**	**5634.70**
Beide zusammen	**3817.85**	**5018.95**	**5798.25**	**7762.45**	**6745.75**	**9231.85**	**38375.10**

Beschädigungen von Pferdebahnwagen traten bei den einzelnen

Gesellschaften in den einzelnen Jahren und Monaten in nachstehender Fällezahl ein:

Monate	Jahr 1883	1884	1885	1886	1887	1888	Zusammen
Große Berliner ꝛc.							
Januar . . .	27	34	68	86	119	70	404
Februar . . .	21	35	56	55	62	127	356
März	35	51	80	109	91	186	552
April	23	48	76	82	91	91	411
Mai	28	54	66	72	87	104	411
Juni	50	70	72	72	97	85	446
Juli	45	61	39	79	91	76	391
August	43	58	51	86	81	86	405
September . .	35	72	75	98	108	102	490
October . . .	58	71	68	99	108	150	554
November . .	34	90	83	101	84	93	485
Dezember . .	48	103	90	142	86	110	579
Zusammen	**447**	**747**	**824**	**1081**	**1105**	**1280**	**5484**
Neue Berliner ꝛc.							
Januar . . .	27	13	25	15	28	19	127
Februar . . .	10	13	16	16	21	44	120
März	7	17	22	22	24	74	166
April	16	14	28	14	34	39	145
Mai	11	12	27	15	27	38	130
Juni	18	3	27	21	34	43	146
Juli	12	5	17	22	43	39	138
August	20	10	23	33	22	39	147
September . .	16	11	19	23	45	57	171
October . . .	18	14	15	27	59	87	220
November . .	18	24	21	17	37	81	198
Dezember . .	25	18	15	23	44	55	180
Zusammen	**198**	**154**	**255**	**248**	**418**	**615**	**1888**
Beide zusammen	**645**	**901**	**1079**	**1329**	**1523**	**1895**	**7372**

Sind zwar gegenüber der Fahrtenziffer und der aus derselben sich ergebenden Gelegenheit für Zusammenfahren von Wagen gegen Pferdebahnwagen sowohl Fällezahl, wie Schadensbetrag an sich nicht gerade besorgnißerregend, so sind andererseits jedoch die

Schadensbeträge bedeutend genug, um die Unternehmer wünschen zu lassen, solche von den Beschädigern ersetzt zu verlangen. Ersatzleistung konnte jedoch nur in der folgenden Fällezahl erreicht werden:

Monate	Jahr 1883	1884	1885	1886	1887	1888	Zusammen
Große Berliner ꝛc.							
Januar . . .	12	7	22	25	27	12	105
Februar . . .	10	7	12	14	15	13	71
März	15	18	25	34	25	14	131
April	8	14	20	29	26	16	113
Mai	8	17	11	18	21	24	99
Juni	17	13	13	22	27	19	111
Juli	18	20	6	24	24	11	103
August	15	15	15	14	12	21	92
September . .	17	14	16	34	31	20	132
October . . .	15	14	21	18	19	33	120
November . .	15	25	23	24	8	20	115
Dezember . .	18	19	20	35	8	28	128
Zusammen	**168**	**183**	**204**	**291**	**243**	**231**	**1320**
Neue Berliner ꝛc.							
Januar . . .	17	5	7	1	2	2	34
Februar . . .	1	4	2	—	1	16	24
März	4	5	4	—	2	34	49
April	7	3	1	1	2	15	29
Mai	3	—	1	1	2	11	18
Juni	9	—	—	—	—	17	26
Juli	7	1	1	1	—	14	24
August	4	1	4	1	5	10	25
September . .	7	1	—	1	24	5	38
October . . .	7	4	—	2	11	10	34
November . .	3	7	1	—	1	—	12
Dezember . .	13	5	1	6	3	1	29
Zusammen	**82**	**36**	**22**	**14**	**53**	**135**	**342**
Beide zusammen	**250**	**219**	**226**	**305**	**296**	**366**	**1662**

Dieselbe blieb erheblich hinter der Schadenssumme zurück, denn die eingegangenen Ersatzbeträge haben nur ergeben:

Monate	Jahr 1883	1884	1885	1886	1887	1888	Zusammen
Große Berliner 2c.							
Januar	83.25	30.90	133.90	186.25	112.55	65.73	612.58
Februar	51.00	33.75	50.90	46.83	59.00	54.95	296.43
März	59.70	103.05	125.10	141.00	178.35	77.15	684.35
April	59.85	72.45	94.00	141.50	110.60	59.00	537.40
Mai	24.75	87.85	63.40	78.00	87.75	107.34	449.09
Juni	169.75	66.00	61.50	130.10	102.55	74.25	604.15
Juli	168.85	115.85	53.95	93.80	83.95	40.08	556.48
August	68.45	82.25	86.90	48.35	30.30	62.84	379.09
September . .	116.15	64.25	79.30	140.50	152.15	49.66	602.01
October	43.90	174.00	96.50	98.25	64.50	119.11	596.26
November . . .	79.50	95.45	129.45	129.55	77.05	81.75	592.75
Dezember . . .	67.65	87.70	82.85	142.95	48.85	114.80	544.80
Zusammen	**992.80**	**1013.50**	**1057.75**	**1377.08**	**1107.60**	**906.66**	**6455.39**
Neue Berliner 2c.							
Januar	49.00	16.75	21.25	1.00	4.00	3.70	95.70
Februar	1.00	12.00	7.50	—	1.50	42.05	64.05
März	11.50	30.00	26.00	—	6.55	126.90	200.95
April	12.50	11.50	8.00	0.50	7.90	38.20	78.60
Mai	6.00	—	4.75	1.50	7.75	31.45	51.45
Juni	14.75	—	—	—	—	43.15	57.90
Juli	14.75	1.50	3.50	3.80	—	37.45	61.00
August	7.10	3.50	15.25	0.75	12.25	22.95	61.80
September . .	17.00	4.50	—	3.50	84.00	11.25	120.25
October	17.50	17.70	—	3.75	29.80	21.25	90.00
November . . .	6.50	54.15	2.50	—	6.25	—	69.40
Dezember . . .	36.50	29.15	2.75	22.30	7.65	1.50	99.85
Zusammen	**194.10**	**180.75**	**91.50**	**37.10**	**167.65**	**379.85**	**1050.95**
Beide zusammen	**1186.90**	**1194.25**	**1149.25**	**1414.18**	**1275.25**	**1286.51**	**7506.34**

Einer Aufwandssumme von 38 375,10 Mark steht mithin blos ein Ersatz von 7506,34 Mark gegenüber, so daß ein Ausfall von 30 868,76 Mark verbleibt.

Schließlich darf der Einfluß der Beleuchtungsverhältnisse nicht unerwähnt bleiben[3]), wobei wieder nicht zu übersehen ist, daß der

[3]) Oben § 44 S. 168, unten § 81 S. 264.

Verkehr des Geschäftsfuhrwerkes in den Abendstunden unverhältnißmäßig schwächer als bei Tage ist, im Sommer aber eher größer als im Winter zu sein pflegt. Deshalb giebt die gefundene Verhältnißziffer einen Belag, daß die Abendbeleuchtung, welche in manchen Straßen eine ziemlich dürftige ist, auf die Verkehrssicherheit ungünstig wirkt, denn die Zusammenstöße vertheilen sich nach den Beleuchtungsverhältnissen dahin:

Monate.	Tageslicht.						Zusammen	Abendlicht.						Zusammen
	1883	1884	1885	1886	1887	1888		1883	1884	1885	1886	1887	1888	
Große Berliner														
Januar . .	21	19	48	60	72	50	270	8	17	31	37	60	28	181
Februar . .	11	32	41	31	45	95	255	12	9	23	31	22	40	137
März . . .	32	38	76	83	49	172	450	11	16	15	41	48	38	169
April . . .	23	42	68	64	84	91	372	6	10	12	27	29	9	93
Mai	28	54	60	75	72	107	396	6	6	8	8	24	9	61
Juni . . .	49	67	66	69	89	87	427	2	8	14	10	18	7	59
Juli	46	57	33	83	88	79	386	2	6	10	5	15	5	43
August . .	43	56	57	87	74	86	403	6	10	7	8	19	14	64
September	39	59	65	90	89	96	438	5	16	21	21	26	21	110
October . .	49	62	50	69	69	120	419	14	15	27	39	49	40	184
November .	36	67	58	65	49	71	346	8	32	33	47	46	35	201
Dezember .	32	57	45	87	50	67	338	24	53	52	63	45	57	294
Zusammen	**409**	**610**	**667**	**863**	**830**	**1121**	**4500**	**104**	**198**	**253**	**337**	**401**	**303**	**1596**
Neue Berliner														
Januar . .	20	10	14	12	21	12	89	8	3	11	6	8	8	44
Februar . .	5	10	10	11	15	25	76	5	4	10	7	8	20	54
März . . .	6	19	18	24	20	54	141	1	2	5	2	6	21	37
April . . .	13	13	20	16	25	36	123	3	2	9	3	9	5	31
Mai	8	13	22	19	26	35	123	5	—	8	3	5	8	29
Juni . . .	16	4	25	26	34	44	149	2	—	4	3	4	7	20
Juli	14	7	16	28	41	36	142	1	—	8	6	8	5	28
August . .	18	11	22	35	21	33	140	2	—	5	9	4	7	27
September	14	10	14	31	40	48	157	4	2	5	5	6	13	35
October . .	12	18	15	33	53	71	202	6	2	2	4	10	23	47
November .	12	18	16	20	27	48	141	6	6	5	6	12	38	73
Dezember .	24	14	8	26	28	36	136	2	5	7	3	18	28	63
Zusammen	**162**	**147**	**200**	**281**	**351**	**478**	**1619**	**45**	**26**	**79**	**57**	**98**	**183**	**488**
Beide zusammen	**571**	**757**	**867**	**1144**	**1181**	**1599**	**6119**	**149**	**224**	**332**	**394**	**499**	**486**	**2084**

Die Verwerthbarkeit des Gefahrengesetzes der Straßenbahnen.

§ 59. Einleitende Gesichtspunkte.

Die Bedeutung, welche das Straßenbahnwesen in Deutschland bereits gewonnen hat, der Platz, welchen es unter den öffentlichen Verkehrsanstalten heute behauptet, sein Einfluß auf die Verkehrsgestaltung in den von ihm eingenommenen Orten und Straßenzügen in Verbindung mit dem unverkennbaren Bestreben, die Erfindungen der Neuzeit in Verwerthung elementarer Kräfte für die Zwecke des Verkehres und insbesondere für den Straßenbahnbetrieb immer mehr dienstbar zu machen, sind geeignet, die Aufmerksamkeit nicht blos derjenigen Behörden, welchen die Ueberwachung der öffentlichen Sicherheit und Ordnung anvertraut ist, sondern sogar die der Gesetzgebung und Rechtssprechung voll und ganz in Anspruch zu nehmen. Denn wie die Handlungsfreiheit jedes Einzelnen im Gesellschaftsleben eingeschränkt werden darf, soweit ihr zügelloses Walten die Uebrigen belästigen und in dem Rechte auf ungestörte Bestandsfähigkeit stören würde, darf selbstredend auch die Entwickelung des Straßenbahnwesens aufgehalten werden, sofern sie für die allgemeine Sicherheit und Ordnung, oder vielleicht sogar nur auf die Bestandsfähigkeit bestandsberechtigter Einrichtungen einen schädlichen Einfluß üben würde. Die Feststellung, ob und wo aus dem Straßenbahnwesen eine schädliche Wirkung erkennbar, und damit das Eingreifen der Behörden oder der Gesetzgebung geboten ist, wird aber umsoweniger übergangen werden können, als umgekehrt jeder behördliche Eingriff in die Entwickelung eines für den allgemeinen Verkehr bestimmten Gewerbes die Aussicht verliert, im geordneten Verwaltungsstreit- oder -beschwerdeverfahren aufrecht erhalten zu werden, bezüglich dessen der Nachweis seiner Gefährlichkeit nicht erbracht oder widerlegt werden kann. Dabei kommt nicht einmal die Gefährlichkeit an sich, sondern erst diese im Verhältnisse zu dem ihr entspringenden Nutzen in Frage. Ueberwiegen die Vortheile, welche eine Einrichtung der Allgemeinheit bietet, die Nachtheile, welche Einzelne in ihr daraus erwarten können, so ist der Behörde und Gesetzgebung die Unterlage zu störenden Eingriffen jedenfalls benommen.

Deshalb bleibt jetzt noch zu untersuchen, in welchen Richtungen eine Verwerthung des gefundenen Gefahrengesetzes zweckdienlich ist, und ob die vorliegende Arbeit einen thatsächlichen Nutzen zu schaffen vermag. Hierbei wird die Wirthschaft der Betriebsunternehmungen, die Aufgabe der Verwaltung, die Gesetzgebung, die Rechtsprechung und das allgemeine Gesellschaftsleben abgesondert zu behandeln sein.

A. Das Gefahrengesetz für die Betriebsunternehmer.

§ 60. Die wirthschaftliche[1]) Tragweite der Haftpflichtsgefahr.

Nach der herrschenden Rechtssprechung gehören die Straßenbahnen ohne Unterschied, ob sie mechanische oder thierische Triebkraft verwenden, zu den haftpflichtigen Gewerben. Sie haben demgemäß für die Vermögensnachtheile Ersatz zu leisten, welche aus Tödtungen und Körperverletzungen entspringen, die durch den Betrieb verursacht sind. Auf Sachbeschädigungen findet das Haftpflichtgesetz keine Anwendung. Ansprüche aus solchen können nur nach den landesrechtlichen Grundsätzen über die Ersatzverbindlichkeit aus verschuldeten Schäden geltend gemacht werden. Inwieweit juristischen Personen ein Verschulden ihrer Vertreter zur Schuld angerechnet, gegen sie eine Schadensersatzklage aus unerlaubten Handlungen begründet werden kann, ist streitig, soll indeß, weil rein rechtlicher Natur und deshalb außerhalb des Rahmens der vorliegenden Erörterungen liegend, ununtersucht bleiben[2]). Hier mag die An-

[1]) Die rechtswissenschaftliche Seite behandelt K. Hilse: Haftpflicht.
[2]) Urt. d. R.G. v. 15. Oktober 1888 (Entsch. XXII. 259).

führung genügen, daß vereinzelt eine Ersatzverbindlichkeit der Betriebsunternehmer für Fahrlässigkeiten ihrer Werkthätigen durch Rechtssprüche anerkannt, und beispielsweise eine Verurtheilung zum Ersatz von Kleidungsstücken eingetreten ist, die Fahrgäste sich an Nägeln oder Haken zerrissen hatten, obschon solche erst im Laufe des Betriebes durch Zufall hervorgetreten waren und noch festgesessen hatten, als die Wagen in Betrieb gesetzt wurden.

In wirthschaftlicher Hinsicht hat der Betriebsunternehmer also mit einer doppelten Ersatzverbindlichkeit zu rechnen, nämlich aus der Haftpflicht und aus dem Verschulden seiner Werkthätigen, mit der ersteren blos bei Tödtungen und Körperverletzungen, mit der letzteren darüber hinaus noch bei Sachbeschädigungen.

Der wirthschaftliche Werth der letzteren ist verhältnißmäßig nur gering. Seine ziffermäßige Feststellung wurde durch den Umstand vereitelt, daß überwiegend derarte Ansprüche, soweit sie gegen den Betriebsunternehmer gerichtet waren, gerichtsseitig zurückgewiesen, die Beschädigten vielmehr mit denselben an den für das Ereigniß verantwortlichen Werkthätigen verwiesen sind. Auch in Berlin war dies bis in die jüngste Zeit unausgesetzt geschehen, während gegenwärtig eine entgegengesetzte Rechtssprechung sich Geltung zu verschaffen scheint. Verhängnißvoll sind derarte Ansprüche nur dadurch, daß sie ausnahmslos das Fahrgeld erheblich übersteigen, nicht selten zur Erlangung neuer Bekleidungsstücke anstelle der abgetragenen — also zu einer Art Bereicherung — benutzt werden, und daß die Beweisrolle der beklagten Betriebe vielfach verwechselt wird, indem man ihnen den Beweis zumuthet, daß die Betriebseinrichtungen fehlerfrei und die angeblich durch Einrichtungsmängel verletzten Kleidungsstücke schon vorher schadhaft gewesen sind, während füglich die gegentheilige Beweislast dem Kläger aufzubürden wäre.

Dagegen konnten die Ansprüche aus der Haftpflicht, soweit sie bisher zur Erledigung gelangt oder doch wenigstens geltend gemacht sind, in ihrem Werthe ziffermäßig festgestellt werden. Soweit sie aus der Zeit vor dem 1. Januar 1887 herrühren, umfassen sie — selbstredend unter der Voraussetzung, daß alle Ansprüche gemeldet und richtig beziffert sind — die Höchstleistung, da mittlerweile etwaige weitere durch Verjährung erloschen sind. Aus den letzten 2 Jahren ist nachträgliche Anmeldung und damit Erhöhung der Ziffern nicht ausgeschlossen, für 1888 sogar sehr wahrscheinlich.

a) Zustandsverhältnisse.

§ 61. Das Tragen der Haftpflicht.

Um die Haftverbindlichkeit zu tragen, haben die Betriebsunternehmer einen doppelten Weg gewählt, nämlich entweder die erhobenen Ansprüche aus ihren Betriebseinnahmen befriedigt oder wegen der Ansprüche Versicherung bei Versicherungsanstalten genommen. Letztere haben wieder bald die ganze Gefahr in unbegrenzter Höhe, bald nur einen Theilbetrag — diesen jedoch in unbegrenzter Höhe — unter dem Verlangen, daß den anderen Theil der Betrieb selbst tragen solle, bald endlich einen ziffermäßig begrenzten Betrag der Schadenssumme übernommen, sodaß einen etwaigen Ueberschuß die Versicherten zuzuzahlen haben. Ferner haben einzelne blos die Unfälle der Fahrgäste oder der Straßengänger, andere dagegen beiderlei Unfälle versichert. Endlich ist in seltenen Fällen die Versicherung über die Haftpflichtsgefahr hinaus ausgedehnt und für Unfälle genommen worden, in denen die Betriebsleitung aus Billigkeit die Gewährung einer Entschädigung für angezeigt erachten würde, ohne daß ein Rechtsgrund für dieselbe vorliegt!

Bei dieser Sachlage werden auseinander zu halten sein

a) die Entschädigungsbeträge, welche bisher geltend gemacht bezw. geleistet sind;
b) die Aufwendungen, auf welche sich das Selbsttragen der Unfallsgefahr für diejenigen beschränkt hat, welche diesen Weg gewählt hatten und
c) die Aufwendungen, welche die Versicherungsanstalten geleistet haben.

§ 62. Die Höhe der Schadensbeträge.

In den einzelnen Jahren des Beobachtungszeitraumes ist es bei den einzelnen Betrieben zur Zahlung von Schadensbeträgen, sowie zu Rentenverbindlichkeiten aus Tödtungen und Körperverletzungen in nachstehendem Umfang gekommen:

Ort 1)	1882	1883	1884	1885	1886	1887	1888
Aachen	3660.50	—	1090.00	288.00	80.00	—	—
Altona	—	—	300.00	—	—	—	—
Augsburg	—	2) —	—	—	—	30.00	33.00
Berlin, Große	851.00	5266.00	2856.50	2599.45	2995.70	33) 6090.73	439.00
Neue	—	200.00	3) —	800.00	—	603.00	461.20
Berliner	—	4) 1000.00	—	—	—	—	—
Braunschweig	—	70.00	—	75.00	—	—	—
Bremen, Große	—	—	—	50.00	—	50.00	5) —
Bremerhafen	—	—	21.00	400.00	—	—	—
Breslau	80.00	16.00	2010.00	800.00	6) 356.50	100.00	565.20
Charlottenburg	—	—	—	—	7) 362.88	—	—
Chemnitz	—	—	25.00	—	—	—	—
Crefeld	—	8) 575.00	9) 2214.26	—	2) —	—	—
Danzig	—	—	30.00	—	—	7) 100.00	11) —
Dortmund	71.30	550.00	120 50	10) 9500.00	500.00	304.05	11) 240.00
Dresden	—	487.00	169.00	361.00	12) 50.00	100.00	12) 86.00
Duisburg	350.00	420.00	200.00	—	11) —	11) 25.00	11) —
Düsseldorf	2016.42	—	13) 2069.85	—	342.00	—	—
Elberfeld	14) 710.00	6408.75	134.00	10.00	250.00	273.53	236.00
Erfurt	—	—	885.30	100.00	28.30	984.90	2) —
Feudenheim	—	—	2530.00	—	—	—	—
Flensburg	—	—	—	—	—	11) 50.00	—
Frankfurt	—	172.00	—	—	—	237.00	—
Gladbach, München=	68.00	—	—	20.00	585.68	195.15	60.00
Görlitz	35.00	—	1267.25	75.00	—	—	—
Hagen	—	—	—	—	—	—	2520.00
Halle	—	15) 30 00	—	42.00	414.70	—	300.00
Hamburg, Straßeneisenb.	—	—	16) 758.23	17) 1477.30	18) 1395.00	7) 1872.10	7) 338.50
Gr. H. Altona	—	—	—	—	—	330.00	11) —
Hannover	180.20	672.75	290.00	—	5) —	11) —	206.50
Heidelberg	—	—	—	—	—	120.00	—
Ingolstadt	—	—	—	5.00	—	—	—
Kassel, Straßenbahn	19) 20.00	1706.41	994.50	—	—	1500.00	—
Stadtbahn	—	—	36.50	1075.00	20) —	—	150.00
Karlsruhe	100.00	100.00	624 40	1059.40	—	—	—
Koblenz	—	—	—	—	—	20.00	11) 50.00
Köln	101.00	—	3114.55	21) 15285.00	22) 8090.00	7) 1420.00	23) 240.00
Königsberg	210.00	—	6.00	—	—	—	—
Leipzig	615.00	230.00	24) 87.00	91.50	25) 1804.00	95.00	240.00
Lübeck	61.00	—	600.00	—	—	—	46.85
Magdeburg, Straßenbahn	—	70.40	5) 193.00	575.00	100.00	—	400.00
Trambahn	—	—	—	40.00	3000.00	1210.00	26) 10.00
Mainz	—	27) 700.00	1227.50	11) —	—	278.00	—
Mannheim 1)	—	—	—	—	—	—	—
Metz	—	28) 3339.00	25.00	1600.00	—	—	65.60
Mülhausen	—	22400.00	—	—	—	—	—
München 12)	1500.00	2950.00	1172 00	35.00	199.00	368.00	1000.00
Nürnberg	—	—	89.99	416.00	195.00	345.80	—
Offenbach	—	—	—	110.00	60.00	35.00	11) 23.00
Stettin	538.50	660.00	955.00	—	125.00	20.00	—
Straßburg	29) —	1668.00	30) 2040.00	31) 841.00	130.00	90.00	7) 60.00
Stuttgart, Pferdeeisenb.	—	—	32) 216.00	139.00	130.00	15.00	7) —
Neue Pferdeb.	—	—	—	—	—	150.00	30.00
Zusammen	11167.92	49691.31	28352.33	37869.65	21193.76	17012.26	7800.85

1) Entschädigungen sind nicht gemeldet aus Bremen (Horn), Bromberg, Halberstadt, Hamburg (Altona), Kiel, Köpenick Oldenburg, Posen, Potsdam, Pyrmont, Rostock, Schönebeck, Spiekeroog, Uetersen, Wiesbaden, Wiesloch, Wittenberg und Rüdesheim. — 2) Unbeziffert. — 3) 540 Mk. Jahresrente und 1 unbezifferte Rente vom 14 Lebensjahre ab. — 4) Außerdem monatlich 90 Mk. — 5) Ein zur Zeit noch nicht bezifferter Ersatz. — 6) Davon 2 Fälle 56,50 Mk. aus eigenen Mitteln. — 7) Außerdem schwebende Fälle. — 8) Außerdem 33 Mk. Monatsrente. — 9) Darunter 71,40 Mk. Kosten. — 10) Außerdem Uebernahme sämmtlicher Prozeßkosten. — 11) Ein schwebender Fall. — 12) Außerdem unbezifferte künftige Rente. — 13) Außerdem 50 Mk. Monatsrente. — 14) Außerdem ein unbezifferter Fall. — 15) Außerdem 2 Jahresrenten von 250 bezw. 36 Mk. und sämmtliche Prozeßkosten. — 16) Außerdem 2 Jahresrenten von 400 und 900 Mk. — 17) Außerdem eine Rente von 624 Mk. — 18) Außerdem eine Rente von 175 Mk. — 19) Außerdem 162,05 Mk. für Sachbeschädigung bezahlt. — 20) Monatsrente von 25 Mk. — 21) 1 schwebender Fall mit 56 000 Mk. eingeklagt; 15 000 Mk. sind in Aussicht genommen. — 22) 2 Fälle mit 45 000 Mk. eingeklagt und 26 000 Mk. sind in Aussicht genommen. — 23) Noch schwe=

Von den 30 Rentenverbindlichkeiten sind 5 unbeziffert und betagt. Hier soll erst nach Eintritt des Alters der Erwerbsfähigkeit festgestellt werden, ob eine Minderung der Erwerbsfähigkeit anläßlich des Unfalles vorliegt und die Renten bestandsfähig werden. 3 andere Renten sind in der Ablaufszeit begrenzt. Die Rentenbeträge schwanken zwischen 36 und 1080 Mark.[1]) Für ihr Bemessen maßgebende Grundsätze lassen sich nicht erkennen. Das Mitgefühl für den Verunglückten einerseits, das Ueberschätzen der Vermögenslage der Beklagten andererseits, scheint vielfach die richterliche Würdigung beeinflußt zu haben. So ist z. B. in Berlin die Unterhaltung eines hölzernen Stelzbeines für ein Arbeiterkind auf jährlich 60 Mark veranschlagt und anderwärts für den verlorenen linken Arm eines Verunglückten nur 36 Mark jährlich zugebilligt worden. Der Gesammtbetrag der Jahresrenten beläuft sich auf 10298 Mark, ihr Werth ist auf höchstens 138161 Mk., nämlich diejenige Summe zu veranschlagen, für welche die fraglichen Rentenbeträge nach Lage der Umstände bei einer sicheren Rentenbank zu begeben sein würden. Der Rentenübernahmewerth ist vom Tage berechnet, an welchem das Rentenbezugsrecht begonnen hat. Deshalb finden sich die Rentenbeträge nur mit den etwaigen Rückständen unter den Ausgaben angesetzt und kommen in den folgenden Jahren nicht wieder vor. Es ist eben nach den Grundsätzen des Deckungsverfahrens, welches in derarten Fällen den Vorzug vor dem Umlageverfahren verdient, vorgegangen.

Zu untersuchen bleibt jetzt der wirthschaftliche Unterschied, welcher sich in der Beobachtungszeit für die Betriebe gezeigt hat,

---

[1]) Es kamen vor 1080 M., 900 M., 897 M., 700 M., 624 M., 500 M., 396 M., 250 M., 175 M., 100 M., 60 M., 50 M., 36 M. je 1 Mal; 600 M., 540 M., 300 M. je 2 Mal, 400 M. und 150 M. je 3 Mal. Die höchste Rente ist in Berlin, die geringste in Halle zugebilligt. Im Betriebe zu Straßburg sind 6, zu Hamburg und Leipzig je 4, zu Halle 2 Rentenverbindlichkeiten entstanden.

---

bend 3000 Mk. für 11 Fälle. — 24) Außerdem wöchentliche Rente 17,25 Mk. — 25) Außerdem vom 25. Juli 1886 bis 15. Oktober 1888 2800 Mk.; von da ab an das erste Kind bis 8. August 1890 400 Mk., an das zweite bis 26. November 1891 600 Mk., an das dritte bis 29. Juli 1893 400 Mk., die Wittwe erhält nichts. — 26) Außerdem 1600 Mk. schwebend. — 27) 700 Mk. Jahresrente. — 28) Außerdem 150 Mk. Jahresrente. — 29) 3 Jahresrenten von 50, 150 und 540 Mk. und eine unbezifferte Rente. — 30) Außerdem eine Jahresrente von 500 Mk. und 6/10 der Prozeßkosten. — 31) Außerdem 300 Mk. Jahresrente. — 32) Außerdem Unterhaltung des Stelzbeins und vom 14. Jahre ab 100 Mk. Jahresrente. — 33) Für Unterhaltung eines Stelzbeins jährlich 60 Mk. und unbezifferte, betagte Jahresrente.

je nachdem sie die Gefahr getragen, also die Ersatzverbindlichkeiten aus ihren Betriebsmitteln getilgt, oder Versicherung gegen Unfälle genommen haben.

§ 63. Die nicht versicherten Betriebe.

Nicht versichert sind gegenwärtig 18 Betriebe. Von 3 fehlen Angaben über den Geschäftsumfang für 1888, von 15 stellt er sich dahin:

	Fahrten	Nutzkilom.	Fahrgäste	Einnahme
Bremen, Große . .	[1]) —	1 001 916	2 721 851	[1]) —
Charlottenburg . . .	23 031	133 781	241 291	45 654
Görlitz	135 880	[1]) —	[1]) —	[1]) —
Hamburg, Straßenb.	707 961	7 188 053	25 595 719	3 335 503
Ingolstadt	23 424	70 272	158 607	45 632
Kiel	55 632	282 086	675 071	76 987
Koblenz	87 484	192 157	489 922	64 433
Leipzig	547 189	2 950 117	12 262 010	1 490 151
München	412 892	2 652 042	14 344 678	1 611 699
Rostock	71 540	[1]) —	[1]) —	39 028
Wiesloch	5 840	[1]) —	59 000	14 000
Berlin, Große . . .	3 352 730	19 595 767	102 150 000	12 054 452
Neue	455 982	2 494 979	10 210 000	1 245 423
Braunschweig . . .	219 000	628 236	1 870 000	170 000
Königsberg	130 054	723 694	2 734 919	305 542
Zusammen	6 228 639	37 913 100	173 513 068	20 498 504

Die 4 letzten sind ursprünglich versichert gewesen. Außerdem waren 11 weitere Betriebe vorübergehend unversichert; Straßburg ist nur zu $^3/_4$ versichert und trägt zu $^1/_4$ die Gefahr selbst. Bezüglich Karlsruhe und Mülhausen ist nicht sicher, ob vorübergehend die Versicherung fehlte. In den unversicherten Betrieben sind für die einzelnen Jahre die nachstehenden Beträge[2]) aufgewandt und 14 Rentenverpflichtnngen entstanden:

[1]) Angaben fehlen.

[2]) In den Schadensziffern sind auferlegte und gezahlte Prozeßkosten einbegriffen, sowie solche Streitsummen, in welchen eine Verurtheilung erfolgt ist, gegen welche jedoch Rechtsmittel eingelegt sind. Streitsummen, wegen deren noch keine Verurtheilung erfolgte, sind weggeblieben. Bei streitigen Rentenforderungen sind nur die bisher fälligen Raten in Ansatz gekommen.

Ort	Straßenbahn-Unternehmer, welche nicht versichert haben. Gezahlte Entschädigung in Mark.						
	1882	1883	1884	1885	1886	1887	1888
Altona	—	—	300.00	—	[1] —	[1] —	[1] —
Augsburg . . .	—	[2] —	—	—	—	30.00	[3] 33.00
Berlin							
Große . . .	[3] —	[3] —	[3] —	[3] —	[3] —	[5a] 6090.73	439.00
Neue	[3] —	[3] —	[3] —	[3] —	[3] —	603.00	461.20
Braunschweig .	[3] —	[3] —	[3] —	[3] —	[3] —	—	—
Bremen, Große	—	—	—	50.00	—	50.00	[2] —
Charlottenburg	—	—	—	—	[4] 362.88	—	—
Danzig	—	—	30.00	—	—	[11] 100.00	[3] —
Dresden	[3] —	[3] —	[3] —	[3] —	[5] 50.00	[3] —	[3] —
Düsseldorf . . .	2016.42	—	[7] 2069.85	—	342.00	—	[3] —
Elberfeld . . .	[3] —	[3] —	[3] —	10.00	250.00	273.53	[3] —
Flensburg . . .	—	—	—	—	—	[11] 50.00	[3] —
Frankfurt . . .	—	172.00	—	—	—	[3] 220.00	[3] —
Görlitz	[3] —	[3] —	[3] —	[3] —	—	—	—
Hamburg Straßenb. .	—	—	[8] 758.23	[9] 1477.30	[10] 1395.00	[11] 1872.10	[11] 338.50
Hannover . . .	[3] —	[3] —	[3] —	[3] —	—	[3] —	[3] —
Ingolstadt . .	—	—	—	5.00	—	—	—
Kiel	—	—	—	—	—	—	—
Koblenz	—	—	—	—	—	20.00	[6] 50.00
Königsberg . .	[3] —	[3] —	[3] —	—	—	—	—
Köpenick	—	—	—	—	[1] —	[1] —	[1] —
Leipzig	615.00	230.00	[12] 87.00	91.50	[13] 1804.00	95.00	240.00
Magdeburg Straßenb.	[3] —	[3] —	[14] 193.00	575.00	100.00	[3] —	[3] —
Tramb. . . .	—	—	—	40.00	3000.00	[3] 10.00	[3] —
München . . .	1500.00	2950.00	1172.00	35.00	199.00	368.00	1000.00
Potsdam . . .	—	—	—	[3] —	[3] —	[3] —	[3] —
Pyrmont . . .	—	—	—	—	[1] —	[1] —	[1] —
Rostock	—	—	—	—	—	—	—
Straßburg[15] .	[16] —	417.00	[17] 510.00	[18] 210.25	32.50	22.50	[19] 15.00
Wiesloch . . .	—	—	—	—	—	—	—
Karlsruhe . . .	[20] 50.00	[3] —	[3] —	[3] —	[3] —	[3] —	[3] —
Mülhausen . .	[21] —	[21] 22 400.00	[3] —	[3] —	[3] —	[3] —	[3] —
Zusammen .	[22] 4181.42	26 169.00	[23] 5120.08	[24] 2494.05	[25] 7535.38	[5a] 9804.86	2576.70

1) Angaben fehlen. — 2) Unbeziffert. — 3) In den betreffenden Jahren oder einem Theil derselben versichert. — 4) 2 schwebende Fälle. — 5) Außerdem Rente bis 14 Jahr jährlich 160—180 Mark, später unbeziffert. — 5a) 60 Mk. Jahresrente. — 6) 8000 Mk. schwebend. — 7) Außerdem 600 Mk. Jahresrente. — 8) Außerdem zwei Jahresrenten von 400 und 900 Mk. — 9) Außerdem 624 Mk. Jahresrente. — 10) Außerdem 175 Mk. Jahresrente. — 11) Außerdem schwebende Fälle. — 12) Außerdem 17,25 Mk. wöchentliche Rente. — 13) Vom 25. Juni 1886 bis zum 25. October 1888 erhielten Wittwe und drei Kinder jährlich zusammen 2800 Mk., von da ab erhält ein Kind bis 8. August 1890 jährlich 400, das zweite bis 26. November 1891 600 und das dritte bis 29. Juni 1893 400 Mk.; die Wittwe nichts mehr. — 14) Außerdem 1 Fall unbeziffert. — 15) $^3/_4$ Antheil der Entschädigungen trägt die Gesellschaft Zürich. — 16) Jährlich 185 Mk. — 17) Außerdem 125 Mk. Jahresrente. — 18) Außerdem 75 Mk. Rente. — 19) 4 schwebende Fälle. — 20) Seit 1. Mai 1882 in Winterthur versichert. — 21) Scheinbar in Winterthur versichert und getragen. — 22) Vergl. Anm. 16. — 23) Vergl. Anm. 7, 8, 12, 14, 17. — 24) Vergl. Anm. 9, 18. — 25) Anm. 10, 13.

Die 22 450 Mk. für Mülhausen und Karlsruhe haben scheinbar Versicherungsgesellschaften getragen; umgekehrt hat Breslau[3]) 56,50 Mk. aus eigenen Mitteln vergütigt, sodaß an Entschädigung 35 487,99 Mk. verausgabt sind. Die zu zahlenden Jahresrenten betragen 5611 Mk.[4]), laufen indeß theilweis nur kurze Zeit. Ihr Einkaufspreis ist unter Berücksichtigung der einschlagenden persönlichen Verhältnisse allerhöchstens 81 334 Mk. Im siebenjährigen[5]) Durchschnitt würden jährlich kaum 17 000 Mark entfallen. Unter Zugrundelegen der im Beobachtungszeitraume für jene Betriebe ermittelten Fahrgäste und Einnahmen kommt je 0,01 Mk. Beitrag erst auf etwa je 82 Fahrgäste und 9 Mk. Einnahmen.

§ 64. Die Beiträge der versicherten Betriebe.

Nach Lage der Ermittelungen haben 52 Betriebe, welche theils beständig, theils zeitweise versichert waren, während des Beobachtungszeitraumes an Versicherungsbeiträgen 417 304,91 Mk. gezahlt[1]). Davon entfallen für 1888 auf 44 Betriebe mit nachweisbar[2]) 14 115 496 Mk. Einnahme von 112 656 911 Fahrgästen allein 63 080,33 Mk., sodaß bereits je 2,25 Mk. Fahrgeld und je 18 Fahrgäste mit 0,01 Mk. Versicherungsbeitrag belastet waren. Die eingegangenen Beiträge wurden aufgebracht von:

---

[3]) Oben § 62 S. 214 Anm. 6.

[4]) Dresden ist mit 170 Mk. jährlich angesetzt, dagegen für Straßburg (hier und später) blos 1 Rente von 150 Mk. berücksichtigt.

[5]) K. Hilse: Betriebsunfälle S. 64 berechnet für den 4jährigen Durchschnitt auf 64 Fahrgäste oder 3 Fahrten 0,01 Mark Aufwand.

[1]) In Berlin sind nämlich 1887 und 1888 abzusetzen 21 616,71 Mk. bezw. 23 483,79 Mk. nach S. 217, 219 Anm. 2.

[2]) Fahrgast- und Einnahmeziffern sind zwar nicht ganz genau; überdies entspricht vereinzelt das Beitrags- nicht dem Kalenderjahr. Andererseits sind die Beiträge zu niedrig beziffert, indem die Beitragshöhe theils nicht angegeben, theils erst später festzustellen ist und in Straßburg nur 3/4 Gefahr entgeltet. Vergl. S. 214 Anm. 15; 219 Anm. 3; 222 Anm. 10. Da für 1882 bis 1885 erst 29 Fahrgäste 0,01 Mk. Versicherungsbeitrag aufzubringen brauchten (K. Hilse: Betriebsunfälle 65), würden die Opfer der Betriebe für die Haftpflichtversicherung gestiegen sein. Vergl. K. Hilse: Haftpflicht § 50 S. 213 Anm. 6.

Ort	1882	1883	1884	1885	1886	1887	1888
Aachen	965.00	1540.00	1660.00	2094.00	2200.00	2200.00	1912.00
Augsburg	—	—	—	—	—	—	850.00
Berlin, Große	10768.20	9160.75	9851.40	11792.85	15439.04	2) 16466.49	2) 17631.19
Neue	2131.60	2111.10	2240.00	2760.40	4592.17	2) 5150.22	2) 5852.60
Berliner	1844.40	1829.80	1863.10	1856.30	1946.48	3639.60	3639.60
Braunschweig	—	1000.00	1000.00	1000.00	—	—	—
Bremen, Bremer	482.30	482.30	482.30	482.30	3) —	3) —	3) —
Bremerhafen	203.68	723.95	571.54	182.00	192.17	208.70	628.54
Breslau	2430.00	2430.00	2562.50	2525.15	4300.50	3498.95	3633.30
Chemnitz	4) 231.60	353.33	402.54	1058.90	1277.17	1152.10	980.78
Crefeld	—	1275.00	2550.00	3383.00	3591.00	3370.00	2770.00
Danzig	—	—	—	—	—	—	231.29
Dortmund	4) 264.89	364.28	614.13	2962.34	1467.80	1577.34	1491.89
Dresden	1277.35	1602.85	2450.00	6698.42	—	5100.00	5100.00
Duisburg	107.30	148.66	315.90	1350.52	1134.05	929.56	833.11
Düsseldorf	—	—	—	—	—	—	1270.50
Elberfeld	1568.90	1598.55	1584.31	—	—	—	3541.10
Erfurt	5) 356.50	1410.00	1410.00	1410.00	2070.00	1410.00	1410.00
Feudenheim	—	—	577.49	866.24	256.00	256.00	256.00
Flensburg	1) —	1) —	1) —	1) —	1) —	1) —	465.50
Frankfurt	—	—	—	—	—	476.00	2970.00
Gladbach, München-	158.45	207.42	296.41	1322.87	1083.31	849.20	671.93
Görlitz	6) 484.00	792.00	792.00	900.69	—	—	—
Hagen	—	—	—	827.00	—	—	281.00
Halberstadt	—	—	—	—	—	7) 700.00	700.00
Halle	—	491.00	738.66	691.55	450.00	349.35	450.00
Hamburg, Große H. Altona	—	—	—	—	—	400.00	1430.00
Hannover	1055.17	1175.21	1257.98	1155.00	—	3331.00	3000.00
Heidelberg	—	—	—	820.58	8) 955.00	1130.00	578.00
Kassel, Straßenbahn	1162.30	921.15	948.59	1125.00	855.00	855.00	855.00
Stadtbahn	—	—	6) 317.81	430.23	448.06	445.95	460.00
Karlsruhe	4) 313.00	500.00	500.00	500.00	500.00	500.00	500.00
Köln	3665.60	4202.48	4394.40	8494.10	7052.90	10008.81	9958.20
Königsberg	540.00	540.00	540.00	1) —	1) —	1) —	1) —
Lübeck	500.00	500.00	500.00	500.00	500.00	500.00	500.00
Magdeburg, Straßenb.	1070.00	1200.00	—	—	—	10) 2260.00	2260.00
Trambahn	—	—	—	—	—	11) 2200.00	2200.00
Mainz	—	12) 78.12	615.63	12) 656.25	—	13) 1625.00	13) 1650.00
Mannheim	491.60	512.40	723.60	847.20	975.62	1123.20	1368.80
Metz	499.24	728.00	1038.59	1033.75	1123.00	1017.00	1123.00
Mülhausen	—	14) 1083.00	3000.00	3000.00	3) —	3) —	3) —
Nürnberg	3) —	780.48	871.31	900.00	1350.00	1350.00	1350.00
Offenbach	—	—	15) 1071.44	1658.50	1658.50	1658.50	1450.00
Posen	16) 91.50	732.00	703.00	508.70	511.00	389.50	416.50
Potsdam	—	—	—	1145.00	1159.00	1157.00	1359.00
Schönebeck	—	—	—	—	—	17) 388.50	388.50
Stettin	1150.00	1022.22	1264.00	3883.00	2452.00	2903.00	2760.10
Straßburg 18)	2610.40	3273.92	3586.52	3394.16	3777.24	3209.58	3330.06
Stuttgart, Pferdeeisenb	871.90	868.60	921.60	970.24	1307.38	1350.46	1625.63
Neue Pferdeeisenb.	—	—	—	—	—	19) 956.70	19) 1078.00
Uetersen	—	—	—	1) —	1) —	1) —	1) —
Wiesbaden	—	254.00	470.00	363.75	350.00	350.00	353.00
Zusammen	37294.88	45892.57	54686.75	75549.99	64974.39	86442.71	97564.12

1) Unversichert. — 2) Zurückgelegt. — 3) Angaben fehlen. — 4) Seit 1. Mai. — 5) Seit 28. September. — 6) Seit 20. Mai. — 7) Seit 18. November. — 8) Nur für Fahrgäste. — 9) bis 30. Juni. — 10) Seit 1. Juni. — 11) Seit 23. August. — 12) Seit und bis November. — 13) Von Oktober bis 30. September. — 14) Seit 21. August, früher scheinbar bei Winterthur. — 15) Seit 9. Mai. — 16) Seit 15. November. — 17) Seit 28. November. — 18) Nur zu 3/4 versichert. — 19) Stets vom 25. August ab gerechnet.

Denselben steht ein Gesammtaufwand[1]) von 115 150,09 Mk. und eine Rentenverbindlichkeit im Jahresbetrage von 4707 Mk. sowie Einkaufswerthe von 56 827 Mk. gegenüber, sodaß den Versicherungsanstalten verblieben sind rund 245 328 Mk. oder 59 % der Einnahme, sie also gegen den gehabten Aufwand von 171 977,09 Mk. noch immer 143 % verdient haben.

Die Prämienhöhe sowohl der einzelnen Versicherungsanstalten als der nämlichen Anstalt für die verschiedenen bei ihr versicherten Betriebe weicht erheblich ab. Bald wird ein bestimmter Bruchtheil der Betriebseinnahmen[2]), bald ein fester Satz für eine bestimmte Fahrgastziffer[3]) oder Länge der Betriebsgleise[4]), dagegen nur selten ein festes Jahrespauschale[5]) gefordert.

Für die einzelnen Versicherungsanstalten liegen so sehr verschieden gestaltete Ergebnisse vor, daß dieselben zweckmäßig einer besonderen Behandlung unterzogen werden.

§ 65. Transport- und Unfall-Versicherungs-Aktiengesellschaft „Zürich".

Die »Zürich« ist die gesuchteste Versicherungsanstalt. Es sind bei ihr gegenwärtig 27 Betriebe versichert, welche 1888 nach Fahrten, Nutzkilometern, Personen und Fahrgeld vertheilt folgendes Bild liefern:

---

1) Der ungewisse Fall des Mülhausener Betriebes ist hier nicht mitberücksichtigt, wird aber § 68 Berücksichtigung finden.

2) Rhenania erhebt 9½ ‰ von Köln und Mainz, 7½ ‰ von Aachen, 7 ‰ von Wiesbaden; Zürich 7 ‰ von Chemnitz, Dortmund, Duisburg, Düsseldorf, Gladbach, Heidelberg; Winterthur 5½ ‰ von Bremerhafen und Nürnberg.

3) Winterthur in Metz 1,20 M.; und Mannheim 0,80 M. für je 1000 Fahrgäste.

4) Winterthur von Stettin 170 M., Zürich von Stuttgart 220 M., von Magdeburg, Mülhausen und Berliner Pferdebahn je 200 M., von Breslau und Potsdam 180 M., von Dresden, Erfurt, Frankfurt a. M., Kassel je 150 M., von Posen 120 M., von Mülhausen-Ensisheim 80 M. für den Kilometer Gleislänge.

5) Winterthur von Lübeck 500 M.

	Fahrten	Nutzkilomet.	Fahrgäste	Einnahme
Berlin, Berliner .	339 532	1 770 553	4 649 010	683 121
Breslau	419 406	2 150 714	7 241 647	871 017
Chemnitz	63 515	378 830	1 157 245	138 898
Crefeld	130 000	480 000	1 727 190	288 719
Dortmund	175 165	475 153	1 480 252	207 683
Dresden	615 888	2 767 585	10 790 725	1 702 494
Duisburg	43 342	209 433	605 063	125 016
Düsseldorf	35 825	501 559	1 408 494	194 775
Elberfeld	67 642	1 285 207	4 874 774	539 951
Erfurt	220 324	720 435	1 518 210	151 821
Flensburg	37 230	1 712 580	391 500	38 267
Gladbach, M.= . .	57 580	291 710	630 893	94 919
Hagen	85 101	[1]) —	—	37 504
Halberstadt	45 264	206 060	413 403	45 904
Hamburg, Gr. Alt.	69 206	934 281	3 425 033	369 833
Hannover	359 049	1 550 900	6 073 441	624 666
Heidelberg	187 657	275 535	755 000	81 300
Kassel, Straßenb.	37 782	195 227	828 769	155 146
Magdeburg, Str.	257 057	1 443 232	6 183 634	685 515
» Tr.	133 457	808 280	2 207 740	272 812
Offenbach	39 700	525 640	1 050 209	140 266
Posen	72 820	225 570	932 917	104 044
Potsdam	266 926	480 706	1 253 102	146 552
Schönebeck	28 800	—	182 058	20 813
Straßburg	—	277 740	799 267	117 911
Stuttgart, Pf. . .	113 567	787 701	2 209 775	294 482
» N. Pf.	60 971	414 820	1 326 542	149 267
Zusammen . . .	3 962 806	20 869 451	64 115 893	8 282 696

1) S. 20 ist 3200 durch 102 123 zu ersetzen, sowie S. 21 bei Metz 9921 durch 443657 und bei Schönebeck 2600 durch 75880.

Auch waren vorübergehend die Betriebe der Neuen Berliner, sowie zu Braunschweig, Görlitz, Königsberg, Mainz, Mülhausen, und Stettin dort versichert. Von 33 Betrieben hat sie vereinnahmt 175 186,50 Mk. Gegenüber stehen an verausgabten Entschädigungen 26 620,46 Mk., sowie 6 Jahresrenten im Gesammtbetrage von 2791 Mk. und 4 betagte unbeziffert. Der Ablösungspreis für dieselben wird unter Berücksichtigung der einschlagenden Verhältnisse etwa 34 756 Mk. betragen, sodaß sich der Gewinn auf etwa 113 810 Mk. gleich 65 % der Einnahmen stellen würde, sie also etwa ein Drittel verbraucht hat.

Ort	Transport- und Unfall-Versicherungs-Actiengesellschaft „Zürich“						
	Versicherungsbeiträge						
	1882	1883	1884	1885	1886	1887	1888
Berlin							
Neue	—	1) 1045.30	2240.00	2) 1194.70	3) —	3) —	3) —
Berliner . .	—	—	—	—	—	3639.60	3639.60
Braunschweig .	—	1000.00	1000.00	1000.00	3) —	3) —	3) —
Breslau	2430.00	2430.00	2562.50	2525.15	4300.50	3498.95	4) 3633.30
Chemnitz . . .	—	—	—	—	—	5) 677.43	980.78
Crefeld	—	6) 1275.00	2550.00	3383.00	3591.00	3370.00	2770.00
Dresden	—	—	—	—	—	5100.00	5100.00
Düsseldorf . . .	—	—	—	—	—	—	1270.50
Elberfeld . . .	—	—	—	—	—	—	3541.10
Erfurt	7) 356.50	1410.00	1410.00	4) 1410.00	2070.00	1410.00	1410.00
Flensburg . . .	—	—	—	—	—	—	465.50
Görlitz	4) 484.00	4) 792.00	792.00	900.69	3) —	3) —	3) —
Dortmund . .	—	—	—	—	—	8) 1144.94	1491.89
Duisburg . . .	—	—	—	—	—	8) 614.06	833.11
Gladbach, M.-.	—	—	—	—	—	8) 511.40	671.93
Hagen	—	—	—	—	—	—	281.00
Halberstadt . .	—	—	—	—	—	9) 700.00	700.00
Hamburg							
Gr. Alt. . . .	—	—	—	—	—	400.00	1430.00
Hannover . . .	—	—	—	—	—	3331.00	3000.00
Heidelberg . . .	—	—	—	—	—	—	10) —
Kassel							
Straßenb. .	—	—	68.75	1125.00	855.00	855.00	855.00
Königsberg . .	540.00	540.00	540.00	—	3) —	3) —	3) —
Mainz	—	10) 78.12	484.38	12) 656.25	12) —	3) —	3) —
Mülhausen . .	—	13) 1083.00	3000.00	3000.00	12) —	12) —	12) —
Magdeburg							
Straßenb. .	—	—	—	—	—	14) 2260.00	2260.00
Tramb. . . .	—	—	—	—	—	15) 2200.00	2200.00
Offenbach . . .	—	—	1071.44	1658.50	1658.50	1658.50	1450.00
Posen	16) 91.50	732.00	703.00	508.70	511.00	389.50	416.50
Potsdam . . .	—	—	—	—	1159.00	1157.00	1359.00
Schönebeck . .	—	—	—	—	—	17) 388.50	388.50
Stettin	1150.00	1022.22	1264.00	3883.00	2452.00	2903.00	3) —
Straßburg 18) .	2610.40	3273.92	3586.52	3394.16	3777.24	3209.58	3330.06
Stuttgart							
Pferdeb. 20) .	—	—	—	—	—	—	19) 1625.63
NeuePferdeb.	—	—	—	—	—	956.70	1078.00
Zusammen	7662.40	14 681.56	21 272.59	24 639.15	20 374.24	40 375.16	46 181.40

1) Vom 12. Juli. — 2) Bis 12. Juli. — 3) Versicherung hier aufgegeben. — 4) Ungenau. — 5) Seit 28. Mai. — 6) Seit 1. Juli. — 7) Seit 28. September. — 8) Fahrgäste und Straßengänger seit 26. April. — 9) Seit 18. November. — 10) Seit 1. Juli; die Prämienberechnung erfolgt erst nach Ablauf des ersten Versicherungsjahres und zwar 7 % von der Bruttoeinnahme. — 11) Seit 10. November. — 12) Angaben fehlen. — 13) Vom 21. August. — 14) Seit 1. Juni. — 15) Seit 23. August. — 16) Seit 15. November. — 17) Seit 28. November. — 18) Ein hierin nicht enthaltenes Viertel der Entschädigungssumme zahlt die Gesellschaft. — 19) Seit 15. Februar. — 20) Vom 25. August bis 24. August eines Jahres.

Ort[1])	Transport- und Unfall-Versicherungs-Actiengesellschaft „Zürich"						
	Entschädigungssumme						
	1882	1883	1884	1885	1886	1887	1888
Berlin, Neue .	—	—	[2]) —	800.00	—	—	—
Braunschweig .	—	70.00	—	75.00	—	—	—
Breslau	80.00	16.00	2010.00	800.00	300.00	100.00	565.20
Crefeld	—	[3]) 575.00	2214.26	—	[4]) —	—	—
Dresden	—	—	—	—	—	100.00	[4]) 86.00
Elberfeld . . .	—	—	—	—	—	—	236.00
Erfurt	—	—	885.30	100.00	28.30	984.90	[5]) —
Görlitz	35.00	—	1267.25	75.00	—	—	—
Dortmund . .	—	—	—	—	—	159.00	[6]) 240.00
Duisburg . . .	—	—	—	—	—	[6]) —	[6]) —
Gladbach, M.-	—	—	—	—	—	—	60.00
Hagen	—	—	—	—	—	—	2520.00
Hamburg Gr. Alt. . .	—	—	—	—	—	330.00	[6]) —
Hannover . . .	—	—	—	—	—	[6]) —	206.50
Heidelberg . . .	—	—	—	—	—	120.00	—
Königsberg . .	210.00	—	6.00	—	—	—	—
Kassel Straßenb. .	—	—	—	—	—	1500.00	—
Mainz	—	[7]) 700.00	1227.50	[6]) —	—	—	—
Mülhausen . .	—	[5]) —	—	—	—	—	—
Magdeburg Straßenb. .	—	—	—	—	—	—	400.00
Trambahn .	—	—	—	—	—	1200.00	[8]) 10.00
Offenbach . . .	—	—	—	110.00	60.00	35.00	[6]) 23.00
Stettin	538.50	660.00	955.00	—	125.00	20.00	—
Straßburg[13]) .	[9]) —	1251.00	[10]) 1530.00	[11]) 630.75	97.50	67.50	[12]) 45.00
Stuttgart Pferdebahn	—	—	—	—	—	—	[12]) —
N. Pferdeb.	—	—	—	—	—	150.00	30.00
Zusammen	863.50	3272.00	10 095.31	2590.75	610.80	4766.40	4421.70

1) In den Betrieben zu Berlin (Berliner), Chemnitz, Düsseldorf, Flensburg, Halberstadt, Posen, Potsdam, Schönebeck, sowie in Rüdesheim sind Entschädigungen ausgeblieben. — 2) 540 Mk. jährlich und eine unbezifferte Jahresrente. — 3) Außerdem 396 Mk. Jahresrente. — 4) Unbezifferte künftige Rente. — 5) Unbestimmt. — 6) 1 Fall schwebt. — 7) Jährlich. — 8) Außerdem 1600 Mk. schwebend. — 9) Jährlich 555 Mk., außerdem eine noch unbezifferte Rente. — 10) Außerdem 375 Mk. Jahresrente. — 11) Außerdem 225 Mk. Jahresrente. — 12) Mehrere Fälle schweben. — 13) Vergl. oben S. 218 Anm. 2.

§ 66. Schlesische Lebensversicherungs-Aktiengesellschaft.

Dieselbe hat scheinbar seit 1887 die Unfallsversicherung von Straßenbahnen aufgegeben. Bei ihr waren 13 Betriebe versichert.

Die Prämien, welche sie in den einzelnen Jahren zahlten und die dagegen der Gesellschaft zur Last gefallenen Aufwendungen für Unfallsentschädigungen stellen sich dahin:

Ort	1882	1883	1884	1885	1886	1887
Versicherungsgebühr						
Berlin, Große .	10768.20	9160.75	9851.40	11792.85	15439.04	1) —
Neue . .	—	—	—	1565.70	4592.17	1) —
Berliner	1844.40	1829.80	1863.10	1856.30	1946.48	1) —
Chemnitz	231.60	353.33	118.76	1) —	1) —	1) —
Dresden	1277.35	1602.85	2450.00	6698.42	1) —	1) —
Elberfeld	1568.90	1598.55	1584.31	—	—	—
Hannover	1055.17	1175.21	1257.98	1155.00	1) —	1) —
Kassel, Straßenb.	1162.30	921.15	879.84	1) —	1) —	1) —
Köln	1651.90	3498.60	1) —	1) —	1) —	1) —
Magdeburg, Straßenb. . .	1070.00	1200.00	1) —	1) —	1) —	1) —
Mainz	—	—	131.25	1) —	1) —	1) —
Stuttgart, Pferdeb. . . .	871.90	868.60	921.60	970.24	1307.38	1350.46
Wiesbaden . . .	—	254.00	470.00	1) —	1) —	1) —
Zusammen	21501.72	22462.84	19528.24	24038.51	23285.07	1350.46
Schadensbetrag						
Berlin, Große .	851.00	5266.00	2856.50	2599.45	2995.70	—
Berliner	—	2)1000.00	—	—	—	—
Chemnitz	—	—	25.00	—	—	—
Dresden	—	487.00	169.00	361.00	—	—
Elberfeld	3) 710.00	6408.75	134.00	—	—	—
Hannover	180.20	672.75	290.00	—	—	—
Kassel	4) 20.00	1706.41	994.50	—	—	—
Magdeburg . . .	—	70.40	—	—	—	—
Stuttgart	—	—	5) 216.00	139.00	130.00	6) 15.00
Zusammen 7)	1761.20	15611.31	4685.00	3099.45	3125.70	15.00

1) Versicherung hier aufgegeben. — 2) Sowie 1080 Mk. Jahresrente. — 3) Außerdem 1 unbezifferter Anspruch. — 4) Darüber hinaus zahlte der Betrieb 162,05 Mk. für Sachbeschädigung. — 5) Sowie 100 Mk. Jahresrente vom 14. Lebensjahre ab und Unterhaltung des Stelzbeines. — 6) Mehrere Fälle schwebend. — 7) Zu Zahlungen für Köln, Mainz, Wiesbaden ist es nicht gekommen. Zahlung von 982,75 Mk. für den Betrieb der Neuen Berliner ist nicht zweifellos.

Insofern die Einnahme 112 166,84 Mk. beziffert, ihr aber nur 28 297,66 Mk. und 2 Jahresrenten gegenüberstehen, welche bei dem

Lebensalter des Einen und der großen Jugend des Anderen höchstens 12294 Mk. Rentenkaufpreis beanspruchten würden, läßt sich der Gewinn aus diesem Zweige des Versicherungsgeschäftes auf etwa 175 % veranschlagen, indem nur 4/11 der Einnahmen aufzuwenden gewesen sind. Gleichwohl hatte die Gesellschaft für Fortsetzung der Versicherungen über das Jahr 1886 hinaus von zwei Berliner Betrieben fast das dreifache der bisherigen Prämien verlangt[1]), und hat einen Unfall im dritten Berliner Betriebe, welcher 1500 Mk. Aufwand verursachte, zum Anlaß benutzt, vom laufenden Vertrage zurückzutreten[2]).

§ 67. „Rhenania", Versicherungs-Aktiengesellschaft zu Köln.

Die bei derselben versicherten 10 Betriebe zahlten 70362,96 Mk. Prämie, denen an Aufwendungen 36593,53 Mk. und eine Rentenverbindlichkeit in Höhe von 300 Mk. zu einem Einkaufswerthe von 3750 Mk. gegenüberstehen. Nach Absetzen dieser beisammen 40343,53 Mk. würden 30019,43 Mk. Gewinn verbleiben, welcher im Verhältnisse zu dem Verbrauche 74,39 % ausmacht, sodaß nur 57,33 % verbraucht und 42,67 % erübrigt sind. Insofern indeß 1 Fall aus Duisburg und 16 aus Köln noch unerledigt, davon 3 aus Köln sogar schon rechtshängig sind, deren Streitsumme 101000 Mk. beträgt und deren Urtelssumme auf 41000 Mk. geschätzt wird, würden selbst dann, wenn jene Anschlagssumme nicht überschritten wird und die übrigen schwebenden Fälle mehr als 4000 Mk. Aufwand nicht verursachen, immer noch 14980,57 Mk. fehlen, was 21,29 % der vereinnahmten Prämie ausmacht, sodaß in dieser Höhe für die Rhenania ein Verlust vorliegen würde[1]). Die vereinnahmten und verausgabten Beträge setzen sich folgendermaßen zusammen:

---

[1]) Unten § 70 S. 230 Anm. 1. Die beiden Betriebe stehen sich durch Aufgabe der Versicherung und Uebergang zur Selbstversicherung sehr gut. Sie haben seitdem 34097,68 Mk. bezw. 11002,82 Mk. Prämie erspart und nur 6529,73 Mk. nebst einer Rentenverbindlichkeit (S. 217 Anm. 5 a) bezw. 1064,20 Mk. Schadensersatz aufgewendet bezw. überkommen.

[2]) Unten § 75 S. 244 Anm. 3. Vergl. K. Hilse: Betriebsunfälle § 14 1 S. 66.

[1]) Das ältere Ergebniß ihres Versicherungsgeschäftes bei K. Hilse: a. a. O. § 14 2 S. 66. Vergl. unten § 68 S. 228 Anm. 1.

Ort	1882	1883	1884	1885	1886	1887	1888
Versicherungsgebühr							
Aachen	965.00	1540.00	1660.00	2094.00	2200.00	2200.00	1912.00
Chemnitz	—	—	[1]) 283.78	1058.90	1277.17	[2]) 474.67	—
Dortmund[3]) . .	264.89	364.28	[4]) 91.99	[5]) —	762.44	[6]) 243.70	—
Duisburg[3]) . . .	107.30	148.66	[4]) 37.64	[5]) —	762.43	[6]) 243.70	—
Gladbach, M.[3]) .	158.45	207.42	51.54	[5]) —	762.51	[6]) 243.70	—
Hagen	—	—	—	827.00	[7]) —	[7]) —	[7]) —
Kassel, Stadtb. .	—	—	[8]) 317.81	430.23	448.06	445.95	460.00
Köln	2013.70	703.88	4394.40	8494.10	7052.90	10008.81	9958.20
Mainz[9])	—	—	—	—	—	1625.00	1650.00
Wiesbaden . . .	—	—	—	363.75	350.00	350.00	353.00
Zusammen . .	3509.34	2964.24	6837.16	13267.98	13615.51	15835.53	14333.20
Schadensbetrag[10])							
Aachen	3660.50	—	1090.00	288.00	80.00	—	—
Dortmund . . .	71.30	—	—	—	500.00	85.00	—
Duisburg	350.00	—	—	—	[11]) —	25.00	—
Gladbach, M. .	68.00	—	—	—	585.68	—	—
Kassel, Stadtb. .	—	—	36.50	1075.00	[12]) —	—	150.00
Köln	101.00	—	3114.55	[13])15285.00	[14])8090.00	[15])1420.00	[16]) 240.00
Mainz	—	—	—	—	—	278.00	—
Zusammen . .	4250.80	—	4241.05	[13])16648.00	[17])9255.68	[15])1808.00	[16]) 390.00

1) Vom Mai ab. — 2) Seit 28. Mai anderweit. — 3) Nur Straßengänger, seit 1. April. — 4) Bis 1. April. — 5) Anderwärts versichert. — 6) Seit 26. April anderwärts. — 7) Versicherung hier aufgegeben. — 8) Seit 20. Mai. — 9) Vom 1. Oktober bis 30. September des folg. Jahres. — 10) Fehlt für Chemnitz, Hagen, Wiesbaden. — 11) Ein Fall schwebt. — 12) 25 Mark Monatsrente. — 13) Außerdem ein Rechtsstreit wegen 56000 Mark, der muthmaßlich 15000 Mark kosten wird. — 14) Zwei schwebende Prozesse, Streitsumme 45000 Mk., geschätzter Werth 26000 Mk. — 15) Zwei schwebende Ansprüche von etwa 1000 Mk. — 16) 11 Ansprüche schweben, etwa 3000 Mk. — 17) Vergl. Anm. 12. 14.

§ 68. Die Schweizerische Unfall-Versicherungs-Aktiengesellschaft „Winterthur“.

Abgesehen von den 14 nach Höhe der in den einzelnen Jahren gezahlten Prämiensätze nachstehend aufgeführten Straßenbahnen:

Ort	1882	1883	1884	1885	1886	1887	1888
Versicherungsgebühr							
Augsburg	—	—	—	—	—	—	[0]) 850.00
Bremen	482.30	482.30	482.30	482.30	[1]) —	[1]) —	[1]) —
Bremerhafen . .	203.68	723.95	571.54	182.00	192.17	208.70	628.54
Danzig	—	—	—	—	—	—	[2]) 231.29
Dortmund[3]) . .	—	—	[5]) 522.14	698.51	705.36	[4]) 188.70	—
Duisburg[3]) . . .	—	—	[5]) 278.26	358.27	371.62	[4]) 71.80	—
Gladbach, M. .	—	—	[5]) 244.87	317.42	320.80	[4]) 94.10	—
Halle a/S. . . .	—	491.00	738.66	691.55	450.00	349.35	450.00
Karlsruhe	[5]) 313.00	500.00	500.00	500.00	500.00	500.00	500.00
Lübeck	500.00	500.00	500.00	500.00	500.00	500.00	500.00
Mannheim[3]) . .	491.60	512.40	723.60	847.20	975.62	1123.20	1368.80
Metz[3])	499.24	728.00	1038.59	1033.75	1123.00	1017.00	1123.00
Nürnberg	—	780.48	871.31	900.00	1350.00	1350.00	1350.00
Stettin	—	—	—	—	—	—	2760.10
Zusammen	2489.82	4718.13	6471.27	6511.00	6488.57	5402.85	9761.73
Schadensbetrag[6])							
Bremen	—	—	—	—	[1]) —	[1]) —	[1]) —
Bremerhafen . .	—	—	21.00	400.00	—	—	—
Dortmund . . .	—	—	—	—	—	60.05	—
Gladbach, M. .	—	—	—	20.00	—	195.15	—
Halle a/S. . . .	—	[7]) 30.00	—	42.00	414.70	—	300.00
Karlsruhe . . .	50 00	100.00	624.40	1059.40	—	—	—
Lübeck	61.00	—	600.00	—	—	—	46.85
Mannheim . . .	—	—	—	[1]) —	[1]) —	[1]) —	[1]) —
Metz	—	[8]) 3339.00	25.00	1600.00	—	—	65.60
Nürnberg	—	—	89.99	416.00	195.00	345.80	—
Zusammen	111.00	[9]) 3469.00	1360.39	3537.40	609.70	601.00	412.45

0) Seit 1. Juli. — 1) Angaben fehlen. — 2) Seit 1. November. — 3) Nur Fahrgäste versichert. — 4) Bis 26. April. — 5) Vom 1. Mai ab. — 6) Fehlt für Augsburg, Danzig, Duisburg, Stettin. — 7) Außerdem 2 Jahresrenten von 250 und 36 Mk. — 8) Außerdem 150 Mk. Jahresrente. — 9) Vergl. Anm. 7, 8.

hatte scheinbar die Tramway Mülhausen im Jahre 1882 und theilweise noch 1883 ihre Fahrgäste und Straßengänger hier versichert. Da indeß die Höhe der dafür gezahlten Prämie nicht bekannt geworden ist, mußte dieser Betrieb hier unberücksichtigt bleiben. Wie sich die einschlagenden Verhältnisse stellen, ist vorstehend dargethan. Die bezogene Versicherungsprämie von 41 843,37 Mk. gestaltete sich bei 10 100,94 Mk. gezahlten bezw. beanspruchten Entschädigungsgeldern zu einem Gewinne von 31 742,43 Mk. Da indeß der Gesellschaft noch in 3 Fällen eine Rentenzahlungspflicht von 250 Mk., 150 Mk. und 36 Mk., also ein Jahresaufwand von 436 Mk. obliegt, deren Ablösung etwa 6027 Mk. erfordern wird, ermäßigt sich der Gewinn auf 25 715,43 Mk., sodaß er etwa 159 % beträgt. Sollten selbst die 22 400 Mk. für Mülhausener Unfälle im Jahre 1883 der Annahme entsprechend von der Winterthurer Gesellschaft zu tragen gewesen sein, so hätte dieselbe immer noch ohne Verlust und mit 3315,72 Mk. = 8,6 % Gewinn gearbeitet[1]). Ueberdies wird die Prämiensumme durch noch außenstehende Nachschuß-Prämien sich erhöhen.

§ 69. Die sonstigen Versicherungsanstalten.

Bei dem Stuttgarter allgemeinen Versicherungs-Verein war Heidelberg in den Jahren 1885 bis 30. Juni 1888, Mannheim—Feudenheim 1884 bis 1888 versichert. Erstere hat in den bezüglichen Jahren 820,58 bezw. 955,00, 1130,00 und 578,00 Mk. also 3483,58 Mk., letztere 577,49 Mk. bezw. 866,24 Mk., 256,00, 256,00, 256,00, also 2211,73 Mk. Prämie gezahlt, sodaß die Gesammtprämien-Einnahme der Versicherungs-Gesellschaft sich auf 5695,31 Mk. belaufen hat. Bisher hat die Gesellschaft nur zwei Entschädigungssummen von 2530 Mk. aufgewendet, sodaß ihr Gewinn 3165,31 Mk. = 121 %, ihr Aufwand nur 45 % betragen würde.

Bei der Magdeburger Unfallversicherungs-Gesellschaft war die Neue Berliner Pferdebahn-Gesellschaft im Jahre 1882 und im ersten Halbjahr 1883 versichert. Sie zahlte 2131,60 Mk. und 1065,80 Mk., beisammen 3197,40 Mk. Prämie. In gedachtem

[1]) Nach K. Hilse: Betriebsunfälle S. 68 hatte Winterthur im Versicherungsgeschäft verloren. Dieser Fall beweist, wie schnell im Zeitenverlaufe die Ergebnisse einzelner ungünstiger Jahre sich ausgleichen, daß also im Bereiche der Gefahrengesetze erst aufgrund langjähriger und öfter wiederholter Beobachtungen sichere Unterlagen für maßgebende Folgerungen gewonnen werden können.

Versicherungszeitraum war nur ein Schaden zu erstatten, für welchen 200,00 Mk. aufgewendet wurden. Mithin hat die Versicherungs-Gesellschaft 2997,40 Mk. verdient gleich 1498,7 %. Ihre Aufwendung beschränkt sich mithin auf 16,26 % ihrer Bezüge. Außerdem hatte Uetersen dort sein Personal gegen 146 Mk. Prämie versichert.

Bei der Leipziger Unfallversicherungsbank in Leipzig hatte die Potsdamer Straßenbahn-Gesellschaft im Jahre 1882 und demnächst wieder 1884 und 1885 ihr Personal und die Straßengänger versichert. Sie hat in ungetrennter Summe bezahlt für 1882 562,30 Mk., für 1884 1020,11 Mk. und für 1885 1145,00 Mk. Da die Beträge für die Straßengängerversicherung sich aus der Gesammtsumme nicht ausscheiden lassen, ist eine Gewinn- oder Verlustberechnung ausgeschlossen[1]). Außerdem waren hier während der Jahre 1883 bis 1885 die Straßengängerunfälle der Betriebe zu Dortmund, Duisburg und Gladbach versichert. Sie führten zur Zahlung für 1883 von 970 Mk., für 1884 von 320,50 Mk., für 1885 von 9500 Mk. Hierin ist der Betrieb zu Dortmund mit 10170,50, zu Duisburg mit 620,00 Mk. betheiligt, während für Gladbach nichts zu zahlen war. An Prämien wurden gezahlt 1885 für Dortmund 2263,83 Mk., Duisburg 992,25 Mk., Gladbach 1005,45 Mk., also 4261,53 Mk. Aus den Vorjahren lagen entsprechende Ziffern nicht vor. Deshalb verbietet sich eine Ergebnißberechnung.

Frankfurt a. M. ist seit dem 8. November 1887 bei der Frankfurter Transport-, Unfall- und Glasversicherungs-Aktiengesellschaft versichert, hat dafür 476,00 bezw. 2970,00 also 3446,00 Mk. Prämie gezahlt. Zu entschädigen war bisher erst ein Unfall aus dem Jahre 1887, welcher 17 Mk. Aufwendung verursachte. Eine Ergebnißberechnung wäre bei der kurzen Versicherungsdauer verfehlt.

---

[1]) Hiernach berichtigt sich die Angabe bei K. Hilse: Betriebsunfälle 65. In Chemnitz sind dagegen die Straßengänger scheinbar ursprünglich unversichert gewesen; 1884 war eine Entschädigung von 25 Mk. zu zahlen.

b) Veränderungsvorschläge.

§ 70. Die Versicherungsformen.

Die Lasten aus der Haftpflicht können auf dreifache Weise getragen werden, nämlich durch die Selbstversicherung, die Versicherung bei Anstalten und die genossenschaftliche Vereinigung. Es bleibt zu untersuchen, welcher Weg zu wählen ist. Bestimmend muß dabei sein, die größtmögliche Sicherheit bei thunlichst niedrigem Aufwande und Vermeidung jeder Unzuträglichkeit bezw. wirthschaftlichen Verlegenheit für das eigene Unternehmen zu erreichen.

Unter mehreren gleich sicheren Wegen den billigeren zu betreten, zwingt die den Betriebsleitern als Vorstand von Aktiengesellschaften obliegende Pflicht, thunlichst haushälterisch zu wirthschaften, vermeidbare Ausgaben zu unterlassen und den Vortheil des eigenen Unternehmens stets jedem fremden voranzustellen. Mithin sind sie verhindert, Prämien für die Unfallsversicherung zu bewilligen, welche den Werth der abzunehmenden Gefahr unverhältnißmäßig übersteigen. Wie bei jedem zweiseitigen Geschäft, machen sich bei der Unfallsversicherung zwei entgegengesetzte Streben geltend; der Versicherer sucht möglichst hohen Gewinn, der Versicherte dagegen thunlichst billige Prämien. Beim Abwägen von Leistungen und Gegenleistungen, in der Höhe der abzunehmenden Gefahr und des zu erhebenden Entgeltes wird vielfach fehlgegriffen. Dies ist der Untersuchung werth. Gewisse Anzeichen sprechen nämlich dafür, daß Versicherungsanstalten die durch Einschränkung ihres Geschäftsbetriebes infolge der Unfallsfürsorge verursachten Ausfälle durch größere Ausnutzung der ihnen verbliebenen Geschäfte in Form von Prämienaufschlägen zu decken bestrebt sind. Aus dem Geschäftsbetriebe nicht allein jeden Verlust zu vermeiden, sondern umgekehrt Gewinn zu erzielen, ist zweifellos sachgemäß. Sachwidrig wirkt jedoch ein Ueberschreiten der durch die Umstände gebotenen Grenzen, weil dadurch ein Sträuben auf der anderen Seite hervorgerufen wird, welches leicht zum Verluste gerade der sichersten und werthvollsten Geschäfte führt[1]).

---

[1]) Ein lehrreiches Beispiel bietet das Aufgeben ihrer bestandenen Ver=

Lediglich die Billigkeit sprechen zu lassen, die Sicherheit aber hintenan zu setzen, kann insofern verhängnisvoll werden, daß gerade bei Eintritt großer Gefahren Verlegenheiten entstehen, indem Zahlungsverbindlichkeiten zu tilgen sind, welche der Betrieb nicht zu tragen vermag, ohne den Vermögensstand anzugreifen.

Bei dieser Sachlage empfiehlt es sich, die verschiedenen Wege nach ihrer Zweckmäßigkeit zu untersuchen. Es sind dies die Selbstversicherung, die Versicherung bei Anstalten, wobei man an öffentliche und gewerbsmäßige denken kann, die genossenschaftliche Vereinigung.

§ 71. 1. Die Selbstversicherung.

Bei der Selbstversicherung werden die zur Tilgung der Haftpflichtverbindlichkeiten erforderlichen Beträge den Gesellschaftsmitteln entnommen. 1885 hatten 20 Betriebe von der Ausdehnung, daß durch sie 70 058 014 Personen auf 3 180 983 Fahrten befördert wurden, diesen Weg gewählt[1]). Theils waren sie nie versichert, theils hatten sie bestandene Versicherungen wegen des Mißverhältnisses[2]) der verlangten Prämie zur abgenommenen Gefahr aufgegeben.

---

sicherung bei der Schlesischen Lebensversicherungsgesellschaft seitens der großen Berliner Pferdeeisenbahn Aktiengesellschaft und der Neuen Berliner Pferdebahngesellschaft. Nach dem Geschäftsberichte der Ersteren für 1887 S. 34. hatte die Versicherungsgesellschaft im Laufe der Geschäftsverbindung einen namhaften Aufschlag bewilligt erhalten, als mit dem polizeilich verlangten Wegfall des rechten Gitterverschlusses am Vorderperron die Gefahrenmöglichkeit sich verändert hatte Bei Ablauf der Versicherungszeit verlangte sie einen derarten Prämienaufschlag, daß beinahe das Dreifache zu zahlen gewesen sein würde. Dies führte zum Aufgeben der Versicherung und zum Uebergang zur Selbstversicherung. Vergl. oben § 66 S. 225 Anm. 1 und unten S. 232 Anm. 4.

[1]) K. Hilse: Betriebsunfälle § 17 S. 72.

[2]) Für die Unfallsversicherung der Fahrgäste und Straßengänger hatten z. B. 1888 zu zahlen: von der Brutto-Einnahme Köln und Mainz je 9½ ‰, Aachen 7½ ‰, sämmtlich an „Rhenania", Berlin (Lokal- und Straßenbahn), Düsseldorf, Heidelberg je 7 ‰ an „Zürich", Wiesbaden 7 ‰ an „Rhenania", Bremerhafen, Nürnberg je 5½ ‰ an „Winterthur". Anderen Betrieben gegenüber wurde die Prämie nach Kilometer Gleislänge berechnet und zwar mit 220 Mk. der Stuttgarter Straßenbahn, mit je 200 Mk. der Magdeburger Straßeneisenbahn, Mülhausen (Stadtbahn), Berliner Pferdeeisenbahn-Gesellschaft, mit je 180 Mk. für Breslau, Potsdam, sämmtlich von „Zürich", mit je 170 Mk. für Stettin von „Winterthur", mit je 150 Mk. für Kassel

Mittlerweile hat sich dies Bild geändert: Danzig ist z. B. in die Reihe der versicherten Betriebe eingetreten, die Große Berliner Pferdeeisenbahn Aktiengesellschaft und die Neue Berliner Pferdebahngesellschaft sind dort ausgeschieden und den unversicherten Betrieben beigetreten. Beide beförderten 1888 zusammen 112 360 000 Personen auf 3 808 712 Fahrten zu 22 090 746 Nutzkilometern gegen 13 299 875 Mk. Fahrgeld.

Für große leistungsfähige Betriebsunternehmer ist Selbstversicherung kaum gefährlich, vielleicht sogar vortheilhaft,[3]) sofern sie wirthschaftlich richtig eingerichtet und gehandhabt wird. Dazu gehört, daß in jedem Betriebsjahre entweder ein fester — der etwa aufzuwendenden Versicherungsprämie entsprechender — Betrag in besondere Reserve gestellt[4]) oder doch mindestens soviel von den Betriebseinnahmen zurückgelegt wird, als nach sachkundiger Schätzung für die im Betriebsjahre eingetretenen Unfälle muthmaßlich wird aufgewendet werden müssen, wenn es zu einer gerichtlichen Entscheidung kommen sollte[5]). Was dann gerichtsseitig zugebilligt

---

(Straßenbahn), Dresden, Erfurt, Frankfurt a. M., mit 120 Mk. für Posen, mit 80 Mk. für Mülhausen-Ensisheim, sämmtlich wieder von „Zürich". Lübeck zahlte an „Winterthur" 500 Mk. Jahrespauschale. Für die Versicherung der beförderten Personen, also unter Ausschluß der Straßengänger, hatten auf je 1000 Fahrgäste Metz 1,20 Mk. und Mannheim 0,80 Mk. an „Winterthur" zu zahlen. Den Straßenbahnen Rheinland und Westfalens ist die Versicherung zu je 5 ‰ angeboten. Derarte Sätze sind gegen das Risiko viel zu hoch nach K. Hilse: Betriebsunfälle 64—67.

[3]) K. Hilse: Betriebsunfälle § 14 S. 61, 64, 69.

[4]) Dies thun z. B. die beiden Berliner Betriebe, welche für 1887 und 1888 die Beträge, welche sie bei Fortbestand der Versicherung zu den bestandenen Bedingungen an die Schlesische Lebensversicherungsgesellschaft hätten zahlen müssen, aus den Betriebseinnahmen des betreffenden Jahres entnommen und daraus einen Versicherungsstock gebildet haben, welcher verzinslich angelegt und besonders verwaltet wird. Die Zinsen fließen ihm zu, die erhobenen Ansprüche werden aus ihm befriedigt. Die Rücklage hat bei der einen 16 466,49 Mk. und 17 631,19 Mk. also 34 097,68 Mk., bei der anderen 5150,22 Mk. und 5852,60, also 11 002,82 Mk. betragen. Bei noch größerer Vorsicht würden diejenigen Beträge haben weggelegt werden müssen, welche die Versicherungsgesellschaft bei Eingehen auf ihre Forderung und Fortsetzung der Versicherung bei ihr erhoben haben würde. Sie hätten sich annähernd auf das Dreifache beziffert. Vergl. oben S. 225 Anm. 1 und 230 Anm. 1.

[5]) Danach wäre das Deckungsverfahren zu befolgen. Bisher ist dies jedoch nirgends geschehen.

werden würde, läßt sich aus den Umständen des Falles in Verbindung mit den bekannten Rechtsgrundsätzen annähernd richtig bemessen. Unterbleibt eine solche Rücklage, so werden, da die Vollstreckbarkeit fast nie in dem Betriebsjahre eintritt, welches der Unfall traf, die Betriebseinnahmen späterer Jahre für ältere Unfälle in Anspruch genommen und damit deren Einnahmen für Schuldverbindlichkeiten aus älteren Jahren beansprucht. Darin liegt eine Schädigung späterer Aktionaire und Begünstigung früherer, da die Dividendenhöhe dadurch beeinflußt werden kann. Denn dem Reservefond dürfen die für derarte Betriebsunfälle aus früheren Jahren aufzuwendenden Beträge nicht mehr entnommen werden, was vormals allerdings vereinzelt geschehen ist, obschon es schon damals wirthschaftlich unrichtig und rechtswidrig war, da der Reservefond des früheren Aktienrechtes zur Deckung außergewöhnlicher Unfälle und Verluste, nicht aber zur Ausgleichung regelmäßig wiederkehrender nur in ihrer Ziffernhöhe schwankender Betriebsunfälle dienen soll[6]).

Dagegen ist die Selbstversicherung für alle kleineren Gesellschaften nicht ungefährlich, sowie für diejenigen, welche mit Unterbilanzen arbeiten, sogar vollständig unmöglich. Deshalb kann sie als überall zutreffendes Auskunftsmittel nicht bezeichnet und schwächeren Unternehmern nicht angerathen werden.

Denn die ziffermäßige Höhe der Aufwendungssumme für einen einzelnen Unfall kann zu den Betriebsüberschüssen des betreffenden Jahres leicht in einem zu großen Mißverhältnisse stehen, solche vielleicht ganz verschlingen oder sogar noch übersteigen und dadurch eine Unterbilanz schaffen bezw., wo eine solche schon besteht, noch vergrößern. Die Gesellschaftsorgane sind dann leicht versucht, mit dem Ansetzen der aufzuwendenden Schadensbeträge bis nach deren rechtskräftigen Feststellung zu warten, wodurch die vorerörterte, unzulässige Benachtheiligung eintritt. Auch ist immerhin fraglich, ob in Jahren, wo Unfälle ausblieben, Beträge zur Deckung künftiger Unfälle zurückgelegt werden dürfen. Wo Unterbilanzen bestehen, ist die Möglichkeit dazu thatsächlich ausgeschlossen.

Ist danach die Selbstversicherung nur für einen Theil der

6) H.G.B. Art. 217, 239; Keyßner: Kommentar 203, 228.

Betriebsunternehmungen ausführbar und verbietet sie sich für einen anderen Theil, so fehlt ihr eben die Eigenschaft einer gemeinsamen, weil überall gleich anwendbare, Maßnahme und kann sie als ein allseitig befriedigendes Lösungsmittel der schwebenden Versicherungsfrage nicht gelten.

§ 72. 2 Die gemeinsame Versicherung sämmtlicher Straßenbahnen bei einer Versicherungs-Gesellschaft.

Größeren Straßenbahn-Unternehmern gelang fast ausnahmslos, ihre Gefahr bei Versicherungs-Gesellschaften zu günstigeren Bedingungen unterzubringen, als den kleineren. Denn da bei ihnen das einzelne Geschäft eine größere Einnahme abwirft, ist die Bewerbung um dasselbe lebhafter und unterbietet man sich gegenseitig. Wegen der größeren Einnahmesumme stellt der verbliebene Gewinn, obschon er verhältnißmäßig geringer sein kann als aus einem kleineren Geschäfte, eine höhere Ziffer im Gewinnkonto her. Es liegt eben ähnlich wie im Waarengeschäft, wo das kleinere Quantum der nämlichen Waare einen höheren Preis hat als das größere, sodaß der kleinere Verzehrer mehr bezahlen muß und seine Bedürfnisse schwieriger und theurer deckt als der größere.

Wie nun Verzehrvereine und ähnliche Vereinigungen zum gemeinsamen Waarenbezuge die Vortheile des Großhandels ihren Mitgliedern zu verschaffen und den Aufschlag des Zwischenhandels abzuschneiden vermögen, ist anzunehmen, daß gemeinsames Handeln auf dem Gebiete der Versicherung den kleineren Unternehmern die Vortheile, welche bisher die größeren erlangen konnten, verschaffen kann. Möglicher-, ja sogar wahrscheinlicherweise wird, wenn alle Betriebe bei einer einzigen Privatversicherungsanstalt Versicherung nehmen, dieselbe vortheilhaftere Prämiensätze bewilligen. Denn ihre Verwaltungskosten, insbesondere die hohen Beträge für Acquisiteure, verringern sich. Diese Ersparniß kann sie ohne eigenen Verlust zur Prämienermäßigung verwenden.

Ob auf diesem Wege jedoch Genügendes erreicht werden wird, bleibt abzuwarten. Zwar hatte bereits 1885 eine Gegenseitigkeitsgesellschaft, »der allgemeine deutsche Versicherungs-Verein zu Stuttgart«[1]) den Straßenbahnbetrieben diesbezügliche Anerbietungen gemacht, nämlich unter dem 19. October 1885 vorgeschlagen, während einzelnen Unternehmungen nur 75 — höchstens 80% — Haftpflichtentschädigung neben den vollen Prozeßkosten geleistet würden, einer Vereinigung der deutschen Straßenbahn-Gesellschaften oder des größten Theiles derselben, welche gemeinschaftlich bei ihr versichern würde, die volle Entschädigung bis zu 100% zu gewähren. Andere Gesellschaften haben dem Vereine der Straßenbahnen für Rheinland[2]) und Westfalen im Falle gemeinsamer Versicherung eine billigere Prämie (5‰) angeboten, doch ist dieser Satz gegen die Gefahr noch immer viel zu hoch.

§ 73. 3. Der Versicherungsverein.

Derselbe ist in zweifachem Umfange denkbar. Entweder werden sämmtliche Unfälle unbekümmert um die Höhe der erforderlichen Aufwendungen gemeinsam getragen oder der Verein tritt erst bei Unfällen ein, deren Ersatz einen bestimmten Betrag übersteigt, während bei geringeren der betroffene Betrieb allein haftet, sodaß er den Ueberschuß ergänzend aushilft. Ersteren Falls handelt es sich um eine Versicherungsanstalt auf Gegenseitigkeit, letzteren Falls um eine Hilfsanstalt neben der Selbstversicherung, gleichsam um eine Art Rückversicherung. In beiden Formen liegt ihm der Gedanke zugrunde, daß die Berufsgenossen gegenseitig aushelfen, sobald die Bestandsfähigkeit eines von ihnen durch außergewöhnliche Betriebsereignisse bedroht ist. Deshalb wurde bereits 1885 gelegentlich der Begründung der Straßenbahn-Berufsgenossenschaft die Gründung eines solchen Vereins angeregt, vorbereitet[1]), indeß nicht verwirklicht, weil einzelne größere Betriebe befürchteten, zugunsten der kleineren überlastet zu werden. Keinen besseren Erfolg hatte ein späterer von Aachen ausgegangener Versuch[2]).

In der Form einer Aushülfe bei vorgelegener großer Unfalls-

---

[1]) K. Hilfe: Betriebsunfälle § 19 S. 76.

[2]) Die Straßenbahn I 113, 127; K. Hilse: Haftpflicht § 50 S. 213 Anm. 5.

[1]) K. Hilse: Betriebsunfälle § 1 S. 1, § 18 S. 74.

[2]) Straßenbahn. I 113, 127.

gefahr würde ein derartiger Verein einerseits segensreich, andererseits für seine Mitglieder völlig gefahrlos wirken. Zum Vorbilde hätte ihm der Verein der Privat-Eisenbahnen in Deutschland zu dienen, welcher durch Beschluß vom 1. Dezember 1871 [3]) zur

[3]) Die Satzungen des Beschlusses vom 1. Dezember 1871 lauten:

§ 1. Die gemeinschaftliche Tragung einer Entschädigung für die vorbezeichneten Fälle findet nur insoweit statt, als sie bei einem Unfalle im Ganzen einen Betrag von 5000 Thlr. in Capital übersteigt; Renten von unbestimmter Dauer werden hierbei, als zum $12^1/_2$fachen Betrage capitalisirt, angerechnet. Entschädigungen, welche unter diesem Betrage bleiben, und von höheren Entschädigungen dieser Betrag, fallen der Verwaltung allein zur Last, welche den Gesetzen nach die Schäden zu vertreten hat. Die über 5000 Thlr. hinausgehenden Entschädigungen werden so repartirt, daß vorweg 5 % von denselben der zunächst vertretungspflichtigen Eisenbahn in Rechnung gestellt werden und der Rest auf alle Verwaltungen nach dem in § 7 angegebenen Maßstabe vertheilt wird. Alle gerichtlichen und außergerichtlichen Regulirungskosten werden, wenn die Gesammtentschädigung ohne solche Kosten mehr als 5000 Thlr. beträgt, von der Gemeinschaft getragen resp. der Gesammtentschädigungssumme hinzugerechnet, wenn die Gesammtentschädigung hinter jener Summe zurückbleibt, von der zunächst haftenden Verwaltung.

§ 2. Die zunächst vertretungspflichtige Eisenbahn regelt in eigenem Namen die Ersatzansprüche, welche gegen sie erhoben werden. Sie wird hierbei mit derselben Sorgsamkeit verfahren, als ob es sich nur um ihr eigenes Interesse handele, und wird namentlich Entschädigungsansprüche nur soweit zugestehen, als sie dieselben nach sorgfältiger Prüfung als gerechtfertigt erkennt. Die regulierende Verwaltung hat die volle Befugniß, sowohl die Berechtigung eines Entschädigungsanspruches überhaupt anzuerkennen, als auch die Höhe der Entschädigung und die Form, in welcher sie gewährt werden soll, also namentlich, ob in Capital oder in Rente, zu vereinbaren, oder aber den Rechtsweg zu beschreiten. Regreßansprüche gegen solche Personen, welche für einen zunächst von der Eisenbahn zu vertretenden Unfall haftbar sind, (gegen Eisenbahn-Offizianten, wie gegen dritte Personen), werden von der regulirenden Verwaltung nach ihrem Ermessen und in ihrem Namen verfolgt. Die durch den Regreß erlangte Summe wird nach demselben Maßstabe vertheilt, wie die Entschädigung, wobei der von der regulirenden Verwaltung vorweg getragene Betrag von 5000 Thaler erst nach Deckung der übrigen Beiträge zur Erstattung kommt.

§ 3. Die Vertretung der Gesammtheit wird durch den Ausschuß des Vereins wahrgenommen.

Jede Verwaltung, auf deren Bahn ein Unfall, für welchen die Gesammtheit nach den vorstehenden Principien voraussichtlich zu haften hat, vorgekommen ist, wird deshalb von demselben bald thunlichst der vorsitzenden Direktion des Ausschusses vorläufige Anzeige machen.

§ 4. Die Zahlung der Entschädigungen, sowohl der einmaligen, als auch der fortlaufenden, an die Entschädigungsberechtigten erfolgt durch die regulirende Verwaltung und in deren Namen. Die Haftung der Gesammt-

Unterstützung im Tragen der Haftpflichtsgefahr eine Art Rückversicherung dahin geschaffen hat, daß er bei Unfällen seiner Mitglieder,

---

heit ist nur eine innere, das Publikum nicht berührende Angelegenheit des Vereins.

§ 5. Die Liquidation der gezahlten Entschädigungen geschieht bei der vorsitzenden Direktion des Ausschusses; übernommene Renten werden hierbei nach ihrem wahrscheinlichen Capitalwerthe und höchstens mit dem $12^1/_2$fachen Betrage berechnet. Jeder Liquidation ist eine genaue, von der obersten verwaltenden Behörde der Eisenbahn vollzogene Sachdarstellung beizufügen. Diese soll enthalten eine kurze und präzise Angabe des beschädigenden Ereignisses und der Ursache desselben; der beschädigten Personen, die Art ihrer Beschädigung und des Zusammenhanges derselben mit dem beschädigenden Ereignisse; der zur Forderung einer Entschädigung berechtigten Personen und der Grundsätze, nach welchen das Maß der Entschädigung festgestellt und vorkommenden Falles eine dauernde Entschädigung in Capital umgewandelt ist. Den Sachdarstellungen sind die Akten beizufügen.

§ 6. Die vorsitzende Direktion wird die Sachdarstellung prüfen, wenn nöthig aus den Akten vervollständigen und sodann der nächsten Sitzung des Ausschusses zum Beschlusse vorlegen. Dieser hat die von der Gemeinschaft zu übernehmenden Entschädigungen festzusetzen.

Gegen den Beschluß des Ausschusses steht der liquidirenden Verwaltung die Berufung an das Plenum des Vereins zu, dessen Entscheidung sie sich unter Ausschluß des Rechtsweges zu unterwerfen hat.

Die vorsitzende Direktion wird die liquidirenden Verwaltungen zu der Ausschußsitzung, in welcher über ihre Liquidationen beschlossen wird, einladen.

§ 7. Die vorsitzende Direktion wird die nach den Ausschußbeschlüssen von der Gesammtheit zu übernehmenden Beträge jährlich in einer Abrechnung zusammenstellen und auf sämmtliche Verwaltungen repartiren. Die Repartition geschieht zur Hälfte nach der Zahl der gesammten Wagen-Achsmeilen, zur Hälfte nach der Gesammtzahl der Personen-Meilen, welche für diesen Zweck in der Art besonders berechnet werden, daß einfach die Personen-Meilen der 4. Klassen dreifach, und für Bahnen, auf welche die 4. Klasse nicht besteht, zweifach, — die Personen-Meilen der 3. Klasse, sechsfach die Personen-Meile der 2. Klasse, zehnfach die Personen-Meile der 1. Klasse in Ansatz kommen.

Bei jedem Unfalle werden die Daten desjenigen Kalender-Jahres zugrunde gelegt, in welchem er sich ereignet hat. Die Abrechnung wird eine kurze Uebersicht über die zur Liquidation gebrachten Entschädigungen beigefügt. Die Abrechnung wird für jede Verwaltung Schuld und Guthaben und an wen, resp. von wem solches zu zahlen ist, nachweisen und jeder Verwaltung zugefertigt werden. Aufgrund dieser Abrechnung erfolgt die Ausgleichung zwischen den Verwaltungen. Erinnerungen gegen die Abrechnung, welche aber die Ausgleichung nicht verzögern sollen, sind bei der vorsitzenden Direktion anzubringen und von derselben in einer Nachtrags-Abrechnung zu erledigen.

§ 8. Die Vereinbarung tritt am 1. April 1872 in Wirksamkeit. Jede Verwaltung kann aus der Gemeinschaft austreten, jedoch nur am Ende eines welche mehr als 15 000 Mark Aufwand erfordern, für den Ueberschuß dieses Betrages eintritt, während minderwerthige Unfälle und bei größeren der Betrag bis 15 000 Mk. der betroffene Betrieb allein zu tragen hat.

Diese seit dem 1. April 1872 bestehende Einrichtung hat sich bisher bewährt, sodaß deren Nachbildung für die Straßenbahnbetriebe sich empfehlen würde. Indeß würde die Ziffer der Selbstversicherungssumme mit Rücksicht auf die kleineren Betriebe jedenfalls erheblich niedriger zu greifen sein, weil für manche Straßenbahngesellschaft das Entziehen dieser Summe in einzelnen Jahren zu sehr die Möglichkeit einer Gewinnvertheilung hindern dürfte. Vielleicht würde sie auf 500 Mk. herabzusetzen sein.

Die vom Vereine zuzuschießenden Beträge würden im Umlageverfahren nach Verhältniß der erzielten Brutto-Betriebs-Einnahmen zu decken sein, wenn nicht, was die Sicherheit noch mehr heben und deshalb vorzugsweise zu empfehlen sein würde, jährlich ein bestimmter Beitrag erhoben wird, der die Anlage einer Rücklage ermöglicht[4]).

§ 74. 4. Die Bildung einer Unfall-Berufsgenossenschaft.

Die aufgrund der Gesetze vom 6. Juli 1884 und 28. Mai 1885 ins Leben getretenen Berufsgenossenschaften sind nicht berechtigt, ihren Geschäftsbetrieb auf die Versicherung der Straßengänger und Fahrgäste gegen die Folgen von Unfällen im Betriebe ihrer Mitglieder auszudehnen. Denn die Befugniß aus G. v. 6. Juli 1884 § 2 Abs. 2, die Versicherung über die versicherungspflichtige Betriebsmannschaft hinaus auszudehnen, läßt an dem Mannschaftsbestande die äußerste Grenze dieser Ausdehnung finden, d. h. die Versicherung darf sich auf Personen außerhalb der Betriebsmannschaft des Unternehmens nicht erstrecken. Die Ausdehnung des

---

Kalenderjahres auf vorhergegangene 6monatliche Kündigung und unbeschadet der bis zum Rücktritt eingegangenen Verpflichtungen. Bis zum Ende des Jahres 1875 sind indessen die zugetretenen Verwaltungen an die Vereinbarung gebunden; eine Kündigung kann also zuerst auf den Schluß des Jahres 1875 erfolgen.

[4]) Oben § 71 S. 200, Anm. 4.

Wirkungskreises der Straßenbahn-Berufsgenossenschaft auf die Unfalls-Versicherung der Straßengänger und Fahrgäste im Betriebe ihrer Mitglieder ist bei Lage der Gesetzgebung ausgeschlossen.

Die Gründung einer selbstständigen Genossenschaft für die Fahrgast- und Straßengänger-Unfall-Versicherung, welche 1885 die Direktion der Stuttgarter Pferdebahn-Gesellschaft in anerkennenswerther Weise unter Vorlage eines Statuten-Entwurfs vorgeschlagen hatte[1]), konnte damals nur aufgrund des Gesetzes vom 4. Juli 1868, betreffend die privatrechtliche Stellung der Erwerbs- und Wirthschafts-Genossenschaften geschehen, sodaß ihrer Verwirklichung ernste rechtliche Bedenken entgegen standen, nämlich der Zweifel, ob bei Erlaß dieses Gesetzes an eine Ausdehnung auf Unternehmungen der hier in Frage kommenden Art gedacht worden ist, und der Zweck der beabsichtigten Genossenschaft: »die Uebernahme der Betriebs-Unfallversicherung von Fahrgästen und Straßengängern« unter den Begriff der »Förderung der Wirthschaft ihrer Mitglieder mittelst gemeinschaftlichen Geschäftsbetriebes« gebracht, damit aber in den Rahmen jenes Gesetzes eingefügt werden könne.

Dieselben fallen bei Lage der heutigen Gesetzgebung weg. Zwar hält G. v. 1. Mai 1889 § 1 als Zweck der Genossenschaften die »Förderung des Kredits, des Erwerbes oder der Wirthschaft ihrer Mitglieder mittelst gemeinschaftlichen Geschäftsbetriebes« aufrecht. Bei seinem Erlasse und seiner Berathung waren jedoch bereits Genossenschaften in Wirksamkeit[2]), welche die Versicherung der Vermögensansprüche übernehmen, welche gegen ihre Mitglieder nach den geltenden Rechten aus Unfällen erhoben werden können. Weil solche ihren Sitz im Gebiete des preußischen Verwaltungsrechts haben, ist ferner anzunehmen, daß aus der Bestimmung der Gew.-Ord. § 6, nach welcher Versicherungs-Unternehmungen überdies der landesherrlichen Genehmigung bedürfen, kein Grund behördlicherseits abgeleitet werden wird, das Errichten von Unfallversicherungsgenossenschaften zu beanstanden. Ebensowenig kann deren Unzulässigkeit daraus gefolgert werden, daß sie unter den im § 1 aufgeführten

---

[1]) K. Hilse: Betriebsunfälle § 16 S. 71.

[2]) Die Brandenburgische Provinzial-Baugewerken-Unfall-Genossenschaft zu Potsdam, die Baugewerken-Unfall-Genossenschaft zu Hannover.

Arten fehlen, weil aus dem gebrauchten »namentlich« ersichtlich ist, daß nur erläuternde Beispiele gegeben [3]), nicht aber die Arten derselben abgeschlossen werden sollten.

Hinfällig [4]) ist ferner das frühere Bedenken, ob eine Genossenschaft lediglich aus juristischen Personen gebildet oder nicht vielleicht deren Eintragung in das Genossenschaftsregister beanstandet werden könne. Denn da das Gesetz vom 1. Mai 1889 § 41 [5]) vorsieht, daß Korporationen, Handelsgesellschaften, Genossenschaften oder andere Personenvereine sich bei der Abstimmung durch Bevollmächtigte vertreten lassen dürfen, müssen sie jedenfalls als Genossenschaftsmitglieder zuzulassen sein. Deshalb darf aber auch kein Grund zum Ablehnen der Eintragung in das Genossenschaftsregister dem Umstande entnommen werden, daß überwiegend, oder ausschließlich juristische Personen die Genossenschaft bilden.

Aus Zweckmäßigkeitsgründen die Bildung einer Versicherungsgenossenschaft zu widerrathen, weil aus dem Beitritte wirthschaftliche unabsehbare Nachtheile drohen, fällt bei Lage der heutigen Genossenschaftsgesetzgebung weg, nachdem die durch das Gesetz vom 4. Juli 1868 § 12 eingeführte Solidarhaft der Genossen für die Genossenschaftsschulden in der Weise, daß jeder Gläubiger jeden ihm genehmen Genossen herausgreifen und an diesen wegen seines ganzen Anspruches sich halten konnte, ohne daß eine Verweisung zur theilweisen Befriedigung an die Mitgenossen zulässig war, durch Gesetz vom 1. Mai 1889 § 2 beseitigt ist. Derselbe kennt nämlich 3 Arten der Haftpflicht und demzufolge Genossenschaften mit

a) unbeschränkter Haftpflicht [6]), deren einzelne Mitglieder für die Verbindlichkeiten der Genossenschaft dieser, sowie unmittelbar den Gläubigern derselben mit ihrem ganzen Vermögen haften;

b) unbeschränkter Nachschußpflicht [7]), wo die Genossen zwar mit ihrem ganzen Vermögen, aber nicht unmittelbar den Gläubigern der Genossenschaft verhaftet, vielmehr nur verpflichtet sind,

---

[3]) Vergl. Parisius: Das Genossenschafts-Gesetz vom 1. Mai 1889 Anm. 2 zu § 1.

[4]) Zeitschrift für das gesammte Lokal- und Straßenbahnwesen 1885 S 162.

[5]) Sogar ein Verband von Genossenschaften ist zulässig nach § 53.

[6]) Gesetz § 112—119.

[7]) Gesetz § 120—124.

der letzteren die zur Befriedigung der Gläubiger erforderlichen Nachschüsse zu leisten;

c) beschränkter Haftpflicht (§ 125—136), sodaß der Zuschuß der einzelnen Genossen für die Verbindlichkeiten der Genossenschaft sowohl dieser wie unmittelbar den Gläubigern gegenüber sich auf die im Voraus begrenzten Summen beschränkt.

Die beiden ersten Arten würden für eine Unfallversicherungsberufsgenossenschaft der Straßenbahnbetriebe schon aus dem Grunde unverwendbar sein, weil hier (§§ 112, 120) alle Mitglieder gleiche Geschäftsantheile haben müssen, also eine Betheiligung nach dem Umfange des Geschäftsbetriebes der Verkehrsanstalt und Aufbringen der erforderlichen Geldmittel für den Betriebsfonds nach dem Verkehrsverhältnisse sich verbietet (§ 128). Vielmehr würde nur eine Genossenschaft mit beschränkter Haftpflicht gewählt werden können, wobei das Statut die Betheiligung der Genossen auf mehrere Geschäftsantheile, unter Festsetzung der höchsten Zahl zu gestatten haben würde. Allerdings ist diese Zulassung (§ 130) von der Bedingung abhängig, daß, bevor der erste Geschäftsantheil erreicht ist, die Betheiligung des Genossen auf einen zweiten Geschäftsantheil nicht erfolgen darf. Diese Einschränkung ist indeß bedeutungslos, weil sie für die Zeichner durch das Erforderniß der Volleinzahlung mehrerer Geschäftsantheile beseitigt werden kann. Der Umstand, daß Einzelne vielleicht den Geschäftsantheil voll eingezahlt, Andere dagegen (§ 19) darauf erst eine Abschlagszahlung geleistet haben, ist für die Ersteren ungefährlich, weil die Auszahlung eines Gewinnantheils an die Letzteren solange beanstandet werden darf, bis durch dessen Zuschreibung oder durch Nachschußzahlungen die Höhe des Geschäftsantheils erreicht ist. Da nun die Haftpflicht auf die Haftsumme (§ 125), welche nicht niedriger als der Geschäftsantheil sein, wohl aber darüber hinaus gegriffen werden darf, beschränkt ist, fällt jede Gefahr für die Genossen im Falle einer Ueberverschuldung der Genossenschaft umsomehr weg, als durch die Einrichtung eines Reservefonds (§ 7) und dessen im Statut vorzusehende Verstärkung in der Weise, daß während 10 Jahre (§ 20) ein Gewinn nicht vertheilt, vielmehr demselben zugeschlagen wird, genügende Mittel vorbereitet werden können. Eine nicht zu unterschätzende Gegenmaßnahme bietet der Umstand, daß nach §§ 51. 59 die Einrichtungen der Genossenschaft und die Geschäftsführung derselben in allen Zweigen der Verwaltung mindestens in jedem 2. Jahre der Prüfung durch einen der Genossenschaft nicht angehörigen, sachverständigen Revisor zu unterwerfen sind, der Vorstand aus zwei zur Sorgfalt eines ordentlichen Geschäftsmannes verpflichteten Mitgliedern (§§ 24—32) zu bestehen hat, ihm ein Aufsichtsrath (§§ 34—39) zur Seite zu stellen ist, und daß alle diese Personen nach § 142 Ziff. 2 insbesondere auch schon dann straffällig sind, wenn die rechtzeitige Anmeldung des Konkurses versäumt wird, was bereits dann zu geschehen hat, wenn eine Ueberschuldung vorliegt, sofern diese ein Viertheil des Betrages der Haftsummen aller Genossen übersteigt. Der Grund zu Besorgnissen fällt also für die Zukunft weg, welcher nach älterem Recht gerade die leistungsfähigsten Verkehrsanstalten von dem Beitritt zu Genossenschaften hätte zurückhalten müssen. Namentlich kann das Ausscheiden einzelner Mitglieder, welches allerdings zum Ablaufe jedes Geschäftsjahres[8]) nach dreimonatlicher Aufkündigung den Genossen nicht versagt werden darf, die Lage der Verbleibenden nicht gefährden. Denn wenn zwar eine Auseinandersetzung aufgrund der Bilanz zu erfolgen hat, so verliert der Ausscheidende doch seinen Anspruch an den Reservefonds und das sonstige Vermögen der Genossenschaft; es sei denn, daß er sich solchen durch Abtretung seiner Rechte an ein anderes Genossenschaftsmitglied oder an eine] Person erhalten habe, welche die Mitgliedschaft erwirbt[9]). Aus der Uebertragbarkeit der Antheile folgt die Möglichkeit, bei der Verschmelzung mehrerer Betriebe oder dem Eigenthumswechsel in einem derselben den Bestand der Genossenschaft unverändert zu erhalten, und den neuen Unternehmer anstelle des ausscheidenden in dessen Rechte und Pflichten eintreten zu lassen.

Daß die Genossenschaft mit beschränkter Haftpflicht ein geeigneter Weg ist, die Versicherung derjenigen Unfälle zu übernehmen, für welche Verkehrsanstalten außerhalb der Grenzen der öffentlichrechtlichen Unfallversicherung aus dem Haftpflichtgesetze oder nach

---

[8]) Gesetz §§ 63, 64, 67.

[9]) Gesetz § 74 132.

den Landesrechten zur Schadloshaltung des Verletzten für die vermögensrechtlichen Nachtheile herangezogen werden können, hat bereits von anderer Seite[10]) Begründung gefunden.

§ 75. 5. Reichs- oder Staats-Versicherungsanstalten.

An Eintritt der Reichs- oder Staatshilfe kann in zweifacher Form gedacht werden, nämlich durch:

1. Gründung einer Reichs-Unfalls-Versicherungsbank, welche die Fahrgast- und Passanten-Unfälle auf deutschen Straßenbahnen in das Bereich ihrer Thätigkeit zieht;
2. Erweiterung des Wirkungskreises der Unfallberufsgenossenschaften, indem ihnen die Uebernahme der Versicherung von Unfällen, die in dem Betriebe ihrer Mitglieder sich ereignen, gestattet wird.

Denn ein dritter, verschiedentlich gewünschter Ausweg, »Abänderung des Reichshaftpflichtgesetzes vom 7. Juni 1871 dahin, daß solches fernerhin auf Unfälle im Straßenbahnbetriebe nicht mehr anwendbar sei«, würde höchstens bei Umarbeitung des Entwurfs eines bürgerlichen Gesetzbuches Aussicht auf Verwirklichung haben. Die diesbezüglichen Schritte sind seitens der Großen Berliner Pferdeeisenbahn-Aktiengesellschaft bereits 1888 gethan[1]).

I. Reichs- oder Landes-Unfallversicherungsbank.

In einer Zeit, wo die Verstaatlichung der Eisenbahnen durchgeführt, an Einführung von Staats- bezw. Reichsmonopolen in weitem Umfange gedacht, die Verstadtlichung der Straßenbahnen geplant wird und die Stadtgemeinden durch Bau von Markthallen, Wasserwerken, Schlachtanstalten in die Freiheit des Einzeln-Gewerbebetriebes eingreifen, ist der Wunsch, eine Reichs- oder Staats-Unfallversicherungs-Anstalt in das Leben treten zu sehen, also Ver-

[10]) z. B. B. Hilse in der Zeitschrift für Lokal- und Straßenbahnen VIII Heft 2.

[1]) Durch Ueberreichen der zu diesem Zwecke ausgearbeiteten Denkschrift ihres Syndikus K. Hilse: Die Haftpflicht der Straßenbahnen, an die zuzuständigen Behörden und an den Deutschen Juristentag, bei welchem Hilse vorher einen entsprechenden Antrag eingebracht hatte.

staatlichung des Versicherungsgewerbes nicht aussichtslos[2]). Er ist ebenso berechtigt, wie z. B. das in Erfüllung gegangene Verlangen verschiedener gewerblicher und sonst erwerbsthätiger Kreise auf Förderung ihrer Unternehmungen und Verbesserung ihrer wirthschaftlichen Lage im Wege der Staatshilfe durch Schutzzölle und Ausfuhrprämien. Der Gedanke an eine Verstaatlichung des Versicherungswesens ist überdies nicht einmal neu, vielmehr schon mehrfach ernstlich erwogen worden. Anfänge einer solchen finden sich bereits in dem verschiedentlich bestehenden Zwange zur Versicherung der Liegenschaften bei bestimmten bestehenden Anstalten. Die öffentlich rechtliche Kranken-, Unfall-, Alters- und Invalidenfürsorge sind bereits Vorläufer zur Verwirklichung des beregten Planes und jedenfalls geeignet, den Straßenbahn-Unternehmern den Gedanken an Erreichen der Staatshilfe nahe zu legen.

Die Anregung, das gesammte Versicherungswesen zu verstaatlichen, pflegt durch die hohen Prämien, welche mit der übernommenen Gefahr in keinem richtigen Verhältniß stehen, solche vielmehr weit übersteigen, sowie ferner durch die häufige Verschleppung, welcher bei dem Schadensausgleich, manche Gesellschaften sich schuldig machen, begründet zu werden. Dazu treten Klagen über mangelnde Rücksicht bei dem Schadensausgleich, indem öfter die Nichterfüllung unwesentlicher Policebedingungen zum Ablehnungsgrund an sich berechtigter Ansprüche benützt wird, manche langwierige, dabei aber für den Versicherer aussichtslose Prozesse nur angestrengt und durchgeführt werden, um die Versicherten in Verlegenheit zu bringen und so für Vergleiche zugänglich zu machen. Bei einer Landes-Versicherungsbank glaubt man auf niedrigere Prämien und mehr sachgemäße Regulirung rechnen zu dürfen und der Gefahr überhoben zu sein, daß sie nach kurzem Bestande ihre Thätigkeit einstellt[3]), weil sie ihren Verpflichtungen nicht genügen

---

[2]) K. Hilse: Betriebsunfälle § 20 S. 76.

[3]) Oder daß sie aufgrund des vorbehaltenen Rücktrittsrechtes beim Eintritt eines verhängnißvollen Unfalls die Versicherung aufgiebt und so den Versicherten in Verlegenheit bringt, wie solches z. B. die Schlesische Lebensversicherungsgesellschaft gegenüber der Berliner Pferdeeisenbahn-Gesellschaft gethan hat, indem sie einen 1886 eingetretenen Unfall, der 1500 Mk. Aufwand verursachte, sich zum Rücktrittsgrunde dienen ließ, obschon der gezahlte Betrag gegen die für 1888 1946,48 Mk. erhobene Prämie mit um 446,48 Mk. zurückgeblieben war.

kann, wodurch die Versicherten die erhofften Vortheile aus der Versicherung verlieren, was bei Versicherungsgesellschaften nicht selten eintritt.

Unverkennbar sind die von den Versicherten wiederaufzubringenden Unkosten der Versicherungsgesellschaften zur Gewinnung neuer Versicherungen und Ausdehnung des Geschäfts sehr erheblich. Vielfach entspricht der Ausgleich nicht den Zwecken der Versicherung wegen seiner Langsamkeit und gehässigen Einreden. Gleichwohl scheint nach Lage der Verhältnisse der Wunsch zur Zeit noch verfrüht, daß der Staat das Versicherungswesen gänzlich übernehmen, den Wirkungskreis der Privatversicherungsgesellschaften wesentlich einschränken, oder auch nur eine Versicherungsanstalt gegen Haftpflichts-Unfälle gründen werde.

II. Ausdehnung des Wirkungskreises der Straßenbahnberufsgenossenschaft.

Staatsschutz wird mit Aussicht auf Erfolg vielmehr nur in einem weit engeren Umfange, nämlich in der dritten möglichen Form angestrebt werden dürfen. Wenigstens stehen scheinbar keine unüberwindbaren Hindernisse entgegen, daß im Wege der Reichsgesetzgebung der Wirkungskreis der Berufsgenossenschaften auf weitere Unfallsgattungen ausdehnungsfähig erklärt wird. Insbesondere sind stichhaltige Gründe nicht erfindlich, warum die durch die Reichsgesetzgebung geschaffenen Berufsgenossenschaften auf den angewiesenen Wirkungskreis beschränkt bleiben müßten. Dadurch, daß sie berechtigt erklärt werden, verwandte Geschäftszweige in das Bereich ihrer Thätigkeit zu ziehen, wird Niemand verletzt, weil ja jede Genossenschaft es in der Hand hat, von diesem Rechte Gebrauch zu machen oder nicht. Allerdings müßte eine Einschränkung dahin bestehen bleiben, daß die Uebernahme sich über die Versicherungs-Verpflichtungen ihrer Mitglieder nicht ausdehnen dürfe. Ohne Anregung aus den betheiligten Kreisen wird der Gesetzgeber schon jetzt zu einer solchen Ausdehnung schwerlich gelangen.

Würde den Straßenbahn-Unternehmern eine derartige Ausdehnung des Wirkungskreises der Berufsgenossenschaften thatsächlich dienen? Würden die Verunglückten dabei genügend gesichert sein?

Oder wäre zu besorgen, daß schließlich das Reich oder der Staat mit seinen Mitteln ausgleichend eintreten müßte?

Die Organe der Berufsgenossenschaft würden bei der nachgewiesenermaßen nur geringen Anzahl der auszugleichenden Schadensfälle solche ohne Ueberlastung oder Einrichtung eines weiteren kostspieligen Verwaltungs-Apparates mit übernehmen können. Auf der einen Seite würde eine größere Verwerthung der an sich recht kostspieligen Organisation der Berufsgenossenschaft ermöglicht und auf der anderen Seite für die Genossenschafter die Ausgabe für Fahrgast- und Straßengänger-Unfälle auf die wirklich aufzuwendende Schadenssumme beschränkt. Diejenigen — nachgewiesenermaßen nicht unerheblichen — Beträge werden also erspart werden, um welche die gezahlten Versicherungsprämien die Schadenssummen übersteigen[4]).

Ein Nachtheil der Versicherten ist ausgeschlossen. Eigentlich haben sie nur ein Forderungsrecht gegen den Unternehmer desjenigen Betriebes, in welchem ihr Schaden eintrat. Von seiner Leistungsfähigkeit hängt der Sicherheitsgrad ihres Forderungsrechtes ab. Offenbar steigt derselbe, wenn neben dem ursprünglichen Schuldner noch andere als Mitschuldner eintreten, ohne daß sie Selbstschuldner zu werden brauchen, ja wenn sie sogar nur aushilfsweise haften.

Die Gefahr, daß die Straßenbahnberufsgenossenschaft zum Ersatze an die Verunglückten leistungsunfähig werden möchte, schwindet, sobald die verhältnißmäßig geringen Schadensfälle und Schadensaufwendungen der erheblichen Betriebsausdehnung gegenübergehalten werden. Unter Zugrundelegen von durchschnittlich blos 12 Pf. für jede beförderte Person war der Jahresertrag für 1885 auf etwa 25 000 000 Mark geschätzt[5]), für 1888 hat er über 34 615 900 Mk. betragen[6]). Dazu besitzen fast alle Unternehmer erhebliches Vermögen in den Gleisanlagen sowie in in den verschiedenartigsten Betriebsmitteln. Woher sollte also die Besorgniß kommen, daß zur Befriedigung der Verunglückten jemals Aushilfe aus Reichs- oder Staatsmitteln beansprucht werden könnte?

Zur Sicherung der Genossenschafter unter einander, und um

---

4) Oben § 64—69 S. 218—228, § 71 S. 231 Anm. 2.

5) K. Hilse: Betriebsunfälle § 16 S. 79.

6) Oben § 9 S. 21.

die Möglichkeit auszuschließen, daß einzelne für die anderen einzutreten haben, würde allerdings das Deckungsverfahren einzuführen, d. h. für das Jahr, in welchem der Unfall sich ereignet, der volle Schadensbetrag anzusetzen sein.

Die so gefundene Gesammtsumme wäre sodann am Jahresschluß auf die einzelnen Genossenschafter zu vertheilen. Zweckmäßig würde es sein, wenn der Betrieb, welcher für den Unfall einzutreten hat, einen gewissen Procentsatz des Schadens vorweg allein zu tragen hätte, weil darin ein besseres Gefahrenverhütungsmittel zu erkennen sein möchte, als aus Unfallsgesetz § 78 ableitbar ist.

Selbstredend müßte jedoch die Genossenschaft in der Mitgliederaufnahme vollständig freie Wahl behalten. Behördlicher Ueberweisung von Betrieben, die keine eigentlichen Straßenbahnen sind, zur Aufnahme dürfte sie nicht ausgesetzt werden.

Bei der Vertheilung der aufzubringenden Beträge würde einerseits die Gefahrenklasse, mit welcher das betreffende Mitglied in der Berufsgenossenschaft tarifirt ist, andererseits der Betriebsumfang unter Zugrundelegung entweder der Zahl der Beförderten oder der Fahrtenziffer, oder der Nutzkilometer, oder der erzielten Betriebseinnahmen berücksichtigt werden können.

§ 76. Allgemeine Bemerkungen.

Jedenfalls würde die Erwartung voreilig und verfehlt sein, daß bei einer Versicherung auf Gegenseitigkeit — sei es in der Form des erweiterten Wirkungskreises der Berufsgenossenschaft, oder einer selbstständig zu begründenden Versicherungsgenossenschaft, oder eines Versicherungsvereins — die einzelnen Betriebe Zwecks Aufbringens der zur Schadensabfindung benöthigten Mittel völlig gleich behandelt werden könnten. Vielmehr werden die Art der benutzten Triebkraft und sonstige Betriebseinrichtungen sowie der Betriebsumfang Umstände bilden, welche eine abweichend gestaltete Heranziehung der einzelnen Betriebe und damit eine Ungleichheit des Beitragsfußes nöthig machen.

Gleichwohl würden die Opfer des Einzelnen zur Gefahrenbeseitigung gegen jetzt in gleichem Maße geringer werden, in welchem der Kreis der Versicherten sich erweitert. Denn der zum

Aufbringen der erforderlichen Geldsummen auf den Einzelnen entfallende Beitrag braucht desto kleiner auszufallen, je mehr Beitragspflichtige vorhanden sind. Dieser für die Versicherungsverhältnisse geltende Grundsatz trifft auch bei der genossenschaftlichen Versicherung zu.

Dazu tritt, daß genau dieselbe Summe, welche auf einmal zu tragen einem großen Betriebsunternehmer leicht fällt, für einen kleinen Unternehmer schwer beschaffbar zu sein pflegt, dagegen auf mehrere Jahre vertheilt ihn nicht drückt. Daher gewinnt er schon, selbst wenn schließlich die Geldsumme der geleisteten Jahresbeiträge hinter der Höhe der Aufwendungen nicht zurückbleibt, welche sein Betrieb der Genossenschaft verursacht hatte, durch die für ihn vortheilhaftere Abtragungsart. Nicht zu unterschätzen ist endlich, daß der größere Unternehmer bei Aufwendung desselben Prozentsatzes der Einnahmen für die Generalunkosten zur Oberaufsicht des Unternehmens nicht blos mehr Personen anstellen, sondern, weil er die einzelnen höher zu besolden vermag, auch bessere Kräfte gewinnen, folgeweise aber den Betrieb wirksamer überwachen und geeignete Unfallverhütungvorschriften erlassen kann, weshalb ihn verhältnißmäßig seltener und minder verhängnißvoll Unfälle treffen. Kleinere Betriebe werden allerdings im Verhältnisse zu den Betriebseinnahmen auf eine größere Aufwendung für Versicherungszwecke gefaßt bleiben müssen.

B. Das Gefahrengesetz für die Verkehrspolizei.

§ 77. Aufgaben der Verkehrspolizei.

Nicht blos in Preußen, wo solches im G. vom 11. März 1850 § 67 ausdrücklich ausgesprochen ist, sondern in ganz Deutschland gehört zu den Aufgaben der Polizei und damit zu den Gegenständen der ortspolizeilichen Vorschriften[1]):

---

[1]) K. Hilse in den Zeitschriften Straßenbahnen I 211, Selbstverwaltung XV 337, für das gesammte Lokal- und Straßenbahnwesen VII Heft 3. Doch dürfen nach G. § 15 in die gemäß §§ 5 und 11 zu erlassenden orts- oder landespolizeilichen Vorschriften keine Bestimmungen aufgenommen werden, welche mit den Gesetzen oder Verordnungen einer höheren Instanz in Widerspruch stehen.

a) der Schutz der Personen und des Eigenthums,
b) Ordnung, Sicherheit und Leichtigkeit des Verkehrs auf öffentlichen Straßen, Wegen und Plätzen, Brücken, Ufern und Gewässern,
c) die Sorge für Leben und Gesundheit,
d) die Fürsorge gegen gemeinschädliche und gemeingefährliche Handlungen, Unternehmungen und Ereignisse überhaupt, sowie
e) alles Andere, was im besonderen Interesse der Gemeinden und ihrer Angehörigen verordnet werden muß.

Demgemäß ist es sowohl das Recht wie die Pflicht der Polizei, Gefahren, welche den auf den Straßenverkehr Angewiesenen drohen, durch geeignete Einrichtungen und Gegenmaßregeln abzuwenden, sowie jegliche Störungen und Unzuträglichkeiten zu verhindern. Sie braucht sogar nicht erst abzuwarten, bis Ereignisse der gefürchteten Art eingetreten sind, kann ihnen vielmehr schon vorbeugen, entweder durch das Verbot gewisser, den Verkehr gefährdender Handlungen, was in der Form von Polizeiverordnungen zulässig zu sein und zu geschehen pflegt, oder durch die thatsächliche Verhinderung von Einrichtungen im Straßenkörper oder der Benutzung des Straßendammes, welche nach ihrer Auffassung die bestehenden Verkehrsverhältnisse ungünstig beeinflussen würden. Willkürlich zu handeln, ist sie nicht befugt. Vielmehr unterliegen ihre Maßnahmen der Nachprüfung durch die vorgesetzte Dienststelle oder im Verwaltungsstreitverfahren.

I. Anmeldepflicht.

Um der Verkehrspolizei die Erfüllung ihrer Aufgaben zu erleichtern, haben die Unternehmer von Straßengewerbebetrieben die beabsichtigte Betriebseröffnung bei ihr anzumelden[2]), ohne indeß einen Erlaubnißschein für den Beginn des Gewerbes mit der Wirkung zu bedürfen[3]), daß im Zuwiderhandlungsfalle Strafbarkeit

---

[2]) Anderer Ansicht sind Löning: Verwaltungsrecht 501 Anm. 2; Kayser: Gew.-Ordn. 90 Anm. 3, 215 Anm. 4; Berger: Gew.-Ordn. 43, 45; Jakobi: Gew.Gesetzgebung 74. Vergl. K. Hilse in Straßenbahnen II 28. 37.

[3]) K. Hilse: Sonntagsruhe 24; Verstadtlichung § 10 S. 27. Vergl. Wirschinger: Gew.-Ordn. 344

eintritt. Die Ausstellung von Erlaubnißscheinen und deren Nachsuchen noch vor der Herstellung des Unterbaues ist bei Straßenbahnbetrieben jedoch gemeinüblich.

Daß die Straßenbahnen an sich genehmigungsfreie Gewerbe sind[4]), folgt schon aus ihrer Nichterwähnung in Gew.-O. § 40 bei den Rechtsmitteln gegen Genehmigungsversagung. Denn dies Uebergehen beruht jedenfalls darauf, daß der Fall einer Versagung an sich undenkbar ist. Ueberdies spricht dafür das Fehlen eines ausdrücklichen Verlangens, während, wo dies beabsichtigt war, es durch die Wendung: »bedarf der Konzession bezw. Approbation, Erlaubniß,« ausgedrückt ist. Nicht minder bestätigt es die Entstehungsgeschichte[5]) der Gew.-O. § 37. Denn während Entwurf I. § 53 in seiner Fassung noch annehmen läßt, daß man damals an das Erforderniß einer Genehmigung für das Straßengewerbe gedacht hatte, gestattet der II. Entwurf diese Auffassung schon nicht mehr. Unter diesen Umständen ist kaum anzunehmen, daß der Reichstag auf das Erforderniß einer Genehmigung hat zurückkommen wollen. Uebrigens vertritt auch das Ober-Verwaltungs-Gericht die Ansicht[6]), daß die Straßengewerbe nach der Terminologie der Gewerbe-Ordn. von vorgängiger Genehmigung überhaupt unabhängig sind, während es allerdings die Ortspolizei-Behörden für zuständig hält, auf Grund ihrer gesetzlichen Regelungs-Befugniß durch ordnungsmäßig zustande zu bringende und zu erlassende Verordnungen[7]) eine Genehmigungsverbindlichkeit zu schaffen. An Letzteren fehlt es bisher jedoch für das Straßenbahngewerbe.

Die Gegenansicht [8]) vermag sich auf keine ausdrückliche Satzung, sondern nur darauf zu stützen, daß § 37 sich allerdings im Abschnitt II mit der Ueberschrift »Erforderniß besonderer Genehmigung« unter 2 »Gewerbetreibende, welche einer besonderen Genehmigung bedürfen« befindet. Sie hat also lediglich die sedes

---

[4]) Jakobi a. a. O. 76.

[5]) K. Hilse: Sonntagsruhe 21 ff.

[6]) z. B. Urt. v. 23. Juni 1877, 1. Juli 1878 (Entsch. II 318, IV 321), 27. März 1884 (II 313), 7. Nov. 1887 (Entsch. XV 34).

[7]) Jakobi a. a. O. 73 spricht sich gleichfalls für die Form einer Polizei-Verordnung aus.

[8]) Oben § 77 S. 250 Anm. 2.

materiae für sich. Dagegen sind ihre Vertreter gezwungen, dem Gesetzgeber bei Fassung des § 40 den Vorwurf einer Flüchtigkeit zu machen. Dort hat § 37 nur bezüglich derjenigen Gewerbe Erwähnung gefunden, gegen deren Betriebsuntersagung, nicht aber auch bei denen, gegen deren Genehmigungsversagung der Rekurs zulässig sei. Zu dem aller Vernunftsgründe entbehrenden Auskunftsmittel ihre Zuflucht zu nehmen, daß der Gesetzgeber die Eröffnung der Verkehrsbetriebe in das jeder Nachprüfung und Berichtigung unzugängige Belieben der Ortspolizei habe stellen und nur deren Fortsetzungseinstellung ihm habe entziehen wollen, versuchen sie nicht einmal. Die Berufung auf die sedes materiae ist an sich ein bedenkliches Gesetzesauslegungsmittel. Sie verliert jeden Halt, wenn sie nur auf dem Wege des Vorwurfs, daß an einer späteren Stelle ein Versehen vorgefallen sei, aufrecht erhalten werden kann. Dazu tritt, daß die in diesem Abschnitt behandelten Gewerbe keineswegs vollständig gleichmäßig geordnet sind, vielmehr die einen eine Approbation, andere einen Prüfungsnachweis, andere eine ausdrückliche Erlaubniß, die Straßengewerbe dagegen nur die Regelung durch die Polizei nöthig haben sollen. Daraus geht aber weiter hervor, daß die Ueberschriftsbezeichnung keinen festen Rechtsbegriff herstellen sollte.

Wenngleich Genehmigung nicht erforderlich ist, erscheint es für den Unternehmer zweckmäßig, sich vorher zu vergewissern, unter welchen Voraussetzungen die Behörde die Betriebsausübung stören oder einschränken würde, weil er erst dadurch zu übersehen vermag, ob nicht etwa und inwieweit sein Voranschlag der wahrscheinlichen Betriebserträgnisse auf unstatthafte Betriebseinrichtungen sich gründet und dadurch hinfällig wird. Deshalb kann es gewiß nur dankbar anerkannt werden, wenn die Ortspolizeibehörden in Form von Genehmigungsscheinen diejenigen Einschränkungen vorher bekannt geben, welche sie zur Erhaltung der öffentlichen Ordnung glauben fordern zu dürfen, und deren Nichtbefolgung sie zur Betriebsuntersagung bestimmen würde. Denn der Unternehmer erfährt dadurch die künftige Absicht und die bei der zuständigen Behörde für Fälle der Betriebsuntersagung maßgebenden Grundsätze, um sich nach diesen richten und folgeweise vor Schaden bewahren zu können.

II. Regelungsbefugniß.

Mit der verkehrspolizeilichen Aufsicht nicht zu verwechseln ist die ortspolizeiliche Regelungsbefugniß. Sie geht weiter als das den Behörden gesetzlich eingeräumte Genehmigungsrecht. Sie unterscheidet sich nach Inhalt und Zeit ihrer Ausübung. Denn die Verrichtungen, welche die Ertheilung von Approbationen, Genehmigungen oder Erlaubnißscheinen zum Gegenstand haben, müssen ausnahmslos der Betriebseröffnung vorangehen. Das Genehmigungsrecht äußert sich in dem auf vorgängige Prüfung ertheilten schriftlichen Einverständniß zum Betriebsbeginn, beschränkt sich also auf eine einzige Handlung, die mit dem Betriebsanfange gegenstandslos wird. Dem gegenüber umfaßt die Regelungsbefugniß eine mit der Betriebseröffnung beginnende, erst mit der Betriebseinstellung schließende fortgesetzte Thätigkeit, ein beständiges Beaufsichtigen der Betriebsführung nach ihrer Wirkung.

Abgesehen von der vorgedachten zeitlichen und gegenstandlichen Verschiedenheit, ist auch der Grund und Zweck der beiderlei Befugnisse ein wesentlich anderer. Das Erforderniß der Betriebsgenehmigung soll verhindern, daß unfähige oder unzuverlässige Personen vielleicht sogar in ungeeigneten Betriebsstätten einen Gewerbebetrieb eröffnen, dessen Ausübung für die Verzehrenden in gesundheitlicher oder sittlicher Hinsicht nachtheilig werden kann. Durch die Regelungsbefugniß soll zum allgemeinen Besten die Erhaltung eines, den Verkehrsbedürfnissen entsprechenden Betriebes gesichert, und der Vortheil dauernd erhalten werden, welchen eine billige, schnelle und sachgemäße Vermittelung von Ortsveränderungen für das Gemeinwohl mit sich bringt. Daraus folgt, daß die Behörde ebenso berechtigt wie verpflichtet sein muß, unausgesetzt die einzelnen Verrichtungen im Verkehrsgewerbe zu beaufsichtigen, zu verfolgen und, soweit ihr solches zweckmäßig erscheint, in die richtigen Bahnen zu leiten.

Diese Thätigkeit kann naturgemäß aber erst mit der Betriebseröffnung beginnen, weshalb eine Genehmigungsertheilung zum Beginn einerseits unerheblich, andererseits sogar gefährlich sein würde, zumal wenn die Möglichkeit fehlt, eine etwaige Versagung anzufechten und die Stichhaltigkeit der dafür geltend gemachten Gründe durch eine vorgesetzte Behörde zwecks Berichtigung prüfen zu lassen. Denn keineswegs wäre ausgeschlossen, daß aus bloßer Bequemlichkeit, um sich der schwierigen, zeitraubenden und verantwortlichen Aufsichtspflicht zu entziehen, die Ortspolizei eine Genehmigung versagt und damit den Eintritt des Betriebes verhindert. Solche Zustände hat der Gesetzgeber ganz gewiß nicht herbeiführen wollen. Hieraus und in Verbindung damit, daß § 40 Abs. 2 im ersten Satz, wo es sich um die Rechtsmittel gegen die Genehmigungsversagung handelt, § 37 unerwähnt geblieben, ist zu folgern, daß das Erforderniß einer Betriebsgenehmigung gesetzlich nicht vorgesehen ist.

Durch die geübte Aufsicht, durch die wechselnden Verkehrsbedürfnisse, durch die Art der Betriebsführung können Umstände eintreten, welche eine Aenderung der Zustandsverhältnisse aus Gründen des öffentlichen Wohles wünschenswerth machen. Solche zu schaffen ist Recht und Pflicht der Behörde, welche zur wirksamen Durchführung ihrer für nothwendig gehaltenen Maßnahmen, sogar für den Zuwiderhandlungsfall die Betriebseinstellung herbeizuführen vermag, wobei sie allerdings einer Nachprüfung ihrer Maßnahmen durch eine vorgesetzte Behörde ausgesetzt ist, welche durch Einlegung von Rechtsmitteln zu dem Zwecke mit der Sache betraut werden kann, etwaigen Willkürlichkeiten wirksam vorzubeugen.

Ohne Unterschied, ob für den Straßenbahnbeginn vorgängige ortspolizeiliche Genehmigung erforderlich ist, oder bloße Anzeige genügt, darf die Betriebsausübung jedenfalls nicht an Bedingungen geknüpft werden, welche Verhältnissen entnommen sind, deren Regelung der Polizei nicht zusteht und deren Vorkommen weder die Sicherheit noch die Annehmlichkeit des Verkehres beeinträchtigt. Die Verbesserung der Vermögenslage von Gemeinden oder sonstigen Rechtspersonen ist nicht Aufgabe der Polizei. Deshalb ist dieselbe nicht befugt, den Verpflichteten Erleichterung in ihren Aufwendungen für Reinigung, Beleuchtung und Unterhaltung[9]) der Straßen durch theilweises Uebertragen der diesbezüglichen Kosten auf die Betriebsunternehmer zu verschaffen oder zu verlangen, daß den Beamten der Ortspolizei in Form von Preisermäßigung oder Frei-

[9]) Dagegen Urt. d. O.V.-G. v. 18. Mai 1889 (Selbstverwaltung XVI 410).

fahrt ein Vorzug vor anderen Fahrlustigen gewährt werde[10]). Derarte Belastungen des Gewerbes würden von den Rekursbehörden schwerlich gutgeheißen werden, wenn einmal infolge Nichterfüllung derarter Forderungen von dem angedrohten Untersagungsrecht Gebrauch gemacht werden würde. Gleichwohl fehlt es an derarten Bedingungen, besonders vonseiten solcher Ortspolizei-Behörden nicht, deren Oberhaupt mit dem Gemeindeoberhaupt die nämliche Person ist, welche also die ortspolizeiliche Gewalt und die Verwaltung des Gemeindevermögens in sich vereinigt, sodaß die Versuchung allerdings nahe liegt, die gesetzliche und natürliche Grenze zwischen den beiden anvertrauten Gewalten zu übersehen und in dem einen zu handeln, um eine Aufgabe des anderen leichter zu verwirklichen.

Die ortspolizeiliche Betriebsgenehmigung zu befristen, ist durch Gew.-O. § 40 untersagt, sodaß, weil sie gegen ein Verbotsgesetz verstößt, die alsbald bei der Ertheilung der Erlaubniß erfolgende Bestimmung eines absolut oder relativ bestimmten Endtermins der Betriebsbefugniß unstatthaft und wirkungslos ist[11]). Zulässig ist dagegen der Vorbehalt einer Vervollständigung der Anlage[12]), die Festsetzung der Anfangs- und Endigungsstunden des täglichen Betriebes, der mindesten oder höchsten Leistung und ähnliches mehr.

Daß der Fortbetrieb untersagt oder beschränkt, daß die Herstellung von Schutzeinrichtungen nach Gew.O. § 120 mit A.L.R. II. 17. § 10 gefordert werden darf, erscheint unbedenklich. Die Zurücknahme hat in Preußen[13]) unter den Formen des Gesetzes über die Zuständigkeit der Verwaltungsgerichts-Behörden vom 1. August 1883 § 110 durch eine Klage der zuständigen Ortspolizeibehörde zu geschehen[14]). Unbeschadet derselben besteht ein polizeiliches Recht, vorläufig aus Sicherheitsrücksichten eine Betriebseinstellung herbeizuführen.

---

[10]) Die Freifahrtscheine in Stuttgart (oben § 10 S. 29 Anm. 11) kommen nur den städtischen Beamten zugute.

[11]) Urt. d. O.V.-G. v. 10. Oktober 1877 (Entsch. III 247). Gleichwohl ist sie üblich.

[12]) Urt. d. O.V.-G. v. 10. Oktober 1876 (Entsch. I 306).

[13]) s. für Bayern Vollz.-V. v. 4. Dezember 1872 § 13, Sachsen Ausf.-V. v. 16. September 1869 § 23.

[14]) v. Brauchitsch: Die neuen preuß. Verwaltungsgesetze (Berlin 1884)

§ 78. Bezifferung der Verkehrsgefahr.

Behördlicherseits wurden fast allenthalben der Anlage und dem Betriebe von Straßenbahnen die größten Schwierigkeiten bereitet. Man überschätzte allgemein die Gefahrenhöhe, verkannte die den Verkehr regelnde und entlastende Wirkung des Straßenbahnbetriebes und mißtraute dem neuen Verkehrsmittel einerseits aus Voreingenommenheit für das Althergebrachte, andererseits aus Unkenntniß des Wesens der Straßenbahnen, indem die Ergebnisse der auswärtigen Betriebe nicht gewürdigt wurden. So ist es denn gekommen, daß fast allerwärts gerade die belebtesten Straßen für Anlage und Betrieb von Straßenbahnen verschlossen geblieben sind, und daß das Straßenbahnnetz jedes einzelnen Ortes zweckwidrig und unvollkommen gestaltet ist, deshalb aber auch den örtlichen Bedürfnissen bisher nirgends genügte. Oft war jahrelanges Ringen und Arbeiten nothwendig, um geringfügige Zwischenglieder genehmigt zu erhalten, welche dem Verkehre neue Bahnen und regere Entfaltung bieten; vereinzelt ist ihm selbst heute noch jeder Erfolg ausgeblieben.

Von der bestandenen Voreingenommenheit ist man im Zeitenverlaufe allerdings gewaltig zurückgekommen. Man hat allmählich hier und dort die herrschenden Ansichten und die darauf gestützten Forderungen fallen lassen. Ganz geschwunden ist das Vorurtheil gegen die Straßenbahnen weder allerwärts noch nach sämmtlichen Richtungen. Noch immer bleibt der Aufklärung ein weiter Spielraum.

Nachdem Ort und Umfang der Gefahren aus dem Straßenbahnbetriebe bereits eingehend erörtert wurden, bleibt nur noch der Nachweis übrig, wie verschwindend gering im Verhältniß zum Verkehr, den die Bahnen überwältigen, die Gefahrenbesorgniß eigentlich blos ist. Da die Fahrgastunfälle eben nur Fahrgästen zustoßen können, ist das Verhältniß zwischen beiden Ziffern das sicherste Erkennungszeichen für die Gefahrenhöhe, während für die

---

I 593. Die Klage ist als Streitsache in Städten mit mehr als 10 000 Einwohnern und in Stadtkreisen bei dem Bezirksausschuß, sonst bei dem Kreisausschuß anzubringen. Es besteht Berufung und Revision.

Unfälle der Straßengänger der Umfang, in welchem der Straßenkörper durch den Straßenbahnbetrieb eingenommen wird, das richtige Gegenverhältniß bildet[1]). Deshalb bleibt noch festzustellen, wie oft es eigentlich während des Beobachtungszeitraumes in den deutschen Straßenbahnbetrieben auf je eine Million Fahrgäste bezw. eine Million Nutzkilometer zu Verletzungen gekommen ist bezw. der wievielte Fahrgast oder Nutzkilometer erst einen Unfall erleidet bezw. bringt. Solches wird getrennt für Fahrgäste und Straßengänger geschehen.

§ 79. Verkehrspolizeiliche Maßregeln gegen die Fahrgastunfälle[1]).

Die Fahrgastunfälle sind überwiegend auf das eigene Verschulden[2]) zurückzuführen, denn es vertheilen sich

in	eigene Schuld	fremde Schuld	Krankheit	ungewiß
Berlin	3366	228	36	135
München	3268	9	4	123
Breslau	632	23	6	25
Köln	395	23	3	25
Hamburg	128	31	9	30
Zusammen	7789	314	58	338
Durchschnittlich %	91.64	3.69	0.69	3.98

Im Verhältnisse zu den Beförderten ergeben sie folgendes Bild:

---

1) Oben § 30 S. 127, § 32 S. 130.

1) Oben §§ 23—29 S. 86—123. K. Hilfe: Betriebsunfälle §§ 8. 12 S. 16. 48; Haftpflicht § 16 S. 106.

2) Für Berlin und die Jahre 1886 und 1887 sind 87,39 % bezw. 87,62 % sämmtlicher Unfälle auf eigenes Verschulden zurückzuführen gewesen nach K. Hilfe: Haftpflicht § 19 S. 85, 86; für 1882—1885 ergab der Durchschnitt 89,2 %, K. Hilfe: Betriebsunfälle § 7 S. 14. Für München waren in derselben Zeit 90,10 % Selbstschuldige ermittelt (ebenda § 11 S. 36). Eine Trennung zwischen Fahrgast- und Straßengängerunfälle fehlt dort.

Ort	Fahrgäste				Auf je 1 000 000 Fahrgäste entfällt:			
	Es entfiel auf beförderte Personen je 1							
	Verletzter	leicht Verletzter	schwer Verletzter	tödtlich Verletzter	Verletzter	leicht Verletzter	schwer Verletzter	tödtlich Verletzter
Aachen	544 125	1 051 974	1 314 968	7 889 807	1.83	0.96	0.75	0.12
Augsburg . . .	1 811 409	4 528 524	4 528 524	9 057 048	0.55	0.22	0.22	0.11
Berlin	464 916	528 744	4 104 725	62 391 817	2.14	1.89	0.24	0.01
Braunschweig .	12 594 215	—	12 594 215	—	0.08	—	0.08	—
Bremen	5 360 714	—	10 721 427	10 721 427	0.18	—	0.09	0.09
Bremerhafen .	1 494 270	2 988 340	5 976 679	5 976 679	0.68	0.34	0.17	0.17
Breslau	282 837	292 329	10 889 250	43 557 000	3.53	3.42	0.09	0.02
Charlottenburg	88 717	618 230	154 558	309 115	1.12	0.16	0.64	0.32
Chemnitz . . .	707 076	1 111 119	1 944 458	—	1.42	0.90	0.52	—
Crefeld	270 626	439 768	1 172 714	1 759 070	3.67	2.26	0.85	0.56
Danzig	—	—	—	—	—	—	—	—
Dortmund . .	476 459	733 014	1 361 312	—	2.10	1.36	0.74	—
Dresden	1 530 995	2 449 592	4 082 654	—	0.65	0.41	0.24	—
Duisburg . . .	513 270	3 592 890	718 578	3 592 890	1.95	0.28	1.39	0.28
Düsseldorf . .	296 401	429 782	955 070	—	3.37	2.33	1.04	—
Elberfeld . . .	937 176	1 764 096	2 142 117	29 989 633	1.07	0.57	0.47	0.03
Erfurt	7 318 850	—	—	7 318 850	0.13	—	—	0.13
Feudenheim . .	3 074 578	3 074 578	—	—	0.32	0.32	—	—
Flensburg . . .	1 621 500	1 621 500	—	—	0.60	0.60	—	—
Frankfurt . . .	2 615 726	4 650 178	8 370 322	20 925 804	0.38	0.21	0.12	0.05
Gladbach, M.-	397 343	546 347	1 456 925	—	2.52	1.83	0.69	—
Görlitz	423 521	1 270 562	635 281	—	2.35	0.78	1.57	—
Hagen	51 124	—	—	51 124	1.95	—	—	1.95
Halberstadt . .	—	—	—	—	—	—	—	—
Halle	2 019 500	8 078 000	2 692 667	—	0.49	0.12	0.37	—
Hamburg . . .	1 621 817	2 183 215	8 109 083	2 381 792	0.61	0.46	0.12	0.03
Hannover . . .	1 011 567	1 239 985	5 491 361	—	0.99	0.81	0.18	—
Heidelberg . . .	763 667	1 145 500	2 291 000	—	1.31	0.88	0.43	—
Ingolstadt . .	—	—	—	—	—	—	—	—
Kassel	989 495	2 484 242	4 452 727	8 905 453	1.00	0.67	0.22	0.11
Karlsruhe . . .	1 653 783	2 894 121	3 858 828	—	0.60	0.35	0.25	—
Koblenz	803 915	803 915	—	—	0.12	0.12	—	—
Köln	199 246	229 566	1 584 008	31 680 170	5.01	4.35	0.63	0.03
Königsberg . .	367 630	442 827	2 435 547	19 484 379	2.71	2.25	0.41	0.05
Leipzig	933 585	1 131 674	5 881 587	58 815 867	1.07	0.88	0.17	0.02
Lübeck	5 606 496	5 606 496	—	—	0.17	0.17	—	—
Magdeburg . .	934 843	1 523 448	2 938 079	13 711 035	1.06	0.65	0.34	0.07
Mainz	—	—	—	—	—	—	—	—
Mannheim . .	2 526 641	7 579 923	3 789 962	—	0.39	0.13	0.26	—
Metz	335 363	363 309	4 359 717	—	2.97	2.75	0.22	—

1) In den übrigen Orten fehlten Unfälle und Fahrgastziffer.

Ort	Fahrgäste: Es entfiel auf beförderte Personen je 1 Verletzter	leicht Verletzter	schwer Verletzter	tödtlich Verletzter	Auf je 1 000 000 Fahrgäste entfällt: Verletzter	leicht Verletzter	schwer Verletzter	tödtlich Verletzter
Mülhausen . .	3 006 631	—	3 006 631	—	0.33	—	0.33	—
München . . .	360 454	394 548	4 137 031	—	2.77	2.53	0.24	—
Nürnberg . . .	802 361	1 604 721	1 604 721	—	0.66	0.33	0.33	—
Offenbach . . .	296 723	431 598	949 525	—	3.37	2.32	1.05	—
Posen	2 096 224	3 144 337	6 288 673	—	0.46	0.31	0.15	—
Potsdam . . .	7 784 206	—	7 784 206	—	0.13	—	0.13	—
Schönebeck . .	255 718	—	255 718	—	3.91	—	3.91	—
Stettin	1 391 510	1 855 347	5 566 040	—	0.72	0.54	0.18	—
Straßburg . .	851 955	1 703 909	2 342 875	6 247 664	1.16	0.58	0.42	0.16
Stuttgart . . .	385 927	624 834	1 093 459	13 121 510	2.59	1.60	0.92	0.07

Der eigenen Waghalsigkeit könnte höchstens durch Verbote, deren Zuwiderhandeln jedoch mit empfindlicher Strafe belegt werden müßte[2]), oder durch solche Vorkehrungen und Einrichtungen in den Fahrzeugen entgegen gewirkt werden, welche jede Unvorsichtigkeit abschneiden. Nach Letzteren wird man sich vergeblich umsehen. Denn ein derarter Verschluß der Wagen, daß das Oeffnen nur der Begleitmannschaft möglich ist, würde den Ab- und Zustieg erschweren, damit den Aufenthalt an den Haltestellen verlängern, in

[2]) Fast allerwärts bestehen polizeiliche Ordnungen über die Benutzung der Straßenbahnen, welche Bestimmungen zum Schutze des Publikums enthalten, deren Durchführung zweifellos wirksam sein würde. Für ihr Befolgen werden zwar die Begleiter der Wagen unter Strafbedrohung verantwortlich gemacht, dagegen bleiben die zuwiderhandelnden Fahrgäste straffrei. Dies ist verfehlt und unbillig. Würde z. B. das Verweilen auf dem Trittbrette, das Besetzen von Plätzen, welche polizeivorschriftsmäßig frei zu bleiben haben, der Aufenthalt auf überfüllten Wagen, das unbefugte Benutzen der Decksitzplätze durch Frauen und Aehnliches mehr unter Strafe gegen den Thäter verboten sein, so hätten die Schaffner die Macht, die Hülfe der Sicherheitsbeamten zur Feststellung der Thäter in Anspruch zu nehmen, die ihnen bei den heutigen Rechtszuständen versagt ist. Mancher würde nach der ersten Verurtheilung sich vor dem nämlichen Vorgange hüten, woraus eine Abnahme der Zuwiderhandelnden und im weiteren Verfolge der Unfälle eintreten würde.

weiterem Verfolge aber den Zeitaufwand der Fahrgäste zum Erreichen des Fahrziels vergrößern. Dies entspricht so wenig den Verkehrsbedürfnissen, daß es schwerlich den Beifall der größeren Menge finden würde.

Durch Polizeivorschriften den Ab- und Zustieg im Fahren unter Strafandrohung zu verbieten, würde einerseits für eine lästige Bevormundung aufgefaßt werden und andererseits ohne jede Wirkung bleiben. Denn wer sein Leben und seine Gesundheit im Vertrauen auf seine Geschicklichkeit leichtfertig auf das Spiel setzt, wird durch die drohende Geldstrafe sich um so weniger schrecken und von seinem Vorhaben abhalten lassen, als die Wahrscheinlichkeit der Strafe zu verfallen sehr gering ist und nachgewiesenermaßen[3]) nur dasjenige Uebel schreckt, dessen Eintreffen gewiß ist. Fast ausnahmslos werden nämlich die Zuwiderhandelnden von der Begleitmannschaft nicht gekannt sein; damit wird deren Feststellung mißlingen, indem doch unmöglich der Begleitmannschaft zugemuthet werden kann, die im Fahren Abgestiegenen zu verfolgen, und ihr sogar selbst schon die Macht abgeht, die im Fahren Zugestiegenen zu Angabe von Namen und Wohnung zu zwingen.

Der Versuch, ein Obhutsverhältniß[4]) zwischen Begleitmannschaft und Fahrgästen zu schaffen, würde erst recht verfehlt sein. Denn mit der Pflicht, die Fahrgäste zu behüten, müßte ihr das Recht gegeben werden, die Zuwiderhandelnden gewaltsam von ihrem Beginnen, sich der Obhut zu entziehen, zurückzuhalten. Der weitere Erfolg wäre ein beständiger Kampf zwischen Fahrgästen und Wagenbegleitung, indem erstere sich den Eingriff in ihre persönliche Freiheit gutwillig kaum gefallen lassen würden. Die Annehmlichkeit des Straßenbahnverkehrs müßte nothwendig durch derarte Maßnahmen leiden. Der größere Bruchtheil der Fahrgäste steht jenen Waghalsigkeiten fern, sodaß für ihn jeder Schutz entbehrlich ist. Warum er der Minderheit wegen leiden soll, ist unerfindlich. Er darf verlangen, unbehelligt zu bleiben und in seiner Freiheit der Minderheit wegen nicht verkümmert zu werden. Daraus folgt, daß jener Maßregel zum — nicht einmal erreich-

---

3) K. Hilse: Zur Statistik der Todesstrafe a. a. O. IX 410.

4) Oben § 40 S. 163.

baren — Schutze der Minderheit jede rechtliche Unterlage fehlen würde.

Gegenüber von mehr als $^9/_{10}$ der Fahrgäste ist mithin die Behörde machtlos. Sie muß vielmehr abwarten, ob und inwieweit im Zeitenverlaufe entweder die Waghalsigkeit nachläßt oder an ihrer Gefährlichkeit verliert. Erst recht aber kann sie nichts gegen die Unfälle thun, welche in krankhaften Zuständen, z. B. Schwindel, Ohnmacht und Krampfanfall ihre Ursache haben.

Die behördliche Fürsorge würde höchstens gegen die (3,69 %, 3,98 %) Unfälle sich richten können, welche auf fremde Schuld, Fahrlässigkeit oder sonstige ungewiß gebliebene Umstände zurückführbar sind. Hier müssen auseinandergehalten werden die Fälle, welche in der Einwirkung fremder Fahrzeuge ihre Ursache haben, von denen, wo Gewaltthätigkeiten anderer Art obwalteten. Bei den ersteren könnte schon eine verbesserte Fahrordnung[5]) und deren strengste Durchführung heilsam wirken und vielen Gefahren vorbeugen. Zur Verhütung der Letzteren würde das Verbot, mit Kindern auf dem Arme oder an der Hand rollende Pferdebahnwagen zu besteigen oder zu verlassen, seine Wirkung nicht ganz versagen. Mindestens sollten alle derarte Fälle und das gewaltsame Zertrümmern von Wagenscheiben zur strafrechtlichen Verfolgung gebracht werden, wobei hier[6]) unerörtert bleiben kann, ob der Thatbestand des § 221, oder der fahrlässigen Tödtung bezw. Körperverletzung oder der Sachbeschädigung oder nur des groben Unfugs darin zu finden sein möchte.

Nicht zu unterschätzen ist die Ziffer der Unfälle, welche auf den Uebermuth von Kindern zurückzuführen sind, welche die Scheiben rollender Wagen zum Wurfziel ausersehen, und damit die Urheber derjenigen Verletzungen werden, welche von umherfliegenden Glassplittern herrühren. Hiergegen haben die Berliner Betriebe den Ausweg gewählt, Anzeige bei dem Schulvorstande zu erstatten, welcher gleichzeitig die Bestrafung der Thäter und die Belehrung deren Mitschüler über die gefährliche Tragweite eines derarten

---

[5]) z. B. Berlin v. 27. Mai 1865, Hamburg v. 10. August 1866 (verbessert 1875), Breslau v. 14. April 1877.

[6]) K. Hilse: Haftpflicht § 44 S. 181 und unten § 98 S. 322.

Uebermuthes herbeizuführen pflegt. Diese Maßnahme hat sich bewährt und, was dankbar anzuerkennen ist, die Billigung der Schulaufsichtsbehörden gefunden. Ihre Nachahmung ist zu empfehlen und aus verkehrspolizeilichen Erwägungen herbeizuführen.

§ 80. Verkehrspolizeiliche Maßregeln gegen die Straßengängerunfälle[1]).

Jeder hat das natürliche Recht, die öffentliche Straße gefahrlos zu benutzen. Daraus entspringt die Pflicht der Polizei, alle Vorkommnisse thunlichst zu verhindern, welche in ihrem Erfolge zu einer Verletzung jenes natürlichen Rechtes ausschlagen würden. Dies geht jedoch nicht soweit, daß zur Vermeidung jeder Störung des Einzelnen in seiner Verkehrsfreiheit diejenigen Einrichtungen und Benutzungsarten des Straßenkörpers versagt werden dürften, von welchem die Mehrheit der Ortsbevölkerung zwar einen Nutzen hat, ein entfernter Nachtheil für die Minderheit jedoch leicht denkbar ist. Vielmehr hat auch hier die Minderheit der Mehrheit zu weichen und entscheidet das Uebergewicht des Nutzens über den möglichen Nachtheil in der Weise, daß um des ersteren willen der letztere eine Beeinträchtigung ausgesetzt werden darf. Die unableugbare Thatsache, daß der Straßenbahnbetrieb den Straßenverkehr gefährdet, genügt also noch nicht zu dessen Unterdrücken. Hierzu müßte das Uebergewicht der Gefahr über den Nutzen dargethan werden.

Dagegen hat die Polizei das Recht und die Pflicht, alle Anstalten und Einrichtungen zu fordern, welche zur Aufrechterhaltung der Ordnung, Sicherheit und Leichtigkeit des Verkehrs zweckdienlich erscheinen. Ihre zu diesem Zwecke zu erlassenden Gebote und Verbote brauchen sich keineswegs immer blos gegen den zu richten, welcher aus dem neuen Betriebe Vortheil sucht, dürfen vielmehr auch den treffen, zu dessen Schutze vor den Gefahren des neuen Betriebes sie dienen sollen. Anhalt, solche zu finden, liefert das Verhältniß zum Verkehrsumfange dahin:

---

[1]) Oben §§ 30—37 S. 124—156 mit K. Hilfe: Betriebsunfälle §§ 8. 12 S. 16. 48; Haftpflicht § 26 S. 106.

Ort[1]	Straßengänger Es entfiel auf Nutzkilometer je 1 Verletzter	leicht Verletzter	schwer Verletzter	tödtlich Verletzter	Auf je 1 000 000 Nutzkilometer entfällt: Verletzter	leicht Verletzter	schwer Verletzter	tödtlich Verletzter
Aachen	296 346	829 768	691 460	1 382 947	3.37	1.20	1.45	0.72
Augsburg . . .	495 753	—	1 735 135	3 470 270	2.02	—	0.58	1.44
Berlin	379 974	489 768	2 044 586	9 908 383	2.63	2.04	0.49	0.10
Braunschweig .	4 278 078	—	—	4 278 078	0.23	—	—	0.23
Bremen	857 283	4 286 415	—	1 071 604	1.16	0.23	—	0.93
Bremerhafen . .	664 252	2 657 010	—	885 670	1.51	0.38	—	1.13
Breslau	192 952	226 803	1 846 823	4 309 253	5.19	4.42	0.54	0.23
Chemnitz	254 912	560 807	701 009	1 402 018	3.93	1.79	1.43	0.71
Crefeld	106 549	221 976	887 907	266 372	9.40	4.51	1.13	3.76
Danzig	221 334	619 734	442 669	1 549 335	3.58	1.28	1.79	0.51
Dortmund . . .	103 003	245 622	266 091	532 183	9.72	4.07	3.75	1.90
Dresden	1 293 748	3 363 746	3 606 243	3 363 746	0.77	0.30	0.17	0.30
Duisburg . . .	136 515	1 501 661	375 415	250 277	7.34	0.67	2.67	4.00
Düsseldorf . . .	376 659	627 766	941 649	—	2.66	1.60	1.06	—
Elberfeld . . .	275 061	485 402	1 031 479	1 650 367	3.59	2.01	0.98	0.60
Erfurt	212 128	3 181 922	397 740	530 320	4.71	0.32	2.51	1.88
Feudenheim . .	158 854	—	476 562	238 281	6.28	—	2.09	4.19
Flensburg . . .	157 440	—	157 440	—	5.38	—	5.38	—
Frankfurt . . .	4 316 876	8 633 751	8 633 751	—	0.24	0.12	0.12	—
Gladbach, M.-	145 899	210 743	632 227	1 896 686	6.84	4.75	1.59	0.50
Hagen	424 932	—	424 932	—	0.23	—	0.23	—
Halberstadt . .	288 690	288 690	—	—	3.34	3.34	—	—
Halle	196 031	456 405	548 886	914 810	5.12	2.22	1.82	1.08
Hamburg . . .	397 292	667 671	1 335 342	3 697 870	2.51	1.49	0.75	0.27
Hannover . . .	443 192	846 093	930 703	—	2.25	1.18	1.07	—
Heidelberg . . .	139 632	418 897	418 897	418 897	7.17	2.39	2.39	2.39
Ingolstadt . . .	134 521	134 521	—	—	7.43	7.43	—	—
Kassel	161 084	304 269	391 203	2 738 425	6.20	3.29	2.55	0.36
Karlsruhe . . .	2 430 273	2 940 356	—	14 701 780	0.41	0.07	—	0.34
Koblenz	90 680	90 680	—	—	11.03	11.03	—	—
Köln	161 569	259 360	579 746	1 642 614	6.20	3.86	1.73	0.61
Königsberg . .	195 146	267 041	1 014 756	2 536 891	5.12	3.75	0.98	0.39
Leipzig	399 350	648 944	1 947 832	2 224 951	2.50	1.54	0.51	0.45
Lübeck	1 570 927	3 141 854	3 141 854	—	0.64	0.32	0.32	—
Magdeburg . .	654 461	1 047 138	2 094 276	10 471 379	1.52	0.95	0.48	0.09
Mainz	123 672	309 180	618 360	309 180	8.07	3.23	1.61	3.23
Mannheim . . .	634 299	951 449	1 902 898	—	1.58	1.05	0.53	—
Metz	109 593	203 530	356 178	712 356	0.92	0.50	0.28	0.14
Mülhausen . .	185 826	—	743 305	247 768	5.39	—	1.35	4.04
München . . .	5 339 247	953 440	1 668 521	4 449 388	1.87	1.05	0.60	0.22

1) In den übrigen Orten fehlten Nutzkilometerziffern, oder waren Unfälle ausgeblieben. Vergl. S. 221 Anm. 1.

Ort[1])	Straßengänger				Auf je 1 000 000 Nutzkilometer entfällt:			
	Es entfiel auf Nutzkilometer je 1							
	Verletzter	leicht	schwer	tödtlich	Verletzter	leicht	schwer	tödtlich
		Verletzter				Verletzter		
Nürnberg . . .	386 386	772 772	1 236 435	2 060 729	2.58	1.29	0.81	0.48
Offenbach . . .	141 009	192 285	1 057 565	1 057 565	7.08	5.20	0.94	0.94
Posen	351 003	877 508	1 755 015	877 508	2.83	1.13	0.57	1.13
Potsdam . . .	1 098 760	3 290 281	—	1 645 141	0.91	0.30	—	0.61
Schönebeck . .	601 240	—	—	601 240	1.66	—	—	1.66
Stettin	256 157	626 162	939 242	805 065	3.90	1.60	1.06	1.24
Straßburg . .	182 119	409 767	546 356	819 534	5.48	2.44	1.82	1.22
Stuttgart . . .	238 111	555 593	625 042	1 250 084	4.20	1.80	1.60	0.80

Namentlich giebt, was vorweg zu erwähnen ist, die Bezugnahme auf das Herkommen, also der Umstand, daß bisher und bei unverändert gebliebenem Fortbestande der althergebrachten Verkehrsweise ein Eingriff in die bestandenen Verkehrsformen nicht nothwendig gewesen sei, keinen stichhaltigen Grund zum Widerstande. Im Gesellschaftsleben muß vielmehr jeder Einzelne sein Lassen und Thun den jeweiligen Zeit- und Lebensverhältnissen anpassen bezw. ein solches Anpassen ertragen. Welche Anstalten und Einrichtungen sind wohl zur Abwendung oder Minderung der Gefahren im Straßenverkehre zweckdienlich?

§ 81. Fahr- und Straßenordnung.

Zur Aufrechterhaltung der Ordnung, Sicherheit und Leichtigkeit des Straßenverkehres sind Straßenordnungen geeignete polizeiliche Maßnahmen[1]) und deshalb häufig erlassen wor-

[1]) Preußen G. v. 11. März 1850 § 6; Bayern P.Str.G.B. Art. 89, 90; Sachsen G. v. 2. Juli 1872 mit V. v. 9. Juli 1872 §§ 1, 2; Württemberg: P.Str.G. Art. 19 mit K. V. v. 6. Juli 1873 § 1—4; Baden: P.Str.G.B. §§ 120, 122 mit V. v. 12. Mai 1884 § 6ff.; Hessen: P.Str.G.B. Art. 265. 266. Löning: Verwaltungsrecht § 146 S. 583; K. Hilse: Sonntagsruhe 15, Verstadtlichung § 30 S. 85.

den[2]). Meist rühren sie jedoch aus älterer Zeit und der Herrschaft früherer Verkehrsverhältnisse her, sodaß den Veränderungen durch den hinzugekommenen Straßenbahnbetrieb noch keine Rechnung getragen wird.

Solches beweisen z. B. die Zusammenstöße in den Betrieben der Großen und Neuen Berliner Gesellschaften, bei welchen betheiligt waren:

Wagengattung	Große Berliner.				Neue Berliner.			
	Der anfahrende Wagen kam in Richtung:							
	gleicher	entgegengesetzter	kreuzender	unbestimmter	gleicher	entgegengesetzter	kreuzender	unbestimmter
Arbeitswagen . . .	1283	668	354	33	259	200	93	64
Droschke	268	342	116	20	72	86	33	14
Equipage	80	50	32	5	23	21	6	6
Faßbier	107	89	34	7	33	22	10	12
Feuerwehr	6	2	3	1	2	—	—	1
Flaschenbier . . .	39	47	19	2	6	13	4	3
Geschäfts	121	76	41	8	68	93	28	24
Hand	63	20	11	5	16	9	2	2
Leichen	—	4	1	—	3	4	2	—
Milch	17	24	6	3	9	5	—	1
Möbel	162	84	30	6	32	27	12	7
Mörtel	45	16	24	—	9	9	5	5
Omnibus	165	94	50	11	73	47	10	11
Packet	8	10	1	—	1	—	—	2
Pferdebahn	132	139	25	20	101	93	11	30
Post	37	49	12	5	7	5	2	1
Roll	346	208	89	21	26	36	14	13
Schlächter	79	66	19	6	51	56	6	20
Schnee	20	13	3	7	20	38	24	15
Spreng	8	11	1	1	1	2	6	1
Vieh	14	8	—	1	3	6	3	2
Sonstige	15	10	5	2	2	—	—	1
Unbestimmte . . .	7	1	1	2	5	3	1	3
Zusammen abs.	3022	2031	877	166	822	775	272	238
Zusammen %	49.57	33.32	14.39	2.72	39.01	36.78	12.91	11.30

[2]) Z. B. Berlin Straßenpolizeireglement v. 7. April 1867 i. d. amtl. Samml. d. Polizei-Verordnungen für Berlin (1887) 277 ff.

An Wagen der Großen Berliner fuhren an	1883—1887		1888		Zusammen		Vertheilt auf Stunden des Betriebes										Zusammen
	abs.	%	abs.	%	abs.	%	bis 8	8—10	10—12	12—2	2—4	4—6	6—8	8—10	Nach 10	Unbest.	
Arbeitswagen .	1842	39.43	496	34.83	2338	38.35	102	265	414	377	363	342	312	103	59	1	2338
Droschke	578	12.37	168	11.80	746	12.24	12	66	101	79	77	90	104	98	119	—	746
Equipage . . .	138	2.95	29	2.04	167	2.74	5	10	21	31	25	26	25	13	11	—	167
Faßbier	194	4.15	43	3.02	237	3.89	10	24	39	55	35	31	29	11	3	—	237
Feuerwehr . .	11	0.23	1	0.07	12	0.20	—	4	1	2	1	3	1	—	—	—	12
Flaschenbier . .	74	1.58	33	2.33	107	1.76	2	12	13	16	18	20	18	6	1	1	107
Geschäfts . . .	158	3.38	88	6.18	246	4.04	6	24	44	53	43	28	23	14	11	—	246
Hand	68	1.46	31	2.18	99	1.63	3	8	19	15	11	21	19	2	—	1	99
Leichen	5	0.11	—	—	5	0.09	—	—	—	1	1	1	1	—	1	—	5
Milch	36	0.77	14	0.98	50	0.82	5	9	12	15	5	1	3	—	—	—	50
Möbel	212	4.54	70	4.92	282	4.63	9	21	56	36	35	60	33	23	9	—	282
Mörtel	63	1.35	22	1.54	85	1.40	1	6	16	15	16	13	12	4	2	—	85
Omnibus . . .	243	5.20	77	5.40	320	5.25	4	29	49	52	36	29	43	41	36	1	320
Packet	14	0.30	5	0.35	19	0.31	1	5	3	3	2	2	1	2	—	—	19
Pferdebahn . .	231	4.94	85	5.98	316	5.18	10	28	43	42	50	35	32	32	44	—	316
Post	82	1.76	21	1.48	103	1.69	1	10	11	15	9	10	21	19	7	—	103
Roll	519	11.11	145	10.18	664	10.89	21	67	112	87	99	95	108	62	12	1	664
Schlächter . . .	126	2.70	44	3.08	170	2.76	13	29	34	38	11	8	23	7	7	—	170
Schnee	18	0.38	25	1.75	43	0.71	4	10	15	7	7	—	—	—	—	—	43
Spreng	20	0.43	1	0.07	21	0.34	3	6	1	1	4	4	2	—	—	—	21
Vieh	21	0.45	2	0.14	23	0.38	1	2	4	1	3	5	1	3	3	—	23
Sonstige	12	0.26	20	1.40	32	0.52	3	4	5	4	5	3	2	2	4	—	32
Unbestimmte . .	7	0.15	4	0.28	11	0.18	3	1	1	2	1	1	—	1	1	—	11
Zusammen	4672	100.00	1424	100.00	6096	100.00	219	640	1014	947	857	828	813	443	330	5	6096
							3.60	10.50	16.64	15.54	14.06	13.57	13.31	7.27	5.42	0.09	100.00

An Wagen der Neuen Berliner fuhren an	1883—1887 abs.	1883—1887 %	1888 abs.	1888 %	Zusammen abs.	Zusammen %	Vertheilt auf Stunden des Betriebes: bis 8	8—10	10—12	12—2	2—4	4—6	6—8	8—10	Nach 10	Unbest.	Zusammen
Arbeitswagen .	488	33.75	128	19.36	616	29.24	32	67	109	126	66	85	59	29	28	15	616
Droschke	150	10.37	55	8.32	205	9.73	1	26	35	29	17	16	25	15	35	6	205
Equipage . . .	42	2.90	14	2.10	56	2.66	1	3	9	10	9	10	5	3	4	2	56
Faßbier	60	4.15	17	2.57	77	3.65	7	5	11	17	12	11	5	2	4	3	77
Feuerwehr . . .	3	0.21	—	—	3	0.14	—	—	—	—	1	—	1	1	—	—	3
Flaschenbier . .	19	1.31	7	1.05	26	1.23	1	—	2	8	4	4	4	2	1	—	26
Geschäfts . . .	115	7.95	98	14.82	213	10.11	11	36	37	38	29	26	14	9	8	5	213
Hand	18	1.25	11	1.66	29	1.38	1	5	2	7	3	8	1	—	—	2	29
Leichen	8	0.55	1	0.15	9	0.43	—	—	1	1	1	3	2	1	—	—	9
Milch	7	0.48	8	1.21	15	0.71	2	1	7	1	3	—	—	1	—	—	15
Möbel	54	3.74	24	3.78	78	3.70	1	8	11	10	15	12	12	5	—	4	78
Mörtel	18	1.25	10	1.51	28	1.33	3	4	5	3	4	5	1	2	1	—	28
Omnibus . . .	92	6.30	49	7.40	141	6.69	1	13	25	19	23	13	12	20	14	1	141
Packet	1	0.07	2	0.30	3	0.14	—	—	1	1	—	—	1	—	—	—	3
Pferdebahn . .	127	8.78	108	16.33	235	11.15	10	19	19	33	25	26	10	38	49	6	235
Post	10	0.69	5	0.75	15	0.71	1	1	1	4	1	—	3	3	1	—	15
Roll	133	9.26	74	11.18	207	9.83	9	22	29	28	26	32	22	31	4	4	207
Schlächter . . .	71	4.91	20	3.03	91	4.32	6	9	17	17	17	10	8	2	1	4	91
Schnee	2	0.14	9	1.36	11	0.52	2	1	—	3	2	3	—	—	—	—	11
Spreng	5	0.35	3	0.43	8	0.38	—	—	—	3	1	3	1	—	—	—	8
Vieh	15	1.04	11	1.66	26	1.24	—	1	3	5	2	—	7	4	4	—	26
Sonstige	—	—	3	0.43	3	0.14	—	—	3	—	—	—	—	—	—	—	3
Unbestimmte . .	8	0.55	4	0.60	12	0.57	—	1	3	—	1	3	2	2	—	—	12
Zusammen	1446	100.00	661	100.00	2107	100.00	89	222	330	363	262	270	195	170	154	52	2107
							4.22	10.54	15.66	17.23	12.43	12.82	9.26	8.07	7.30	2.47	100.00

Vereinzelt giebt es daneben noch besondere Verordnungen für den Straßenbahnbetrieb[3]), die meist aus der Zeit seines Ursprunges herrühren. Nur selten hat man sich der Mühe ihrer zeitgemäßen Umgestaltung unterzogen[4]). Ueberwiegend genügen sie den heutigen Verkehrsbedürfnissen und Betriebsverhältnissen nicht mehr, sodaß ihre Umarbeitung schwerlich noch lange wird verschoben werden dürfen. Für dieselbe giebt das gefundene Gefahrengesetz gewisse Anhaltspunkte. Ermittelt sind nämlich

Unfälle[1])	Personenwagen			Geschäftswagen		Sonstige		Unbestimmt	Zusammen
	Bahnwagen	Droschken	sonstige	Handwagen	Karren	leicht	schwer		
In Berlin									
Zusammenstoß	[2])25	22	15	8	—	6	75	39	190
anderweit. . .	11	8	3	2	—	7	12	4	47
Werkthätige .	10	16	11	—	—	15	37	—	89
Außerhalb									
Zusammenstoß	31	22	15	26	17	14	26	55	206
anderweit. . .	99	5	4	7	2	1	4	22	144
Zusammen[3])	176	73	48	43	19	43	154	120	676
in %	26.04	10.80	7.10	6.36	2.81	6.36	22.78	17.75	

1) Oben § 28 S. 118. 121, § 36 S. 151. 153 Anm. 1. — 2) Dagegen 31 Verletzte. — 3) Darunter 2 Dreiräder, 5 Spreng-, 2 Feuerwehrwagen und 1 Fegemaschine.

Zunächst ist nachgewiesen[5]), daß eine große Anzahl Unfälle von Fahrgästen, Straßengängern, Betriebsbediensteten[6]) und die meisten Zusammenstöße[7]) auf die Einwirkung fremder Fahrzeuge zurückzuführen sind. Insbesondere sind bei 676 derarten Unfällen

---

3) Z. B. in **Berlin** Polizei-Verordnung v. 27. Mai 1865 betreffend den Betrieb der Pferde-Eisenbahnen und v. 9. November 1867 (a. a. O. 448); **Hamburg** Polizei-Reglement für die Pferde-Eisenbahnen v. 10. August 1866; **Breslau** v. 14. April 1877.

4) Z. B. zu **Hamburg** im Jahre 1875.

5) Oben § 28 S. 115ff.; § 36 S. 149ff.; § 52 S. 184ff.; § 58 S. 196ff.

6) In 79 Fällen waren in absteigender Reihenfolge 16 Droschken, 13 Roll-, 8 Kutsch-, 6 Arbeits-, 5 Schlächter-, je 4 Bier-, Grünkram- und Milch-, je 3 Kohlenwagen und Omnibusse, je 2 Last-, Leiter-, Möbel- und Post-, je 1 Bretter-, Heu-, Leichen-, Mörtel- und Salzwagen betheiligt.

7) Oben § 58 S. 202.

blos 176 = 26,04 % Pferdebahnwagen und 500 = 73,96 % sonstige Fahrzeuge betheiligt. Unter den Letzteren stellt das Personenfuhrwerk nur 121 = 17,81 %, das Geschäftsfuhrwerk 259 = 38,41 %, während die Wagengattung in 120 = 17,74 % Fällen unbestimmt geblieben ist.

Läßt sich für das Personenfuhrwerk, insbesondere die dem öffentlichen Verkehr dienenden Droschken, Omnibusse, welche zum rechtzeitigen Erreichen des Fahrzieles zuweilen zu einer beschleunigten Gangart gezwungen sein mögen, hieraus häufig ein genügender Entschuldigungsgrund ableiten, so wird ein solcher bei dem Lastfuhrwerk meistens fehlen. Hier pflegt vielmehr theils der Uebermuth, theils die mangelnde Befähigung zum Fahren, theils die sittliche Verkommenheit der zum Trunke geneigten Wagenführer, die namentlich bei Abfuhr-, Bau- und Viehwagen häufig angetroffen wird, die Schuldursache zu bilden, weshalb es auch zu zahlreichen Verurtheilungen gerade gegen solche zu kommen pflegt. Um dem Unfug vieler Fuhrwerksbesitzer, welche zur Lohnersparniß unzuverlässige Wagenführer wählen, zu steuern, würden empfindliche Strafen gegen diejenigen anzudrohen und unnachsichtig zu verhängen sein, welche die Führung ihres Fuhrwerkes Personen anvertrauen, die entweder des Fahrens und der Behandlung der Pferde unkundig sind, oder zum Trunke bezw. zu Gewaltthätigkeiten neigen[8]).

Die verhältnißmäßig nicht seltenen Fälle, in denen nachgewiesenermaßen der Zu- und Abstieg für Straßenbahnfahrgäste dadurch gefährdet wird, daß Fuhrwerke an den Haltestellen zur rechten Seite der Pferdebahnwagen solche überholen, dürfte das Verbot rechtfertigen, an den Haltestellen haltenden Pferdebahnwagen zu deren rechten Seite vorbeizufahren.

Der Unsitte — besonders bei Schneefall — auf den Pferdebahngleisen so dicht hinter Pferdebahnwagen zu fahren, daß bei deren plötzlichen Anhalten die Deichselstangen der folgenden Wagen über den Hinterperron dringen uud die dort Stehenden verletzen, würde durch das Gebot zu steuern sein, einen entsprechenden Ab-

---

[8]) Um sich vor eigener Verantwortlichkeit zu schützen, wird vielfach (z. B. in Berlin von der Aktiengesellschaft „vereinigte Mörtelwerke") der Ausweg beliebt, ihre Wagen mit falschen Firmenschildern zu versehen, wogegen leider den geschädigten Straßenbahnunternehmern ein civilrechtlicher Schutz fehlt.

stand von den Straßenbahnwagen zu halten, sofern man sich nicht entschließen kann, das Befahren der Gleise gänzlich zu untersagen.

Die zahlreichen Vorschläge zu wünschenswerthen und zweckmäßigen Umgestaltungen der Fahrordnungen eingehend zu behandeln, ist hier jedoch nicht der richtige Ort.

§ 82. Beschaffenheit des Schienenweges.

Veränderungen im Straßenkörper, welche dessen gemeinüblichen Gebrauch aufheben oder erschweren, braucht die Polizei nicht zu dulden. Daraus folgt, daß sie allerdings mitzusprechen hat, wenn es sich um die Anlage von Schienenwegen in den Körper einer öffentlichen Straße handelt. Ihr diesbezügliches Recht entspringt indeß der Pflicht, für Ordnung und Sicherheit auf den Straßen zu sorgen, vermag sich aber nicht auf Gew.=O. § 37 zu stützen, ist also ein Ausfluß der Wegepolizei[1]). Wo die Wege= und die Verkehrspolizei getrennte Behörden sind (z. B. in Berlin, wo erstere eine städtische, letztere eine Staatsbehörde ist), steht deshalb über die Gestaltung des Straßenkörpers und Wahl der Schienengattung der letzteren kein Einspruchsrecht zu, wofern nicht etwa eine Gemeingefahr, deren Abwendung ihr obliegt, aus der geplanten Anlage zu befürchten ist.

Die Art des zur Verwendung kommenden Unterbaues und der Schienen ist jedoch geeignet, die behördliche Fürsorge zu beschäftigen. Denn einmal muß verhindert werden, daß der übrige Verkehr leidet, was z. B. durch Hervortreten oder Tieferliegen der Schienen gegen das Straßenpflaster, zu weite Schienenrillen, mangelhaften Verschluß der Weichenkasten geschehen könnte. Ein häufiges

---

1) Vergl. dagegen Urt. d. O. V.=G. v. 18. Mai 1889 (Selbstverwaltung XVI 408) wonach eine polizeiliche Verfügung an einen Straßenbahnunternehmer: „an beiden Seiten der Bahn je ein Streifen in der Breite eines Meters mit Mosaikpflaster zu befestigen," eine ortspolizeiliche ist, sowie Urt. v. 25. Mai 1885 (a. a. O. XVI 409), welches eine polizeiliche Verfügung, durch welche eine Aenderung an der Weiche eines Pferdebahngleises aus öffentlichen Verkehrsrücksichten angeordnet wird, für eine verkehrspolizeiliche nicht wegepolizeiliche erklärt, indem die ortspolizeiliche Zuständigkeit auf Gew.=O. § 37 gestützt wird.

Aufbrechen des Pflasters zwecks Auswechselung der Schienen oder Schwellen belästigt die Anwohner und den sonstigen Verkehr in den betreffenden Straßenzügen, weshalb es zu vermeiden ist. Derarte Umstände rechtfertigen die polizeiliche Einmischung. Je sorgfältiger die Behörde hierbei verfährt, desto besser sorgt sie gleichzeitig für das öffentliche Wohl und den Nutzen des Unternehmers, dem erspart bleibt, seine Anlage umgestalten zu müssen, sobald sich ihre Unverträglichkeit mit den Verkehrsbedürfnissen und ihre Gefährlichkeit herausstellt. Daß die Behörde jedoch berechtigt ist, Abstellung von nachträglich als solche erkannten Mängeln der genehmigten Schienenanlage zu verlangen, kann ebensowenig bedenklich sein, wie durch die Erfahrung bereits erwiesen ist, daß gewisse Schienengattungen und Ausführungsarten störender wirken als andere.

Die Forderung, daß die Schienenwege in einer den jeweiligen Verkehrsbedürfnissen entsprechenden Weise unterhalten werden, entspringt dem wegepolizeilichen Aufsichtsrecht, sodaß sich gegen derarte zur Verkehrssicherheit getroffene Maßnahmen nicht ankämpfen läßt.

Gleiches gilt von den Weichen. Bei den letzteren hat überdies noch in Erwägung zu kommen, welche unter mehreren Arten die zuverlässigere ist und deren Bedienung die wenigsten Gefahren birgt. Denn daß das Weichenstellen an sich nicht ungefährlich ist, steht ziffermäßig fest[2]).

Bekanntlich ist bei Schneefall das Streuen von Salz üblich, um den Straßenbahnbetrieb aufrecht zu halten. Das behördliche Zulassen dieses Aushülfsmittels behufs schneller Beseitigung des Schnees und zum Fahrbarmachen der Schienenwege wird wegen der angeblich daraus entspringenden Nachtheile und Störungen für

---

[2]) Oben § 51 S. 182, 185. Danach entfallen in dem Betriebe der Großen Berliner Pferdeeisenbahn-Aktiengesellschaft von 248 Unfällen, welche Werkthätige im Außenbetriebe erlitten haben, 57 oder 23 % auf das Bedienen der Weichen. Hieraus ist der Versuch, selbstthätige Weichen (Trittweichen) zu verwenden, hervorgegangen, der bisher zu einem Abschlusse noch nicht gekommen ist. — Daß die Polizei nicht über ihre Befugnisse hinausgeht, wenn sie die Umänderung einer Weiche in eine Spitzweiche zur Verhinderung von Verkehrsstörungen anordnet, sowie, daß es nicht einmal darauf ankommt, ob die Störung gering oder die Maßregel nothwendig ist, spricht Urt. d. O. V.-G. vom 25. Mai 1889 (a. a. O. XVI 410) aus.

den sonstigen Verkehr vielfach bekämpft. Man hat bereits die Behörde einer Begünstigung der Straßenbahnen gegenüber den sonstigen Gewerben bezüchtigt. Dieser Vorwurf ist unbegründet. Sobald nach dem pflichtschuldigen Ermessen der Behörde die Unterbrechung des Straßenbahnbetriebes störender wirken würde als das Salzstreuen nachtheilig ist, darf sie beim Abwägen zwischen zwei Verkehrsübeln zur Vermeidung des ersteren getrost das andere dulden. Uebrigens haben sich Gefahren oder Nachtheile aus dem Salzstreuen bisher nicht feststellen lassen. Die Hufe der Straßenbahnpferde haben durch das Laufen im Salzwasser nicht gelitten. Es ist aber unerfindlich, warum dasselbe für Pferde anderer Betriebe eine nachtheilige Wirkung äußern sollte. Gesundheitsnachtheile für Menschen sind gleichfalls bisher ausgeblieben. In Wahrheit handelt es sich nur um die Unbequemlichkeit, sich beim Ueberschreiten von Straßen mehr in Acht nehmen zu müssen, sodaß, wie ja vielfach lediglich die persönliche Selbstsucht (eigene Unbequemlichkeit, sich mehr in Acht nehmen zu müssen, um nicht in das Salzwasser zu treten) der Anlaß zu den laut werdenden Klagen ist. Solange indeß wirkliche Gefahren nicht nachweisbar sind und ein besserer Ersatz nicht geboten ist, wird die Polizei das Salzstreuen schwerlich unterdrücken dürfen, soll nicht etwa die Einstellung des Verkehrs eintreten.

§ 83. Die Straßenbreite.

Die behördliche Auffassung über die Mindestbreite einer Straße, welche sich zur Bahnanlage eigne, hat aufgrund der vorliegenden Erfahrungen einen gewaltigen Umschwung erfahren. Maßgebend ist dafür das Urtheil einerseits der Straßeneigenthümerin, andererseits der Straßen- und Sicherheitspolizei. Dagegen läßt sich aus der Regelungsbefugniß gemäß Gew.-O. § 37 kein Recht zur Einmischung in diese Angelegenheit ableiten, sodaß ein darauf zu stützender Einspruch die Zuständigkeitsgrenze überschreiten und deshalb wirkungslos sein würde.

Nach dem oben entwickelten Gefahrengesetze darf bereits als Vorurtheil bezeichnet werden, daß die Aufnahme von Straßenbahnen eine gewisse Straßenbreite erfordert, die Verstattung der

Straßenbahnanlagen in schmalen und zugleich lebhaften Straßen dagegen aus Gründen der Verkehrssicherheit unterbleiben müsse[1]).

Daß dieser Auffassung thatsächlich ein auf Verkennen des wahren Sachverhaltes zurückführbares Vorurtheil zugrunde liegt, ist unschwer zu erweisen[2]). In Wahrheit ist jede Straße von solcher Breite, daß sich 2 Wagen darin begegnen können, unbeschadet ihrer Länge, Frequenz und ihrer sonstigen Beschaffenheit — durchweg gerade oder theilweis gekrümmt — zur Aufnahme des Pferdebahnbetriebes, vielleicht sogar selbst des Dampf- oder elektrischen Straßenbahnbetriebes geeignet[3]).

Denn der Pferdebahnwagen hält sich auf den einzelnen Theilen des Straßenkörpers nicht länger auf, belastet also den Straßenkörper nicht mehr, und behindert die Bewegung der sonstigen Verkehrsfahrzeuge in keinem größeren Umfange als jeder andere sich mit derselben Schnelligkeit bewegende Wagen. Insofern die Fahrgäste der Pferdebahnen aufhören, auf andere Weise — entweder durch sonstige Fahrgelegenheiten oder als Fußgänger — den Straßenverkehr zu belasten und den Straßenkörper in Anspruch zu nehmen, gleicht sich die Straßenbelastung — nämlich die Zuführung der neuen Verkehrsgelegenheit durch Abnahme bestandener und gebräuchlich gewesener — aus. Von einer Ueberlastung des Straßenverkehrs durch den Pferdebahnbetrieb kann also keine Rede sein.

Man hört dagegen einwenden, daß die Pferdebahnwagen, weil sie auf den Schienen laufen und am Ausbiegen gehindert sind, die Bewegung des sonstigen Verkehrs in höherem Maße als andere Fuhrwerke aufhalten und beeinträchtigen, namentlich aber leichter Verkehrsstörungen bewirken, wenn ihre Fortbewegung durch irgend welchen Umstand aufgehalten war. Dies beruht auf Irrthum. Jeder andere Wagen, dessen Fortbewegungsmöglichkeit vorüber-

---

1) K. Hilse i. d. Zeitschr. f. Lok.- u. Straßenbahnw. VII 151 ff.

2) K. Hilse: Haftpflicht § 27 S. 109; v. Lindheim: Straßenbahnen S. 3.

3) Das Versagen des Dampfbetriebes in engen Straßen kann wegen der Störung der Anwohner durch Rauch und Geräusch der arbeitenden Maschine, sowie der Betriebe durch mechanische Kräfte aus dem Gesichtspunkte noch gerechtfertigt erscheinen, daß gegensätzliche Erfahrungen bisher nicht feststehen, die Ungefährlichkeit der Zulassung also mindestens streitig sein kann.

gehend aufhört, weil er umgestürzt, oder sein Gespann zu Falle gekommen ist, verursacht ganz genau die gleiche Straßensperre und damit Verkehrsstörung. Es kann sich also nur fragen, ob vielleicht Pferdebahnwagen leichter und häufiger in der Bewegungsmöglichkeit aufgehalten werden als anderes Fahrzeug. Dies ist zu verneinen bis auf den Umstand, daß auf eingleisigen Strecken allerdings in den Weichen eine Ansammlung von Wagen stattfinden kann, wenn ein Wagen durch ein Betriebshinderniß aufgehalten wird. Dagegen beobachtet man ein gleich starkes Ansammeln von Fuhrwerk anderer Art, wenn z. B. ein hoch beladener Möbelwagen umgefallen ist, oder ein zu schwer belasteter Rollwagen stehen bleibt, weil die Pferde die Last nicht mehr zu ziehen vermögen. Gegenüber zweigleisigen bieten eingleisige Strecken leichter die Möglichkeit einer Verkehrsstörung. Dieser Umstand kann jedoch höchstens dafür sprechen, auf stark belebten Straßen thunlichst zweigleisige Bahnen zu verlangen oder zahlreiche Weichen vorzuschreiben, aber niemals das Verbot der Gleisanlage begründen[4]).

Noch weniger stichhaltig würde die Erwägung sein, daß die mit Gleise belegten Strecken für andere Fahrzeuge Gefahren bieten, weil die Räder in den Schienenrillen hängen bleiben können[5]). Denn jedes solche Ereigniß ist zu vermeiden, wenn die Kutscher der Fahrzeuge aufmerksam fahren, sodaß sein Eintritt fast ausnahmslos auf eine Ungeschicklichkeit oder Fahrensunkunde der fremden Kutscher zurückzuführen ist. Ihr Vorschub zu leisten, ihretwegen ein für den Verkehr dienliches und nützliches Betriebsmittel auszuschließen, hat die Behörde füglich keinen begründeten Anlaß.

Für Straßen, welche blos für zwei nebeneinander fahrende Wagen genügende Breite haben, läßt sich anscheinend einwenden, daß das Halten an der Seite, auf welcher das Gleise liegt, und an beiden Seiten, wenn solches in der Mitte liegt, benommen sein würde. Selbstredend darf das Gleise nicht in der Straßenmitte sich befinden, auch würde die Anlage eine zweigleisige sein und zahlreiche Weichen erhalten müssen. Von den beiden Gleisen würde

---

[4]) Oben § 81 S. 264—267, unten § 84 S. 275. Vergl. Straßenbahnen II 212 über die entgegengesetzten Ansichten in der Stadtverordnetenversammlung zu Halle.

[5]) Oben § 57 S. 201.

stets nur das eine, also z. B. des Morgens das rechte, am Nachmittage das linke befahren werden dürfen, sodaß das nichtbefahrbare zum Aufstellen von Wagen zwecks deren Ent- oder Beladen verwendbar bliebe. Eine dahingehende Einrichtung findet sich z. B. schon seit Jahren in Bremen, wo sie zu Unzuträglichkeiten noch keinen Anlaß gegeben hat. Sobald überdies durch eine Anzahl in nicht weiten Zwischenräumen angebrachter Weichen die Gelegenheit geboten ist, leicht das andere Gleise zu erreichen, fällt mit der Möglichkeit zum Umfahren etwaiger ein Hinderniß für die Weiterfahrt bildenden haltenden Wagen jede Betriebsstörung weg.

In Straßen von der Breite, daß 3 Wagen nebeneinander zu fahren vermögen, können Straßenbahnen erst recht kein Hinderniß mehr bieten, zumal wenn auch hier der zweigleisigen vor der eingleisigen Bahn der Vorzug gegeben und bei letzterer auf eine möglichst große Zahl von Weichen Bedacht genommen wird. Straßen von noch größerer Breite sind — selbst bei dem regsten Verkehr — zur Aufnahme von Straßenbahnen durchaus geeignet, die hier regelnd und nicht störend wirken würden.

Irrthümlich ist die fernere Ansicht, daß besonders lebhafte Straßen die Belastung durch Pferdebahnen nicht zu tragen vermögen. In Berlin hat es Jahre gedauert, um die Genehmigung zum Befahren der Leipzigerstraße zu erhalten, welcher an Verkehrsfülle wenig Straßen vorangehen mögen, um jetzt einen so starken Betrieb zu zeigen, daß alle 24 Sekunden ein Wagen fährt. Die Königstraße ist vielleicht noch mehr belebt und dabei bedeutend schmäler. Auf derselben verkehren zwei Gesellschaften nebeneinander, ohne daß sich eine Gefährdung der Straßengänger und Fuhrwerke gezeigt hätte. Die Alte Jakobstraße weist erhebliche Krümmungen bei wechselnder Straßenbreite und starkem Verkehr auf und verträgt gleichwohl das Befahren der Pferdebahnen[6]).

Gleiche Erfahrungen liegen aus Mainz mit seinen gekrümmten und theilweis abschüssigen Straßen bei mangelhafter Pflasterung[7]), und nicht minder unter ähnlichen Verhältnissen aus Köln

---

[6]) Oben § 28 S. 216, § 34 S. 140, § 36 S. 151 mit **K. Hilse: Haftpflicht** § 27 S. 110.

[7]) Oben § 30 S. 126 mit § 23 S. 88 Anm. 1.

vor[8]). Danach scheint allerdings die Behauptnng begründet, daß blos solche Straßen die Gleisaufnahme nicht vertragen würden, welche nicht einmal für 2 nebeneinander fahrende Wagen genügende Breite abgeben.

§ 84. Ein- oder doppelgleisige Bahnanlage.

Längere Zeit herrschte bei den Behörden die Ansicht vor, daß in engen Straßen nur eingleisige Bahnen geduldet werden dürfen. Allmählich hat die Gegenansicht jedoch Oberhand gewonnen, daß aus doppelgleisigen Bahnen eine geringere Verkehrsstörung als aus eingleisigen zu besorgen sei. Das nämliche Ereigniß, z. B. Achsenbruch, Versagen der Triebkraft und die dadurch verursachte Betriebsstörung macht sich auf einer doppelgleisigen Bahn in geringerem Maße für den sonstigen Verkehr fühlbar, als wenn solches auf eingleisiger Strecke eingetreten sein würde. Denn hier stauen sich an den beiderseitigen Weichen die Wagen an, wodurch nicht allein der Bahnbetrieb aufgehalten, sondern auch das übrige Fuhrwerk im freien Verkehr behindert wird. Bei doppelgleisiger Bahn bleibt der Verkehr nach einer Richtung völlig unbehindert und wird nach der anderen leichter wieder hergestellt werden können, indem die kreuzenden Wagen die eingetretene Störung und deren Ursache nicht allein den Begleitern der hinteren Wagen zu melden, sondern auch die Beschaffung von Ersatzstücken herbeizuführen vermögen.

Die hier aufgestellten Sätze haben sich in Berlin und anderwärts bewährt. Gerade in Berlin ist man behördlicherseits zu der Erkenntniß gelangt, den Doppelgleisen den Vorzug vor eingleisigen Bahnen zu geben und die Umwandlung der letzteren in solche der ersteren Art zu verlangen. Selbst schmale Straßen werden dazu geeignet befunden. Nachdem z. B. in der schmalen Rosenstraße von vornherein 2 Gleise genehmigt waren, sind neuerdings eingleisige Strecken in der Spandauer- und Rosenthalerstraße in zweigleisige umgewandelt worden. Dabei gehören nicht allein beide Straßen zu den an sich belebtesten, sondern es hat sich in ihnen noch dazu ein Straßenbahnverkehr entwickelt, wie er in an-

---

[8]) Oben § 22 S. 78, § 28 S. 120. 121, § 35 S. 145, § 36 S. 152. Vergl. K. Hilse: Betriebsunfälle S. 45, Haftpflicht S. 108.

deren Orten kaum zu erwarten steht, daß nämlich etwa auf die einzelne Minute ein Wagen nach jeder Richtung entfällt. Gleichwohl sind Unfälle oder Zusammenstöße mit anderen Fahrzeugen nur in geringem Umfange bisher beobachtet [1]).

Es kann sich, was für vorliegende Arbeit jedoch die Hauptsache bildet, nur noch fragen, welche Anlageart gefahrloser und sicherer sei. In dieser Hinsicht ist allerdings nicht zu verkennen, daß beim Doppelgleise die auf eingleisiger Bahn ausgeschlossene Gefahr vorliegt [2]), daß Fahrgäste, welche nach dem Nebengleise abspringen, während dort ein kreuzender Wagen kommt, durch denselben überfahren werden können, oder daß Personen umgefahren werden, welche das Gleise noch zu kreuzen versuchen, um einen auf dem Nebengleise kommenden Wagen von der Gleisseite aus zu besteigen. Da indeß derarte Unfälle ausnahmslos die Folge eigener Unvorsichtigkeit der Betroffenen sind, bei gehöriger Vorsicht aber ausbleiben müßten, so wird aus dieser Gefahrenmöglichkeit kein genügender Grund gegen die Anlage von Doppelgleisen abgeleitet werden dürfen.

Uebrigens ist hier auf die im Auslande beobachtete Einrichtung aufmerksam zu machen, daß in Orten, wo die Fuhrwerke stets rechts fahren sollen, die Straßenbahnzüge links zu fahren haben. Auf diese Weise können auf dem Nebengleise stets nur Wagen in gleicher Richtung und nach der Abstiegseite nur fremdes Fuhrwerk in entgegengesetzter Richtung vorkommen, sodaß ein Zusammenfahren fremder Fahrzeuge mit Pferdebahnwagen, oder ein Verdecktwerden der Pferdebahnwagen durch die Kasten nebenfahrender Wagen ausgeschlossen ist. Diese Einrichtung erscheint nachahmenswerth. Wenigstens sollen nach dem Bescheid der Betriebsleiter in der Zeit, als die Straßenbahnzüge noch in gleicher Richtung mit dem sonstigen Fuhrwerk zu fahren und auf gleiche Weise auszubiegen hatten, vorgefallene Unfälle beobachtet sein, während vom Zeitpunkte der eingetretenen Aenderung ab solche ausgeblieben sind. Die Verkehrspolizei wird vielleicht zur Erwägung Anlaß nehmen, ob und inwieweit eine gleiche Maßnahme — wenigstens versuchsweise — zu treffen sein möchte.

---

[1]) Oben § 28 S. 116, § 34 S. 140, § 36 S. 151, § 83 S. 273 Anm. 4.

[2]) Oben § 34 S. 135 sind 26 derartige Fälle festgestellt.

§ 85. Einheits- oder Mehrheitsbetrieb.

In Berlin und 5 anderen Orten sind mehrere Unternehmer zum Betriebe zugelassen; in 2 anderen Orten besteht zwar ein einheitlicher Betrieb, gehört der Schienenweg indeß verschiedenen Erbauern[1]). Es fragt sich, ob die Zulassung mehrerer Unternehmer am nämlichen Orte rathsam oder zu vermeiden ist. Dies wird vom Standpunkte der Sicherheit, der Wirthschaft und der Wohlfahrt verschieden beantwortet werden können.

I. Die Sicherheitsfrage.

Bei Zulassung mehrerer Betriebe auf dem nämlichen Schienenwege besteht keineswegs mehr dieselbe Gewähr für Sicherheit und Pünktlichkeit des Verkehrs wie bei dem Einheitsbetriebe. Die sachgemäße Aufeinanderfolge der Züge, das genaue Innehalten der Fahrzeiten, der gehörige Abstand der folgenden von den vorfahrenden Wagen, das richtige und rücksichtsvolle Ausbiegen und Vorüberlassen bei den Kreuzungen und in den Weichen sind minder gesichert, als wenn sämmtliche auf der nämlichen Strecke fahrenden Wagen von ein und demselben Unternehmer in Betrieb gesetzt und beaufsichtigt sind. Denn sehr bald wird das Bestreben Platz greifen, sich gegenseitig Fahrgäste abzujagen, was dazu führen wird, sich gegenseitig vorzufahren bezw. den anderen in der Fahrt aufzuhalten, um früher an die Sammelpunkte des Verkehrs zu gelangen und die dort wartenden Fahrlustigen zu erhalten. Daß solches nicht ohne Opfer, ohne Vermehrung der Unfälle ablaufen wird, liegt auf der Hand, findet indeß bereits darin eine gewisse Bestätigung, daß zu den Unfällen infolge Zusammenfahrens mehrerer Pferdebahnwagen diejenigen seltenen und dabei kurzen Strecken verhältnißmäßig eine weit größere Ziffer stellen, auf denen mehrere Betriebe stattfinden, als wo der Einheitsbetrieb streng durchgeführt ist. Dies ist natürlich. Die Ausbildung der Fahrmannschaft, die Unterweisung der Begleitmannschaft, die sorgfältige Berechnung der Treffpunkte ist keine einheitliche mehr. Es machen sich eben zwei gegensätzliche Bestrebungen geltend. Deshalb muß zweifellos bei Zulassen des Mehrheitsbetriebes die Aufsicht der Polizei strenger und ihre Fürsorge größer sein. Eine strengere Fahrordnung und eine mehr eingehende Prüfung der vorgelegten Fahrpläne ist unerläßlich. Die Polizei muß jetzt ausrechnen, was bei dem Einheitsbetrieb durch den Unternehmer geschieht, ob nicht etwa eine unzulässige Verkehrsüberhäufung in einzelnen Treffpunkten zu erwarten steht. Ihre Verantwortlichkeit wird also wachsen. Deshalb ist nicht blos verständlich, sondern auch wohl begründet, daß polizeilicherseits der Einheitsbetrieb thunlichst begünstigt wird.

II. Die Wirthschaftsfrage.

Dieses Bestreben findet keineswegs die ungetheilte Zustimmung der Betheiligten. Wie auf anderen Gebieten macht auch hier Selbstsucht sich geltend und erzeugt Unzufriedenheit. Man bildet sich ein, daß bei der gleichzeitigen Zulassung mehrerer Betriebsunternehmer auf der nämlichen Strecke zwischen diesen ein Wettbewerb um die Fahrgäste entstehen müsse, der einerseits zu einem Sinken der Fahrpreise, andererseits zu einer, dem allgemeinen Verkehr zugute kommenden Vermehrung der Leistungen (bessere Einrichtung der Wagen, häufigeres Fahren) führen würde. Man übersieht dabei, daß die Zahl der einzusetzenden Züge, die Dauer der Fahrzeit, ja selbst die Höhe des Fahrpreises keineswegs im freien Bestimmungsrecht des Betriebsunternehmers liegt, daß vielmehr die Polizei — bezüglich der Fahrpreise sogar auch noch die Gemeinde — mitzusprechen gesetzlich berufen ist.

Jedenfalls würde die Erfüllung aller derarter Wünsche mindestens voraussetzen, daß auf der nämlichen Strecke — d. h. entweder in denselben Straßenzügen oder doch wenigstens zwischen denselben Endpunkten in ziemlich entsprechender Richtung — mehrere Betriebe nebeneinander bestehen. Dazu ist es bisher indeß noch nirgends gekommen. Zwar hat der gute Wille der Anlagenbesitzer, sich gegenseitig eine beschränkte Streckenbenutzung zu gestatten, vereinzelt das Befahren des nämlichen Straßenzuges durch einen Anderen ermöglicht. Die Gemeinden haben sich jedoch daran genügen lassen, die verschiedenen Strecken an besondere Unternehmer zu vergeben und so das Gegentheil erreicht, nämlich einen Einheitsbetrieb in den einzelnen Ortstheilen, damit aber einen Durchgangsbetrieb durch den ganzen Ort geradezu abgeschnitten und vereitelt.

Dabei sind nämlich die Gegenerfahrungen gänzlich unbeachtet geblieben. Die Erleichterung des Verkehrs und die Ermöglichung seiner weitestgehenden Entwickelung erscheinen als der Hauptzweck der an den Weg geknüpften Verwaltungsthätigkeit[2]). Dieser wird indeß geradezu vereitelt, wenn der Betrieb auf die einzelnen örtlich begrenzten Theile des Gesammtnetzes beschränkt zu bleiben hat und den Verkehrsbedürfnissen entsprechende, über das ganze Netz ausdehnbare, auf die fremden Anlagen übergreifende Durchgangslinien nicht eingerichtet werden dürfen. Betriebseinstellungen[3]) würden erfahrungsgemäß die unausbleibliche Folge eines so starken Preisdruckes werden, daß die Erträge die Betriebskosten nicht mehr decken, geschweige erst zum Erzielen eines Unternehmergewinnes und einer Kapitalsrente ausreichen. Insofern ein ungesunder Preisdruck bereits zum Verluste wirthschaftlich nützlicher Verkehrsanstalten geführt hat, erklärt sich die bestehende Meinungsverschiedenheit, ob für den allgemeinen Verkehr dessen Unterhaltung durch Einen oder durch Mehrere anzustreben sei.

Für die Unternehmer ist es vortheilhaft[4]) den gesammten Verkehr eines Ortes thunlichst in eine Hand zu bekommen. Dadurch wird eine vortheilhaftere Ausnutzung des Bahnnetzes durch übergreifende Linien, sowie eine bessere Verwerthung der Triebkräfte und Mannschaft möglich. Sie suchen deshalb Nebenbetriebe thunlichst an sich zu ziehen, wie z. B. die Große Berliner Pferdeeisenbahn Aktiengesellschaft durch Erwerb des Unternehmens der Großen Internationalen Pferdebahn Aktiengesellschaft[5]) gethan hat und sich in Stuttgart durch die geplante Vereinigung der beiden dortigen Betriebe vorbereitet[6]).

Umgekehrt sind die Straßeneigenthümer vielfach bemüht, sich die Möglichkeit zu erhalten, derarte Vorgänge zu hindern. Ihre Genehmigung zur Straßenbenutzung wird deshalb an die Beschränkung geknüpft, daß der Erwerb oder die Erpachtung fremder Schie-

---

[2]) Dorn: Aufgaben der Eisenbahnpolitik (Berlin 1874) 69.

[3]) z. B. in Schwerin, welche sich scheinbar in Oldenburg wiederholen wird.

[4]) K. Hilse: Haftpflicht § 1 S. 4, Verstadtlichung § 19 S. 54.

[5]) K. Hilse: Betriebsunfälle § 6 S. 10.

[6]) Zeitschr. Straßenbahn II 77.

nenwege sowie die Zulassung anderer Unternehmer zum Mitbetrieb auf eigener Strecke ohne besondere Genehmigung zu unterbleiben habe. In Wahrheit ist jedoch sogar für den Straßeneigenthümer in Fällen, wo die Abgabenhöhe mit der zunehmenden Bruttoeinnahme steigt, der Einheitsbetrieb wirthschaftlich vortheilhafter als Mehrheitsbetrieb. Hätte z. B. in Berlin 1888 bereits ein Einheitsbetrieb bestanden, so würde die erzielte Gesammteinnahme 13 982 992 Mk., die Rente davon also 7 1/2 % mit 1 048 724,40 Mk. betragen haben. Dieselbe hat sich aus den drei selbstständigen Betrieben nur auf 890 729,42 Mk. beziffert[7]); dies macht für das Gemeindevermögen 157 994,98 Mk. oder 17,74 % Ausfall aus. Imgrunde ist dieser Betrag auf das Erträgniß der Berliner und Neuen Berliner Gesellschaft mit nur 1 928 544 Mk. zu verrechnen. Um denselben würden die von ihnen eingegangenen Hebungen mit 61 249,10 Mk. sich auf 219 244,08 Mk. erhöhen, sodaß sich für diesen im Gesammtertrage liegenden Ertragsantheil der Gemeindenutzen auf 11,36 statt der bisherigen nur 3,17 % gestellt, mithin verdreieinhalbfacht haben würde.

III. Die Wohlfahrtsfrage.

Die Wohlfahrt auf dem Gebiete des Verkehrs zu fördern, ist polizeiliche Aufgabe. Sie entspringt der Regelungsbefugniß aus Gew.-O. § 37 und darf zweifellos auch gegen die Gemeinden, sowie deren wirthschaftliche Bestrebungen sich richten, sobald letztere dem Gemeinwohle nicht mehr entsprechen. Die Polizei darf diejenige Betriebsart fördern, welche neben der größten Sicherheit und geringsten Gefahrenbesorgniß die Verkehrsüberwältigung am zuverlässigsten verbürgt. Welche Betriebsweise ist dies? Wo liegt nun der wahre Vortheil für die Allgemeinheit?

Die richtige Ausnutzung eines vorhandenen Pferdebahnnetzes durch sachgemäßen Betrieb wird einem Unternehmer leichter sein, als wenn die einzelnen Theile verschiedenen Unternehmern gehören; letzteren Falls will keiner den anderen auf das eigene Gleise lassen, es verbleibt bei Einheitsbetrieben innerhalb engbegrenzter kleiner Netze. Der Durchgangsverkehr verbietet sich. Gerade dieser ist

---

[7]) Für 1887 betrug der Gemeindeausfall 142 521,95 Mk. = 14,44 % nach K. Hilse: Verstadtlichung § 19 S. 57.

jedoch Bedürfniß. Zumeist erst auf weiten Strecken bedarf und benutzt man Fahrgelegenheit. In dieser Erkenntniß sorgt gegenwärtig bereits die Polizei vielfach für einen Durchgangsverkehr, soweit dies in ihrer Macht liegt. Dem Bewerber um Schienenanlagen wird der Umfang, innerhalb dessen ein Mitbenutzungsrecht auf behördliches Erfordern eingeräumt werden müsse, bei der Genehmigungsertheilung immer weiter gezogen. Nur die Straßeneigenthümer verschließen sich bisweilen aus der selbstsüchtigen Erwägung, daß dadurch für sie eine Abgabenverkürzung eintreten könnte, der richtigen Erkenntniß. So hat z. B. die Charlottenburger Stadtgemeinde gegen zwei Betriebsunternehmer mit dem Antrage geklagt, der zwischen ihnen getroffenen Vereinbarung, daß dem Einen ein Mitbenutzungsrecht der Anlage des Anderen auf kurzer Strecke zustehen solle, für rechtsunwirksam zu befinden[8]).

Nach alledem wird dem Einheitsbetriebe vor dem Mehrheitsbetriebe wegen der besseren Ausnutzbarkeit, günstigeren Betriebseinrichtung, Ersparung an Betriebskosten und dadurch für die Behörde gebotenen Möglichkeit, auf eine Preisermäßigung einzuwirken, ohne die Lebensfähigkeit des Unternehmens gefährden und dessen Einstellung besorgen zu brauchen, der Vorzug vor dem Mehrheitsbetriebe gebühren, während jedem Nachtheile durch ausbleibende Konkurrenz das behördliche Preisfestsetzungsrecht vorbeugt.

§ 86. Betriebsmaterial.

Einerseits aus Sicherheits- andererseits aus Schönheitsrücksichten wird dem Betriebsmaterial polizeilicherseits Fürsorge zugewandt. Die diesbezüglichen Anforderungen sind weder allerwärts gleich noch durchweg zweckmäßig.

I. Wagenbeschaffenheit.

Zur Verhinderung von Unfällen zweckdienlich und deshalb gerechtfertigt ist das Verlangen, daß die Wagen gehörig erleuchtet, mit kräftig wirkenden Bremsen und mit Vorrichtungen versehen sind, welche einen Signalverkehr zwischen Schaffner und Kutscher

---

[8]) K. Hilse i. d. Zeitschr. f. preuß. Recht IV 174.

ermöglichen. Denn hierdurch wird einerseits die Gefahr des Ueberfahrenwerdens verringert und abgeschwächt, andererseits aber bei Vorgängen am Hinterperron — daß z. B. ein beim Aufsteigen im Fahren Gefallener mitgeschleift wird —, deren Eintritt dem Kutscher leicht entgeht, ein schnelles Anhalten ermöglicht.

Minder sachgemäß erscheint die Vorschrift[2]) den rechten Vorderperronverschluß aufzugeben, welche lediglich der Absicht entsprungen ist, die Innenfahrgäste vor der unvermeidlichen Unbequemlichkeit und der Zugluft zu schützen, wenn der Vorderperron nur vom Wageninnern aus erreichbar ist, also die dort Zusteigenden durch den Wagen gehen müssen. Wenigstens sind thatsächlich Gesundheitsnachtheile als Folge der früheren Zustände bisher nicht erwiesen. Umgekehrt steht fest, daß der Wegfall des Vorderperronverschlusses eine Gefahrenzunahme bewirkt hat[3]), sodaß allerdings an Zweckmäßigkeit und Berechtigung der getroffenen Anordnung gezweifelt werden kann, weil überwiegende Gründe des öffentlichen Wohles zu ihren Gunsten sich nicht anführen lassen.

Da eine Ueberfüllung der Wagen oder einzelner Theile nicht blos den Zu- und Abstieg erschwert, sondern auch die Gefahr des Herabfallens birgt, ist durchaus gerechtfertigt, daß die Höchstziffer der zulässigen Fahrgäste polizeilich vorgeschrieben und das Befolgen jener Beschränkung streng durchgeführt wird; indeß müßten die Strafen des Zuwiderhandelns gegen die betreffenden Fahrgäste, nicht aber — wie bisher — gegen die Schaffner angedroht und verhängt werden[4]).

Infolge des verschiedentlich gehegten Verlangens im Winter allgemein die Wagen zu heizen und den Fußboden mit Decken zu belegen, würde zweifellos gefährlicher wirken, als der heutige Zustand stört. Denn einmal sind bereits Unfälle durch Fallen über die Fußbodenauflagen festgestellt[5]); sodann würde bei dem beständ-

[1]) Oben § 34 S. 137, § 51 S. 182, § 52 S. 184.

[2]) K. Hilse: Haftpflicht § 23 S. 97; Betriebsunfälle § 9 S. 23. 26. Breslau Pol.-V. v. 1877 § 5. 36 verbietet Zu- und Abstieg am Vorderperron.

[3]) Oben § 38 S. 159.

[4]) z. B. Berlin Pol.-V. v. 27. Mai 1865 § 25. 40.

[5]) Oben § 29 S. 123, wonach 2 Personen beim Hängenbleiben am Lattenläufer und 3 andere bei diesem an anderen Fußbodenbedeckungen (Strohdecken) gefallen sind.

digen[6]) Zu- und Abgange ein stetiges Oeffnen und Schließen der Thüren, und mit der eindringenden kalten Luft ein Luftwechsel eintreten, der gesundheitstörend wirken müßte.

II. Zugkraft.

Für den Straßenverkehr ist keineswegs die Beschaffenheit der Zugkraft gleichgültig. Daß Maschinen lästiger und gefährlicher als Thiere, unter letzteren bösartige nachtheiliger als gutwillige werden können, steht erfahrungsgemäß fest, sodaß die Polizei allerdings berechtigt ist, die Art der verwendbaren Zugkraft zu bestimmen. Die an sich größere Gefährlichkeit der einen gegen die andern wird indeß als Ablehnungsgrund nicht mehr aufrecht erhalten werden dürfen, sobald die mindergefährliche zur Bewältigung des Verkehres nicht mehr ausreicht, also das Bedürfniß zu einem Ersatze dafür treibt und im Verhältniß zu dem größeren Nutzen der ersetzenden Kraft deren Uebergewicht der Gefährlichkeit schwindet. Lediglich zur Förderung der wirthschaftlichen Lage eines Betriebes[7]) eine gefährlichere Zugkraft zuzulassen, wird füglich der Polizei dagegen nicht zugemuthet werden dürfen. Ob der Maschinenbetrieb an Gefährlichkeit den thierischen übertrifft, ob der letztere den heutigen Verkehrsbedürfnissen in der Schnelligkeit und Zuverlässigkeit wirklich nicht mehr genügt, sind Streitfragen, zu deren Lösung bis jetzt ziffermäßige Unterlagen noch fehlen. Die diesseitigen Bemühungen, solche zu finden, hatten nicht den gewünschten Erfolg[8]). Darf man also eine gewisse Aengstlichkeit und Vorsicht der Behörden bei Zulassung des Dampf-, elektrischen oder Kabel-Betriebes in stark belebten Orten oder Straßenzügen zwar gelten lassen, so sind umgekehrt ebensowenig Vorwürfe am Platze, wenn behördlicherseits derarte Neuerungen unter gehörigen Beschränkungen zugelassen worden sind[9]),

---

[6]) Die Bezugnahme darauf, daß die Eisenbahnwagen geheizt werden, trifft nicht zu, weil hier an den Haltestellen nur die Wagen bezw Koupees geöffnet werden, in welchen Jemand aus- oder einsteigen will, bei Straßenbahnen aber auch im Fahren noch eine Personenveränderung vorkommt und jedes Oeffnen mit seinem störenden Luftwechsel sämmtliche Fahrgäste trifft.

[7]) z. B. in Mainz, Düsseldorf und ähnlichen kurzen Strecken, wo Pferdebetrieb zur Verkehrsüberwältigung ausreicht.

[8]) Oben § 39 S. 161, unten § 100 S. 328.

[9]) z. B. in Frankfurt, Wiesbaden. S. oben § 39 S. 163 Anm. 6.

um so die Möglichkeit zu geben, dieselben nach ihrer Bewährung und Verwerthbarkeit zu erproben.

Hier ist die Streitfrage zu berühren, ob es bei Pferdebahnbetrieb rathsamer ist, mit oder ohne Deichsel zu führen. Der Wegfall der Deichsel (z. B. im Betriebe der Großen Berliner Pferdeeisenbahn Aktiengesellschaft) hat sich als vortheilhaft bewährt, wenn fremde Wagen entweder kurz vor dem Pferdebahnwagen die Gleise kreuzen oder vorüberfahrende Wagen plötzlich halten. Indem die Pferde zur Seite gerissen werden konnten, blieben Unfälle aus, während früher mehrfach die Deichsel theils in das andere Fahrzeug eingedrungen, theils wenigstens durch den Anprall abgebrochen war, theils endlich das Stürzen der Pferde veranlaßt hatte. Umgekehrt wird angeblich bei dem Reichspostfuhramt geplant[10]), anstelle des jetzigen Verfahrens, Zweigespanne an einer Deichselstange, aus Sicherheitsrücksichten künftig jedes der beiden Pferde in einer besonderen Gabel laufen zu lassen. Mithin ist diese Angelegenheit allerdings ein geeigneter Gegenstand behördlicher Erwägung und Bestimmnng.

§ 87. Die Person des Betriebsunternehmers.

Das Straßenbahngewerbe wird gegenwärtig fast ausnahmslos von Rechtspersonen betrieben. Ueberwiegend sind es Aktiengesellschaften, je einmal eine offene Handelsgesellschaft oder die Gemeinde. Blos in Köpenick, Oldenburg, Wittenberg sind die Betriebsunternehmer natürliche Personen, doch gehört in Köpenick die Anlage der Gemeinde.

Hieraus zu folgern, daß die persönlichen Eigenschaften des Unternehmers nebensächlich sind, und die Polizei mit denselben sich nicht befassen, insbesondere daraus keinen Grund ableiten dürfe, den Betrieb zu untersagen und dessen Einstellung zu fordern, würde jedoch verfehlt sein. Einmal ist sogar nicht ausgeschlossen, daß die Polizei ihre Regelungsbefugniß der Verkehrsgewerbe aus Gew.-O. § 37 dahin ausübt, in Form einer Polizeiverordnung gewisse persönliche Eigenschaften der Betriebsunternehmer zu fordern, oder

[10]) Fuhrhalter V 25.

vorhandene Mängel als Versagungsgründe zu bezeichnen. Selbstredend wird sie dabei jedoch weder gegen den Grundsatz der Gewerbefreiheit verstoßen, noch rein willkürlich vorgehen dürfen. Ihre diesbezüglichen Maßregeln würden vielleicht nicht im Verwaltungsstreitverfahren, wohl aber im Dienstaufsichtswege einer Nachprüfung unterliegen, mithin der Verwerfung oder Abänderung ausgesetzt sein. Aber selbst beim Nichtzustandekommen solcher Verordnungen kann der Polizei nicht ohne weiteres die Befugniß abgesprochen werden, Jemandem anläßlich seiner persönlichen Eigenschaften den Straßenbahnbetrieb zu untersagen. Sie wird solches jedoch auf Fälle zu beschränken haben, wo genügende Bürgschaft für eine sachgemäße Betriebsführung fehlt.

So oft also Thatsachen vorliegen, aus welchen Zweifel an der Befähigung, Zuverlässigkeit und Gewissenhaftigkeit Jemandes obwalten, werden derarte persönliche Umstände und Eigenschaften der Polizei allerdings einen stichhaltigen Grund zum Ausschluß des Betreffenden vom Betriebe abzugeben vermögen. Größere oder geringere Geschäftskenntniß, Willenskraft, Fleiß und Sorgfalt werden für die Behörden deshalb maßgebend sein dürfen, so oft es sich darum handelt, unter mehreren Bewerbern zur Betriebsbelassung den geeigneten auszusuchen. Denn wenngleich für Preußen das Oberverwaltungsgericht rechtsgrundsätzlich einerseits zwar ausgesprochen hat [1]), daß das Hereintragen der Bedürfnißfrage bei Zulassung oder Behinderung der Verkehrsgewerbe rechtsirrthümlich und unzulässig sei, und ihr deshalb die Berechtigung abgesprochen hat, neue Betriebe auf einer bestehenden Strecke lediglich aus der Erwägung zu behindern, weil bereits andere eingerichtet sind und eine Vermehrung nicht geboten erscheine, so hat es andererseits jedoch der Polizei die Befugniß zur Ablehnung zugestanden, sofern von ihr wahrzunehmende öffentliche Rücksichten dies erheischen. Solche brauchen sicher nicht blos den örtlichen, dürfen vielmehr ebensogut den persönlichen Verhältnissen des Unternehmers entnommen werden. Denn es finden so viele Berührungspunkte zwischen dem Unternehmer und den Verkehrssuchenden statt, daß sehr wohl denkbar ist, eine Gefährdung der letzteren sei durch den ersteren nicht ausgeschlossen. Wer zu Gewaltthätigkeiten neigt, seine eigenen Angelegenheiten vernachlässigt, nicht willensstark oder strebsam genug ist, stets nur seinen eigenen Vortheil sucht und allen sonstigen Rücksichten vorsetzt, wird wenig Bürgschaft für eine sachgemäße Betriebsführung bieten. Insbesondere steht der Umstand dem nicht entgegen, daß die Gewerbe-Ordnung verschiedene Betriebe aufführt, welche untersagt werden sollen oder dürfen, wenn in der Person des Bewerbers die gesetzlich hervorgehobenen Eigenschaften fehlen bezw. Mängel bestehen. Denn damit ist der Ortspolizei nicht die Macht zu sinnentsprechender Anwendung bei den ihrer Regelung überlassenen Verkehrsgewerben abgeschnitten. Glaubt sie derarte Forderungen zur Erfüllung ihrer Pflichten nöthig zu haben, so hat in Preußen nach L.V.G. § 50 nur die vorgesetzte Dienstbehörde hierüber zu entscheiden, während dem oberverwaltungsgerichtlichen Urtel solches entzogen ist.

Das Gesagte gilt erst für den Betrieb, nicht schon für die Anlage von Straßenbahnen. Hier hat die Ortspolizei nicht mitzusprechen. Handelt es sich erst um die Anlage von Schienenwegen, auf denen der Betrieb vielleicht verpachtet werden soll, so kommt nur die wirthschaftliche und technische Frage zur Behandlung, ob das geplante Tiefbauwerk zur befriedigten Vollendung kommen wird. Denen, welche die Anlage schließlich benutzen, kann es gleichgiltig sein, wer Geld und Arbeit in dieselbe verwendet hat. Ein Schutzbedürfniß der Menge gegen Ausbeutung oder Gefährdung besteht noch nicht, sodaß der Ortspolizei jede Unterlage für eine Einmischung abgeht[1]).

Die verschiedenen Bewerber sind entweder sämmtlich natürliche oder Rechts-Personen, oder setzen sich aus beiden zusammen. Es fragt sich, wem in solchem Falle, insbesondere in der Wahl zwischen Privatpersonen und Gemeinden der Vorzug zu geben sei. Denn zweifellos sind Gemeinden für ihren Straßenbahnbetrieb von der ortspolizeilichen Regelung nicht befreit[2]). Er darf ihnen untersagt oder beschränkt werden, sofern nach dem pflichtschuldigen ortspolizeilichen Ermessen Bedenken gegen ihre Betriebsführung ob-

---

[1]) Zu einer Bevormundung der Einzelnen in ihrer Vermögensverwaltung durch das Abhalten, sich bei wirthschaftlich verfehlten Unternehmungen zu betheiligen, ist die Polizei nicht berufen und deshalb nicht befugt.

[2]) Urt. v. 27. März 1884 (O.V.-G. II S. 313) mit K. Hilse: Verstadtlichung § 10 S. 29; § 31 S. 87.

walten sollten. Gegen die Untersagung würde allerdings der Rekurs zulässig sein, während gegen die Genehmigungsversagung — falls eine solche zur Einführung gelangt[3]) — jedes Rechtsmittel fehlen würde.

In mehrfacher Hinsicht wäre das Obwalten polizeilicher Bedenken nicht ausgeschlossen. Zunächst ist durchaus nicht zu unterschätzen, daß unzählige Kompetenzkonflikte sich kaum würden vermeiden lassen, und daraus recht erhebliche Schwierigkeiten bei Ausübung der ortspolizeilichen Regelungsbefugniß bezw. -pflicht zu erwarten stehen[4]). Nicht selten wird, wo Gemeindeverwaltung und Ortspolizeigewalt von der nämlichen Person ausgeübt werden, im Verkennen der Grenze zwischen diesen beiden Stellungen nach der einen oder anderen Richtung ein Uebergriff eintreten. Wo indeß thatsächlich beide Gewalten äußerlich getrennt sind, wird man leicht versucht sein, aus Wohlfahrtsrücksichten hervorgegangene Forderungen oder Ablehnungen als willkürliche Maßregelungen der Ortspolizei zu kennzeichnen. Man wird von Eingriffen in das freie Selbstverwaltungsrecht der Gemeinden sprechen, wo lediglich verkehrs- oder gewerbepolizeiliche Erwägungen geleitet hatten, die man schwerlich beanstandet hätte, wenn sie Privatunternehmern gegenüber geltend gemacht worden wären. Man wird leicht übersehen, daß sie imgrunde nur gegen ein Gewerbeunternehmen gerichtet waren, das mit dem Gemeindewesen eigentlich nichts zu thun hat und zu demselben in keinem engeren Zusammenhange steht, als etwa eine Schneiderwerkstatt zur Herstellung der Gemeindediener-Uniformen stehen würde. Durch derarte Vorgänge kann jedoch leicht das für das Allgemeinwohl wünschenswerthe gute Einvernehmen zwischen Staats- und Gemeindegewalt erschüttert und ein neuer Zankapfel zwischen beide geworfen werden. Deshalb ist allerdings die Frage ernstlich zu erwägen, ob ein Gemeindebetrieb von der Ortspolizei zu bekämpfen sein möchte.

Hierfür dürfte insbesondere auch der Umstand heranzuziehen sein, daß die Straßenbahnbediensteten, soweit sie gewissermaßen

---

3) K. Hilse: Verstadtlichung § 10 S. 28, § 11 S. 31. Möglicherweise konnte ja im Wege ortspolizeilicher Verordnung eine Genehmigungspflicht hergestellt werden.

4) Ebenda § 31 S. 88. B. Hilse: Rechtssprechung des Gerichtshofes zur Entscheidung der Kompetenzkonflikte. Berlin 1874.

polizeiliche Verrichtungen ausüben[5]), leicht als mittelbare Staatsbeamte behandelt werden können. Damit würde aber eine Veränderung in der Gattung der gegen sie oder von ihnen verübten strafbaren Handlungen eintreten, nämlich anstelle der heutigen Privatverletzungen oder straflosen Handlungen eine Strafbarkeit wegen Beamtenverletzung bezw. wegen Amtsmißbrauch treten. Mit einer derarten Erschwerung ihrer etwaigen Verletzungen gegen Straßenbahnbedienstete wird das Publikum sich schwerlich befreunden. Ebensowenig werden erstere damit einverstanden sein, daß z. B. das Trinkgeldnehmen strafbar wird.

Allerdings läßt sich streiten, ob die Werkthätigen bei gewerblichen Unternehmungen der Gemeinden auf die Beamteneigenschaft Anspruch haben. Sofern ihnen polizeiliche Verrichtungen zugewiesen werden, dürfte man sich wohl aber im bejahenden Sinne zu entscheiden haben[6]).

Unzweifelhaft würde die Mitwirkung der Ortspolizei bei der Anstellung der Bediensteten den Gemeindebetrieben gegenüber Geltung behalten und fortdauern[7]). Hieraus sind weitere Schwierigkeiten und Reibereien zwischen Staats- und Gemeindebehörden kaum zu vermeiden, sobald vielleicht einmal politische Gegensätze zwischen beiden Behörden bestehen und die politische Gesinnung bei Anstellungen nicht ganz aus dem Spiele bleibt. Ausgeschlossen ist jedenfalls nicht die Besorgniß, daß der Zuwachs einer erheblichen Anzahl von Personen, welche, wenn auch nur als Bedienstete in deren gewerblichen Unternehmungen, so doch immer in gewissem Umfange von dem Wohlwollen der Gemeindeverwaltungen abhängig sind, leicht dazu führen kann, daß derarte Bedienstete bei Wahlen und sonstigen Gelegenheiten vermöge ihres Abhängigkeitsverhältnisses sich auf Seiten der Gemeinde gegen die Regierungsgewalt stellen[8]) und eine Verschiebung der wahren Stimmung herbeiführen. Dies würde

---

[5]) Ebend. § 31 Anm. 2, sowie B. Hilse im a. Sammelwerke.

[6]) Ebend. § 13 S. 35.

[7]) Nach dem Vorbilde im Privateisenbahnwesen. Hier werden die Bediensteten, welchen polizeiliche Verrichtungen obliegen, während der Dauer dieser Eigenschaft und für die dahin fallenden Diensthandlungen als Beamte behandelt.

[8]) Ebend. § 13b S. 37.

selbst ohne jede Beeinflussung aus bloßer Liebesdienerei einzutreten vermögen, wenn von der Wahrscheinlichkeit abgesehen wird, daß bereits bei der Anstellung auf die politische Gesinnung der Bewerber ein entscheidendes Gewicht gelegt wird.

Schließlich fragt es sich, ob die Gemeinde eine größere Bürgschaft für zuverlässige Betriebsführung bietet, wie jeder Dritte. Dies ist zu bezweifeln. Unter den Fuhrwerken, welche Unfälle in Pferdebahnwagen herbeiführten, befinden sich städtische Spreng-, Abfuhr- und Baumaterialienwagen [9]). Die Zugkraft und Führer lassen sich die Verwaltungen durch Unternehmer im Wege der Mindestforderung stellen. Die *Wohlfeilheit*, nicht aber die *Zuverlässigkeit* giebt für den Zuschlag und im weiteren Verfolg dem Unternehmer für die Auswahl seiner Leute den Ausschlag. Fragwürdigen Gestalten und bedenklichen Gespannen begegnet man bei den Fuhren für Gemeindezwecke. Gestattet dies nicht vielleicht die Annahme, daß es im Straßenbahnbetriebe der Gemeinden nicht viel besser sein wird? Jedenfalls kann die Art der Betriebe in Köpenick, Oldenburg, Wittenberg schwerlich zu großen Hoffnungen für die Vortrefflichkeit der Gemeindebetriebe ermuthigen. Die Abfuhr-, Baumaterialien-, Schutt-, Sprengwagenführer und -gespanne in den Berliner Straßen scheinen eher zu einem Druck als zur Belebung jener Hoffnungen geeignet.

§ 88. Stellvertretung im Straßenbahnbetriebe.

Das Straßenbahngewerbe darf zwar durch Stellvertreter ausgeübt werden [1]), doch müssen dieselben etwaigen dafür vorgeschriebenen Erfordernissen gleichfalls genügen. Eine besondere [2]) Genehmigung bedürfen sie selbst dort nicht, wo sie für den Unternehmer aufgestellt werden würde. Deshalb darf die Untersagung des Be-

---

[9]) Oben § 28 S. 118. 121, § 36 S. 151, § 81 S. 264—267.

[1]) Gew.-O. § 45. Vergl. Urt. d. O.V.-G. v. 10. Dezember 1878 (Entsch. IV 303).

[2]) Urt. d. R.-G. v. 28. Mai 1880 (Entsch. f. Str.-S. I 434) und v. 22. November 1880 (Gruchot XXVI 897), d. O.V.-G. v. 10. Dezember 1878 (Entsch. IV 301), d. Bayr. V.-G. in Entsch. I 74; gegen Urt. d. Ob.-Tr. v. 16. Mai 1876 (Oppenhoff XVII 347).

triebes nicht aus Gründen erfolgen, welche lediglich der Person des Stellvertreters entnommen sind. Hier ist die Polizei darauf beschränkt, die Entfernung des Stellvertreters und Ersatz durch einen Geeigneten in zweckdienlicher Weise herbeizuführen.

Eine Stellvertretung liegt jedoch nicht mehr[3]) vor, wenn der Straßenbahnunternehmer einem anderen den Betrieb für eigene Rechnung und Verantwortlichkeit überläßt. Der Letztere wird dann vielmehr Unternehmer, der Erstere stellt dagegen den Betrieb ein. Würde also die nach äußerem Vernehmen geplante Absicht gewisser Stadtgemeinden, die sich mit der Verstadtlichung der Straßenbahnen tragen, verwirklicht, ein städtischer Schienenweg angelegt und auf demselben Betriebsgenehmigung für die Gemeinde nachgesucht werden, so würde die Nebenabsicht, letztere auf einen erst aufzusuchenden Pächter zu übertragen, gleichwohl mißglücken. Denn wo eine Genehmigung überhaupt erfordert wird, ist sie persönlicher Natur und erstreckt sich — abgesehen vom Falle der Beerbung — nicht auf den Nachfolger[4]). Dies ist sachlich wohl begründet. Denn wo persönliche Eigenschaften ausschlaggebend sind, genügt nicht deren Vorhandensein in der Person eines Rechtsvorgängers, zumal wenn er sich jeder Verantwortlichkeit entzieht, sondern müssen sie in der Person dessen vorhanden sein, welcher der Behörde verantwortlich wird.

Daß die Person des Stellvertreters für die Sicherheit der Betriebe keineswegs ohne jeden Einfluß ist, beweist das Zusammenfallen des Wechsels der Unfallsziffern einzelner Betriebe mit dem Zeitpunkte, wo die Stellvertreter wechselten. Die betreffenden Ziffern entziehen sich indeß aus inneren Gründen der Veröffentlichung. Für die amtlichen Zwecke der Behörden sind sie jedenfalls leicht zu erlangen.

§ 89. Die Werkthätigen im Betriebe.

Zur Erhaltung der Ordnung und Sicherheit des Straßenverkehrs pflegt polizeilicherseits verlangt zu werden, daß die Füh-

---

[3]) Urt. d. R.-G. v. 4. März 1881 (Entsch. f. Str.-S. III 419) mit Urt. d. Ob.-Tr. v. 28. November 1874 u. 10. April 1878 (Oppenhof XV 811, XIX 209.

[4]) Wenigstens nach Auffassung d. Bayr. V.-G. (in Entsch. II 48).

rung von Fuhrwerk nur des Fahrens und der Behandlung der Pferde Kundigen anvertraut werden darf, sowie daß Wagenführer, welche während der Fahrt schlafen, oder im trunkenen Zustande betroffen werden, straffällig sind[1]). Bezüglich des öffentlichen Fuhrwerks, insbesondere der Straßenbahnen geht im Sicherheitsinteresse die Ortspolizei weiter. Sie gestattet nur die Beschäftigung von Personen im Betriebe, welche eine polizeiliche Erlaubniß dazu (Fahrschein) erhalten haben, und macht deren Ausstellung für Kutscher von dem Befähigungsnachweis zu fahren und der richtigen Pferdebehandlung abhängig[2]). Wo Maschinenbetrieb besteht, pflegt für den Maschinisten ein Befähigungsnachweis erfordert zu werden.

Durch derarte Bestimmungen setzt die Polizei sich keineswegs in einen Widerspruch mit Gew.-O. § 105[3]), indem vielmehr aus § 37 zumal für Preußen in Verbindung mit A. L.-R. II 17 § 10 das Recht ableitbar ist, alle zur Sicherung des Verkehrs unerläßlichen oder zweckmäßigen Anstalten und Betriebseinrichtungen zu verlangen.

Daß jedoch Trunkenheit der Fahrer für den Straßenverkehr oder die Fahrgäste gefährlich werden kann, ist bereits nachgewiesen[4]). Der Hang zu Gewaltthätigkeiten, Unehrlichkeit, rücksichtslosem Benehmen und ähnlichen Eigenschaften würde die Benutzung der Straßenbahn unangenehm werden lassen und die Fahrgäste mancherlei Unzuträglichkeiten aussetzen. Deshalb liegen Maßnahmen, welche auf den Ausschluß ungeeigneter Personen abzielen, allerdings in den Befugnissen und Pflichten der Polizei. Mittelbar oder unmittelbar können sie Anlaß zu Unfällen geben. Vereinzelt sind bereits Fahrgäste durch die Begleitmannschaft vom Wagen gestoßen und haben dabei Schaden genommen.

Weit gefährlicher kann indeß eine Ueberanstrengung der Fahrer oder Schaffner werden, sobald sie dadurch diejenige Aufmerksamkeit

---

1) z. B. Berlin Str.-P.-R. § 15.

2) z. B. Berlin P.-V. v. 27. Mai 1865 § 1. 16. 42.

3) K. Hilse: Sonntagsruhe S. 16—19. Die daselbst abgedruckte Verordnung des Regierungs-Präsidenten zu Düsseldorf v. 26. Juli 1888 ist am 1. Juni 1889 zurückgenommen.

4) Oben § 48 S. 177.

verlieren, zu welcher sie berufsgemäß verpflichtet sein müssen, um andere vor Schaden zu bewahren. Demgemäß ist eine beständige Aufsicht über die Betriebseinrichtungen nach der Richtung nicht ungehörig, etwaige Ueberanstrengung festzustellen, sowie solche zum eigenen Schutze der Werkthätigen oder aus Rücksichten für die allgemeine Sicherheit zu verhindern. Würde thatsächlich durch allzugroße Ausbeutung der Arbeitskraft in Form von Ueberleistungen oder zu geringer, den Lebensbedürfnissen nicht entsprechender Löhnung zu besorgen sein, daß die Sicherheit des Straßenverkehrs und der Fahrgäste, sowie Gesundheit der Leute leidet, so wäre ein behördliches Eingreifen durch das Verlangen anderweiter sachgemäßer Betriebseinrichtungen sicher am Platze. Ohne solche Voraussetzung ist es dagegen verfehlt. Insbesondere verliert die Verkehrs- oder Ortspolizei den Boden für ihr Eingreifen in innere Betriebseinrichtungen und die Arbeitsverhältnisse, sobald es sich um andere Ziele, als den Schutz von Leben, Gesundheit oder Eigenthum handelt. Im weiteren Verfolg würde z. B. das polizeiliche Drängen nach Einführung der Sonntagsruhe, eines Normalarbeitstages oder einer Mindestlöhnung polizeilicherseits aus Verkehrsrücksichten gemäß Gew.-O. § 37 sich rechtfertigen lassen, nachdem es infolge Fehlens derarter Maßnahmen bereits zu Unfällen in Besorgniß erregender Anzahl gekommen sein würde. Solange solches nicht der Fall ist, werden alle derarte Maßnahmen höchstens Ausfluß der Wohlfahrts-Polizei sein können, der jedoch wiederum für eine anders gestaltete Behandlung des Straßenbahngewerbes als der sonstigen Gewerbe jeder Rechtsboden fehlt.

Zwar ist es eine sittliche Aufgabe des Staats, den wirthschaftlich Schwächeren auf dem Arbeitsmarkte in seinen berechtigten Ansprüchen zu schützen, ihm zu ermöglichen, seinem religiösen Bedürfnisse zu genügen, und ihn davon abzuhalten, durch sachwidrige Ueberanstrengung seiner Kräfte deren schnellere Abnutzung und in weiterem Verfolg frühzeitige Erwerbsunfähigkeit sich zuzuziehen. Eine Ausbeutung der Arbeitskraft in der Art, daß der Arbeiter seinem religiösen Bedürfnisse nicht genügen darf, oder einer schnelleren Erwerbsunfähigkeit infolge frühzeitiger Ueberabnutzung entgegengeführt wird, würde zweifellos sittlich und wirthschaftlich verwerflich sein. Ganz gewiß darf auch dem Staate die Berechtigung nicht abgesprochen werden, den vermöge seiner wirthschaftlichen Schwäche zum Selbstschutze Unfähigen dergestalt zu bevormunden, daß ihm die Freiheit entzogen wird, auf ihm nachtheilige Verpflichtungen einzugehen. Die Gesetzgebung würde vielmehr mit demselben Rechte, aus welchem sie die Beschäftigungszeit und -art der jugendlichen Arbeiter regelt, zur Einführung einer Sonntagsruhe und Normalarbeitszeit gelangen können, weil derartige Satzungen sich aus dem Gesichtspunkte rechtfertigen lassen, daß die Sonderfreiheit eingeschränkt werden darf, sobald und soweit sie zum Schaden der Allgemeinheit ausartet, die geplante Beschränkung also eine Nothwendigkeit im Gebiete der Freiheit wäre. Ob aber das Bedürfniß zu einer derartigen Freiheitsbeschränkung vorliegt, hat einzig und allein nur die Allgemeinheit, vertreten in den Reichsgesetzgebungsfaktoren, zu entscheiden, ist jedoch der landesgesetzlichen und erst recht der verwaltungsbehördlichen Machtbefugniß entzogen.

Ueberdies ist jedenfalls ein Eingriff in die Vertragsfreiheit zum Schutze der Arbeitsnehmenden und zur Abwehr eines Mißbrauchs seitens des Arbeitsgebers erst dann gerechtfertigt, wenn nachweisbar die Arbeitsverhältnisse im Betriebe der betroffenen Straßenbahnen infolge der darin üblichen Einrichtungen eine gemeinschädliche, das Leben und die Gesundheit gefährdende Ueberabnutzung der Arbeitskräfte herbeiführen würden. Dies ist behördlich bisher nicht dargethan und, soweit die diesseitigen Ermittelungen reichen, nicht vorgekommen.

Wen die Beweislast trifft, sobald es sich um Einführung der Sonntagsruhe, des Normalarbeitstages und der Mindestlöhnung handelt, ist streitig. Nach Zeller[5]) gegen Hilse hat der Betriebsunternehmer das Fehlen der thatsächlichen Voraussetzungen, also den Nichtbestand einer Gefahr zu beweisen. In Wahrheit wird der Gefahrennachweis der Polizei obliegen, die auf ihr Vorhandensein ihre Maßnahmen stützt. Die Betriebsunternehmer zum Gegenbeweise zu verpflichten, daß ihre Einrichtungen keine Gefahren bergen, würde alle Beweisregeln umstoßen, zumal der Eintritt von Thatsachen leicht, der Nichteintritt von Ereignissen dagegen fast nie beweisbar ist, da man wohl etwas nicht beobachtet, nicht aber ein Nichtsein wahrgenommen haben kann.

---

[5]) In der Darmstädter Zeitung Jahrg. 113 S. 872.

Was zunächst die Sonntagsruhe anlangt, so hat sich jedenfalls bisher nichts dafür erbringen lassen, daß an den Sonntagen die Unfallsgefahr größer als an den Wochentagen gewesen ist[7]). Ebensowenig sind bisher Ziffern dafür erbracht, daß in den späteren Abendstunden, wo von einer größeren Ermattung doch füglich erst die Rede sein könnte, die Unfallsgefahr verhältnißmäßig größer sei und von dieser am Betriebsbeginne abweicht[8]). Wäre

[6]) K. Hilse: Sonntagsruhe 30. Die Fürsorge für Befriedigung der religiösen Bedürfnisse gehört nicht zu den Gegenständen der ortspolizeilichen Verfügung.

[7]) Oben § 45 S. 170 ist bereits erwähnt, daß zuverlässige Ermittelungen darüber fehlen, ob an Sonn- oder Werktagen die Unfallsgefahr größer sei. Für den Betrieb der Großen Berliner Pferdeeisenbahn Aktiengesellschaft steht fest, daß 1888 an Werktagen 80 024 494 und an Sonn- bezw. Feiertagen 19 492 548 Personen befördert sind, denen 944 Unfälle gegenüberstehen. Von denselben sind 754 an Werk-, 190 an Sonn- und Feiertagen eingetreten. In erster Ziffer befinden sich 691 Erwachsene und 63 Kinder, in letzterer 180 Erwachsene und 10 Kinder. Durchschnittlich entfällt also ein Verunglückter an Werktagen auf 106 133, an Sonntagen auf 102 539 Fahrgäste, während sich das Verhältniß stellt bei Erwachsenen auf 115 810 gegen 108 292, bei Kindern auf 1 270 546 gegen 1 949 254. Würde man, was indeß bedenklich ist, hierauf ein Urtheil stützen wollen, so würden die Werktage für Kinder, die Sonntage für Erwachsene verhängnißvoller sein. Eine Erklärung ließe sich allenfalls in dem Umstande finden, daß an Sonntagen einerseits die Kinder sich besserer Aufsicht ihrer arbeitsfreien Eltern erfreuen, andererseits solche Erwachsene fahren, welche dies nur selten thun und deshalb eine geringere Gewandheit und Vorsicht anwenden. Immerhin ist die Frage einer weiteren Untersuchung werth, welche anderwärts für einen längeren Zeitraum gegeben werden wird. Hier werden nur noch für 1886 und 1887 folgende Zahlen gegeben:

	an Wochentagen		an Sonn- und Festtagen	
	1886	1887	1886	1887
Fahrgäste	67 132 678	74 051 650	16 008 126	17 732 202
Verunglückte	595	767	166	180
Erwachsene	553	706	159	164
Kinder	42	61	7	16
Je 1 Verunglückter auf	112 828	96 547	96 434	98 512
Je 1 Erwachsener auf	121 397	104 889	100 680	108 124
Je 1 Kind auf	1 550 778	1 213 961	1 550 778	1 108 263

Die Verunglückten sind aus allen 3 Betrieben gezählt; in der Fahrgastziffer fehlen diese der Berliner Pferdeeisenbahn-Gesellschaft.

[8]) Oben § 43. 44 S. 167 ff. K. Hilse: Sonntagsruhe 43.

solches indeß beobachtet, so würde doch noch immer fraglich sein, ob die den Ereignissen zugrunde liegende Ermattung gerade auf Seiten der Betriebsmannschaft und nicht vielleicht umgekehrt in der Person der Verunglückten bestanden hat. Daß irgendwo die Kargheit der Löhnung zu einer unvortheilhaften Verpflegung, außergewöhnlichem Kräfteverbrauch und damit zu vorzeitiger Abnutzung geführt habe, ist trotz sorgfältiger, hierauf gerichteter Beobachtung bisher nicht zu erkennen gewesen. Im Betriebe der Großen Berliner Pferdeeisenbahn Aktiengesellschaft liefern die über 13 Jahre sich erstreckenden Untersuchungen sogar das umgekehrte Ergebniß [9]).

Gerade bei den Straßenbahnen den Anfang mit der Einführung einer strengeren Sonntagsfeier und eines Normalarbeitstages zu machen, dürfte kaum zweckmäßig sein. Denn man würde sich dann entschließen müssen, gleichen Zwang auf alle sonstigen Verkehrsgewerbe, darunter das Droschken-, Omnibus- und Lohnfuhrwesen, ja sogar auf den Staats-Eisenbahnverkehr zu üben. Und an letzterem dürfte die Macht der Ortspolizei und Regierung doch schließlich recht empfindlich unterliegen, zumal Gew.-O. § 6 der Anwendbarkeit des § 37 auf die Eisenbahnen entgegensteht.

§ 90. Schaffnerbegleitung [1]).

Auf die Regelungsbefugniß gemäß Gew.-O. § 37 würde das polizeiliche Verlangen gestützt werden können, daß jeder in Betrieb gesetzte Wagen von einem Schaffner zu begleiten sei, welcher den Zu- und Abstieg sowie die Ordnung im Wagen zu beaufsichtigen hat. Dabei ist sogar der Nachweis entbehrlich, daß dessen Nichtvorhandensein bereits irgendwo Gefahren veranlaßt hat. Denn die Maßregeln gemäß Gew.-O. § 37 brauchen sich nicht auf Rücksichten der Sicherheit zu stützen, können vielmehr allerlei sonstigen der polizeilichen Fürsorge überlassenen Erwägungen entspringen. Erwiesenermaßen birgt jedoch die Vereinigung der Verrichtungen des Fahrens und der Aufsicht über die Vorgänge im Wageninnern in der nämlichen Person allerdings Gefahren für den Straßenverkehr

---

[9]) Oben § 51—56 S. 180 ff.

[1]) Oben § 27 S. 114. § 40 S. 163. Vergl. dazu Pol.-V. v. 27. Mai 1865 §§ 21—27.

und die Fahrgäste. Ob ein Betrieb durch derarte Forderungen die Aussicht auf Ertragsfähigkeit verliert, kann dabei keinen Ausschlag geben, da das öffentliche Wohl dem Nutzen des Betriebsunternehmers voranzugehen hat.

C. Das Gefahrengesetz für die Gesetzgebung.

§ 91. Die Lücken der Gesetzgebung.

Die Gesetzgebung hat den Straßenbahnen die gebührende Beachtung bisher nicht zu Theil werden lassen, woraus Unzuträglichkeiten bereits erwachsen sind. Im Strafgesetzbuch sind sie unerwähnt geblieben, in den Verhandlungen bei Berathung des Haftpflichtgesetzes ist ihrer gedacht worden. Auf diese Weise ist es gekommen, daß die Rechtssprechung einerseits die Haftpflicht auf die Straßenbahnbetriebe ausdehnt[1]), andererseits aber die zum Schutze der Sicherheit des Eisenbahnbetriebes bestehenden Strafverbote wenigstens dann für den Straßenbahnbetrieb unanwendbar erklärt, wenn thierische Triebkraft benutzt wird[2]).

Unter so bewandten Umständen haben nicht allein Unternehmer des Straßenbahngewerbes, sondern auch die Angehörigen anderer Berufs- und Gewerbezweige über Lücken in der Gesetzgebung geklagt und Abhülfe gefordert[3]). Solches geschah in verschiedenem Umfange.

---

[1]) Oben § 3 S. 7 Anm. 2; Urt. des R.-G. v. 23. März 1888 (Entsch. XXI. 18). Giesecke: Betrachtungen über die Anwendbarkeit des § 1 des Haftpflichtgesetzes v. 7. Juni 1871 auf Straßen- und Pferdeeisenbahnen in der Zeitschr. f. Lokal- u. Straßenbahn-Wesen Jahrg. VI 23. VII 36. Vergl. Mataja: Das Schadensersatzrecht im Entwurfe eines bürgerl. Gesetzbuches für das Deutsche Reich i. d. Archiv f. bürgerl. R. I 207.

[2]) Urt. des preuß. Ob. Tribunals (Plen.-Beschl.) v. 2. Oktober 1875 (Entsch. LXXVI 374, Oppenhoff's Rechtsprechung XVI 625, Goltdammer: Archiv XXIII 408) u. R.-G. v. 19. Mai 1885 (Entsch. in Straff. XI 205). Dagegen ist § 315 für anwendbar erklärt auf elektrische Bahnen durch Urt. des R.-G. v. 17. September 1885 (Entschl. in Straff. XI 371), auf Straßenbahnen mit Lokomotivbetrieb durch Urt. des R.-G. v. 3. Juli 1884 (ebenda XII 33) selbst wenn die treibende Dampfmaschine kein besonderes Gefährt, sondern ein Theil des die Personen aufnehmenden Wagens ist, durch Urt. des R.-G. v. 9. Dezember 1887 (ebenda XVI 431). Vergl. dazu Olshausen: Kommentar zum Str.-G.-B. (2. Aufl.) II 1199; Rubo: Kommentar 969. 970. 152.

[3]) Für die Straßenbahnen geschah solches durch die Große Berliner

Die diesbezüglichen Wünsche sollen, soweit sie mit der Unfallsgefahr in Beziehung stehen, einzeln Behandlung finden. Sie erstrecken sich auf Abänderung der Haftpflichtgesetzgebung, Ergänzung des Strafrechtes, Erweiterung der Vertretungsverbindlichkeit der sonstigen Fuhrbetriebe und endlich auf Regelung des Straßenbahnwesens im Allgemeinen.

a) Die Haftpflichtsgesetzgebung.

§ 92. Die Aufwandshöhe aus der Haftpflicht.

Die Thatsache, daß das Hapftpflichtgesetz auf den Straßenbahnbetrieb anwendbar befunden wird, selbst wenn blos thierische Kraft Verwendung findet, in Verbindung mit der eigenthümlichen Auffassung der Gerichtshöfe über den Begriff »im Betriebe« giebt den Straßenbahnbetriebsleitern Anlaß, alle Fälle zu entschädigen, bezüglich deren selbst nur entfernt die Möglichkeit einer Verurtheilung nicht ausgeschlossen ist. Aus diesem Grunde sind die entschädigten Unfälle einerseits nach Verpflichtungsgrund, andererseits nach Veranlassung zusammengestellt worden. Einzelne Fälle mußten dabei außer Berücksichtigung bleiben, weil infolge Ungenauigkeit der Berichte die näheren Umstände der Zahlung nicht sicher feststehen[1]). Insofern jedoch immerhin noch 480 Schadensfälle berücksichtigt werden konnten, welche 150 551,63 Mk. Schadensaufwand und 30 Jahresrentenverbindlichkeiten zum Betrage von 9848 Mk. verursacht haben, sind die Abweichungen von den thatsächlichen Verhältnissen nur sehr gering. Aufgrund der Haftpflicht sind jedenfalls in 313, aus Billigkeit in 167 Fällen Entschädigung gewährt, aus ersterem Anlaß 124 138,97 Mk., aus letzterem 26 412,66 Mk. aufgewendet, aus ersterem überdies noch 30 Renten-

---

Pferdeeisenbahn Aktiengesellschaft in Form einer dem Reichs-Justizamte vorgelegten Denkschrift behufs Berücksichtigung bei der Schlußberathung des Entwurfs für ein bürgerl. Gesetzbuch, seitens des Verbandes der Deutschen Fuhrwerksbetriebe durch eine Petition an den Reichstag. Umgekehrt hält die Petitionskommission des Reichstags das Straßenbahnwesen durch Gew. O. § 37 und die Bahnordnung befriedigend geregelt. Vergl. unten § 97 S. 313 mit oben § 13 S. 31.

[1]) Oben § 62 S. 214 sind 173 088,08 Mk. Aufwand für Schadloshal-

verbindlichkeiten entstanden. Die Aufwendungen vertheilen sich dahin:

Nähere Umstände	Berlin		Außerhalb	
	Fälle	Betrag	Fälle	Betrag
Haftpflichtsfälle				
Absteigen	1	162.20	16	1) 8005.61
Aufsteigen	—	—	—	—
Fallen vom Wagen	10	2) 3836.50	26	3) 6021.70
Laufen in die Pferde . . .	13	4) 7311.48	113	5) 44126.81
Durch Zusammenstoß . . .	31	4320.45	84	6) 24640.42
Sonstige Ursachen	1	1169.95	18	7) 24543.85
Zusammen	8) 56	16800.58	9) 257	107338.39
Billigkeitsfälle				
Absteigen	17	3425.00	30	7001.25
Aufsteigen	6	325.00	10	5521.90
Fallen vom Wagen	7	585.00	7	1582.50
Laufen in die Pferde . . .	14	3015.00	59	4208.51
Durch Zusammenstoß . . .	—	—	8	249.50
Sonstige Ursachen	1	12.00	8	487.00
Zusammen	10) 45	7362.00	11) 122	19050.66

1) Außerdem Jahresrente 897 Mk. — 2) Außerdem Jahresrente 1620 Mk. — 3) Außerdem Jahresrente 1650 Mk. — 4) Außerdem 2 Jahresrenten, 1 unbeziffert, 1 anfänglich 60 Mk., später unbestimmt. — 5) Außerdem Jahresrenten 2898 Mk. nnd 2 unbeziffert. — 6) Außerdem Jahresrenten 2424. — 7) Außerdem Jahresrente 300 Mk. — 8) Darunter 9 Kinder unter, 4 über 7 Jahr. — 9) Darunter 85 Kinder unter, 24 über 7 Jahr. — 10) Darunter 5 Kinder über 7 Jahr. — 11) Darunter 18 Kinder über 7 Jahr.

Unter den Haftpflichtsaufwendungen sind die Beträge eingerechnet, in denen aufgrund der Haftpflicht geklagt, Abweisung erfolgt, dagegen ein Aufwand für die Anwaltsgebühren nothwendig war, aber unersetzt geblieben ist, weil die Kläger das Armenrecht bewilligt erhalten hatten. Daß die Handhabung der Armenrechts-

---

tung der Verunglückten und 30 Rentenverbindlichkeiten nachgewiesen. Im Betrage von 22 536,45 Mk. handelte es sich um Fälle, bezüglich deren nicht übersehen werden kann, unter welchen Umständen die Verletzung eingetreten war, ob also Haftpflicht vorlag, weshalb sie hier unberücksichtigt blieben. Darin liegen allein 22 450 aus Mülhausen und Karlsruhe. Vergl. oben § 63 S. 218.

bewilligung die Straßenbahnbetriebe gewaltig belastet, wird hierdurch von neuem[2]) bestätigt.

Verschiedene als Haftpflicht entschädigte Fälle würden muthmaßlich abgelehnt worden sein, wenn nicht die bisherigen Rechtsgrundsätze des Reichsgerichtes die freie Entschließung beeinflußt hätten. Jedenfalls darf nicht unerwähnt bleiben, daß sich unter den 313 Verunglückten, welche Aufwendungen aufgrund der Haftpflicht verursacht haben, 122 = 38,66 % Kinder und zwar 28 = 8,62 % im Alter über und 94 = 30,04 % in diesem unter 7 Jahren befunden haben. Während nach der älteren Rechtsprechung die Selbstthätigkeit beim Alter unter 7 Jahr keinen Ablehnungsgrund des Haftanspruches bildete, darf für die Zukunft in einer größeren Fällezahl auf eine entgegengesetzte Behandlung gerechnet werden[3]), sodaß die Bewilligung von Ansprüchen mit größerem Vertrauen abgelehnt werden kann. Die aus Billigkeit entschädigten 23 = 13,77 % Kinder sind selbstredend über 7 Jahr alt gewesen.

In sämmtlichen Fällen, wo Entschädigung aus Billigkeit gezahlt wurde, hätte zwar der Einwand eigenen Verschuldens zweifellos durchgegriffen, trug man jedoch den begleitenden Nebenumständen z. B. Nothlage, Unerfahrenheit, Gebrechlichkeit der Verunglückten gebührend Rechnung, bewilligte also einen Ersatz, soweit nicht gerade zu einer Ablehnung die geltenden Beschränkungen zwangen, welchen die Vorstände von Handelsgesellschaften bei ihren Ausgaben und ihrer Vermögensverwaltung unterworfen sind. Zu Entschädigungen und Rentenverbindlichkeiten ist es nach dem Verletzungsumfange in nachstehender Anzahl[4]) bezw. Höhe gekommen:

---

[2]) K. Hilse: Haftpflicht § 41 S. 169. So hatten z. B. im Betriebe der Großen Berliner Pferdeeisenbahn-Aktiengesellschaft 7 Prozesse, deren 6 zur vollständigen und 1 zur theilweisen Aberkennung des Anspruchs geführt hatten, 1514,60 Mk. Anwaltsgebühren verursacht, welche unersetzt geblieben sind. Sie machen zusammen 16,67 % des Schadensaufwandes für die betreffenden 2 Jahre aus.

[3]) Urt. d. R.-G. v. 23. März 1888 (Entsch. XXI 18).

[4]) Nur scheinbar weichen die Ziffern S. 300 und S. 298 von einander ab. Vielmehr erklärt sich die Abweichung in der Fällezahl daraus, daß vereinzelt Geldzahlung und Rentenverbindlichkeit im nämlichen Falle entstanden ist, sodaß derarte Fälle je 2 Mal gezählt sind. Ein Fall zu Dresden ist mit 170 Mk. angesetzt (S. 217 Anm. 5), 2 Renten von 150 und 300 Mk. ungezählt geblieben (S. 180 Anm. 3).

	Leicht		Schwer		Tödtlich	
	verletzt					
	Fälle	Betrag	Fälle	Betrag	Fälle	Betrag
Berlin.						
Haftpflicht						
Geldbetrag						
Erwachsene	29	3371.40	13	6442.60	1	192.50
Kinder über 7 Jahr	2	100.00	1	3300.00	—	—
Kinder unter 7 Jahr	4	114.65	4	3279.43	—	—
Rente						
Erwachsene	—	—	2	1620.00	—	—
Kinder über 7 Jahr	—	—	1	[1]) —	—	—
Kinder unter 7 Jahr	—	—	1	[2]) 60.00	—	—
Billigkeit						
Erwachsene	18	1162.00	19	3900.00	3	400.00
Kinder	—	—	4	1700.00	1	200.00
Außerhalb.						
Haftpflicht						
Geldbetrag						
Erwachsene	78	8718.55	56	56546.30	9	5215.34
Kinder über 7 Jahr	11	411.75	9	11751.50	7	6413.20
Kinder unter 7 Jahr	15	1454.20	31	13694.36	31	3133.19
Rente						
Erwachsene	—	—	7	4221.00	4	1886.00
Kinder über 7 Jahr	—	—	—	—	3	1400.00
Kinder unter 7 Jahr	—	—	[3])8	661.00	—	—
Billigkeit						
Erwachsene	54	3045.63	41	12710.83	9	1380.40
Kinder	3	101.00	4	1008.00	11	804.80
Zusammen Geldbetrag	214	18479.18	182	114333.02	72	17739.43
Zusammen Rente[4])	—	—	19	6562.00	7	3286.00

1) Unbeziffert. — 2) Theilweis unbeziffert. — 3) Davon 2 unbeziffert (S. 217 Anm. 5, 214 Anm. 12). — 4) Außerdem 2 Renten von 300 Mk. und 150 Mk., sowie 2 unbezifferte, deren Rechtsgrund unsicher ist. Vergl. S. 218 Anm. 3.

§ 93. Beseitigung der Haftpflicht.

Bei den ziffermäßig immerhin erheblichen Opfern, welche die Straßenbahnbetriebe zum Ausgleich der Unfallsschäden zu bringen haben, und dem Umstande, daß die sonstigen Fuhrbetriebe bei vielleicht noch größerer Gefährlichkeit für die Verkehrssicherheit von einer Eintrittsverbindlichkeit für Fahrschäden in ihrem Betriebe befreit sind, hat vereinzelt bereits zum Wunsche geführt, die Anwendbarkeit des Haftpflichtgesetzes für Unfälle in solchen Betrieben auszuschließen, welche sich blos thierischer Triebkräfte bedienen, allgemein jedoch die Nothwendigkeit mindestens zu einer sachgemäßen Ergänzung der Haftpflichtverbindlichkeit für Straßenbahnbetriebe erkennen lassen. Der auf die bisherigen Erfahrungen gestützten Ueberzeugung der Betheiligten hat der Vorstand der Großen Berliner Pferdeeisenbahn Aktiengesellschaft Ausdruck gegeben durch Vorlage seines Urtheils und seiner Vorschläge behufs Verwerthung für die weiteren Beschlußfassungen über den Entwurf eines bürgerlichen Gesetzbuches für das deutsche Reich bei den zuständigen Behörden. Hier genügt die Verweisung darauf, sodaß von einer weiteren Erörterung Abstand genommen werden kann. Zu untersuchen bleibt nur, ob und inwieweit das gefundene Gefahrengesetz die früheren Vorschläge unterstützt.

Die Gefahrenstatistik hat den Nachweis[1]) ziffermäßig bestätigt, daß die Pferdebahnen, obschon sie den öffentlichen Straßenkörper benutzen, nur in geringer Zahl Gefahren für die Verkehrssicherheit verbinden, daß ihre ursprünglich beobachtete Gefährlichkeit sogar mit der Zunahme des Pferdebahnbetriebes verhältnißmäßig stetig abgenommen hat, daß die vorgelegenen Unfälle überdies zu ihrem größeren Theile erst durch Hinzutritt eines vom Betriebe unabhängigen, oftmals sogar nicht einmal voraussehbaren oder vermeidbaren Ereignisses, namentlich widerrechtlicher, vorsätzlicher oder fahrlässiger Handlungen Dritter außerhalb des Pferdebahnbetriebes stehender Personen herbeigeführt sind. Eine gegensätzliche Erfahrung ist bisher überhaupt, und erst für die Zeit vor Berathung und Erlaß des G. v. 7. Juni 1871 ausgeschlossen. Die Unterordnung der Pferdebahnen unter das Haftpflichtgesetz ist seitens der Rechtssprechung bezw. Gesetzgebung lediglich aus der Erwägung begründet[2]), daß eine solche Erfahrung bestehe. Trifft dieser Grund nicht allein nicht zu, ist er in seiner Richtigkeit vielmehr geradezu

---

[1]) K. Hilse: Haftpflicht § 33 S. 143. Vergl. oben § 79 S. 257, § 80 S. 262.

[2]) Ebenda § 2 S. 9.

widerlegt, so muß bei Anwendung der Rechtsregel: cessante ratione legis cessat lex ipsa der Pferdebahnbetrieb aus den haftpflichtigen Eisenbahnbetrieben ausscheiden.

Bestätigt wird ferner, daß gerade bei Pferde- und sonstigen Straßenbahnen, weil dieselben den öffentlichen Straßenkörper benutzen, also nicht auf einem besonderen, für den übrigen Verkehr abgeschlossenen und unter dem Schutze der strengen Bahnpolizei stehenden Bahnkörper fahren, eine größere und leichtere Möglichkeit zu einer Gefährdung des Betriebes durch fremde Böswilligkeit oder Leichtfertigkeit besteht, die aus derarten Ursachen entstandenen Nachtheile überdies keineswegs geringfügig sind, sondern schon Todesfälle gezeitigt haben, und daß deshalb die nach dem heutigen Gerichtsgebrauch allein verhängbaren Strafen des groben Unfugs und der Zuwiderhandlung gegen die Fahrordnung keinen hinreichenden Schutz gewähren. Gemäß des Grundsatzes: ubi ejusdem legis ratio, ibidem ejusdem legis dispositio müßte deshalb eine Ausdehnung des Schutzes aus St.-G.-B. §§ 305, 315, 316 auf den gesammten Straßenbahnbetrieb einschließlich der Pferdebahnen erfolgen.

Nach Lage der Umstände genügt in beiden Richtungen die Hülfe der Rechtssprechung nicht, sondern ist das Eingreifen der Gesetzgebung nöthig. In welchem Umfange füglich Abänderungswünsche mit Aussicht auf ihre Verwirklichung gehen dürfen, ist anderweit dargethan. Die dort gemachten Abänderungsvorschläge erscheinen durchweg begründet.

Denn davon ist schließlich abzusehen, gesetzgeberisch die Nichtanwendbarkeit des R.-G. vom 7. Juni 1871 § 1 auf die im Straßenbahnbetriebe eingetretenen Unfälle erklärt zu verlangen[3]). Der dem Haftpflichtgesetz zugrunde liegende Gedanke, daß für die Vernichtung wirthschaftlicher Güter derjenige aufzukommen hat, in dessen Betriebe sie verursacht wurde, ist inzwischen auf gesellschaftswirthschaftlichem Gebiete weiter verfolgt[4]), überdies sittlich und wirthschaftlich vollberechtigt[5]). Dazu tritt, daß im Gefühle ihrer

---

[3]) K. Hilse: Betriebsunfälle § 2 S. 2, § 20 S. 77; Giesecke i. d. Zeitschr. f. Lok.- u. Straßenbahnw. VII 4.

[4]) R.-G. v. 15. Juni 1883, 6. Juli 1884, 28. Mai 1885, 5. Mai 1886, 11. und 13. Juli 1887.

[5]) K. Hilse: Haftpflicht § 8 S. 32—34. Mataja a. a. O. I 267.

Verantwortlichkeit die Leiter von haftpflichtigen Betrieben größere Sorgfalt bei Auswahl ihrer Bediensteten anzuwenden[6]), die Betriebsaufsicht zu verschärfen, Betriebseinrichtungen zu verbessern und Unfallverhütungsschutz zu treffen pflegen.

Die gesetzgeberische Beseitigung der Haftpflicht könnte umgekehrt — wenn vielleicht auch nur vereinzelt — die Leiter ertragsloser Betriebe aus einseitigen Sparsamkeitsrücksichten zum Nachlassen in der Unfallsfürsorge verleiten und damit die Gefahrenzunahme begünstigen. Aus dieser naheliegenden Besorgniß würde die gesetzgeberische Beseitigung der Haftpflicht für die Entwickelung des Straßenbahnwesens sogar verhängnißvoll werden können. Erfahrungsgemäß haben nämlich die Staats- und Gemeindebehörden[7]) nach gewonnener Erkenntniß der den Straßenverkehr regelnden Gewalt der Straßenbahnen und der hinter der ursprünglichen gewaltigen Ueberschätzung erheblich zurückgebliebenen Gefährlichkeit der Straßenbahnen für die allgemeine Verkehrssicherheit bestandene Vorurtheile und übertriebene Forderungen fallen lassen, welche anfänglich der Anlage von Straßenbahnen und der zweckmäßigen Gestaltung des Straßenbahnnetzes zum Nachtheil des allgemeinen Verkehres fast allerwärts erschwerend im Wege standen. Eine infolge leichtfertiger Betriebsleitung herbeizuführende Gefahrensteigerung gegen jetzt könnte leicht die geschwundene Besorgniß wieder wachrufen, und selbst unbetheiligten vorsichtigen Unternehmern gegenüber neue Schwierigkeiten bereiten lassen. Zum Schutze der Straßenbahnen gegen unbillige Verantwortlichkeit, zur Erhaltung ihrer wirthschaftlichen Leistungsfähigkeit ist die völlige Beseitigung der Haftpflicht sogar nicht einmal nothwendig, da hierfür schon vereinzelte mit ihrem Grundgedanken wohl vereinbare sachgemäße Ergänzungen bezw. Abänderungen einerseits durch Erweiterung des Einwandsrechtes, andererseits durch Ausdehnung der Haftpflicht auf die anderweiten Straßenfuhrbetriebe genügen würden.

Derselbe hat übrigens in anderen Staaten Anerkennung und Durchführung gefunden z. B. in Oesterreich durch G. v. 28. Dezember 1887. Vergl. dazu Mataja a. a. O. I 207.

6) Ebenda § 6 S. 24, § 8 S. 33.

7) K. Hilse: Betriebsunfälle § 3 S. 3, in d. Zeitschr. f. Lok.- u. Straßenbahnw. VII. 62; Haftpflicht § 34 S. 145; Verstadtlichung § 37 ff. S. 21 ff.

§ 94. Erweiterung des Einwandsrechts im Haftpflichtsgesetz.

Die Befreiung von der Haftpflicht zu bewirken, hat die Gesetzgebung nur den beiden Einreden: höherer Gewalt und eigenen Verschuldens zugestanden. Dieselben reichen bei den eigenthümlichen Umständen, welche im Pferdebahnbetriebe Unfälle herbeiführen können, nicht aus, wenngleich sie den deutschen Betrieben während der Jahre 1882—88 in 84,80 % Fällen zugute gekommen sind.

Dagegen haben die 313 zur Entschädigung gelangten Fälle doch immer noch 124 138,97 Mk. sofortige Aufwendung erfordert und 30 Rentenverbindlichkeiten in Höhe von jährlich 9848 Mark erzeugt, sodaß in dieser Fällezahl das gesetzliche Einwandsrecht nicht ausgereicht hat. Unter den Entschädigten haben sich nicht allein 94 Kinder im Alter unter 7 Jahren, sondern auch Personen befunden, welche durch das Anfahren anderer als Pferdebahnwagen verunglückt sind, so daß der Unfallanlaß theils auf eigene, theils auf fremde Thätigkeit zurückzuführen ist, und ohne deren Hinzutritt durch den Betrieb nicht gegeben sein würde. Mindestens in diesen Fällen hat eine ungebührliche Ueberlastung der Straßenbahnbetriebe stattgefunden [1]).

In einem anderen Theile der zur Entschädigung gelangten Fälle trug der Umstand, daß dem Betriebsunternehmer die schwierige Beweislast für die den Einwand begründenden thatsächlichen Unterlagen aufgebürdet wird, die Schuld, indem er mißglückt war. Letzteres wird häufig der Fall sein. Denn dem Vorgange pflegen höchst selten die Betriebsleiter persönlich beigewohnt zu haben. Sie müssen sich überwiegend auf die Wahrnehmung und Mittheilung der Führer und Begleiter ihrer Wagen stützen. Diesen fehlt meist das richtige Verständniß, auf welche einzelnen den Hergang bildenden Umstände seinerzeit der Erkenntnißrichter Werth legen wird, um den thatsächlichen Verlauf des Vorganges zu erkennen und festzustellen. Außerdem vollziehen sich die Vorgänge meist so schnell und plötzlich, daß die Bediensteten, deren Aufmerksamkeit

---

1) Weitere Einzelheiten in K. Hilse: Betriebsunfälle S. 54—58.

durch andere Dienstverrichtungen in Anspruch genommen ist, die einzelnen in einander greifenden Erscheinungen nicht genau verfolgt haben. Dazu tritt ihre Bestürzung durch den Vorgang, die erfahrungsgemäße Abneigung der Fahrgäste und Straßengänger zur Angabe ihrer Namen, was deren Anrufen zur Zeugenschaft vereitelt, endlich die richterlicherseits vielfach eintretende Beanstandung der Glaubwürdigkeit der Betriebs-Angestellten wegen ihres Abhängigkeitsverhältnisses zum Unternehmen. Aus alledem gestaltet das Aufbürden der Beweislast sich zu einer nicht zu unterschätzenden Gefahr für die Betriebsunternehmer, die Befreiung von der Haftverbindlichkeit wegen Beweisfälligkeit zu verlieren. Gleichwohl läßt sich auf eine gesetzgeberische Aenderung der Beweisrolle nicht rechnen. Sie wurde dem Betriebsunternehmer aus nicht zu unterschätzenden ethischen Gründen aufgebürdet. Jeder dahin gerichtete Versuch würde erfolglos bleiben[2]).

Anders steht es mit etwaigen Anträgen auf Erweiterung des Einwandsrechtes durch das Zulassen weiterer gleich wirksamer Einreden. Denn den Straßenbahn-Betriebsunternehmer für Unfälle verantwortlich zu machen, welche nur durch einen zeitlichen Zusammenhang mit seinem Betriebe in Verbindung stehen, während sie nachweisbar auf außerbetriebsgemäße Ereignisse zurückzuführen sind[3]), ihm also die Haftverbindlichkeit für das Verschulden fernstehender dritter Personen aufzubürden, widerstreitet sicher dem Rechtsgefühle. Vorweg bleibt indeß zu prüfen und festzustellen, inwieweit die vorhandenen thatsächlich unausreichend sind.

Dem Rechtsgefühle widerstreitet die Haftverbindlichkeit der Betriebsunternehmer in Fällen, wo eine fremde, mit dem Betriebe in keinerlei Verbindung stehende Handlung den Unfallsanlaß geschaffen hat. Sofern die handelnde Person kein Bediensteter ist, wird bisweilen der Einwand höherer Gewalt Schutz bieten[4]). Un-

[2]) Förster: Privatrecht § 151 (II 461) und K. Hilse: Haftpflicht § 3 S. 14, § 35 S. 147.

[3]) Nach österr. G. v. 5. März 1869 werden Eisenbahn-Unternehmungen von der Haftpflicht durch den Beweis befreit, daß das Ereigniß durch eine unabwendbare Handlung einer dritten Person verursacht wurde.

[4]) K. Hilse: Haftpflicht § 21 S. 92, § 22 S. 95, § 23 S. 100. Dazu Eger a. a. O. 135ff.; Giesecke a. a. O. VII 40.

billig ist, und dem Rechtsgefühle widerstreitet z. B., daß, wenn Unerwachsene und Erwachsene absichtlich von anderen Personen, deren freie Bewegung sie hinderten, in dem Augenblicke vom Bürgersteige nach dem Straßendamm gestoßen wurden, als sich ein Pferdebahnwagen in gleicher Höhe mit der Fallstelle befand, der Betrieb haftet. Männer rissen Mädchen, welche sich ihrer Begleitung durch Besteigen eines Pferdebahnwagens entziehen wollten, gewaltsam vom Vorderperron herab; neunmal stießen Mitfahrgäste andere absichtlich vom Perron; im Fallen Auf- oder Absteigende zogen bei ihrem Fallen Andere herunter, die sie zu ihrem eigenen Schutz gegen das Fallen als Stützpunkt angefaßt hatten; Fahrgäste warfen gewaltsam die Thür zu, als ein folgender eintreten wollte, dem dadurch die Hand gequetscht wurde; erwachsene Begleiter ließen unmittelbar neben dem Gleise kurz vor dem Wagen, selbst zurücktretend, ihrer Obhut anvertraute Kinder vom Arme fallen, sodaß diese zwischen die Hinterhufe des Pferdes und die Schutzvorrichtung zu liegen kamen.

Wie man in diesen, sowie in den Fällen, wo muthwillig Scheiben vorüberfahrender Wagen zum Wurfziel erwählt oder Hindernisse, z. B. Steine in die Schienenrille gelegt waren, die Eigenthümlichkeiten des Straßenbahnbetriebes als Berechtigungsgrund für die Haftverbindlichkeit geltend machen kann, ist geradezu unfaßlich, weil alle diese Vorgänge bei jeder anderen Fahrgelegenheit mit genau der nämlichen Wirkung eintreten können.

Unerfindlich ist ferner, die Unfälle der Kinder, welche durch das Verschulden ihrer Begleiter zu Schaden kommen, nur deshalb dem Betriebsunternehmer aufzubürden, weil der Schadensurheber sich gerade einen Pferdebahnwagen für seine Waghalsigkeit ausersehen hatte, während er genau dieselbe Wirkung hervorgebracht haben würde, wenn er ein anderes Gefährt auf gleich unvorsichtige waghalsige Weise mit dem Kinde auf dem Arm verlassen bezw. bestiegen hätte.

Nicht minder unklar ist der Rechtsgrund, dem Pferdebahnbetrieb die Unfälle zuzurechnen, welche Führer fremder Fahrzeuge unter Außerachtlassen der berufsgemäßen Aufmerksamkeit veranlassen,

---

[5]) K. Hilse: Haftpflicht § 19 S. 84, § 40 S. 165, unten § 98 II 321.

daß z. B. ein Rollkutscher unter Benutzung der falschen Fahrbahnseite mit seinem vorschriftswidrig unbeleuchteten Wagen dergestalt heftig gegen einen vorüberfahrenden Pferdebahnwagen senkrecht einfuhr, daß die Pferdebahnwagenwand durchstoßen und ein Fahrgast tödtlich verletzt wurde, oder ein Bierkutscher oder ein Sprengwagenführer dergestalt gegen entgegenkommende, mittlerweile durch Bremsen zum Halten gebrachte Pferdebahnwagen anfuhren, daß gleichfalls ein Eindringen ihrer Deichsel und eine unmittelbare Verletzung von Fahrgästen erfolgte. In einer großen Fällezahl wurden Perronfahrgäste durch anfahrende Wagen unmittelbar verletzt. Stichhaltige Rechts- oder Billigkeitsgründe dafür, den Pferdebahnunternehmer für derarte Unfälle haftbar zu erklären, fehlen. Daraus ergiebt sich die Nothwendigkeit, den unerträglichen Rechtszustand durch sachgemäße Gesetzesänderung zu beseitigen, die entweder in einer mehr sachgemäßen Begrenzung des Begriffes »im Betriebe«, oder in dem Zulassen des Einwandes »fremder Gewalt« und der Verweisung an den Beschädiger sich äußern kann. Der nämliche Rechtsgrund, welcher bisher nicht erlaubte, Dienstherren oder Arbeitgeber für den Erfolg der schuldhaften Handlungen ihrer Wagenführer verantwortlich zu erklären, läßt doch ganz gewiß noch mehr dem Rechtsgefühle widersprechend erscheinen, die an dem Vorgange noch weniger betheiligten Straßenbahn-Betriebsunternehmer lediglich aus dem Grunde heranzuziehen, weil ein Gegenstand ihres Betriebes in Mitleidenschaft gezogen war. Versagen also die bisher gebotenen Einreden, versagt das Bestreiten des ursachlichen Zusammenhanges von »Betrieb« und Unfall hier die Wirkung, so wird der Gesetzgebung nichts übrig bleiben, als die bestehende Unzuträglichkeit durch die Erweiterung des Einwandsrechtes oder durch sachgemäße Begrenzung des Begriffes »im Betriebe« zu beseitigen.

Hierzu wird ihn ferner der Umstand bestimmen müssen, daß die jetzt zulässigen Einreden zur Ablehnung eines Schadensanspruches wegen Verletzung eines durch unverständiges Verhalten verunglückten Kindes im Alter unter 7 Jahren meist versagen, weil, wenn selbst die Eltern durch mangelhafte Aufsicht ein Verschulden begangen haben, dies doch nur ein solches der Eltern ist, sodaß, da

---

6) Urt. d. R.-G. v. 13. April 1881. (Entsch. I 253) und K. Hilse: Haftpflicht § 38 S. 160.

dem Kinde selbst die unverständige Selbstthätigkeit zum Verschulden nicht angerechnet, das Verschulden der Eltern aber als eigenes Verschulden des Kindes nicht angesehen werden kann, die Haftverbindlichkeit bestehen bleiben würde, zumal höchst selten derarte Fälle unter den Begriff der höheren Gewalt gebracht werden können[7]). Zum Schutz gegen die zahlreichen Unfälle und die Selbstthätigkeit unbeaufsichtigter Kinder unter 7 Jahr müßte mindestens den klagenden Eltern gegenüber und für die Dauer ihrer gesetzlichen Erziehungspflicht jeder Ersatz versagt werden[8]), weil andernfalls ihre Nachlässigkeit in der schuldigen Aufsicht eine Belohnung in Gestalt der erstrittenen Erziehungsbeihülfe bekommt. Es ist deshalb unfehlbar eine Aenderung der Gesetzgebung erwünscht, durch welche noch dazu nur ein Ausgleich mit dem sonstigen Fuhrwerk geschaffen wird. Denn ein dem Ueberfahrenwerden durch die Pferdebahn völlig gleichartiger nachtheiliger Erfolg für Leben und Gesundheit tritt ein, wenn ein Kind unmittelbar vor einem anderen Wagen in dessen Fahrbahn tritt und stehen bleibt, da diese Wagen sich meist beim Mangel guter Hemmvorrichtungen weit schwieriger zum Stehen bringen lassen als Pferdebahnwagen, wo solches noch auf 5 bis 10 Schritte Entfernung gelingt. Zum Zermalmen von Körpertheilen des Kindes genügt das Rad jedes besetzten Fuhrwerkes, sodaß nicht einmal von einer größeren Gefahr im Ausgange die Rede sein kann. Es ist eben nur nöthig, das Schuldmoment aus dem Einwande fallen zu lassen und für »Verschulden« zu setzen: »Veranlassen«. Denn es ist gewiß nicht zu rechtfertigen, daß die nämliche selbstthätige Handlung je nachdem, ob sie vor oder nach der Mitternachtstunde des Tages begangen ist, an welchem das Kind sein 7. Lebensjahr vollendet hat, für Schaffen oder Wegfall desselben Ersatzanspruches bestimmend sein kann. Aus seiner eigenen unerlaubten Handlung — und unerlaubt, wenn auch straflos, ist diese eines unmündigen Kindes gewiß — kann nach allgemeinen Rechtsgrundsätzen kein Recht erworben werden. Das Zubilligen des Anspruches widerstreitet mithin einem Grundsatze des Rechtes

---

[7]) Urt. d. R.-G. v. 23. März 1888 (Entsch XXI 13) läßt unter Umständen den Einwand „höherer Gewalt" bei Unfällen von Kindern, welche noch nicht 7 Jahr alt sind, gelten.

[8]) Unten § 95 S. 310, § 98 S. 318.

und ist deshalb ungerechtfertigt. Der Gesetzgeber wird auch an Fälle der hier beregten Art schwerlich gedacht haben. Denn im Betriebe der auf dem eigenen abgeschlossenen Bahnkörper fahrenden Eisenbahnen würde der Fall fast unmöglich sein. Erst durch Benutzung des Straßenkörpers war die Eintrittsmöglichkeit geschaffen. Sicher hat es ferngelegen, die damals nicht voraussehbaren Gefahren treffen zu wollen.

b) Die Ergänzung des Strafrechts.

§ 95. Begründung der Ergänzungsnothwendigkeit.

Der strafrechtliche Schutz, welchen bei Lage der heutigen Gesetzgebung und Rechtssprechung, die Straßenbahnen gegen die Gefährdung ihres Betriebes und ihrer Fahrgäste finden, genügt dem Bedürfnisse nicht. Anderwärts ist solches bereits nachgewiesen[1]). Dies war übrigens bereits 1875 behördlicherseits erkannt und durch den Vorschlag einer Gesetzesergänzung ausgedrückt worden[2]). Insofern 1888 die deutschen Straßenbahnen bereits von mehr als 285169481 Personen gegen 265741350 im Jahre 1887 benutzt worden sind, also eine Zunahme um 19428631 Personen = 7,00 % erfahren haben, darf behauptet werden, daß das Straßenbahnwesen allerdings einer behördlichen Fürsorge würdig ist. Läßt sich beweisen, daß sie solcher bedarf, so wird sich die Gesetzgebung schwerlich auf die Dauer ihrer Aufgabe entziehen können, Schutzmaßregeln zu treffen.

Daß ein weiterer Schutz noththut, beweisen die Unfälle, welche nachweisbar auf fremdes Verschulden zurückzuführen sind und durchschnittlich 5,62 % gegenüber 88,38 % der Selbstverschuldeten ausmachen[3]). Dieselben sind überdies im Ausgange verhängnisvoll und für die Betriebe kostspielig gewesen, sodaß schon die Billigkeit erheischt, die unbegründete Belastung den Straßenbahnen abzunehmen oder wenigstens zu erleichtern.

---

1) K. Hilse: Haftpflicht §§ 43, 44 S. 176—182.

2) Drucks. z. d. Verhandl. d. Bundesrathes Sess. 1875 Nr. 73, Nr. 78 S. 18; Protok. 1875 S. 423.

3) Unten § 98 S. 316.

Insbesondere widerstreitet es dem Rechtsgefühl, daß die Waghalsigkeit und Leichtfertigkeit, welche sich darin ausspricht, daß Kinder unter 7 Jahren[4]) ohne jede Aufsicht zum Spielen auf die mit Schienenwegen belegten Straßen gelassen werden, oder daß sogar Eltern und sonstige Obhutsverpflichtete sie beim Besteigen oder Verlassen rollender Wagen oder Kreuzen der Gleise vor ankommenden Wagen mit sich nehmen, nicht allein straflos bleiben, sondern sogar in der Form Belohnung finden, daß sie in der Entschädigungssumme eine Erziehungsbeihülfe und damit Entlastung der schuldigen Erziehungspflicht gewinnen. Derartige grobe Obhutsverletzungen verdienen strenge Bestrafung, soll nicht die bereits bemerkbare stetige Zunahme derarter Unfälle schließlich zu einer verhängnißvollen Gemeingefahr ausarten.

c) Vertretungsverbindlichkeit der Fuhrbetriebe.

§ 96. Erweiterungsnothwendigkeit.

Eine Verantwortlichkeit der Fuhrhalter für die Fahrversehen ihrer Kutscher, wie solche der Entwurf des bürgerlichen Gesetzbuches in Aussicht nimmt, entspricht keineswegs den heutigen Verkehrs- und Lebensverhältnissen. Vielmehr würde, wenn es bei den geplanten Grundsätzen sein Bewenden behält, dem Schutzbedürfnisse, welches die Art des heutigen Fuhrgewerbes hervorgerufen hat, nicht genügt sein. Eine darüber hinausgehende Haftverbindlichkeit ist dringend nothwendig, rechtlich begründ- und wirthschaftlich ausführbar, wie solches anderwärts ausführlich dargethan ist[1]). Die Verbesserung der Fahrordnung vermag blos eine geringe Abhülfe zu schaffen[2]). Andererseits sind die Unfälle, welche auf Einwirkung fremder Fahrzeuge zurückzuführen und denen Fahrgäste, Straßengänger, Bahnbedienstete gleichmäßig ausgesetzt sind, weder ziffermäßig gering noch im Ausgange unerheblich. Ist die Sicherung des Straßenverkehres, die Gefahrenbeseitigung und schließlich

[4]) Oben § 47 S. 171, unten § 98 S. 319.

[1]) K. Hilse: Haftpflicht § 45—50 S. 183—215.

[2]) Oben § 81 S. 263.

das Herbeiführen eines wirthschaftlichen Ausgleiches zugefügter Schäden eine würdige Aufgabe der Gesetzgebung[3]), so wird dieselbe zielbewußt vor einer Belastung der Fuhrgewerbe um so weniger zurückschrecken dürfen, als sie bereits das Straßenbahngewerbe zu belasten nicht Anstand genommen hat.

Es dürfte an der Zeit sein, mit den veralteten der heutigen Wirthschafts-, Verkehrs- und Lebensweise nicht mehr genügenden Anschauung zu brechen, daß die Unterlage außervertragsgemäßer Ersatzverbindlichkeit stets nur ein Verschulden des Verpflichteten bilden könne. Denn dann wird in der überwiegend größten Fällezahl dem Verletzten jeder Ersatz ausbleiben, er also die Folgen fremder Schuld zu tragen haben. Daß auch bei dem allergewöhnlichsten Verlaufe der Wirthschaft, bei einem erlaubten, sogar staatlicherseits ausdrücklich gebilligten oder vorgeschriebenen Verhalten Schädigungen anderer Wirthschaften eintreten können, daß es bei der bestehenden Wirthschaftsordnung nothwendig Fälle giebt, wo die Thätigkeit, die Entwickelung der einen Wirthschaft eine andere in bestimmt nachweisbarer Weise beeinträchtigt, aber gleichwohl nicht gehemmt werden soll oder kann, wohingegen triftige volkswirthschaftliche Rücksichten und Rechtserwägungen dafür sprechen, die leidende Wirthschaft nicht gänzlich und nicht immer ohne Schutz oder Ausgleich zu belassen, dies alles hat bisher keine Berücksichtigung gefunden, ist solcher aber dringend benöthigt[4]). Indem der Entwurf sich fast ausschließlich der Betrachtung von Vorsatz und Versehen zuwendet, als gelte es, ein Strafgesetzbuch und nicht eine Ordnung der wirthschaftlichen Beziehungen zu erlassen, nicht ohne zuweilen das Strafrecht selbst an Rücksichtnahme auf den Einfluß des Verschuldens zu überflügeln, muß gewünscht und dahin gestrebt werden, eine sachgemäße Aenderung herbeizuführen. Der Verkehr fordert Sicherheit des Einzelnen, Schutz seines Lebens, seiner Gesundheit, seines Eigenthums gegenüber den Gefahren, welche der Fuhrbetrieb in seiner heutigen Ausdehnung, Behand-

---

[3]) Gutachten für den deutschen Juristentag XVII, 46, 125, 377. XVIII, 275; Sten.-Ber. XVII, 81 ff., XVIII, 67 ff., 105.

[4]) K. Hilse: Haftpflicht § 14 S. 50, § 15 S. 53, § 24 S. 102 ff., § 28 S. 114, § 29 S. 115, § 31 S. 131, § 32 S. 138; oben § 28 S. 115, § 36 S. 149, § 52 S. 185. 187, § 81 S. 263.

lung und Wirthschaftsweise erzeugt und welche zum allergrößten Theile vermeidbar sein würden, wenn die Selbstsucht der Unternehmer nicht den eigenen Betriebsgewinn über die Betriebssicherheit, die eigene Bequemlichkeit über die dem Allgemeinwohl schuldige Fürsorge stellen würden, wenn nicht an Aufwendungen gespart würde[5]), die im Verhältniß zu den Schäden, welche ihr Verausgaben verhindern könnte, fast verschwinden. Gegen dieses System der Selbstsucht, der Selbstbereicherung auf fremde Kosten, der Rücksichtslosigkeit gegen die berechtigten Anforderungen der Andern muß vorgegangen werden. Es liegt ein Eingriff der Willkür des Einzelnen in die Freiheitssphäre der Andern vor, die naturgemäß verlangen dürfen, sich ungefährdet auf die Verkehrsstraßen wagen zu können. Diesen Eingriff braucht die Allgemeinheit sich nicht länger gefallen zu lassen. Vertreten in den gesetzgebenden Gewalten muß sie gegen den Mißbrauch der Straßen durch sachwidrigen Fuhrgewerbebetrieb Einspruch erheben. Erscheint die unbedingte Haftpflicht der Fuhrhalter für ein wirksames Mittel, die allgemeine Verkehrssicherheit wieder herzustellen, welche die Fuhrgewerbe widerrechtlich stören, so wird zu ihr gegriffen werden können und müssen, selbst wenn die Doktrin daran Aerger nehmen sollte.

Selbstverständlich würde, sobald überhaupt eine Haftpflicht des Fuhrhalters für seine Leute gesetzlich anerkannt wird, dieselbe auch Rechtspersonen treffen müssen. Es fehlt jeder Billigkeitsgrund, warum das Reich, der Staat, die Gemeinden, insbesondere aber Handels- und Aktiengesellschaften von der Haftpflicht entbunden sein sollen, sobald sie den Fuhrbetrieb geschäftlich oder gewerblich ausüben. In Sonderheit sind z. B. die Aktionäre keineswegs völlig schuldlos, wenn eine sachwidrige Verwendung ungeeigneter Personen aus falschen Sparsamkeitsrücksichten in dem Betriebe stattfindet[6]), was bei der Entstehung des Haftpflichtgesetzes die Gesetzgebung bereits ausgesprochen hatte[7]). Die Lohnsätze und sonstigen Arbeitsbedingungen in den Fuhrbetrieben, welche unter der Haftpflicht stehen und welche zur Zeit von derselben noch befreit sind, gegenüberge-

---

[5]) Ebenda § 47 S. 194 Anm. 2.

[6]) Ebenda § 6 S. 24.

[7]) Ebenda § 4 S. 18.

stellt und gegeneinander verglichen, lassen die herrschende Ansicht der Rechtswissenschaft als mit den heutigen Wirthschafts- und Lebensverhältnissen unverträglich erscheinen.

Nachdem das Reich und die Gemeinden bereits in die Reihe der Fuhrhalter eingetreten sind[8]), letztere durch Uebernahme des Straßenbahnbetriebes in immer weiterem Umfange das Fuhrgewerbe zu betreiben planen[9]), erscheint es unerfindlich, warum ihr Ausschluß von der Haftpflicht gutgeheißen werden könnte. Er würde eine neue Unbilligkeit und Ungleichheit schaffen. Oder glaubt man vielleicht, daß Reich, Staat oder Gemeinden es in der Hand haben, ihre Betriebe von unzuverlässigen Personen freizuhalten? Die Erfahrungen im Gebiete des Eisenbahn- und Postwesens bestätigen eher das Gegentheil.

d) Regelung des Straßenbahnwesens.

§ 97. Leitende Grundsätze.

Eine aus der Mitte deutscher Fuhrwerksunternehmer hervorgegangene Vorstellung, im Wege der Reichsgesetzgebung das Straßenbahnwesen zu regeln[1]) hat auf Antrag der Petitions-Commission in der Sitzung vom 13. Mai 1889 Ablehnung[2]) gefunden. Sie hielt solche um deshalb zur Erörterung im Plenum nicht für geeignet, weil das Straßenbahnwesen durch Gew.-O. § 37 und durch die Bahnordnung für deutsche Eisenbahnen von untergeordneter Bedeutung vom 12. Juni 1878 bereits geregelt sei. Diese Auffassung erscheint sachwidrig und rechtsirrthümlich.

Mit den Verhältnissen und dem Wesen des Straßenbahnbetriebes Vertraute klagen ausnahmslos darüber, daß bezüglich aller in das Gebiet des Straßenbahnwesens einschlagenden Verhältnisse Rechtsunsicherheit besteht, weil man auf die Gesetzesanalogie ange-

---

8) Ebenda § 30 S. 120 Anm. 1—3.
9) K. Hilse: Verstadtlichung führt solches weiter aus.
1) Oben § 13 S. 34 Anm. 13. 14, § 91 S. 296 Anm. 4.
2) Fuhrhalter V 26.
3) K. Hilse: Verstadtlichung § 5 S. 18; Prix a. a. O. VI 21, 34, 44.

wiesen sei, und deshalb nicht voraussehen könne, wie schließlich die Entscheidung der Spruch- oder der maßgebenden Verwaltungsbehörden ausfallen werde. Umfang und Inhalt der ortspolizeilichen Befugnisse aus Gew.-O. § 37, die Grenze zwischen der Zuständigkeit der Orts- und der Wegepolizei bezüglich des Straßenbahnwesens, das Bestehen eines Eingriffsrechtes der Wohlfahrtspolizei, die Machtbefugnisse der Landespolizei gegenüber der ortspolizeilichen Regelungsbefugniß, die Art und Weise, wie die verschiedenen sich widersprechenden Maßregeln der einzelnen in Frage kommenden Ortspolizeibehörden zu behandeln sind, wenn eine Bahn mehrere Orte verbindet oder durchfährt, sind nicht minder unsicher als die Frage, wie es zu halten sei, wenn bezüglich der Fahrpreise weder eine Verständigung zwischen Polizei und Gemeinde noch eine solche zwischen mehreren betheiligten Gemeinden oder Ortspolizeibehörden erreichbar ist.

Der Beschluß und seine Begründung verrathen ebenso große Unkenntniß des Wesens der Straßenbahnen im hier behandelten Sinne wie Rechtsirrthum. Denn Bahnbetriebe, für welche die Bahnordnung gilt, sind von der ortspolizeilichen Regelung aus Gew.-O. § 37 ausgeschlossen, da nach Gew.-O. § 6 solche für sie nicht anwendbar ist, umgekehrt sind Bahnbetriebe, soweit sie Verkehrsgewerbe im Sinne Gew.-O. § 37 sind, keine der Bahnordnung unterliegende Betriebe. Vielmehr handelt es sich um zwei völlig verschiedene Einrichtungen, welche nur das eine gemeinsam haben, daß die Wagen auf Schienen laufen.

Ungewiß ist nun, wo die Grenze zwischen den beiderlei Betrieben liegt, worin die wesentlichen Unterscheidungsmerkmale bestehen, wann die Bahnordnung, wann die Gewerbeordnung Platz greift. Schon dies festzustellen, wäre eine gesetzgeberische Pflicht, denn es scheint geradezu unverständlich, warum die elektrische Bahn in Lichterfelde der Bahnordnung und die erheblich umfangreichere in Offenbach der Gew.-O. unterliegt, warum in Berlin für den Dampfbetrieb der Bachsteinschen Unternehmungen die Bahnordnung, und für diesen von Davy, Donath & Co. die Gew.-O. anwendbar ist. Gilt die Erstere, so hat die Ortspolizei weder in der Betriebsnoch in der Preisfrage mitzusprechen; im anderen Falle liegt alles in ihrer Gewalt.

D. Das Gefahrengesetz für die Rechtsprechung.

§ 98. Die herrschenden Rechtsgrundsätze.

Unfälle im Straßenbahnbetriebe haben die Rechtssprechung in ihren beiden Richtungen: »der Strafrechtspflege« und »der Entscheidung von bürgerlichen Streitigkeiten«, bereits vielfach beschäftigt und zahlreiche Urtels herbeigeführt. Daß solche ausnahmslos dem Rechtsbewußtsein der Bevölkerung voll und ganz entsprochen, ausnahmslos auf richtiger Erkenntniß des Wesens der Straßenbahnen und Eigenthümlichkeiten ihres Betriebes beruht, ausnahmslos die Lage der Betriebsunternehmer gehörig gewürdigt und den Geist der Gesetze richtig erfaßt hätten, wird schwerlich Jemand behaupten, der die bisher ergangenen Entscheidungen und die in ihnen niedergelegten Rechtsgrundsätze mit einander vergleicht, dabei aber gleichzeitig die Eigenthümlichkeiten des Straßenbahnbetriebes wirklich kennt[1]).

Zunächst fällt es schon auf, daß die Anwendbarkeit des Haftpflichtgesetzes auf den Straßenbahnbetrieb mit der Behauptung begründet zu werden pflegt, daß erfahrungsgemäß die Straßenbahnen den Vollbahnen an Gefährlichkeit für die allgemeine Sicherheit gleichen. Diese Behauptung steht jedoch mit den thatsächlichen Verhältnissen, wie solche ziffermäßig festgestellt sind, geradezu in Widerspruch. Zur Zeit, als das Haftpflichtgesetz vom 7. Juni 1871 zustande kam, bestanden Straßenbahnen erst seit wenig Jahren und waren Unfälle im Straßenbetriebe, welche zu Tödtungen oder Körperverletzungen von Fahrgästen, Straßengängern oder Betriebswerkthätigen geführt haben, erst in so winziger Anzahl eingetreten, daß sie als Unterlage von Erfahrungen zu dienen, umsomehr ungeeignet waren, als es sich damals noch um die Kinderzeit des Straßenbahnwesens handelte[2]). Mittlerweile haben verschiedene Erhebungen[3]), gegen deren Zuverlässigkeit sich schwerlich wird ankämpfen lassen und die im Gegentheil seitens der amtlichen Sta-

---

[1]) Giesecke a. a. O. VI 23, VII 63; K. Hilse: Haftpflicht.

[2]) K. Hilse: Haftpflicht § 10 S. 36.

[3]) Oben § 4 S. 10 zu Anm. 2. 3.

tistik durch den Ausspruch ausgezeichnet wurden[4]), daß auf amtichem Wege etwas Besseres kaum zu erreichen gewesen sein würde, den Nachweis erbracht, wie geringfügig die Unfallsziffer im Straßenbahnbetriebe gegenüber dem gewaltigen Verkehre verhältnißmäßig nur ist, und wie sie mit Erweiterung der Betriebe im Zeitenverlaufe an Zahl und Schwere des Ausgangs eher ab- als zugenommen hat[5]). Die herkömmliche thatsächliche Behauptung ist also grundfalsch. Mit dieser Erkenntniß fällt ein Glied in der Kette der Erwägungen weg, auf welchen das Schlußurtel beruht. Deshalb darf allerdings angenommen werden, daß die spätere Rechtsprechung jene falsche Behauptung fallen lassen, damit aber zu veränderten Endsprüchen gelangen wird.

I. Das Gebiet des bürgerlichen Streitverfahrens.

Die Entscheidungen in Haftpflichtsachen nehmen die Aufmerksamkeit ganz besonders in Anspruch. Hier wird die Kenntniß des Gefahrengesetzes kaum ohne Einfluß bleiben können.

Die neuesten Erhebungen umfassen 11 429 Unfälle aus den deutschen Straßenbahnbetrieben während der 7 Jahre 1882—1888, welche sich nach der Schuldfrage vertheilen:

in[1])	eigene Schuld	fremde Schuld	Krankheit	ungewiß
Berlin	3 864	288	39	218
München	3 417	10	4	139
Breslau	747	37	6	44
Köln	474	41	4	37
Hamburg	253	50	14	56
Dresden	42	9	1	1
Halle	12	5	—	1
Hannover	119	5	—	9
Leipzig	334	13	1	24
D. Lokalbahn	92	31	1	5
Uebrige Betriebe . . .	746	154	5	77
Zusammen	10 100	643	75	611
Durchschnittlich .	88.38	5.62	0.65	5.35

1) Oben § 22 S. 74—85, § 23 S. 88, § 24 S. 92, § 30 S. 126, § 31 S.. 128.

4) Vergl. die „statistische Korrespondenz" über K. Hilfe: Betriebsunfälle 1886.

5) Solches ergiebt das Gegenüberstellen der Verhältnißziffern einerseits

Danach scheiden jedenfalls wenigstens diejenigen 10 100 = 88,38 %, welchen eigenes Verschulden und 75 = 0,65 %, welchen Krankheitzu grunde liegt, aus der Reihe derjenigen aus, bei denen sich von der Gefährlichkeit der Straßenbahnbetriebe sprechen läßt. Mithin bleiben nur 1254 = 10,97 % übrig, von denen noch dazu 643 = 5,62 % (also die größere Hälfte) auf einen vom Bahnbetriebe und dessen Eigenthümlichkeit unabhängigen, auf Vorsatz oder Fahrlässigkeit dritter Personen zurückführbaren fremden Eingriff beruhen. Diese Ziffern liefern einen neuen Beweis gegen das gemeinübliche Vorurtheil der Gerichtshöfe über die Gefährlichkeit des Straßenbahnbetriebes.

Die letztgedachten 643 Fälle scheinen umgekehrt dazu angethan, in der bisherigen Auffassung und Auslegung der Begriffe höhere Gewalt[6]) und eigenes Verschulden[7]) eine Umwandlung anzubahnen. Denn es erscheint allerdings mit dem Rechtsgefühle und der Billigkeit schwer verträglich, auf Kosten der Straßenbahnen sittliche[8]) Verpflichtungen zu verwirklichen und aus Mitleid Unterstützungen für Schäden zuzubilligen, welche durch das Verschulden dritter vom Verurtheilten unabhängigen Personen veranlaßt sind. Solange gesetzgeberischerseits das Einwandsrecht nicht erweitert, fremdes Verschulden als Ablehnungsgrund der Haftpflicht noch nicht zugelassen, Verschulden nicht durch Veranlassen ersetzt wird, dürfte es Aufgabe der Rechtssprechung sein, ausgleichend zwischen den Härten der Gesetzgebung und den thatsächlichen Rechtsbedürfnissen zu wirken. Viel wird schon erreicht, wenn in einem weiteren Umfange wie bisher die auf nachgewiesener Einwirkung Dritter zurückführbaren Unfälle dem Begriffe höhere Gewalt untergeordnet werden, sobald die begleitenden Umstände die thatsächliche Unmöglichkeit für den Betriebsunternehmer ergeben, jene Eingriffe zu verhindern oder deren Wirkung ab-

---

bei K. Hilse: Betriebsunfälle § 46, Haftpflicht § 23 S. 90, § 26 S. 107, welche einen vierjährigen Zeitraum umfassen, andererseits oben § 79 S. 257, § 80 S. 262.

6) K. Hilse: Haftpflicht §§ 37. 38 S. 152—162. Vergl. dazu das mittlerweile veröffentlichte Urt. d. R.-G. v. 23. März 1888 (Entsch. XXI 18).

7) Ebenda § 36 S. 147. Nach Art. d. R.-G. v. 27. Mai 1889 können 7 Jahr alte Kinder sich schon im eigenen Verschulden befinden.

8) Eger a. a. O. 152; K. Hilse: Haftpflicht § 36 S. 151.

zuschwächen. Auf diese Weise würde wenigstens die für die Befriedigung des Rechtsgefühles und die Erhaltung gesunder Rechtszustände höchst bedenkliche Verurtheilung der Straßenbahnen ausbleiben, wenn z. B. ein Bierfahrer oder der Führer eines städtischen Sprengwagens oder ein Rollkutscher in den bereits durch Bremsen zum Stehen gebrachten Straßenbahnwagen dergestalt einfährt, daß dadurch unmittelbare Verletzungen oder Tödtungen von Fahrgästen entstehen[9]).

Gegen die zahlreichen wirthschaftlich verhängnißvollen[10]) Unfälle der Kinder unter 7 Jahr[11]) wird allerdings nur selten[12]) die Berufung auf die höhere Gewalt nützen. Wohl aber könnten die Gerichtshöfe für die Zeit vor Eintritt der Erwerbsfähigkeit jeden Anspruch, welcher die thatsächlichen Heilungskosten[13]) übersteigt und für das Kind von dessen Vater verlangt wird, zurückweisen, weil die erstrittenen Beträge demjenigen zugute kommen, welchem gesetzlich die Erziehungs- und Erhaltungspflicht obliegt, und den gleichzeitig der Vorwurf trifft, es an der schuldigen Aufsicht und Obhut über seine Kinder haben fehlen zu lassen. Eine

---

9) Vergl. unten II S. 322.

10) Bei 150 Kindern unter 7 Jahr hat der Umfang der Verletzung festgestellt werden können. Von denselben verloren 3 je 1 Bein und 1 Arm, 8 je 1 Arm, 5 je 1 Hand, 18 je 1 Bein, 24 je 1 Fuß zum Gebrauch. Die verbleibenden 92 Kinder hatten keinen dauernden Nachtheil. Von denselben hatten Verletzungen erlitten an je 2 oder mehr Körpertheilen 12, am Kopf 32, im Gesicht 19, an der Stirn 8, an Schulter oder Brust 8, bloße Hautabschürfungen 9 und innere Verletzungen 4. Dazu treten die Todesfälle.

11) Oben § 47 S. 171, § 94 S. 308, § 95 S. 310.

12) Völlig aussichtslos ist sie indeß nicht mehr nach dem Urt. d. R.-G. v. 23. März 1888 (Entsch. XXI 18).

13) Der Wortlaut des G. v. 7. Juni 1881 § 3: „Der Schadensersatz ist zu leisten im Fall einer Körperverletzung durch Ersatz der Heilungskosten und des Vermögensnachtheils, welchen der Verletzte durch eine infolge der Verletzung eingetretene zeitweise oder dauernde Erwerbsunfähigkeit oder Veränderung der Erwerbsfähigkeit erleidet" schließt die Befugniß für den Richter aus, eine Bewilligung auszusprechen, die auf anderen Erwägungen (z. B. bessere Beköstigung, schnellere Kleiderabnutzung) beruht und sich unter den Begriff „Heilungskosten" nicht bringen läßt. Denn was der Gesetzgeber unter Heilungskosten versteht und verstanden wissen will, hat im G. v. 15. Juni 1883 und 6. Juli 1884 Ausdruck gefunden. Ueber die Höhe des Schadens, nicht aber über die Erweiterung der Zugeständnisse und des Begriffs Heilungskosten ist dem Gericht durch § 7 freie Würdigung und freies Ermessen übertragen.

größere Leichtfertigkeit und strafwürdige Obhutsverletzung läßt sich wohl aber schwerlich denken, als wenn z. B. Eltern mit Kindern auf dem Arm bezw. an der Hand, kurz vor Pferdebahnwagen Gleise kreuzen[14]) oder wohl gar rollende Wagen zu besteigen bezw. zu verlassen versuchen[15]), oder wenn sie ihre Kinder, wie dies z. B. in Berlin einmal der Fall war, derart mangelhaft beaufsichtigen, daß das Kind spielend an der Ecke der Gitschiner- und Brandenburgstraße überfahren werden konnte, während die elterliche Wohnung sich in der Stromstraße, also mehr als eine Stunde entfernt, befindet[16]). Würden jene Erziehungsbeihülfen wegfallen[17]), die Eltern also wirthschaftlich die Folgen ihres Leichtsinns allein zu tragen haben, dann würde auf eine Abnahme derarter Gefahren zu rechnen sein, während der heutige Gebrauch eher geeignet ist, mit Förderung des Leichtsinns die diesbezüglichen Gefahren zu vermehren. Verschiedene Gerichtshöfe lehnen nach Abschluß des Heilverfahrens jede weitere Zahlung für die Dauer des erwerbsunfähigen Alters ab, andere billigen die thatsächlichen Aufwendungen für die Beschaffung und Unterhaltung künstlicher Glieder zu, noch andere gewähren darüber hinaus die Mittel zur besseren Ernährung oder zum Ersatz schnellerer Kleiderabnutzung. Dies widerstreitet dem Begriffe »Heilungskosten«, liegt mithin außerhalb des Bereiches richterlicher Befugnisse, gestaltet sich zu einer Entlastung der elterlichen Unterhaltungspflicht und damit zu einer von dem Gesetzgeber sicher nicht beabsichtigten Bereicherung der Eltern, zu einem Lohne für elterliche Leichtfertigkeit und Pflichtwidrigkeit.

Die Schadloshaltung von Kindern unter 7 Jahr trat in folgender Weise ein:

[14]) Derarte Fälle sind in Berlin 12, außerhalb 4 gezählt.

[15]) In Berlin sind 21, außerhalb 2 derarte Fälle gezählt.

[16]) Gleichwohl wurden dem Vater jährlich 60 Mk. Erziehungsbeihülfe bis zum Alter der Erwerbsfähigkeit vom L.-G. I zu Berlin und Kammer-G. unter dem Titel „Heilungskosten" zugebilligt.

[17]) Gefordert wurden solche z. B. von dem Vater eines Kindes, welches ihm aus Furcht vor angedrohten Schlägen weg und gegen den Pferdebahnwagen gelaufen war, sowie für ein Kind, welches die Mutter aus dem Kinderwagen hatte fallen lassen, endlich für 7 Kinder, welche von den schwatzenden Müttern weg auf das Gleise gelaufen waren.

	tödtlich verletzt		leicht verletzt		schwer verletzt			
					Geldbetrag		Rente	
	Fälle	Betrag [18])	Fälle	Betrag [19])	Fälle	Betrag [20])	Fälle	Betrag [21])
männlich . .	18	2012.90	14	1028.70	25	14051.29	6	580
weiblich . .	13	1152.29	5	540.15	10	2922.50	3	311
beide	31	3165.19	19	1568.85	35	16973.79	9	891
Urtel	3	452.29	2	404.95	8	6477.79	8	791
Vergleich . .	28	2712.90	17	1163.90	27	10496.00	1	100

Bei Unfällen der Kinder unter 7 Jahr weicht ferner der Gerichtsgebrauch darüber ab, wie es mit der Rentenabmessung für die Zeit nach Eintritt des erwerbsfähigen Alters zu halten, ob nämlich die Bezifferung des Rentenbetrages einem späteren Verfahren vorzubehalten oder schon jetzt vorzunehmen sei[22]). Der erstere

[18]) Die Beträge schwanken zwischen 20 Mk. und 300 Mk.; es kamen vor 20, 30, 35, 45, 57.29, 75, 79, 80, 94.40, 110.50, 120, 150, 195, 212, 232 und 300 Mk. je einmal; 100 je zweimal; 60 und 200 je dreimal; 50 je siebenmal.

[19]) Von 10 bis 381 Mk., nämlich je einmal 10, 12, 20, 23.95, 25, 30.70, 33.20, 42, 60, 80, 100, 101, 200, 240, 381; sowie je zweimal 30 und 75 Mk.

[20]) Von 5 bis 2200 Mk., nämlich je einmal 5, 30, 40, 45, 70, 75, 80, 100, 150, 190, 200,, 248, 284.45, 305, 342, 370, 386, 925, 1000, 1090, 1227.50, 1500, 1591.41, 1800, 2200; je zweimal 50, 120, 300; je dreimal 500 Mk.

[21]) Von 36 bis 175 Mk., nämlich je einmal 36, 50, 60, 100, 170 und 175; je zweimal 150 Mk. Die Renten von 50 und 60 Mk. sind nur vorläufige, indem im Alter der Erwerbsfähigkeit neue Festsetzung erfolgen wird. In Dresden ist für die Zeit des erwerbsunfähigen Alters Rentenbewilligung einmal versagt geblieben, das andere Mal zugesprochen worden.

[22]) Sogar das nämliche Gericht weicht in den Entscheidungen ab In Dresden wurde einmal die Bezifferung der erst vom 14 Lebensjahr zugebilligten Entschädigung späterer Zeit vorbehalten, in einem anderen Falle bis zum vollendeten 14. Lebensjahre eine Erziehungsbeihülfe von 160 bis 180 Mk. jährlich gewährt und für die spätere Zeit eine nachträglich zu beziffernde Rentenverpflichtung ausgesprochen. In Straßburg gewährte man für zwei Unfälle aus dem Jahr 1882 in dem einen Falle 50 Mk. Jahresrente sofort und vom Alter der Erwerbsfähigkeit eine der Erwerbsminderung entsprechende Erhöhung, in einem zweiten aber eine sich gleichbleibende lebenslängliche Rente von 150 Mk. In Berlin wurde einmal bis zur Erwerbsfähigkeit jährlich 60 Mk und von da ab eine künftig zu beziffernde Rente, in einem zweiten

Weg ist der richtige. Denn es ist durchaus nicht ausgeschlossen, daß der Verunglückte sich einem Lebensberufe zuwendet, in welchem sein Körpergebrechen keine Störung bildet, sodaß er den gleichen Erwerbslohn eines völlig Gesunden bezieht, damit aber ein Vermögensnachtheil fehlt und mit dessen Ausbleiben die wesentlichste Voraussetzung für die Ersatzleistung wegfällt. Sodann läßt sich ohne genaue Kenntniß der geistigen Anlagen und körperlichen Gewandtheit des Kindes, welche dem Richter ausnahmslos abgeht, nicht beurtheilen, welchem Erwerbe sich das Kind dereinst zuwenden, welchen Ausfall es darin erleiden, d. h. bis zu welchem Grade das entstandene Gebrechen ihn in Ausübung der Berufsleistungen stören wird[23]). Bei dieser Gelegenheit sei der Gedanke weiterer Erwägung empfohlen, ob man den Rentenpflichtigen nicht vielleicht dazu verstatten darf, gegen Verausgabung der erforderlichen Kosten, das Kind für einen mit seiner derzeitigen Körperbeschaffenheit verträglichen Beruf auszubilden, sich der ferneren Zahlung zu entledigen. Wird z. B. ein Arbeiterkind, welches den Fuß verloren, zum Schullehrer ausgebildet, so ist sein Erwerbslohn das volle Schullehrergehalt. Es übersteigt den Lohn eines gewöhnlichen Arbeiters, welcher das Kind muthmaßlich werden würde, und hebt damit jeden Vermögensnachtheil auf. Ueberdies will es scheinen, daß bei einer Schadensbezifferung füglich nach Analogie des Gesetzes vom 6. Juli 1884 § 3 mit Gesetz vom 15. Juni 1883 § 8 nur der mittlere Arbeitsverdienst erwachsener Arbeiter zugrunde gelegt werden darf.

Falle bis zur Erwerbsfähigkeit nichts, später eine noch zu beziffernde Rente zugesprochen. Stuttgart setzte den Anfangstermin des Rentenbezugsrechtes auf das vollendete 14. Lebensjahr fest, bezifferte aber die Rente vorweg auf 100 Mk. Halle, Hamburg, Metz bewilligten sofort beginnende, sich jedoch stetig gleichbleibende Renten von 36 bezw. 175 und 150 Mk. In sämmtlichen Fällen handelte es sich um den Ausgleich für den Verlust je eines Beines.

[23]) Zu welchem Ergebniß die freie Würdigung und das freie Ermessen bei der Schadensbezifferung zu führen vermögen, wird dadurch veranschaulicht, daß in 5 Fällen der Verlust eines Beines durch ein Pauschale von 30 Mk. bezw. 80 Mk., 248 Mk., 284,45 Mk. und 500 Mk., in 3 anderen dieser eines Armes mit 75 Mk., 1000 Mk. und 2200 Mk., in 1 Falle der Verlust von 4 Fingern mit 925 Mk. und in einem anderen dieser einer Zehe mit 120 Mk. abgefunden sind.

Im Betriebe der Großen Berliner Pferdeeisenbahn Aktiengesellschaft hatten 1886 und 1887 7 Verunglückte nach Ablehnung ihres Anspruches geklagt. 6 sind rechtskräftig abgewiesen. Dem siebenten ist blos ein Drittheil seines Anspruches zugesprochen worden. An Anwaltsgebühren sind 1514,60 Mk.[24]) verausgabt und unerstattet geblieben, weil die Kläger sich des Armenrechtes erfreuten. Diese Ziffer liefert einen neuen Belag, daß die heutige Handhabung des Armenrechtes schwerlich Bestand[25]) behalten kann, weil sie zu einer unerträglichen Belastung des Streitgegners führt, weshalb eine strengere Vorprüfung der Rechtmäßigkeit des Klageanspruches am Platze sein dürfte.

II. Die Strafrechtspflege[26]).

Gefährdung des Betriebes ist überwiegend in der Form beobachtet worden, daß fremde Fahrzeuge in großer Anzahl und theilweis in recht verhängnißvoller Weise gegen Pferdebahnwagen angefahren sind[27]), wodurch sie die Sicherheit des Straßenbahnverkehrs störten. Dieses Ingefahrsetzen geschah keineswegs blos fahrlässig, sondern öfters sogar absichtlich. Deshalb dürfte es der Erwägung werth sein, ob nicht etwa größere Strenge und härtere Strafen gegen derarte Vorfälle angezeigt sind. Die Gegenansicht, daß für Pferdebahnwagen keine größere Gefahr als für sonstige Gefährte aus Zusammenstößen entsteht, daß namentlich die gefahrbereitenden Hindernisse für Pferdebahnwagen außerordentlich geringer als für Dampfbahnzüge sind, daß ein besonderes

---

[24]) In 4 Fällen, welche 1650 Mk. Kostenaufwand verursachten, handelte es sich um Unfälle beim Ab- bezw. Zusteigen im Fahren; im fünften mit 413,10 Mk. Kostenaufwand war bereits in erster Instanz sinnlose Trunkenheit nachgewiesen, gleichwohl das Armenrecht für die zweite bewilligt und in dieser ohne Beweisaufnahme lediglich aufgrund der erstrichterlichen Feststellung die Berufung verworfen. Im sechsten hatte die Wittwe eines Rollkutschers geklagt, der bei einem von ihm herbeigeführten Zusammenstoß vom eigenen Wagen überfahren worden war. Im siebenten war die Anspruchsziffer fehlgegriffen, der Anspruch selbst begründet, die Bewilligung also am Platze.

[25]) K. Hilse: Haftpflicht § 41 S. 169.

[26]) K. Hilse: Haftpflicht § 43, 44 S. 176ff.

[27]) Oben § 28 S. 115, § 36 S. 149, § 52 S. 184.

Schutzbedürfniß mithin nicht vorliegt, hat anderwärts bereits Widerlegung gefunden[28]).

Beobachtet ist ferner eine verhängnißvolle Personengefährdung im Betriebe durch willensfreie Handlungen in der Weise, daß ungeachtet abgegebener Warnungssignale Kinder noch über die Gleise mitgezogen wurden[29]), oder daß man mit ihnen auf dem Arme rollende Wagen zu besteigen oder zu verlassen versucht hat[30]). Scheinbar liegt Zunahme von Jahr zu Jahr vor. Bei der heutigen Rechtslage bleibt die Waghalsigkeit und Unsitte straffrei. Erwägenswerth erscheint deshalb, ob derarte Vorgänge nicht vielleicht unter die Strafvorschrift des Strafgesetzbuchs § 221 gebracht, d. h. die erwachsenen Begleiter solcher Kinder wegen Obhutsverletzung angeklagt[31]) und bestraft werden können.

Die Gemeingefährlichkeit, welche in dem absichtlichen Zertrümmern von Scheiben der Pferdebahnwagen liegt, welches noch dazu nicht allein von Kindern im unverständigen Spiele, sondern sogar von Erwachsenen begangen[32]) wird, berechtigen die Betriebsleiter zur Erwartung, daß gegen derarte Vorgänge höhere als die jetzt üblichen Strafen werden ausgesprochen werden.

Das bemerkte Ueberhandnehmen der Fälle, daß Fahrgäste von Dritten vorsätzlich oder fahrlässigerweise vom Wagen gestoßen oder gezogen[33]) bezw. Straßengänger von einem sicheren Standplatze in vorüberfahrende Pferdebahnwagen gedrängt[34]) werden, dürfte die Gerichtshöfe die Zweckmäßigkeit erkennen lassen, hier über das niedrigste Strafmaß hinauszugehen.

Zu verlangen, daß Mitfahrgäste, welche mitgeführte Gegenstände fahrlässig fallen lassen, sodaß Andere verletzt werden, oder daß Personen Kinder derart in Furcht setzen, daß diese die Besinnung verlierend in die Pferde vorüberfahrender Wagen laufen, wegen fahrlässiger Körperverletzung bestraft werden, würde an-

---

28) K. Hilse: Haftpflicht §§ 20—28 S. 89ff.

29) Oben § 98 S. 319 Anm. 14.

30) Oben § 98 S. 319 Anm. 15.

31) Ueber „Obhut“ Rubo a. a. O. 690 Nr. 14, 761 Nr. 2.

32) Gezählt sind in Berlin 9, außerhalb 4 derarte Fälle.

33) In Berlin sind 7 vorsätzlich, 11 fahrlässigerweise; außerhalb 11 vorsätzlich, 7 fahrlässigerweise vom Wagen gestoßen bezw. gezogen.

34) In Berlin geschah solches 4 Mal, außerhalb 12 Mal.

scheinend weniger auf Verwirklichung rechnen lassen, als die Bestrafung von Personen am Platze ist, welche muthwillig nach den besetzten Außenplätzen von Pferdebahnwagen schlagen, um vielleicht nur die Fahrmannschaft zu treffen, oder welche die Thüren rücksichtslos zuschlagen und dabei Zusteigende quetschen.

E. Das Gefahrengesetz für Jedermann.

§ 99. Das Verhalten der Einzelnen mit Rücksicht auf den Straßenbahnbetrieb.

In einer Zeit, wo alle Schichten der Bevölkerung Freiheit für ihr Handeln beanspruchen, wo man die staatliche Fürsorge als einen Eingriff in die Sonderfreiheit, als eine drückende Bevormundung und übel angebrachte Maßnahme zu erklären pflegt, wo jeder Einzelne sich derart für erzogen hält, daß eine staatliche Einmischung und Regelung seines Verhaltens entbehrlich sei, ist es eigentlich eine höchst undankbare Aufgabe, auf Mittel zu sinnen, wie der Einzelne vor seiner eigenen Unbesonnenheit geschützt werden kann. Man darf verlangen, daß der, welcher ein Verkehrsmittel benutzt, sich mit den Gefahren, die es birgt, vertraut macht und sein Verhalten so einrichtet, daß Gefahren ausbleiben. Man darf ebenso beanspruchen, daß, wer sich in den Straßenverkehr wagt oder auf der Straße zu thun hat, denjenigen Grad von Aufmerksamkeit anwendet, welchen der jeweilige Straßenverkehr und die zu seiner Ueberwältigung eingerichteten Anstalten erheischen. Der Einzelne muß sich eben der Allgemeinheit unterordnen, sein Thun und Lassen ihren Bedürfnissen und Verhältnissen anbequemen. Für ihn kann nicht mehr geschehen, als daß er auf drohende Gefahren aufmerksam gemacht und dadurch in die Lage gebracht wird, sie zu vermeiden. Nach dieser Richtung wird das gefundene Gefahrengesetz seinen Nutzen nicht versagen.

Um sich vor Unfällen bei Benutzung der Straßenbahnen zu schützen, braucht man nur das Auf- und Absteigen im Fahren, das Setzen auf die Perronlehne, das Verweilen auf dem verbotenen Platze dicht am Trittbrette zu unterlassen und sich als Außenfahrgast — besonders beim Durchfahren von Kurven — an den hierzu angebrachten Griffen festzuhalten, kurz sich so zu verhalten, wie man dies bei Benutzung der Eisenbahnen gewohnt ist, wo Ab- und Zustieg im Fahren, Aufenthalt auf den Plattformen oder Trittbrettern nicht stattzufinden pflegt. Um als Straßengänger unfallsfrei zu bleiben, genügt derjenige Grad von Aufmerksamkeit im Straßenverkehr, der füglich von jedem Erwachsenen verlangt werden kann. Läßt man den nahenden Straßenbahnzug vorüber, statt unmittelbar vor den Pferden die Gleise zu kreuzen, so werden die hierauf zurückführbaren Unfälle künftig ausbleiben. Die mangelnde Einsicht der Kinder kann durch sachgemäße Unterweisung und Verbote seitens der Eltern und in der Schule gehoben werden. Statt sich über die angeblich darin liegende Kühnheit zu freuen, daß Kinder neben Straßenbahnwagen herlaufen oder unmittelbar vor solchen das Gleise kreuzen, dadurch sie aber zu derarten Waghalsigkeiten zu ermuntern, sind Warnungen sowie im Uebertretungsfalle empfindliche Strafen am Platze. Wie leicht kann ein unglücklicher Zufall das Kind zum Fallen und unter den Wagen bringen, wie leicht das übermüthige Spiel mit dem Leben oder dem Verluste von Gliedmaßen bezahlt werden müssen, wie schnell die Freude über das kindliche Gebahren sich in Schmerz verwandeln, wenn das gesund ausgeschickte Kind als hülfsloser Krüppel zurückgebracht wird [1]).

Die hohe Ziffer [2]) der Fahrgastunfälle in der Gesammtzahl, das Uebergewicht der Selbstschuldfälle [3]) gegenüber den anderweit herbeigeführten beweisen jedoch, daß vielfach die gebotene Vorsicht nicht beobachtet, vielmehr Waghalsigkeit und Leichtfertigkeit geübt wird. Ihnen wirksam zu steuern ist der Staat und sind die Betriebsunternehmer gleich machtlos; denn Verbote würden selbst bei strengem Strafandrohen ihre Wirkung versagen [4]). Ein Wagenverschluß,

---

[1]) Oben § 98 S. 318 Anm. 10.

[2]) Oben § 23 S. 86; sie beträgt durchschnittlich 85,56 %.

[3]) Oben § 79 S. 256 sind hier 91,64 % Selbstschuldfälle ermittelt, während durchschnittlich blos in 88,38 % (§ 98 S. 316) aller Unfälle Selbstschuld vorliegt.

[4]) Oben § 79 S. 259, § 86 S. 282.

welcher Auf- und Absteigen sowie Herabfallen im Fahren hindert, ist einerseits unzweckmäßig und widerstreitet andererseits den Verkehrsbedürfnissen. Vielmehr werden die Fahrgäste sich daran gewöhnen müssen, die Unfälle Anderer und die daran geknüpften Warnungen in den Tagesblättern sich zur Abschreckung vor gleichem Unternehmen dienen zu lassen. Zweckmäßig werden gelegentliche Belehrungen der Schuljugend, sachgemäße Unterweisungen und Vorhaltungen der Eltern, unnachsichtliches Verweigern von Fahrgeldermäßigungen oder Zeitkarten an solche Fahrgäste sein, welche ihre Vorliebe zu Waghalsigkeiten durch Zuwiderhandlungen gegen Abmahnungen kundgegeben haben. Umgekehrt würde das Ansinnen, die Fahrgäste gewaltsam zurückzuhalten[5]), ein unberechtigter Eingriff in die persönliche Freiheit, außerdem aber unausführbar sein.

Da ziffermäßig eine verhältnißmäßige Abnahme der Fahrgastunfälle nach Zahl[6]) und Schwere des Ausgangs allerwärts bereits festgestellt ist, kann auf ein stetiges weiteres Sinken der Verhältnißziffer zwischen Unfalls- und Verkehrsumfang gerechnet werden, sobald man allgemein damit vertraut sein wird, wie man sich behufs gefahrloser Benutzung der Straßenbahnen zu benehmen hat.

Eine ähnliche Beobachtung liegt bezüglich der Straßengängerunfälle vor[7]). Je lebhafter der Verkehr in einem Straßenzuge sich entwickelt, je öfter Züge fahren, je größere Gefahrenmöglichkeit vorliegt und deshalb Vorsicht erforderlich ist, desto seltener sind verhältnißmäßig die Unfälle. Nicht minder ist aus allen Betrieben festgestellt, daß mit der Länge der Zeit, welche ein Betrieb bestanden hat, die Unfallsziffer gefallen ist. Dies beweist, daß die Gewohnheit die Vorsicht schärft. Eine möglichst weite Kreise umfassende Erkenntniß der Betriebsgefahr wird also zu einem Verschärfen der eigenen Vorsicht und damit zu einer Abnahme der Straßengängerunfälle zweifellos führen müssen. Die Verbreitung einer sachge-

---

[5]) Oben § 40 S. 163, § 79 S. 259.

[6]) Oben § 79 S. 257 mit K. Hilse: Betriebsunfälle 46; Haftpflicht § 20 S. 90.

[7]) Oben § 80 S. 262 mit K. Hilse: Betriebsunfälle 46; Haftpflicht § 26 S. 107.

mäßen Belehrung dürfte eine verdienstvolle Aufgabe der Tagesblätter sein.

Zur Abnahme der Unfälle infolge fremden Verschuldens mitzuwirken, ist jeder dadurch imstande, daß er die Verfolgung und Bestrafung des Schuldigen unterstützt, indem er seine Wahrnehmungen der Behörde nicht vorenthält. Jetzt geschieht leider sehr häufig das Umgekehrte, daß nämlich Augenzeugen die Nennung ihrer Namen verweigern, um der Ladung als Zeugen zu entgehen, dadurch die Ueberführung der Schuldigen vereiteln und so ihnen Straffreiheit sichern. Solches Verhalten ist nicht geeignet, das Rechtsbewußtsein zu fördern und das allgemeine Rechtsgefühl zu befriedigen. In anderen Ländern pflegt der öffentliche Nutzen der eigenen Unbequemlichkeit vorangestellt und die Bestrafung gemeingefährlicher Missethäter als sittliche Pflicht aufgefaßt zu werden. Es wäre zu wünschen, daß auch bei uns dieses Sittlichkeitsgefühl weitere Kreise erfaßt.

§ 100. Allgemeine Bemerkungen.

Soweit die eingegangenen Berichte solches zugelassen haben, hat die vorliegende Arbeit ihren Zweck erreicht, nämlich über Umfang und Schwere der Unfälle im Straßenbahnbetriebe Klarheit verschafft, damit die Unterlage für weitere Forschungen geliefert, sowie bestandene Vorurtheile und Irrthümer berichtigt. Allerdings wäre nach manchen Richtungen und Gesichtspunkten eine weitere Beobachtung wünschenswerth gewesen. Solches gilt namentlich von dem Unterschiede der Unfallsgefahr je nach der benutzten Triebkraft und von den begleitenden Nebenumständen der Unfälle, welche Kindern unter 7 Jahr zugestoßen sind.

In einer Zeit, wo das Bestreben immer weitere Kreise erfaßt, die thierische durch mechanische Triebkraft zu ersetzen, wo der Pferdebahnbetrieb bereits für ein unvollkommenes und deshalb ungeachtet seines erst kurzen Bestandes überlebtes Mittel zur Verkehrsüberwältigung in Großstädten bezeichnet wird, wäre es sicher von großem Werthe gewesen, wenn über den Einfluß der Straßenbahnen mit mechanischer Triebkraft auf die Ordnung, Sicherheit und Leichtigkeit des Straßenverkehrs ein zuverlässiges Urtheil hätte gewonnen werden können[1]). Zwar ist bekannt, daß auf denjenigen Straßenbahnstrecken, welche mechanischen Betrieb, theils ausschließlich, theils gemischt mit thierischem haben, Unfälle unter folgenden Umständen eingetreten sind:

Mechanischen Betrieb haben	Auf- und Absteigen	Vom Wagen fallen	Laufen gegen den Wagen	Einwirkung fremder Fahrzeuge	Sonstige Ursachen	Art der Verletzung: Tödtlich verletzt	Schwer verletzt	Leicht verletzt	Unverletzt	Unbestimmt	Zusammen
Charlottenburg . . .	—	—	—	7	—	2	4	1	—	—	7
Crefeld	16	2	16	3	4	12	6	23	—	—	41
Dortmund	2	—	2	9	1	1	3	9	1	—	14
Duisburg	2	—	2	1	—	4	1	—	—	—	5
Hamburg	23	10	8	11	2	3	5	14	9	23	54
Karlsruhe	—	—	5	1	—	4	—	2	—	—	6
Kassel, Str.B. . . .	1	1	2	8	5	—	3	10	4	—	17
Magdeburg, Tr.B. .	—	—	—	1	—	—	1	—	—	—	1
Mülhausen	—	1	3	—	1	3	2	—	—	—	5
München	—	—	2	—	1	—	—	1	2	—	3
Offenbach	9	2	11	5	4	2	7	22	—	—	31
Straßburg	—	—	15	1	2	4	6	6	2	—	18
Zusammen . .	53	16	66	47	20	35	38	88	18	23	202

Dagegen fehlt aus den Orten, welche sich gemischten Betriebes bedienen, die Ziffer der Fahrten, Nutzkilometer, Fahrgäste und

---

[1]) Oben § 39 S. 161. Nicht nebensächlich ist an dieser Stelle die Bemerkung, daß selbst in Amerika, dem gelobten Lande der Erfindungen und Versuche, der thierische den mechanischen Betrieben gewaltig übersteigt, indem unter 761 Betrieben 647 = 85,02 % blos thierische, 41 = 5,39 % thierische nnd mechanische, endlich 73 = 9,59 % nur mechanische Kräfte benutzen. Diese 761 machen allerdings blos 79,27 % der Gesammtbetriebe aus, sodaß in den restlichen 199 = 20,73 % Betrieben der mechanische Betrieb verhältnißmäßig stärker sein könnte. Gleichwohl überwiegt der thierische Betrieb. Gleiches gilt von dem außerdeutschen Europa, wo allerdings unter 226 (= 72,62 % der Gesammt-) Betrieben 106 = 46,90 % nur Thiere, 34 = 15,05 % Thiere und Maschinen, 86 = 38,05 % nur Maschinen verwenden, sodaß hier der Maschinenbetrieb verhältnißmäßig stärker als in Amerika ist. Vergl. oben § 9 S. 24 und Straßenbahn II 217. 220.

Fahrgelder, welche aus der Gesammtsumme auf thierischen und mechanischen Betrieb entfallen, sodaß sachgemäße Verhältnißziffern nicht zu gewinnen waren. Vielleicht werden für künftige Arbeiten nach dieser Richtung die entsprechenden Trennungen vorgenommen werden, um später verfügbar zu sein.

Die Unfälle der Kinder unter 7 Jahr sind zwar bereits in verschiedener Weise[2]) berücksichtigt worden, sodaß Manche vielleicht sogar meinen werden, es sei schon zuviel geschehen. In der Erwägung, daß sie wirthschaftlich sehr verhängnißvoll sind, ihre Entschädigung ohne jeden triftigen Rechtsgrund den Straßenbahnen aufgebürdet wird, also in dieser Richtung eine Gesetzesänderung angezeigt erscheint, können die Ergebnisse nicht vielseitig genug dargestellt werden. Jedenfalls haben 94 derarte Unfälle 21707,63 Mk. Aufwand, sowie 891 Mk. Jahresrente und 5 unbezifferte Renten verursacht. Es sind indeß nur 428 solche Kinderunfälle eingetreten, haben also 22 % zu Aufwendungen bezw. Verbindlichkeiten geführt. Die Gesammtziffer sämmtlicher Unfälle beträgt aber nur 11429[3]), und der Aufwand[4]) für Schadloshaltung der Verunglückten 173088,08 Mk. nebst 30 Rentenverbindlichkeiten. Daraus folgt, daß die Unfälle der Kinder unter 7 Jahren, indem sie nur 3,75 % der Unfälle ausmachen, dagegen mindestens 12,54 % des Baaraufwandes und 14 (also beinahe die Hälfte) Rentenverbindlichkeiten veranlaßt haben, die Straßenbahnbetriebe am schwersten und dabei ungerechtesten belasten. Denn überwiegend beruhen sie auf Selbstthätigkeit der Verletzten und, wo solche fehlt, auf fremder Einwirkung, ausnahmslos jedoch auf einer Nachlässigkeit der Obhutsverpflichteten. Sie traten nämlich ein:

---

[2]) Oben § 47 S. 171, § 98 S. 318.

[3]) Oben § 19 S. 65. Gegenüber stehen wenig über 480 Fälle, welche zu Entschädigungen geführt haben, indem von dem Fehlbetrag der 22536,45 Mk. (oben § 92 S. 297 Anm. 1) allein 22450 Mk. auf 3 Fälle in Mülhausen und Karlsruhe entfallen, sodaß durchschnittlich etwa 4,20 % Fälle entschädigt wurden und sogar blos 2,74 % aus der Haftpflicht entschädigt zu werden brauchten.

[4]) Oben § 62 S. 213, § 92 S. 297.

	Selbstthätig: Laufen in die Pferde	Selbstthätig: Ab- u. Auf-steigen	Selbstthätig: ander-weit	Los- bezw. Fallen-lassen beim: Ab-steigen	Los- bezw. Fallen-lassen beim: Straßen-kreuzen	An-der-weit	Zu-sam-men
I. Verletzung							
tödtlich . .	58	—	[5]) 2	—	—	[10]) 2	62
schwer . .	62	2	[6]) 3	—	2	—	69
leicht . . .	102	4	[7]) 6	5	10	[11]) 10	137
nicht . . .	118	4	[8]) 1	17	8	[12]) 2	150
unbestimmt	6	1	[9]) 4	—	—	—	11
II. Beleuchtung							
Tages- . .	276	11	11	15	11	8	332
Abend- . .	50	—	4	7	6	5	72
unbestimmt	20	—	1	—	3	1	25
III. Unfallszeit							
vor 8 Uhr .	5	1	—	—	—	—	6
8—10 Uhr	13	—	2	1	1	1	18
10—12 Uhr	66	2	1	1	2	1	73
12—2 Uhr	36	3	3	5	1	3	51
2—4 Uhr	52	1	3	5	3	3	67
4—6 Uhr	86	3	2	4	3	1	99
nach 6 Uhr	68	1	4	6	7	4	90
unbestimmt	20	—	1	—	3	1	25
IV. Zusammen .	346	11	16	22	20	14	429

[5]) Fielen vom Bürgersteig.

[6]) Je einer fiel vom Bürgersteig, vom Vorderperron, vom Trittbrett.

[7]) Je 2 wollten unbefugt den Wagen besteigen bezw. spielten dicht am Gleise, je 1 spielte mit der Bremse bezw. fiel von dem unbefugt bestiegenen Wagen.

[8]) Spielte mit der Bremse.

[9]) Je 2 hatten sich an den Bahnwagen gehängt bezw. neckten die Pferde, welche sie bissen.

[10]) Gelegentlich eines Zusammenstoßes.

[11]) Je 2 wurden durch Glassplitter verletzt bezw. beim Schließen der Thüre gequetscht und vom Perron gestoßen; je 1 fiel aus dem von der Mutter geschobenen Kinderwagen, aus einem Fuhrwerk, dessen Pferde beim Anblick der Lokomotive scheuten, wurde durch die herabfallende Signalglocke getroffen, durch den entgleisenden Wagen gegen ein Haus gedrängt.

[12]) Fielen von einem anfahrenden Break bezw. Kremser.

Die Straßenbahnunternehmer haben also allen Grund, dieser Unfallsart[13]) künftig die allergrößte Aufmerksamkeit zuzuwenden, zumal die Vertheilung auf die Beleuchtungsverhältnisse[14]) und Tagesstunden[15]) den Belag liefert, daß in nicht geringer Anzahl die Selbstthätigkeit bei Abendlicht (54 gegen 354 = 15,26 %), sowie in den außerhalb der üblichen Geschäftszeit fallenden Tagesstunden (79 von 354 Fällen = 22,32 %) eingetreten, damit aber die gröblichste Obhutsverletzung und elterliche Leichtfertigkeit in der Beaufsichtigung nicht zu verkennen ist. Denn wenn vielleicht für die Hauptgeschäftszeit und bei Tageslicht in dem Umstande, daß die Eltern ihres Erwerbes wegen genügende Aufsicht nicht üben konnten, Entschuldigung gefunden werden mag, so fällt dieser Gesichtspunkt doch für die Zeiten weg, in welchen die Geschäfte ruhen und zarte Kinder nicht mehr auf die Straße gehören.

Im Betriebe der zwei Zahnradbahnen nach dem Niederwald sind Unfälle ausgeblieben, von anderen Zahnrad- oder von Drahtseilbahnbetrieben fehlen Nachrichten. Dadurch wurde eine Untersuchung des Gefährlichkeitsgrades dieser Bahngattungen vereitelt, obschon diesbezügliche Beobachtungen sicher zweckmäßig sein würden.

---

13) S. 176 sind die Fälle, wo Kinder während des Schwatzens der Mutter von deren Hand sich losmachten und weglaufend gegen die Straßenbahnwagen geriethen noch als auf fremde Thätigkeit zurückführbar gezählt. Ueberdies sind hier einzelne nachträglich eingegangene Ergänzungen und Berichtigungen schon berücksichtigt worden.

14) Oben § 44 S. 168.

15) Oben § 43 S. 167. Vergl. § 81 S. 265. 266.

GPSR Compliance

The European Union's (EU) General Product Safety Regulation (GPSR) is a set of rules that requires consumer products to be safe and our obligations to ensure this.

If you have any concerns about our products, you can contact us on ProductSafety@springernature.com

In case Publisher is established outside the EU, the EU authorized representative is:

Springer Nature Customer Service Center GmbH
Europaplatz 3
69115 Heidelberg, Germany

Batch number: 10844827

Printed by Printforce, the Netherlands